Schönes Wochenende

Inhalt

1	Belgien, **Brügge und Gent**	6
2	Belgien, **Brüssel**	8
3	Bulgarien, **Sofia**	12
4	Dänemark, **Kopenhagen**	14
5	Deutschland (BW), **Freiburg im Breisgau**	18
6	Deutschland (BW), **Baden-Baden**	20
7	Deutschland (BW), **Bad Wildbad / Schwarzwald**	22
8	Deutschland (BW), **Romantisches Neckartal**	24
9	Deutschland (BW), **Allgäu zwischen Wangen und Scheidegg**	26
10	Deutschland (BW), **Bodensee**	28
11	Deutschland (BY), **Bamberg**	32
12	Deutschland (BY), **Naturpark Fränkische Schweiz**	34
13	Deutschland (BY), **Rothenburg und Dinkelsbühl**	36
14	Deutschland (BY), **München**	38
15	Deutschland (BY), **Fünfseenland**	42
16	Deutschland (BY), **Berchtesgadener Land**	46
17	Deutschland (BY), **Chiemgau mit Chiemsee**	48
18	Deutschland (BER), **Berlin**	50
19	Deutschland (BB), **Lausitz und Spreewald**	54
20	Deutschland (HB), **Bremen und Bremerhaven**	56
21	Deutschland (HH), **Hamburg**	60
22	Deutschland (HE), **Frankfurt am Main**	64
23	Deutschland (HE), **Kassel**	66
24	Deutschland (HE, RP), **Oberes Mittelrheintal**	68
25	Deutschland (MV), **Usedom**	72
26	Deutschland (MV), **Stralsund mit Rügen**	74
27	Deutschland (NI), **Hildesheim**	78
28	Deutschland (NI), **Goslar – Oberharz**	80
29	Deutschland (NI), **Ostfriesland**	82
30	Deutschland (NRW), **Solingen – Bergisches Land**	86
31	Deutschland (NRW), **Münster**	88
32	Deutschland (NRW), **Münsterland – Schlössertour**	90
33	Deutschland (NRW), **Köln**	92
34	Deutschland (NRW), **Xanten**	94
35	Deutschland (NRW), **Aachen**	96
36	Deutschland (NRW), **Nationalpark Eifel**	98
37	Deutschland (NRW), **Ruhrmetrolpole Essen**	100
38	Deutschland (RP), **Trier**	104
39	Deutschland (RP), **Moseltal**	106
40	Deutschland (RP), **Mainz**	110
41	Deutschland (SN), **Leipzig**	112
42	Deutschland (SN), **Sächsische Schweiz**	114
43	Deutschland (SN), **Dresden und Elbtal**	116
44	Deutschland (ST), **Quedlinburg – Straße der Romantik**	120
45	Deutschland (ST), **Gartenreich Dessau-Wörlitz**	122
46	Deutschland (TH), **Thüringer Wald**	124
47	Deutschland (TH), **Erfurt und Weimar**	126
48	Deutschland (SH), **Zwischen Kiel und Schlei**	130
49	Deutschland (SH), **Sylt**	132
50	Deutschland (SH), **Helgoland**	134

51	Deutschland (SH), **Lübeck und Umgebung**	136	
52	Deutschland (SH), **Fehmarn**	140	
53	Estland, **Tallinn**	142	
54	Frankreich, **Nizza – Cote d'Azur**	144	
55	Frankreich, **Marseille**	146	
56	Frankreich, **Elsass**	148	
57	Frankreich, **Paris**	152	
58	Frankreich, **Bretagne – der Süden**	156	
59	Griechenland, **Santorin**	160	
60	Griechenland, **Athen**	162	
61	Großbritannien, **London**	166	
62	Irland, **Dublin**	170	
63	Italien, **Bozen und Dolomiten**	174	
64	Italien, **Meran**	176	
65	Italien, **Cinque Terre**	178	
66	Italien, **Rom**	180	
67	Italien, **Venedig**	184	
68	Italien, **Florenz**	186	
69	Italien, **Gardasee – die Ostseite**	190	
70	Kroatien, **Istrien von Pula bis Rovinj**	194	
71	Kroatien, **Dubrovnik**	196	
72	Lettland, **Riga**	198	
73	Luxemburg, **Luxemburg (Stadt)**	200	
74	Niederlande, **De Hoge Veluwe – Arnheim**	202	
75	Niederlande, **Walcheren**	204	
76	Niederlande, **Amsterdam**	206	
77	Norwegen, **Oslo**	210	
78	Österreich, **Wörthersee**	212	
79	Österreich, **Tannheimer Tal**	214	
80	Österreich, **Graz**	216	
81	Österreich, **Innsbruck**	218	
82	Österreich, **Wien**	220	
83	Österreich, **Am Neusiedler See**	224	
84	Österreich, **Salzburg und Salzkammergut**	226	
85	Polen, **Krakau**	230	
86	Polen, **Danzig**	232	
87	Portugal, **Lissabon**	234	
88	Schweden, **Stockholm**	238	
89	Schweiz, **Luzern mit Vierwaldstätter See**	242	
90	Schweiz, **Rhätische Bahnen**	244	
91	Schweiz, **Zürich**	246	
92	Slowakei, **Bratislava**	250	
93	Slowenien, **Lubljana**	254	
94	Spanien, **Madrid**	256	
95	Spanien, **Mallorca**	260	
96	Spanien (Katalonien), **Barcelona**	264	
97	Spanien (Andalusien), **Sevilla**	268	
98	Tschechien, **Prag**	272	
99	Türkei, **Istanbul**	276	
100	Ungarn, **Budapest**	280	

1. Brügge und Gent

In vielen der mittelalterlichen Giebelhäuser am Brügger Markt befinden sich Restaurants.

HIGHLIGHTS

- **Groeninge-Museum,** flämische und niederländischer Meister
- **Sint-Jan-Hospital** mit Werken Hans Memlings
- **Beginenhof »Ten Wijngaard« in Brügge,** ein Ort der Ruhe – für Besucher geöffnet, Brügge
- **Flämische Belfriede** (UNESCO-Welterbe), z. B. die Belfriede von Brügge und Gent
- **Bavokathedrale,** die »Anbetung des Lamms« (1432) auf Flügelaltar
- **Grafenburg,** aus dem 12. Jahrhundert, Gent

BRÜGGE UND GENT IM SOMMER

- **August:** Festival van Vlaanderen, acht Einzelfestivals für Alte und Klassische Musik an verschiedenen Orten Flanderns, u. a. in Brügge und Gent, in historischen Räumlichkeiten
- **September:** B.Art Fair, 100 Prozent belgische Kunst in Gent, die »flandrische Expo« – Ausstellung und Kunstbörse

Wo sonst ließen sich zu Fuß, per Rad, mit Kutsche oder Boot mehrere UNESCO-Welterbestätten, Kunstschätze von Weltrang und historisch bedeutsame Orte in so hoher Dichte erleben? Museen und Parks, Türme und Brücken, Spitzen und Pralinen – Brügge und Gent sind ideale Wochenendziele, nicht nur für den Kunstfreund.

Mittelalter in Reinkultur

Der gesamte **mittelalterliche Stadtkern** der einstigen Handelsmetropole Brügge wurde im Jahr 2000 zum UNESCO-Welterbe erklärt. Hier wähnt man sich unter den Türmen der Liebfrauenkirche, des Belfrieds und der St. Salvatorkathedrale in einem Architekturmuseum. Brügge ist vor allem die Stadt der **Museen**: Dazu gehören die Städtischen Museen der Schönen Künste (Groeninge-Museum und Arentshuis-Museum mit Sammlungen flämischer Meistern bis zur Gegenwartskunst), das Brugge-Museum (eine Kooperation elf historischer Museen) und zwei Hospital-Museen (z. B. das Sint-Jan-Hospital mit Werken Hans Memlings). Die Beginenhöfe Flanderns sind ebenso UNESCO-Welterbe; als schönster gilt der **Beginenhof**

Belgien

»Ten Wijngaard« an den Kanälen unweit des idyllischen Minnewater-Parks. Die Welthauptstadt der Pralinen kann man u. a. im Museum **Choco-Story** (www.choco-story.be) kennenlernen und kosten: Hier erfährt man alles über Kakao und Schokolade. Für Freunde des herzhaften Genusses lohnt das **Pommes-frites-Museum** (www.frietmuseum.be).

Von Brügge führt ein Tagesausflug in das nur ca. 50 km entfernte Gent mit seinen drei Türmen. Die St. Michaelbrücke bietet den besten Panoramablick auf die St. Nikolaus-Kirche, den **Belfried** und die St. Bavokathedrale mit dem **Genter Altar** der Brüder van Eyck (1432). Im Zentrum eines Flügelaltars befindet sich das Gemälde »Die Anbetung des Lamms«, ein Hauptwerk altniederländischer Malerei. (Nachbildung in der Seitenkapelle – ab Sept. 2012 wird das Original restauriert.) Die mächtige **Grafenburg** (12. Jh.) mitten in der Stadt kündet bis heute von altem Reichtum.

Infos und Adressen

ANREISE
Bahn: nach Brüssel z. B. mit dem Thalys, weiter mit Regionalzügen nach Brügge – der Hauptbahnhof befindet sich nahe dem Stadtzentrum; **Auto:** über E 34/E 17/E 40 Richtung Brügge; **Tipp:** Mit **Museumspass** (www.visitbrugge.be und www.visitgent.be) öffentliche Verkehrsmittel nutzen und touristische Höhepunkte besichtigen

SEHENSWERT
Kirchen Flanderns, darunter **Liebfrauenkirche in Brügge,** begonnen im 13. Jh., mit der Skulptur »Madonna mit dem Kind« von Michelangelo (16. Jh.); die **St. Salvatorkathedrale** (12./15. Jh.) mit Brüsseler Tapisserien. In der **Heilig-Blut-Basilika** befindet sich eine Reliquie, die Blutstropfen vom Körper Christi beinhalten soll. www.holyblood.org.
Diamantenmuseum Brügge, tägl. 10.30–17.30 Uhr. Katelijnenstraat 43, Brügge, www.diamondmuseum.be

ESSEN UND TRINKEN
de Karmeliet: Langestraat 19, Brügge, www.dekarmeliet.be

ÜBERNACHTEN
B&B de Corenbloem Luxury Guesthouse: St. Jorisstraat 6, Brügge

WEITERE INFOS
Verkehrsamt Brügge, 't Zand 34 (Concertgebouw) oder Stationsplein (Bahnhof), Brügge, www.brugge.be

Persönlicher Tipp

LICHTERGLANZ
Auf einer abendlichen Kutschfahrt oder einer Bootsfahrt auf den Grachten lassen sich nicht nur malerische Winkel entdecken. Im Rahmen des **Genter Lichtplans** sind über die Stadt Tausende Strahler verteilt und tauchen Gent in magisches Licht. In **Brügge** leuchten die beiden **Windmühlen** an der Kanalpromenade besonders schön.

GOLDENE ZEIT DES HANDELS
Entlang dem Flüsschen Leie schlendert man über den **Graslei-Kai**. Hier befand sich im Mittelalter der Hafen von **Gent**. Noch heute präsentiert sich das fast geschlossene uralte Stadtbild mit Gilde- und Zunfthäusern wie dem Spijker (Graslei 10), den Gildehäusern der Maurer und Getreidewieger oder dem alten Zunfthaus der Schiffer (Graslei 14), dessen Fassadendarstellungen den Betrachter in das Alltagsleben vergangener Jahrhunderte versetzt.

FLANDRISCHES STILLLEBEN
Lisseweg, eines der schönsten Polderdörfer Flanderns, ist von Brügge aus bequem mit dem Fahrrad erreichbar. Beim Radeln entlang dem Kanal mit Blick auf malerische Polderhäuschen inmitten der Wiesen lässt sich herrlich entspannen.

Ausflugsboot auf dem Rozenhoedkai vor dem imposanten Belfried von Brügge.

2. Brüssel

HIGHLIGHTS
- **Grand-Place,** auf einem der schönsten Plätze Europas den Blick auf historische Prachtbauten genießen
- **Europaviertel,** in der Schaltzentrale der Europäischen Union große Politik spüren
- **Galeries Royales,** durch die historischen Glasdachgalerien mit ihren luxuriösen Auslagen flanieren
- **Brüsseler Metro,** mit U-Bahn durch die von Künstlern gestalteten Stationen fahren
- **Parc de Bruxelles,** in den königlichen Alleen mit Blick auf historische Bauwerke im Schatten entspannen

BRÜSSEL IM SOMMER UND WINTER
- **Ende Juni/Anfang Juli:** Sommerfestival Couleur Café, mehrtägiges Weltmusikfestival
- **Juli:** Ommegang, mittelalterlicher Umzug auf der Grand-Place
- **Freitagabende im Sommer:** Brussels Rollers, Inlinetour durch die für Autos gesperrten Straßen im Zentrum
- **Adventszeit:** großer Weihnachtsmarkt in der Altstadt

Die Grand-Place wird vom spätgotischen Rathaus (ab 1402; links) beherrscht.

Brüssel ist nicht nur wirtschaftliches und kulturelles Zentrum Belgiens, sondern auch Hauptsitz der EU und der NATO. All diese Funktionen spiegeln sich im Stadtbild wider: Bürohäuser, Luxushotels und Einkaufsmalls, daneben prunkvolle Kirchen, Paläste und Jugendstilbauten aus glanzvoller Vergangenheit.

Am Schnittpunkt Europas

Die Stadt Brüssel blickt auf eine lange Geschichte zurück, 1979 feierte man 1000-jähriges Bestehen. Im Mittelalter stieg sie zur Hauptstadt des Herzogtums Brabant auf und war schon im 13. Jahrhundert in ganz Europa für ihre Wollverarbeitung, ihre Teppiche, Tapisserien und Spitzen bekannt. Zunächst unter der Herrschaft der Burgunder, Habsburger, Franzosen und Niederländer, wurde Brüssel schließlich 1831 **Hauptstadt des unabhängigen Belgiens**. In ihrer neuen Rolle blühte die Stadt auf. Die Bevölkerung wuchs stetig, im 20. Jahrhundert wurde die Millionengrenze überschritten.

Warum die Metropole auch als Hauptstadt Europas bezeichnet wird, wird man im Dreieck zwischen dem **Brüsseler Park**, dem **Parc du Cinquantenaire** und dem **Leopold Park** gewahr. Hier präsentiert sich in Form von modernen Ver-

Belgien

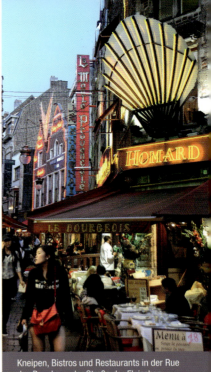

waltungspalästen das administrative Zentrum der Europäischen Union. Im **Berlaymont-Gebäude** sitzt die Europäische Kommission, im **Justus-Lipsius-Gebäude** tagt der Europäische Rat und im **Espace Leopold** das Europäische Parlament.

Das Herz der Stadt

Wer die Hauptstadt Belgiens an einem Wochenende erleben will, hat die Qual der Wahl. Seit Jahrhunderten das Herz von Brüssel ist die **Grand-Place.** Im 17. Jahrhundert von französischer Artillerie nahezu vollständig zerstört, wurde der ausladende Platz mit barocken Gildenhäusern wieder aufgebaut. Von der Verwüstung verschont blieb das Mitte des 15. Jahrhunderts errichtete **Hôtel de Ville**, das gotische Rathaus mit dem Schutzpatron der Stadt, dem heiligen Michael, auf der Spitze. Ins **Maison du Roi**, niederländisch **Broodhuis**, einst Brothandelsplatz und später Sitz des königlichen Gerichts, ist heute das Stadtmuseum eingezogen. Auf der Grand-Place – seit 1998 UNESCO-Welterbe – herrscht den ganzen Tag und das ganze Jahr über reges Treiben: Werktags findet ein Blumenmarkt, sonntags ein Vogelmarkt statt, und alle zwei Jahre breitet sich im Sommer für drei Tage der **tapis de fleur** (Blumenteppich) aus.

Nicht weit entfernt wartet ein weiteres Wahrzeichen: die Brunnenfigur des **Manneken Pis**. Die 1619 geschaffene Bronzestatue wird zu besonderen Gedenktagen oder großen Sportereignissen mit speziell entworfenen Kostümen »angekleidet«.

Wahrhaft königlich

Zentrum des königlichen Viertels ist die von Prachtbauten, Palästen und königlichen Museen beherrschte **Place Royale**. Am Ende des königlichen Parks steht der **Königliche Palast**. Bis 1935 hatte das prunkvolle neobarocke Bauwerk tatsächlich königliche Bewohner, heute dient es als repräsentative Herberge für ausländische Staatsoberhäupter, Audienzen und offizielle Empfänge. Von Ende Juli bis Anfang September ist der Palast mit seiner majestätischen Ehrentreppe und seinen unzähligen Salons für die Öffentlichkeit zugänglich. Die königliche Familie wohnt heute in **Schloss Laeken** im Norden der Stadt. Der **Parc de Laeken**, ein Teil des königlichen Gartens mit berühmten Gewächshäusern, ist für alle offen.

Kneipen, Bistros und Restaurants in der Rue des Bouchers, der Straße der Fleischer.

Persönlicher Tipp

AUF DEM DACH DER BASILIKA SACRÉ-CŒUR

Auf dem Berg der Barmherzigkeit im Stadtviertel **Koekelberg** steht im Zentrum von monumentalen Straßenachsen die Basilika Sacré-Cœur. Mit ihrer über 90 m hohen Kuppel und dem mehr als 140 m langen Mittelschiff gehört sie zu den weltgrößten Gotteshäusern. Neben ihrem sehenswerten Inneren und zwei Museen hat sie auch eine Aussichtsplattform (Sommer 9–17 Uhr, Winter 10–16 Uhr). Auf der Außengalerie direkt unter der Kuppel hat man in etwa 50 m Höhe einen unvergleichlich guten Blick über die Stadt und die Provinz Brabant.

SIGHTSEEING PER SEGWAY

Stadtführung zu Fuß, per Bus, Boot, Kutsche oder Fahrrad – das gibt es schon lange. Neu sind dagegen geführte etwa zweistündige Rundfahrten durch das Brüsseler Zentrum auf Segways. Nach einer kurzen Einweisung hat man den Bogen schnell heraus und kann die aufrechte Fahrt auf dem elektronischen Zweirad ganz entspannt genießen. Startpunkt ist dreimal täglich z. B. vor dem Tourismusbüro an der Grand-Place. www.belgium-segwaytour.de

Die 61 cm große Bronzestatuette des Manneken Pis (1619) ist das Wahrzeichen Brüssels.

Persönlicher Tipp

HOMMAGE AN DIE 9. KUNST
»Tim und Struppi«, »Lucky Luke«, das »Marsupilami« oder die »Schlümpfe«: Jeder kennt die Comic-Helden, die alle in Belgien zu Hause sind und in Brüssel so manche Hauswand schmücken. In der Zandstraat 20, im Herzen der Stadt, haben sie in einem ehemaligen Warenhaus ein neues Domizil erhalten. In einem Jugendstilbau, einst entworfen von Art-Noveau-Meisterarchitekt Victor Horta, präsentieren sie sich seit 1989 jeweils dienstags bis sonntags 10–18 Uhr Besuchern aus aller Welt. Das **Comicmuseum** (Belgisch Centrum van het Beeldverhaal) begleitet auf einer Fläche von mehr als 4000 m² die internationale Geschichte des Comics, angefangen bei belgischen Pionieren wie Hergé (»Tim und Struppi«) und Morris (»Lucky Luke«) bis zur Gegenwart. In der »Schatzkammer« des Museums sind Originalzeichnungen zu sehen. Wer durch den Rundgang Lust auf mehr verspürt, kann in der Bibliothek ausgiebig in Comics stöbern, auch in deutscher Sprache.

Im Eisenmolekül

In Laeken steht auch das 102 m hohe **Atomium**. Das aus neun Kugeln von jeweils 18 m Durchmesser bestehende Bauwerk stellt eine milliardenfache Vergrößerung eines Eisenmoleküls dar. Es wurde anlässlich der Expo '58, der ersten Weltausstellung nach dem Zweiten Weltkrieg, von André Waterkeyn entworfen. Wer keine Höhenangst hat, kann einige der Kugeln von innen bestaunen oder mit dem **Aufzug** in die oberste Kugel fahren, die einen Rundumblick auf das Expogelände und die nördliche Stadt bietet.

Himmlischer Genuss

Wer Brüssel wirklich kennenlernen möchte, darf nicht nur seinen Augen trauen. Die Stadt ist auch bekannt für kulinarische Spezialitäten, die nicht nur in Gourmetrestaurants angeboten werden. An jeder Ecke bekommt man **Belgische Waffeln** (Gaufres) und **Pommes frites**, die in Kombination mit Miesmuscheln auch als **Moules et frites** serviert werden. Nicht zu vergessen das belgische **Bier** mit seinen unzähligen Sorten und Kombinationen und die köstlichen **Pralinen**, die von den Chocolatiers teils noch in Handarbeit hergestellt werden.

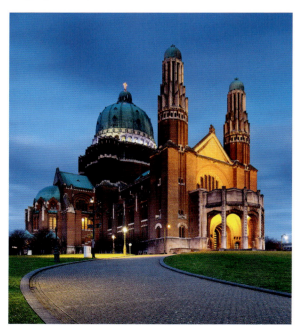

Die Nationalbasilika Sacré-Coeur auf dem Koekelberg fasst ca. 2000 Personen.

Brüssel

Infos und Adressen

ANREISE

Flug: Direktflüge von allen größeren Flughäfen zum Flughafen Brüssel-Zaventem, dann Airport City Express zur Gare Centrale oder Gare du Midi oder mit dem Bus bis zur Gare du Nord.
Bahn: Hochgeschwindigkeitszug Thalys von Köln über Aachen und Lüttich nach Brüssel, außerdem mehrmals täglich IC/ICE-Verbindungen. Tipp: freie Fahrt mit öffentlichen Verkehrsmitteln im Stadtgebiet und Rabatte bei touristischen Angeboten mit der **Brussels Card** (www.brusselscard.be);
Auto: A 4/E 40/A 76 in Richtung Aachen/Heerlen, am Autobahnkreuz Kerensheide auf die A 2/E 314 Richtung Brüssel

SEHENSWERT

Hôtel de Ville (Rathaus), reich verziertes Bauwerk der Brabanter Gotik auf der Grand-Place
Kathedrale St. Michel, barocke Nationalkirche des Königreichs Belgien, Chorfenster mit prächtigen Glasgemälden teilweise aus dem 16. Jh. Place Sainte-Gudule
Königliches Schloss, heute für offizielle Anlässe genutzt, im Sommer Besichtigung der Innenräume möglich. Place des Palais
Atomium, zur Weltausstellung 1958 als Symbol für das Atomzeitalter errichtet, 2004–06 vollsaniert, Kugeln teilweise begehbar, tägl. 10–18 Uhr.

Square de l'Atomium, www.atomium.be
Mini-Europa, Miniaturpark am Fuß des Atomiums mit den wichtigsten europäischen Sehenswürdigkeiten wie Eiffelturm, Big Ben und Brandenburger Tor, Mitte März bis Juni und Sept. 9.30–17 Uhr, Juli/Aug. 9.30–19 Uhr. Bruparck B, www.minieurope.com

ESSEN UND TRINKEN

Rue des Bouchers mit Restaurants, die sich im »Bauch von Brüssel« in den engen mittelalterlichen Schlemmergassen aneinanderreihen
In't Spinnekopke: alteingesessenes Gasthaus mit traditionellen Brüsseler Gerichten und reichhaltiger Bierauswahl. Place du Jardin-aux-fleurs 1
Quentin Pain et Vin: Weinbar mit kleinen Gerichten im Trendviertel Place du Châtelain. Rue du Page 7
Le Framboisier Doré: Eiscafé mit ungewöhnlichen Kreationen wie Basilikum- und Lavendeleis. Rue du Bailli 35

AUSGEHEN

L'Archiduc, legendäre Cocktailbar mit Jazzmusik, in der bereits Größen wie Jacques Brel und Nat King Cole auftraten. Rue Antoine Dansaert
Café La Brocante, Trendclub auf der Grand-Place mit angenehm-gedämpfter Atmosphäre, verschiedenen Biersorten, kleiner Speisekarte, Live-Musik und DJ am Wochenende. 170 rue Blaes
Théatre de la Monnaie, traditionsreiches Opernhaus mit Weltniveau, Tickets vorab buchen. Place de la Monnaie

ÜBERNACHTEN

Mitarbeiter der EU und Journalisten verlassen Brüssel am Wochenende, sodass von Freitag bis Sonntag viele Hotels günstige Konditionen bieten.
Hotel Centrale: Firstclass-Hotel in einem historischen Herrenhaus nahe des Zentralbahnhofs. Rue des Colonies 10
Hotel Bloom: Designhotel am Botanischen Garten nicht weit vom Stadtzentrum. Rue Royale 250
Hotel Frederiksborg: kleines Hotel in historischen Gemäuern mit gutem Standard im Westen der Stadt. Avenue Broustin 118
Monty Small Design Hotel: schick gestaltetes Hotel mit 18 Zimmern in einem historischen Wohnhaus im Europaviertel. Boulevard Brand Whitlock 101

WEITERE INFOS

Brussels International Hôtel de Ville (Rathaus), Grand-Place, www.visitbrussels.be

Das 1958 errichtete Atomium. In der obersten Kugel ist ein Restaurant untergebracht.

3.

HIGHLIGHTS
- **Alexander-Newski-Kathedrale,** monumentaler Bau, vergoldete Kuppeln, mit Ikonenmuseum
- **Sofioter Mineralbad,** ehemaliges Badehaus im Stil des Historismus, daneben Zapfstelle für warmes Mineralwasser
- **Arena di Serdia,** Reste eines römischen Amphitheaters, in gleichnamiges Hotel integriert
- **Kirche von Bojana,** UNESCO-Welterbe im Stadtteil Bojana, Wandmalereien aus dem 13. Jahrhundert
- **Nationalhistorisches Museum,** mit dem Goldschatz von Panagjurischte aus der Thraker-Zeit, Bojana

SOFIA IM FRÜHLING UND SOMMER
- **Mai/Juni:** Sofioter Musikwochen, internationales Musikfestival mit zahlreichen Konzerten klassischer Musik, u. a. im Nationalen Kulturpalast und in der Nationalen Kunstgalerie
- **Juli:** Sofia Rocks Festival, mehrtägiges Festival, bei dem internationale Rockgrößen im Vasil-Levski-Stadion auftreten

Links der Präsidentenpalast, im Vordergrund die Kirche Sveta Petka und im Hintergrund das Haus der Nationalversammlung.

Sofias Charme mag sich erst auf den zweiten Blick erschließen, beherrschen doch die Bauten aus der sozialistischen Epoche weite Teile des Stadtbildes. Wer sich aber auf die Hauptstadt Bulgariens einlässt und durch das historische Zentrum schlendert, entdeckt an vielen Ecken architektonische Zeugnisse einer langen Geschichte.

Lebendige Hauptstadt mit bewegter Vergangenheit

Thraker und Römer, Byzantiner und Türken und nicht zuletzt Russen hinterließen in Sofia ihre Spuren. Einen gemütlichen Rundgang durch das Stadtzentrum beginnt man am besten an der ältesten Kirche der Stadt, der **Sveti Georgi**. Das Gebäude aus dem 4. Jahrhundert mit dem runden Zentralbau weist Reste von alten Fresken auf. Um die Kirche zu besichtigen, muss man dem Sheraton-Hotel einen Besuch abstatten, denn sie befindet sich im großzügigen Innenhof des Hotels, direkt neben einem Areal mit archäologischen Ausgrabungen.

Vor dem Hotel fällt der Blick seit 2001 auf die **Statue der heiligen Sofia**. Lenin, ihr Vorgänger auf dem hohen Sockel, war nicht mehr zeitgemäß. Neben dem **Kaufhaus ZUM** lugt

Bulgarien

Die Alexander-Newski-Kathedrale ist der Sitz des bulgarischen Patriarchen.

Infos und Adressen

ANREISE
Flug: Direktflüge ab München, Berlin, Dortmund, Frankfurt am Main, Düsseldorf (2,5 Std.), Busse 84 und 284 ins Zentrum

SEHENSWERT
Archäologisches Nationalmuseum, Exponate von prähistorischer Zeit bis ins Mittelalter, Saborna 2, tägl. 10–18 Uhr

ESSEN UND TRINKEN
Manastirska Magernitsa: originelles Restaurant mit großer Auswahl an bulgarischen Speisen. Ulitsa Han Asparuh 67, www.magernitsa.com
Izbata: Weinstube mit regionalen Speisen, mit großem Außenbereich. Ulitsa Slavyanska 18,

SHOPPING
Zentrale Markthalle, Lebensmittel, Kleidung und Imbisse in einer Jugendstilhalle
Zentralen Universalen Magasin (ZUM), altes Kaufhaus, heute mit Boutiquen

ÜBERNACHTEN
Hotel Les Fleurs: Boutiquehotel mit Blumen als beherrschendem Stilelement, Vitosha Blvd. 21, www.lesfleurshotel.com

WEITERE INFOS
Tourismusportal Bulgarien,
Tipp: Free Sofia Tour organisiert englischsprachige Gratisführungen, tägl. 11 und 18 Uhr ab Justizpalast, ww.freesofiatour.com
www.bulgariatravel.org

aus einer Unterführung das Dach der Kirche **Sveta Petka** hervor. Das Gotteshaus aus dem 14. Jahrhundert weist sehenswerte Reste von Wandmalereien in mindestens drei Schichten auf. Hinter der Unterführung stößt man auf die **Banja-Baschi-Moschee**. Das Bauwerk aus dem 16. Jahrhundert mit dem überkuppelten, würfelförmigen Gebetssaal und dem schlanken Minarett zählt zu den wenigen erhaltenen Gebäuden in Sofia aus der Osmanenzeit (bis 1878). Bis heute hat die Moschee regen Zulauf unter der muslimischen Bevölkerung.

Der Weg führt an der **Zentralen Markthalle** vorbei zur **Synagoge**. Der Wiener Architekt Friedrich Grünanger errichtete das jüdische Gotteshaus Anfang des 20. Jahrhunderts im Stil des Historismus. Dabei bediente er sich auch maurischer und neobyzantinischer Elemente. So steht die Synagoge stellvertretend für das, was Sofia heute ist: ein Schmelztegel der Religionen und Architekturstile.

Persönlicher Tipp

RILA-KLOSTER
Wer Zeit hat, sollte das Rila-Kloster im Rilagebirge, rund 120 km bzw. 1,5 Autostunden von Sofia entfernt, besuchen. Das bulgarischen Nationalheiligtum, zugleich UNESCO-Weltkulturerbe, gilt als schönstes Beispiel orthodoxer Kirchenarchitektur in Bulgarien. Der heilige Ivan Rilski gründete das Kloster im frühen 10. Jahrhundert. Die meisten Bauten stammen jedoch aus dem 19. Jahrhundert, als Rila ein kulturelles und geistiges Zentrum des Landes war. Die von außen schlichten Klostermauern bergen in ihrem Inneren ein Ensemble mehrgeschossiger Gebäude, die durch Arkaden gegliedert und mit Erkern und Schnitzereien verziert sind. Ältestes Bauteil ist der 23 m hohe **Chreljo-Turm** aus dem 14. Jahrhundert. Im Zentrum der Anlage erhebt sich das **Katholikon**, die Hauptkirche. Die farbenprächtigen Malereien in ihrem Säulengang erzählen mit den Fresken im Kircheninneren rund 1200 biblische Szenen. Im Klostermuseum stellt das **Raphaels-Kreuz** einen Höhepunkt bulgarischer Schnitzkunst dar.

4. Kopenhagen

Das Renaissance-Schloss Frederiksborg in Hillerød, 35 km nordwestlich von Kopenhagen.

HIGHLIGHTS
- **Die Kleine Meerjungfrau,** Bronzeskulptur (1913) von Edvard Eriksen nach einer Märchenfigur von Hans Christian Andersen, Wahrzeichen Kopenhagens
- **Schloss Rosenborg,** Renaissance-Juwel (1634) mit Kronjuwelen im Keller
- **Christianshavn,** Klein-Amsterdam beidseits des Christianshavns Kanal
- **Christiania** und **Brückenviertel:** alternativer Freistaat und neue Szene im alten Kiez
- **Moderne Kunst,** von **Arken** (Ishøj, Badestrand in der Nähe) über **Nikolaj** (Innenstadt) bis **Louisiana** (Humlebæk), z. T. auch im **Statens Museum für Kunst** (Østre Anlæg)

KOPENHAGEN IM FRÜHLING UND SOMMER
- **April/Mai/August/September:** Open-Air-Konzerte, z. B. sonntags im Café Nemoland (Christiania), freitags im Tivoli (Rock) sowie im Fælledpark
- **23. Juni:** Sankt Hans Aften, dänische Version des Mittsommerfests
- **Juli:** Copenhagen Jazz Festival, zehn Tage Jazz auf Plätzen, in Parks und Clubs

Kopenhagen ist eine der beliebtesten europäischen Metropolen. Liegt das an der Nähe zum Wasser oder dem übersichtlichen Terrain, das leicht zu Fuß oder mit dem Fahrrad zu erkunden ist? Gibt das Miteinander von Alt und Neu, Leicht und Streng im Stadtbild den Ausschlag? Reizt die lebendige Gastronomie- und Kulturszene, oder machen die unaufgeregten Kopenhagener die Hauptstadt Dänemarks so sympathisch?

Gelassener Blick auf die schöne Königliche

Ganz gewiss ist Kopenhagen königlich. Vorm Rokokoschloss **Amalienborg**, in dem Margrethe II. im Winter mit ihrer Familie wohnt, präsentiert sich die dänische Monarchie selbstbewusst und volksnah zugleich. Die **Wachablösung der Garde** ist zackig, die Fellmütze sitzt, die Soldaten schenken dem Publikum aber gern ein Lächeln. Geballte Macht und wuchtige Repräsentation strahlt dagegen **Schloss Christiansborg** aus. Es nimmt mit seinen Nebengebäuden den halben Slotsholmen ein, einst eine Insel mit der ersten Burg Kopenhagens. Die kunstsinnige Königin hält u. a. Hof im Rittersaal, dem 17 moderne Gobelins mit Motiven aus der dänischen Geschichte eigenwilligen Charme verleihen. Majestät hat sie dem Volk gestiftet, das deshalb auch schauen darf.

Dänemark

Renaissance-König Christian IV. ließ im Grünen **Schloss Rosenborg** ganz aus rotem Backstein erbauen. In der Schatzkammer kann man die dänischen Kronjuwelen bewundern und im Museum Könige aus 300 Jahren würdigen. Am Rand des Parks **Kongens Have** können sich kleine Könige für eine halbe Stunde im **Marionettentheater** vergnügen. Die Festung, das Kastellet (1662/63), mit ihren fünf Bastionen erinnert daran, dass Dänemarks Monarchen ihre Stadt oft genug verteidigen mussten – meist gegen die Konkurrenz auf der anderen Seite des Øresunds. Dennoch wurde nichts Militärisches zum Wahrzeichen Kopenhagens, sondern, 2013 genau 100 Jahre alt, **Den lille havfrue**, die 1,25 m große, verträumt blickende »Kleine Meerjungfrau« aus Bronze an der **Langelinie**, eine Märchengestalt des dänischen Dichters Hans Christian Andersen. Die Hafenpromenade führt zum ehemaligen Freihafen, wo im Angesicht alter Speicher und einfahrender Kreuzfahrtschiffe, ähnlich wie die Hamburger Hafencity, ein ganz neues Stadtviertel wächst.

Neue Stadt und alte Türme

Überhaupt entwickelt sich das Ufer entlang dem Hafenkanal zur Schauseite Kopenhagens mit Ausrufezeichen moderner Architektur, darunter das neue **Opernhaus** mit ausladendem Schirmdach, das **Schauspielhaus** schräg gegenüber und die **Königliche Bibliothek** (»Schwarzer Diamant«) auf Slotsholmen. Im **Dansk Arkitektur Center** zeigen Baumeister ihre Projekte vom Wohnen, Leben und Arbeiten im 21. Jahrhundert.

Glas- und Granitfassaden zum Trotz bleibt Kopenhagen eine Stadt der Türme, von denen einige einen Blick von oben erlauben, besonders gut der 106 m hohe **Rathausturm** (1905). Wie ein skurriler Einfall Christians IV. wirkt der **Runde Turm (Rundetårn)** mit 209 m langer »Wendelauffahrt« zu Aussichtsplattform und Observatorium (1642), doch ging es einfach darum, Bücher kräfteschonend in die Bibliothek nebenan zu transportieren. Keinen richtigen Turm, aber einen Dachreiter (56 m) gleich einem Korkenzieher (eigentlich verschlungene Drachenschwänze) weist die **alte Börse** (1640) auf. Ähnlichen Schwung hat der Turm (87 m) der barocken **Vor Frelsers Kirke** (1696) in Christianshavn durch seine sich verjüngende Außentreppe. Mutige wagen den Aufstieg über 400 Stufen und werden mit einem fantastischen Blick auf Klein-Amsterdam belohnt.

Persönlicher Tipp

WOHL GEFORMT

Dänisches Design ist schlicht, ohne Schnörkel, zugleich praktisch, in aller Welt geschätzt. Den Anfang der Erfolgsgeschichte markierte die **Königliche Porzellanmanufaktur**: Produziert wird in Frederiksberg, verkauft auch im Factory Outlet, besonders einladend präsentiert aber werden die Schätze mit dem berühmten blauen Zwiebelmuster am Amagertorv 6 (www.royalcopenhagen.com). Die Haushaltswaren von **Bodum** – die mit der Stempelkaffeekanne – findet man mehrfach in Kopenhagen, z. B. in der Tietgensgade 12 (Tivoli). Frische Ideen sammeln kann man im **Dansk Design Center** (H. C. Andersens Boulevard 27), sie auch kaufen im **Illums Bolighus** (Amagertorv 10). Wer in internationalem bzw. klassischem Design schlafen will, ist im **Radisson Blu Royal Hotel** (5 Sterne) in der Hammerichsgade 1 oder auch neuerdings in den spektakulären Doppeltürmen des **Bella Sky Comwell** (Center Boulevard 5), der neuen Nr. 1 in Nordeuropa, bestens gebettet.

Die Kleine Meerjungfrau von Edvard Eriksen (1913) ist Kopenhagens Wahrzeichen.

Schloss Christiansborg mit dem Denkmal für König Christian IX. davor.

Persönlicher Tipp

VERGNÜGEN MIT NIVEAU

Der **Tivoli** ist die Mutter aller Vergnügungsparks (www.tivoli.dk). Im Unterschied zu vielen kopierten Etablissements, die lediglich billige Unterhaltung bieten, hat sich das 1843 gegründete Original seinen Charme bewahrt, der weniger dänisch als morgenländisch-fernöstlich geprägt ist. Natürlich überlassen nervöse Spielertypen ihre letzten Kronen einarmigen Banditen, und natürlich lassen hochmoderne Fahr- und Schaukelgeschäfte das Publikum jauchzen. Dennoch verzaubern 120 000 Glühlampen den **Landschaftspark** jeden Abend aufs Neue und machen das einem maurischen Palast gleichende **Nimb Hotel** noch schöner. Im **Pfauentheater** wird Commedia dell'arte geboten, klassische Musik spielen Vorzeigeorchester im **Tivoli Koncertsalen**. Wem das zu hoch ist, kann sich in drei Dutzend Restaurants mehr als *røde pølser* (Würstchen) und *røde grøde med fløde* (rote Grütze mit Sahne) gönnen – dazu ein Carlsberg oder Tuborg.

Der ab 1673 angelegte stimmungsvolle Nyhavn gilt als die »längste Theke« Kopenhagens.

Einkauf, Einkehr, Lebensart

Über den **Strøget**, inoffizieller Name für eine Ansammlung von Straßen und Plätzen zwischen Rathausplatz und Kongens Nytorv, ergießt sich ein Strom (so auch der Name) Kaufwilliger und Flaneure, häufig von Straßenkünstlern und -musikern unterhalten. Ist es im unteren Teil eher preisgünstig, wird es in der **Østergade** teuer. Die edle Einkaufsgalerie **Illum** bündelt zahlreiche Angebote zwischen Mode und Gaumenfreuden unter einem Dach. Eine weitere Konsummeile ist die **Købmagergade**. In der Querstraße **Skindergade** stehen alte Fachwerkhäuser aus dem 18. Jahrhundert; nur wenige haben die zahlreichen Brände in der Altstadt überstanden. Restaurants säumen den etwas versteckten **Gråbrødretorv**. Das **Latiner Kvarter** mit seinen Boutiquen und Kneipen ist besser, als sein despektierlicher Spitzname »Pisserenden« vermuten lässt. Auf der gegenüberliegenden Seite des Seegürtels hat sich das ehemalige Arbeiterquartier (Brückenviertel) **Nørrebro** um den Sankt Hans Torv zu einem Viertel der jungen, kombinationsfreudigen Szene (Suppe trifft Friseur) entwickelt.

Pralles Hafenleben verspricht nicht nur, sondern hält auch der **Nyhavn**, an dessen Norduferl sich Seemannskneipen längst zu Bistros gewandelt haben. Von dort starten Touren in Hafenbecken und Kanäle, etwa durch **Christianshavn**. Planvoll im 17. Jahrhundert von Holländern angelegt, sind in Ober- und Unterstadt noch letzte Stücke Alt-Kopenhagens bewahrt. Nicht weit entfernt versucht der »Freistaat« **Christiania** seine selbst verwaltete Alternativkultur zu bewahren. Der Staat hat's den 900 »Christianittern« nun offiziell erlaubt und ihnen dafür das Eigentum verkauft, das sie bereits seit 40 Jahren nutzen.

Kopenhagen

Infos und Adressen

ANREISE
Flug: Direktflüge von zahlreichen deutschen Flughäfen bis København-Kastrup, von dort mit der Metro ins Zentrum;
Bahn: IC/EC über Hamburg, City Night Line von Berlin, Köln und aus Süddeutschland; **Tipp:** mit **Copenhagen Card** 24–120 Std. kostenlose Nutzung des ÖPNV, freier Eintritt und Ermäßigungen

SEHENSWERT
Schloss Christiansborg, gewaltige Dreiflügelanlage (1906–37), Sitz von Regierungs- und Justizorganen sowie Parlament (Folketing), öffentlich zugänglich u. a. Überreste der ersten beiden Burgen (ab 12. Jh.) mit Ausstellung, So u. in der Sommerpause tägl. Führungen durchs Parlament, Di–So durch die Repräsentationsräume, in Nebengebäuden Kutschen-Theatermuseum (www.ses.dk); neben dem Hauptbau Schlosskirche (1810) und Thorvaldsen-Museum mit neoklassischen Werken des Bildhauers (www.thorvaldsensmuseum.dk)
Nationalmuseet, größtes Museum zur Geschichte und Kultur Dänemarks, im Prinzenpalais (18. Jh.), Di–So 10–17 Uhr. Frederiksholms Kanal 12, www.natmus.dk
Ny Carlsberg Glyptotek, bedeutende Sammlung antiker Skulpturen, Werke französischer Maler und Bildhauer, Di–So 11–17 Uhr. Dantes Plads 7, www.glyptoteket.dk
Frederikskirken, Marmor war geplant (daher auch Marmorkirche), Sandstein ist geblieben (1894), Mo–Do u. Sa 10–17 (Fr u. So ab 12 Uhr), Besteigung der Kuppel (Durchmesser 31 m) möglich. Frederiksgade 4, www.marmorkirken.dk
Dansk Arkitektur Center, auf einer früheren Werft (Gammel Dok) mit Blick über den Innenhafen aufs Stadtzentrum. Strandgade 27b, www.dac.dk

ESSEN UND TRINKEN
Nyhavn: lebhafte Café- und Gaststättenszene von rustikal bis edel in den historischen Kontorhäusern der Nordseite, bei warmem Wetter draußen, Blick auf alte Segler
Restaurant Kanalen: dänische Frokost (leichtes Mittagessen) am Christianshavns Kanal. Wilders Plads 2, www.restaurant-kanalen.dk
Sorgenfri Café: noch ein Beispiel für schmackhafte *smørrebrøds*. Brolæggerstræde 8, www.cafesorgenfri.dk

SHOPPING
Auf *der* Einkaufsmeile **Strøget** wird von billig bis exklusiv fast alles geboten; bekannte Kaufhäuser sind **Illum** (Østergade 52) und **Magasin du Nord** (Kongens Nytorv). Weniger betriebsam und spektakulär, dafür origineller und originaler geht es auf der **Strædet** und dem **Værnedamsvej** an der Grenze zu Frederiksberg zu.
Flohmärkte: Secondhand und Antik ist Trumpf, z. B. am Gammel Strand oder in Frederiksberg, Apr./Mai–Sept./Okt.

AUSGEHEN
Königliches Theater, Hauptspielstätten: Alte Bühne (Kongens Nytorf), Opernhaus (2005, Holmen) und Schauspielhaus (2008, Sankt Annæ Plads). www.kgl-teater.dk
Copenhagen Jazzhouse, Tempel für Modern Jazz mit großem Programm und Disco am (verlängerten) Wochenende. Niels Hemmingsensgade 10, www.jazzhouse.dk

ÜBERNACHTEN
Hotel d'Angleterre: Elegante Fünf-Sterne-Herberge mit Tradition. Kongens Nytorf 34, http://angleterre.hotelincopenhagen.net
Ibsens Hotel: Drei Sterne im Latiner Kvarter, Zimmer im Retro-Look. Vendersgade 23, www.ibsenshotel.dk
Clarion Collection Hotel Mayfair: mittleres Preisniveau, nahe Hauptbahnhof, aber ruhig. Helgolandsgade 3, www.clarionhotel.com

WEITERE INFOS
Copenhagen Visitor Center, Vesterbrogade 4a, www.visitcopenhagen.de;
Tipp: Kopenhagen aktuell in der englischsprachigen Monatsausgabe von »**Copenhagen This Week**« www.ctw.dk

Dänen lieben Süßes: Gebäck aus der 1870 gegründeten Konditorei »La Glace«.

5. Freiburg im Breisgau

Altes und Neues Rathaus bilden ein stimmiges Renaissance-Ensemble in der Altstadt.

HIGHLIGHTS
- **Freiburger Münster,** bedeutendes gotisches Bauwerk, Wahrzeichen von Freiburg
- **Historisches Kaufhaus,** Renaissance-Bau am Münsterplatz, Veranstaltungsort
- **Rathaus,** Altes und Neues Rathaus, mittelalterliche Gerichtslaube
- **Bächle,** 15,5 km langes Netz von Wasserläufen durch die Altstadt
- **Schlossberg,** stadtnaher Aussichtsberg mit Aussichtsturm und vielen Spazierwegen

FREIBURG IM SOMMER / HERBST
Juni: Mitsommerfeste, Konzerte in den Innenhöfen von Historischem Kaufhaus und Wentzingerhaus
Juni/Juli: Zelt-Musik-Festival, Klassik, Jazz und Pop, gewürzt mit Kabarett
Juli: Weinfest, sechs Tage Weinverkostung um das Münster
Juli bis September: Rathaushofspiele, Theater, Kabarett und Musik im Innenhof des Neuen Rathauses

Freiburg am Rand des Südschwarzwalds zählt zu den Städten mit der höchsten Lebensqualität in Deutschland. Die schöne Altstadt, die herrliche Umgebung, das milde Klima und die feine badische Küche sind dabei gewichtige Argumente.

Reizvolle Stadt in reizvoller Lage

Wahrzeichen der Stadt ist das gotische **Münster** mit seinem 116 m hohen Turm, den mittelalterlichen Glasmalereien und dem Hochaltar von Hans Baldung Grien. Mit dem **Historischen Kaufhaus** aus dem 16. Jahrhundert steht am Münsterplatz auch einer der schönsten Profanbauten Freiburgs, ochsenblutrot gestrichen wie das **Alte Rathaus** am Rathausplatz, das mit dem angebauten **Neuen Rathaus** ein schönes Renaissance-Ensemble bildet. Eines der ältesten Bauwerke der Stadt ist das ehemalige Kloster der Augustinereremiten aus dem 13. Jahrhundert, in dem seit 1923 das **Augustinermuseum** untergebracht ist.

Hübsche Winkel gibt es viele in der Stadt, etwa die Franziskanergasse mit dem **Haus zum Walfisch**, die **Fischerau** und die **Gerberau** am Gewerbebach, den **Kartoffelmarkt** oder

Deutschland

das schmale **Kaufhausgässle**. Zwischen den beiden noch erhaltenen Stadttoren **Martinstor** und **Schwabentor** liegt das malerische Viertel **Oberlinden** mit kleinen Geschäften, gemütlichen Kneipen und Cafés. Eine der Besonderheiten Freiburgs sind seine **Bächle**. Bereits seit dem Mittelalter schlängeln sich die von der Dreisam gespeisten Wasserläufe durch die Stadt; ursprünglich waren sie wohl für die Wasserversorgung und zur Ableitung des Schmutzwassers gedacht.

Unmittelbar östlich der Stadt erhebt sich der 456 m hohe **Schlossberg**, seit 2008 mit der Schlossbergbahn erreichbar. Ein 15-minütiger Fußweg führt zum Schlossbergturm und belohnt mit schönem Panoramablick über die ganze Stadt.

Infos und Adressen

ANREISE
Flug: Direktflüge zum Flughafen Basel-Mulhouse-Freiburg oder zum Flughafen Zürich; **Bahn:** ICE über Frankfurt am Main und Stuttgart; **Auto:** A 5

SEHENSWERT
Augustinermuseum, bedeutende Sammlung oberrheinischer Kunst, spektakulärer Umbau. Augustinerplatz 1
Archäologisches Museum Colombischlössle, in einem Herrenhaus mit Park. Rotteckring 5

ESSEN UND TRINKEN
Oberkirchs Weinstuben: saisonale badische Küche. Münsterplatz 22, www.hotel-oberkirch.de
Greiffenegg Schlössle: feine Küche, Panoramablick und Biergarten. Schlossbergring 3, www.greiffenegg.de
Drexlers: modernes Restaurant mit innovativer Küche und Weinbar. Rosastr. 9, www.drexlers-restaurant.de

SHOPPING
Kaiser-Joseph-Straße (die »Kajo«), Freiburgs autofreie Shopping- und Flaniermeile

AUSGEHEN
Hemingway, die Bar des Hotels Victoria serviert die besten Cocktails der Stadt. Eisenbahnstraße 54

ÜBERNACHTEN
Zum Roten Bären: Freiburgs schönste Adresse in einem der ältesten Gasthäuser Deutschlands. Oberlinden 12, www.roter-baeren.de

WEITERE INFOS
Tourist-Information, Rathausplatz 2–4, www.freiburg.de

Persönlicher Tipp

AUF UND IM SCHAUINSLAND
Freiburgs Hausberg und Ausflugsziel im Sommer wie im Winter ist der südöstlich der Stadt gelegene, 1284 m hohe **Schauinsland** im Schwarzwald (www.schauinsland.de). Eine kurvenreiche Autostraße und die **Schauinslandbahn**, mit 3,5 km Deutschlands längste Umlaufseilbahn, führen auf den Aussichtsberg. Zur Talstation gelangt man von Freiburg aus bequem mit der Stadtbahn. Den besten Blick über Freiburg, das Breisgau, die Rheinebene und den Rand der Vogesen hat man vom luftigen Schauinslandsturm. Im Winter locken Abfahrten und Langlaufloipen die Skifahrer.
Von Mai bis November werden Führungen durch das **Bergwerk Schauinsland** angeboten – 45 Minuten dauert die Familienführung, 2,5 Stunden die große Führung mit Auf- und Abstieg in den Stollen über 13 Leitern. Wegen seines Silber-, Blei- und Zinkerzbergbaus hieß der Schauinsland früher Erzkasten. Auf diesen Vorkommen basierte der Reichtum der Stadt Freiburg.

Mit 116 m überragt der Turm des Freiburger Münsters die Stadt im Breisgau.

6. Baden-Baden

HIGHLIGHTS
- **Lichtentaler Allee,** von Parks und Gärten umrahmte Promenade (2,3 km) am linken Oosufer, elegante Hotels und Villen, Museen
- **Kurhaus und Spielbank,** klassizistisches Gebäude (1822–24) mit Spielbank
- **Friedrichsbad,** 1877 eröffnetes Thermalbad, kombiniert auf 17 Stationen römische und irische Badekultur
- **Museum Frieder Burda,** Privatsammlung moderner und zeitgenössischer Kunst
- **Galopprennbahn Iffezheim,** 1858 vor den Toren Baden-Badens eröffnete Rennbahn, internationaler Großer Preis von Baden

BADEN-BADEN ZU JEDER JAHRESZEIT
- **Pfingsten, Sommer, Herbst, Winter:** Festspiele im Festspielhaus, Gastspiele internationaler Ballettkompanien
- **Ende Mai/Anfang Juni** und **Ende August/Anfang September:** Frühjahrsmeeting und Große Woche auf der Galopprennbahn Iffezheim
- **Juli:** Baden-Badener Sommernächte im Kurgarten
- **September:** SWR3 New Pop Festival, Bühne für kommende Stars

Das elegante klassizistische Kurhaus wurde Anfang des 19. Jahrhunderts gestaltet.

Die Stadt am Schwarzwaldrand blickt auf eine mehr als 2000-jährige Geschichte als Kur- und Bäderstadt zurück. Schon die Römer schätzten die heilkräftigen Thermalquellen. Im 19. Jahrhundert war Baden-Baden eines der gefragtesten Modebäder Europas.

Kunst- und Kulturmeile

Wer Baden-Baden in all seinen Facetten erleben will, sollte gut zu Fuß sein. Die mehr als 3,5 km lange **Kunst- und Kulturmeile** entlang der Oos erschließt die Höhepunkte der Bäderstadt auf einem langen, aber genussvollen Spaziergang. Ein guter Startpunkt ist das **Festspielhaus** am Alten Bahnhof. Die klassizistische **Trinkhalle** im Kurpark erfrischt mit einem Schluck Gesundheit aus den Quellen des Friedrichsbades. Im rechten Seitenflügel des **Kurhauses** ist Deutschlands älteste und größte **Spielbank** untergebracht.

Hinter dem Goetheplatz mit dem neobarocken **Theater** beginnt die Park- und Gartenlandschaft der **Lichtentaler Allee** mit ihren Luxushotels und Villen und den bedeutendsten Museen der Stadt, **Kulturhaus LA 8**, ein Kunst- und Technikmuseum, die **Staatliche Kunsthalle** und das **Museum Frieder Burda**, erbaut vom New Yorker Architekten Richard Meyer, die Zisterzienserinnenabtei **Lichtenthal** und

Deutschland

Die Spielbank im Kurhaus gilt als eine der prunkvollsten in ganz Europa.

Infos und Adressen

ANREISE
Flug: von Hamburg und Berlin zum Baden-Airpark, weiter per Bus bis Baden-Baden Hbf;
Bahn: ICE bis Baden-Baden Hbf;
Auto: über A 5

ESSEN UND TRINKEN
Gasthof Traube: badische Küche im Ortsteil Neuweier. Mauerbergstr. 107, Baden-Baden, www.traube-neuweier.de
Medici: Restaurant, Bar, Sushilokal und Biergarten. Augustaplatz 8, Baden-Baden, www.medici.de

AUSGEHEN
Karma Bar & Lounge, Kaiserallee 4, 76530 Baden-Baden
BADzille, Kleinkunst im Kurhaus. Kaiserallee 1, Baden-Baden, www.kurhauscasino.de

SHOPPING
Sophienstraße, exquisite Einkaufsmöglichkeiten im Bäderviertel.
Kurhauskolonnaden, 1867/68 entworfen, mit eleganten Schmuck-, Mode- und Feinkostgeschäften, www.kurhaus-kolonnaden.de

ÜBERNACHTEN
Hotel Magnetberg: in Parkanlage, mit schönem Ausblick. Scheibenstr. 18, www.magnetberg.com
Hotel Etol: in denkmalgeschütztem Industriegebäude (1850), Merkurstr. 7, www.hotel-etol.de

WEITERE INFOS
Tourist-Information, Schwarzwaldstr. 52 und Kaiserallee 3 (Trinkhalle), Baden-Baden, www.baden-baden.de

Persönlicher Tipp

WOLFSSCHLUCHT
Vom Waldparkplatz Wolfsschlucht oberhalb von Baden-Baden führt ein prämierter **Rundwanderweg** über die bei Kletterern sehr beliebten steilen **Felsen des Naturschutzgebiets Battert** und vorbei an den durchgehend bewirtschafteten **Burgruinen** Altes Schloss (Hohenbaden) und Alt-Eberstein zur wildromantischen Wolfsschlucht. Sie soll den Komponisten Carl Maria von Weber, der sich oft in Baden-Baden aufhielt, zur Wolfsschlucht-Szene in seiner 1821 uraufgeführten Oper »Der Freischütz« inspiriert haben.

KIRCHEN FÜR VIELE NATIONEN
Die Bedeutung Baden-Badens als internationaler Badeort spiegeln die vielen Kirchen und Kapellen wider. Nach Plänen des Münchner Baumeisters Leo von Klenze entstand die neuklassizistische Grabkapelle der rumänischen Fürstenfamilie Stourdza; für die englische Gemeinde wurde die All Saints Church, heute Sankt Johannis, errichtet. Überstrahlt werden diese Bauten vom vergoldeten Zwiebelturm der Russischen Kirche. Heute wandeln wieder viele Russen auf den Spuren so illustrer Kurgäste wie Fjodor Dostojewskij oder der Kaiserin Elisabeth von Russland.

---

das **Brahmshaus**, in dem der Komponist Johannes Brahms viele Sommermonate verbrachte, schließen den Spaziergang ab.

Bevor man in die Bäderwelt der Stadt abtaucht, sollte man sich die **Römischen Badruinen** unter dem Römerplatz anschauen. Ab 220 n. Chr. war Aurelia Aquensis (Bäderstadt) ein bedeutender römischer Badeort mit Kaiserbädern und einfacheren Soldatenbädern, deren Überreste heute zugänglich sind. Direkt über den Ausgrabungen befindet sich mit dem **Friedrichsbad** ein prachtvolles Badehaus im Stil der Belle Époque. Die **Caracalla-Therme** bietet eine moderne, mehr als 4000 m² große Bade- und Saunalandschaft.

Baden-Badens **Bäderviertel** liegt mitten in der Altstadt. Vom Marktplatz mit der **Stiftskirche** fällt der Blick auf den Schlossberg mit dem im Renaissancestil erbauten **Neuen Schloss**, das zu einem Hotel umgebaut werden soll.

7. Bad Wildbad/Schwarzwald

Entspannung an der Großen Enz im Kurpark von Bad Wildbad.

HIGHLIGHTS
- **Kurpark,** weitläufiges naturbelassenes Areal mit Nordic-Walking-Strecken und einem Matschplatz mit Barfußpfad für Kinder sowie dem Königlichen Kurtheater
- **Haus des Gastes,** einstiges König-Karls-Bad, im Neorenaissance-Stil 1892 vollendet, im Innern farbige Glasfenster, Kuppelsaal mit Deckengemälden sowie Lese- und Veranstaltungsräume für Kurgäste
- **Palais Thermal,** Badelandschaft in orientalischem Interieur
- **Fahrt mit der Sommerbergbahn,** mit einer mehr als 100 Jahre alten Standseilbahn auf den Sommerberg, die seit ihrer Sanierung eine der modernsten Deutschlands ist
- **Rad-Wanderwege** auf dem Hochplateau des Sommerbergs, rund 235 km ausgeschilderte, teils ebene Wege

BAD WILDBAD IM SOMMER
- **Juli:** »Rossini in Wildbad«, ein Belcanto-Opern-Festival zu Ehren des Komponisten, der 1857 in Wildbad kurte

Dunkle Wälder und liebliche Täler, würzige Luft und heilende Quellen, Naturlehrpfade und Wanderrouten machen den Reiz des Schwarzwalds aus. Traditionsreiche Kurorte wie Bad Wildbad laden dazu ein, in Thermalbädern und auf langen Spaziergängen Gesundheit und Ruhe zu tanken.

Wellness und Wandern im idyllischen Wildbad

Seit dem Mittelalter für seine heißen Quellen berühmt, entwickelte sich der Ort im Tal der Großen Enz im 19. Jahrhundert zu einem Kurbad von Weltrang. Württembergs Könige und der europäische Hochadel, Künstler wie der Komponist Gioacchino Rossini fanden hier Entspannung und Erholung. Um den Kurplatz gruppieren sich das imposante Haus des Gastes und klassizistisch geprägte Hotelbauten. Sie strahlen wie der **Jugendstil-Kursaal** und das **Königliche Theater** im Kurpark die Atmosphäre eines eleganten Badeorts aus.

Orientalische Badepracht entfaltet sich im **Palais Thermal,** dem einstigen Graf-Eberhard-Bad, das der württembergische Hofbaumeister Nikolaus von Thouret 1839–47 errichtete und das Anfang der 1990er Jahre aufwendig res-

Deutschland

tauriert wurde. Sein maurisches Interieur und sein Jugendstildekor gehen auf Umbauten Ende des 19. Jahrhunderts zurück. Blickfang ist die **Maurische Halle** von 1897, ein Lichthof, um den sich das Fürsten-, Herren- und Frauenbad gruppieren.

Längs der Enz erstrecken sich die **Kuranlagen** mit ihrem alten Baumbestand und den Blumenrabatten. Mit einer Ausdehnung von ca. 35 ha gehören sie zu den größten naturbelassenen Parks in Deutschland. Für Unterhaltung sorgen Veranstaltungen im Kursaal und in der Konzertmuschel.

Zu ausgedehnten Wanderungen lädt das **Hochplateau des Sommerbergs** ein. Den Aufstieg erleichtert seit über 100 Jahren eine Standseilbahn, die vom Zentrum auf den 731 m hohen Berg fährt. Von der Bergstation zweigen zahlreiche **Wander- und Radwanderwege** sowie Skilangaufloipen ab, die unterschiedlich lang sind und bis zu den urwüchsigen Hochmooren am Wildsee und Hohlochsee führen.

Infos und Adressen

ANREISE
Bahn: Fernzüge bis Pforzheim, weiter mit Stadtbahnlinie S 6 bis Bad Wildbad; **Auto**: A 8 bis Pforzheim-West, weiter über B 294 und L 351, A 81 bis Böblingen-Hulb, dann Richtung Calw und B 296; **Tipp:** freie Fahrt oder freier Eintritt mit **SchwarzwaldCard**

SEHENSWERT
Rathaus, mit aufwendigen Vertäfelungen und Reliefbildern im Sitzungssaal, die eine auf Wildbad bezogene Ballade von Ludwig Uhland darstellen, Kernerstr. 11, Bad Wildbad
Heimat- und Flößermuseum, dokumentiert Arbeit der Flößer und Waldarbeiter, So 14–17 Uhr. Bergstr. 1, Calmbach

ESSEN UND TRINKEN
Rossini: Hier speiste schon Rossini, Spezialität: Forellen, Kurplatz 4–6, Bad Wildbad
Auerhahn: auf dem Sommerberg, mit Biergarten und Sonnenterrasse, Bad Wildbad

ÜBERNACHTEN
Badhotel: Luxushotel mit Zugang zum Palais Thermal. Kurplatz 5, Bad Wildbad www.moknis.com
Hotel Sonne: familiär geführt, an der Enz. Wilhelmstr. 29, www.sonne-badwildbad.de

WEITERE INFOS
Tourist-Information, König-Karl-Str. 5, www.bad-wildbad.de

Persönlicher Tipp

AUSSICHTS- UND BILDUNGSWANDERN

Ein schöner Blick auf das Enztal und die umliegenden Höhen eröffnet sich vom **Bergfried** der einstigen **Fautsburg** auf dem Schwarzwaldhöhenrücken zwischen Kleiner und Großer Enz. Im Mittelalter vermutlich als Sitz eines Vogts erbaut, gehörte die Burg zwischenzeitlich den Grafen und Herzögen von Württemberg und bot in Kriegszeiten auch den Einwohnern der umliegenden Orte Zuflucht. Später zerfiel sie, bis Anfang der 1960er Jahre der Bergfried wieder aufgebaut wurde.

Von **Aichelberg,** einem Stadtteil von Bad Wildbad, führt ein ca 1,6 km langer Wanderweg zur Fautsburg. Der Bergfried ist auch Ausgangspunkt eines 10 km langen **historischen Rundwanderwegs**. An 21 Stellen informieren Tafeln über das Leben der Menschen früherer Jahrhunderte, über ihre Tätigkeit als Waldarbeiter und Flößer auf der Enz sowie über geschichtliche Ereignisse der Region.

Thermalbad im Palais Thermal, der luxuriösen Wellnessoase aus dem 19. Jahrhundert.

8. Romantisches Neckartal

HIGHLIGHTS
- **Heidelberger Schloss,** gewaltige Schlossanlage oberhalb des Neckars
- **Heidelberger Altstadt,** einzigartige Lage im Neckartal
- **Universität,** ältester Teil ist die barocke Alte Universität mit dem Studentenkarzer, dazu kommen Alte Aula und Universitätsbibliothek mit dem Codex Manesse.
- **Philosophenweg,** der Fußweg auf die Anhöhe jenseits des Neckars mit Ausblick auf Stadt und Schloss
- **Die Romantischen Vier,** Neckargemünd, Neckarsteinach, Hirschhorn und Eberbach

HEIDELBERG ZU JEDER JAHRESZEIT
- **März/April:** Heidelberger Frühling, Musikfestival für klassische und zeitgenössische Musik
- **Juni:** Aktionstag »Lebendiger Neckar«, Veranstaltungen von Mannheim bis Eberbach
- **Juni/Juli:** Heidelberger Schlossfestspiele im Schlosshof
- **Juni, Juli, September:** Schlossbeleuchtung mit Feuerwerk
- **September:** Heidelberger Herbst, Stadtfest

Dicht gedrängt stehen die Fachwerkhäuser von Hirschhorn am Neckar hinter der Stadtmauer.

Mark Twain beschrieb das Neckartal mit der Stadt Heidelberg in seinem Reisebuch »Bummel durch Europa« (1878) als Inbegriff der deutschen Romantik. Ausgangspunkt einer Reise sollte die Universitätsstadt Heidelberg sein.

In der Stadt und auf dem Fluss

Hoch über der Stadt und dem Neckar erhebt sich das **Heidelberger Schloss**, das seit dem Pfälzischen Erbfolgekrieg (1689–93) teils eine Ruine ist. Als ein Hauptwerk der deutschen Renaissance gilt der **Ottheinrichsbau**, im Keller steht das **Große Fass**, in dem 220 000 Liter Wein Platz finden könnten. Nur noch in Resten ist der 1613 angelegte **Schlossgarten** – Hortus Palatinus – erhalten. Direkt am Neckar erstreckt sich die **Heidelberger Altstadt.** Die modernen Universitätsgebäude liegen jenseits des Neckars, über den die **Alte Brücke** mit dem **Neckartor** führt. Die **Heidelberger Bergbahnen** entführen direkt aus der Altstadt auf den 566 Meter hohen Aussichtsberg **Königstuhl**.

Besonders romantisch ist eine **Schifffahrt** von Heidelberg nach Hirschhorn. Der untere Neckar durchbricht auf dieser Strecke den **Buntsandstein-Odenwald** in tief eingeschnittenen Flussschleifen. Für die knapp 25 km lange Strecke be-

Deutschland

Die Steingasse in der Heidelberger Altstadt führt zur Alten Brücke über den Neckar.

Infos und Adressen

ANREISE
Bahn: IC/ICE bis Heidelberg Hbf, im Raum Heidelberg freie Fahrt mit der **HeidelbergBeWelcomeCARD** (www.heidelberg-marketing.de);
Auto: über A 5 und A 656

SEHENSWERT
Höhenfestung Dilsberg, Obere Straße, Neckargemünd/Dilsberg, April–Okt. 10–17.30 Uhr, www.burg-dilsberg.de

ESSEN UND TRINKEN
Alt Hendesse: gemütlich mit Biergarten. Mühltalstr. 4, Heidelberg (Handschuhsheim), www.alt-hendesse.de
Backmulde: einst Schifferherberge, Schiffgasse 11, Heidelberg, www.gasthaus-backmulde-hotel.de

AUSGEHEN
Schwimmbad, Bar, Musikclub, Disco unter einem Dach. Tiergartenstr. 13, Heidelberg, www.schwimmbad-club.de
Print Media Lounge, prämierte Cocktails. Kurfürstenanlage 60, Heidelberg, www.printmedialounge.de

SHOPPING
Hauptstraße in Heidelberg mit Parallelstraßen **Plöck** und **Untere Straße/Heumarkt,** viele originelle Geschäfte

ÜBERNACHTEN
Hotel Zum Ritter: im schönsten Bürgerhaus Heidelbergs. Hauptstr. 178, Heidelberg, www.ritter-heidelberg.de

WEITERE INFOS
Tourist-Information, Willy-Brandt-Platz 1, Heidelberg, www.heidelberg-marketing.de
Schifffahrt: www.weisse-flotte-heidelberg.de

Persönlicher Tipp

AUSSERGEWÖHNLICHE MUSEEN
Die Psychiatrische Universitätsklinik verwahrt in der **Sammlung Prinzhorn** einen weltweit einmaligen Bestand an Werken psychisch kranker Menschen, die Anfang des 20. Jahrhunderts entstanden. In einer ehemaligen »Nothkirche« widmet sich das **Deutsche Verpackungsmuseum** der Geschichte der industriellen Warenverpackung. Das **Deutsche Apothekenmuseum** mit seiner großen Arzneimittelsammlung bezog 1957 Räume im Ottheinrichsbau des Heidelberger Schlosses.

HANDSCHUHSHEIM
Der Heidelberger Stadtteil **Handschuhsheim** bietet dörfliche Idylle mit Weinrestaurants und Biergärten. Auf dem **Heiligenberg** befinden sich Reste keltischer und römischer Befestigungsanlagen, die Ruinen des karolingischen **Michaelklosters** und des um 1090 erbauten **Stephansklosters**. Dort liegt auch die **Thingstätte**, ein Beispiel nationalsozialistischer Architektur. Die Freilichtbühne wird für Open-Air-Veranstaltungen genutzt.

nötigt man zweieinhalb Stunden reine Fahrtzeit, schließlich müssen vier Schleusen befahren werden. Vorbei an der 1130 gegründeten **Benediktinerabtei Neuburg** geht es nach **Neckargemünd** mit seinen vielen Fachwerkhäusern. Hoch über dem Neckartal thront die Burgfestung **Dilsberg**, bevor die »Vierburgenstadt« **Neckarsteinach** auftaucht. Vorder-, Mittel- und Hinterburg des in Deutschland einmaligen Burgenensembles entstanden im 12. Jahrhundert, um 1260 gesellte sich Burg Schadeck, das »Schwalbennest«, hinzu. Der Endpunkt **Hirschhorn** beeindruckt mit einer fast vollständig erhaltenen Stadtmauer, die bis zur Renaissance-Burg reicht und die malerische Altstadt umschließt.

9. Allgäu zwischen Wangen und Scheidegg

St.-Hubertus-Kapelle in Scheidegg-Forst vor dem Panorama der Westallgäuer Alpen.

HIGHLIGHTS
- **Motivbrunnen in Wangen,** z.B. »Die verdruckten Allgäuer« vor dem Mesnerhaus
- **Schloss Achberg,** Barockschloss mit Rittersaal und meisterhaften Stuckarbeiten
- **Eselsmühle** in Wangen, mit Josph-von-Eichendorff- und Gustav-Freytag-Museum
- **Badstube,** in Wangen, komplett erhaltene Badeanlage aus dem Jahr 1589
- **Blick vom Pfänder,** Scheidegg (ca. 1000 m)

ALLGÄU IM WINTER UND SOMMER
- **Januar/Februar:** Alemannische Fastnacht mit Narrensprung, in Wangen und Scheidegg
- **Juni-September:** Sommerprogramm in Wangen für die ganze Familie

Wandern, Bootfahren, Kultur – die voralpine Bilderbuchlandschaft um Wangen und Scheidegg im Westallgäu mit ihrer reinen Luft, den sanft gewellten grünen Hügeln, blühenden Wiesen und malerischen Orten schenkt schon an einem Wochenende sanfte Erholung.

Hübsche Städtchen und prächtige Schlösser

Wangen hat eine der schönsten Altstädte Süddeutschlands, mit liebevoll restaurierten Fassaden, Brunnen sowie Gasthaus- und Zunftschildern – nicht umsonst heißt es »in Wange bleibt ma hanga«. Über 20 **Motivbrunnen** wie der »Amtsschimmelbrunnen« oder der »Kopfwäschebrunnen« erzählen amüsante Anekdoten. Einlohnender Spaziergang führt über den Wehrgang um die Stadt: Dabei kommt man auch an der **Eselsmühle** aus dem 16.. Jahrhundert mit dem **Joseph-von-Eichendorff-** und **Gustav-Freytag-Museum** vorbei und zu den Kreuzgewölben der **Badstube,** in der eine komplett erhaltene

Deutschland

Badeanlage mit Originalgegenständen aus dem Jahr 1589 zu bewundern ist. Zugleich ist Wangen ein guter Ausgangspunkt für kurze Exkursionen in die Region. Südlich, auf halber Strecke zum Bodensee, liegt etwa das oberschwäbische **Barockschloss Achberg**, ein ehemaliges Deutschordensschloss.

Einmal ganz locker über den Dingen stehen – das gelingt am besten im **Luft- und Kneippkurort Scheidegg,** der »Sonnenterrasse über dem Bodensee« auf dem Bergrücken des Pfänders. Scheidegg lädt zum »Wellnesswandern« ein und eröffnet dank seiner Höhenlage auf ca. 1000 m eine spektakuläre Aussicht auf die Berggipfel des Allgäus, des Vorarlberger Landes und der Schweiz. Der Baumwipfelpfad **Skywalk Allgäu** bietet ungewöhnliche Einblicke in die Waldlandschaft mit dem Bodensee und dem Alpenvorland als »Bühnenbild«.

Infos und Adressen

ANREISE
Flug: Direktflüge zum Bodensee-Airport Friedrichshafen, weiter mit Schiff und/oder Regionalbahnen; **Zug:** bis Oberstdorf, weiter mit Regionalbahnen; **Auto:** von Norden kommend über die A 7 Würzburg–Ulm–Kempten

SEHENSWERT
Skywalk Allgäu bei Scheidegg, Oberschwenden 25, Scheidegg, Fr 14–18 Uhr, Sa, So, feiertags 10–18 Uhr (je nach Witterung), www.skywalk-allgaeu.de
Scheidegger Wasserfälle, die Fälle ergießen sich 48 m tiefe Waldschlucht, erreichbar über Wanderwege bis zum Parkplatz Rickenbach
Hutmuseum Lindenberg, einst Zentrum der deutschen Herrenstrohhutindustrie. Brennterwinkel 4, Lindenberg, www.lindenberg.de

ESSEN UND TRINKEN
Fidelisbäck: Traditionsbäckerei und -gastwirtschaft. Paradiesstr. 3, Wangen, www.fidelisbaeck.de

ÜBERNACHTEN
Landhotel Ellerhof: Hagspiel 44, Scheidegg, www.landhotel-ellerhof.de

WEITERE INFOS
Gästeamt – Tourist Information Wangen, Bindstr. 10, Wangen, www.wangen.de
Scheidegg Tourismus, Rathausplatz 8, Scheidegg, www.scheidegg.de
Bodenseeschifffahrt, www.bodenseeschifffahrt.de

Persönlicher Tipp

WIE DIE LÖCHER IN DEN KÄSE KOMMEN
Den Kühen beim Grasen und dem Bauern beim Käsen zuschauen: Wangen bildet mit Leutkirch und Isny das Allgäuer **Käsedreieck** (www.westallgaeuer-kaesestr.de). In Schaukäsereien vor Ort wie der Käserei Zurwies (Zurwies 11, 88239 Wangen, www.zurwies.de), schmeckt es gleich doppelt so gut wie aus dem Supermarkt.

WILDES ALLGÄU
Nashornviper, Leopardengecko oder Monokelkobra – das klingt wild! Kinder freuen sich über einen Besuch im **Reptilienzoo Scheidegg (**www.reptilienzoo-scheidegg.com). In Terrarien und auf dem Freigelände wird auf unterhaltsame Weise viel Wissenswertes über exotische und einheimische Reptilien an begeisterte kleine Naturkundler vermittelt.

Das Frauentor, auch Ravensburger Tor genannt, in der Wangener Altstadt.

10. Bodensee

HIGHLIGHTS
- **Insel Mainau,** üppige Gartenanlagen und Schlosspark
- **Oberzell,** Stiftskirche St. Georg auf der Reichenau mit ottonischem Bilderzyklus
- **Pfahlbaumuseum Unteruhldingen,** Reste von Prähistorischen Pfahlbauten (UNESCO-Welterbe)
- **Altes Schloss,** auch »Burg«, Wahrzeichen von Meersburg
- **Schloss Salem,** früheres Zisterzienserkloster mit Münster, Internat und Vinothek

BODENSEE IM FRÜHLING/SOMMER
- **Sonntag nach Aschermittwoch:** Funkenfeuer zur Vertreibung des Winters
- **Mai/Juni:** Internationales Bodenseefestival, Musik und Kunst (www.bodfest.de)
- **Juli:** Hausherrenfest mit Mooser Wasserprozession, Radolfzell
- **Juli:** viertägiges Seehasenfest vor allem für Kinder, Friedrichshafen
- **Juli/August:** Bregenzer Festspiele mit Opern auf der Seebühne
- **August:** Seenachtfest mit Musik und Feuerwerk, Konstanz und Kreuzlingen

Bedeutendster Weinerzeuger in Meersburg ist das Staatsweingut mit 61 ha Rebfläche.

Die Kulturlandschaft im Dreiländereck Deutschland, Schweiz, Österreich lockt mit ihrem milden Klima, einer abwechslungsreichen Landschaft, attraktiven Sehenswürdigkeiten und einer feinen Küche. Hat man nur ein Wochenende zur Verfügung, muss man sich schweren Herzens für einen Teil entscheiden. Besser hatten es Literaten wie Annette von Droste-Hülshoff und Hermann Hesse sowie Maler wie Otto Dix, die sich dauerhaft am »Schwäbischen Meer« einrichteten.

Rund um das »Schwäbische Meer«

Deutschland muss seinen größten See mit den Nachbarn Schweiz und Österreich teilen. Das Hauptbecken des Bodensees ist der bis 14 km breite **Obersee**, der sich nach Westen in den landschaftlich besonders schönen, tief eingeschnittenen **Überlinger See** und den flacheren **Untersee** gabelt. Die einzelnen Abschnitte haben ihren ganz eigenen Charakter. Gespeist wird der See vor allem vom **Rhein**, der mit einem breiten Delta als Alpenrhein bei Bregenz in ihn mündet. Als Hochrhein verlässt der Fluss ihn wieder bei Stein am Rhein in der Schweiz und stürzt sich am hohen **Rheinfall bei Schaffhausen** 20 m in die Tiefe.

Für den besten Überblick bieten sich **Schiffstouren** an; das Angebot reicht von der Drei-Länder-Panoramafahrt bis

Deutschland

zur Abendrundfahrt mit dem Spaghetti-Schiff. Auch Wassersportfreunde kommen auf ihre Kosten. In den meisten Ufergemeinden gibt es Strandbäder, vielfach auch Kanustationen und Jachthäfen. Einer der beliebtesten Radfernwege Deutschlands ist der mehr als 270 km lange **Bodensee-Radweg**. Er führt in unterschiedlich langen Etappen rings um den See – fast durchweg in Ufernähe.

Überlinger See und Untersee

Das malerische Städtchen **Überlingen** hat vielleicht die schönste Uferpromenade am See. Bei schlechtem Wetter ist das Städtische Museum mit seinen 55 Puppenstuben oder die Bodenseetherme zu empfehlen. Im **Pfahlbaumuseum Unteruhldingen** gibt es originalgetreu rekonstruierte Pfahlbauhäuser aus vorgeschichtlicher Zeit zu sehen. Von dort ist es nicht weit bis zur spätbarocken Wallfahrtskirche **Birnau**. Von der gegenüberliegenden Seite des Überlinger Sees ist die Blumeninsel **Mainau** über einen Damm zu erreichen. Sie gehört seit 1939 dem schwedischen Königshaus. Graf Lennart Bernadotte machte aus dem Schlosspark ein Blumen- und Gartenparadies, das durch Rundwege erschlossen wird.

An der Hafeneinfahrt von **Konstanz** grüßt seit 1993 das 9 m hohe Denkmal namens Imperia. Prächtige Zunfthäuser erinnern an die große Zeit der Stadt im 15. Jahrhundert. Durch die Engstelle des Seerheins gelangt man in den Untersee, vorbei an Fachwerkstädtchen wie **Gottlieben** und **Steckborn** auf der Schweizer Seite und an schilfumstandenen Naturschutzgebieten bis zum Kurort **Radolfzell**. Die Insel **Reichenau** im Untersee ist als Gemüseinsel bekannt. Auch Wein, Obst und die Fischzucht der Insel bereichern die Speisekarte vieler Restaurants am See. Seit 2000 ist die Insel UNESCO-Welterbe. Im 8. Jahrhundert wurde das Benediktinerkloster Reichenau gegründet. Die Kirchen Oberzell, Mittelzell und Niederzell beeindrucken durch ihre romanischen Wandmalereien.

Am Obersee

Die Unter- und Oberstadt von **Meersburg** auf der deutschen Seite des Obersees – gut zu erreichen mit der Autofähre aus Konstanz – stehen seit 1954 unter Denkmalschutz. Von der Terrasse des Neuen Schlosses überblickt man die Unterstadt, das Alte Schloss (mit Droste-Hülshoff-Gedenkstätte) und große Teile des Sees. Meersburg und das

Spektakuläre Bühnenbilder sind ein Markenzeichen der Bregenzer Festspiele.

Persönlicher Tipp

KÜNSTLERKOLONIE AUF DER HÖRI
Schon Hermann Hesse, der von 1904 bis 1912 in Gaienhofen auf der Höri lebte, entdeckte den Reiz der Bodenseelandschaft. In der Zeit des Nationalsozialismus siedelten sich auf der nahe der Grenze zur Schweiz gelegenen Halbinsel zahlreiche Künstler an, unter ihnen Otto Dix und Erich Heckel. Auch nach dem Zweiten Weltkrieg blieben viele Maler der Höri treu. Besichtigen kann man das Otto-Dix-Haus in Hemmenhofen und das Hermann-Hesse-Höri-Museum in Gaienhofen. Der heutigen Bodenseelandschaft hat sich in Tettnang die Künstlergruppe Panta Rhei verschrieben.

MIT DER SCHWEBEBAHN AUF DEN SÄNTIS
Die Alpen sind nicht weit entfernt. Mit der Bodensee-Erlebniskarte hat man freie Berg- und Talfahrt mit der Säntisbahn auf den 2502 m hohen Gipfel in den Appenzeller Alpen. Bei schönem Wetter sieht man vom Säntis sechs Länder – die Schweiz, Österreich, Deutschland, Liechtenstein, Frankreich und Italien. In zehn Minuten führen die Kabinen von der Schwägalp zur Bergstation. Besonders beliebt sind Sonnenaufgangs- oder Vollmondfahrten.

Der Bildhauer Peter Lenk entwarf die 9 m hohe Statue der Imperia im Konstanzer Hafen.

Persönlicher Tipp

MIT DEM ZEPPELIN ÜBER DEN SEE

Ein besonderes, wenn auch nicht ganz billiges Erlebnis ist ein Rundflug über den Bodensee mit einem Zeppelin. Seit 1993 werden die Luftschiffe wieder in Friedrichshafen gebaut. Der Zeppelin NT startet von Friedrichshafen aus zu zwölf Kurz- und Rundflügen. Die geringe Flughöhe von 300 m und die großen Panoramafenster der Gondel garantieren faszinierende Ausblicke. Ein halbstündiger **Flug über Friedrichshafen** kostet 200 Euro, eine zweistündige Tour über den See 745 Euro.

MIT DEM SOLARBOOT AUF VOGELBEOBACHTUNG

Das Wollmatinger Ried am Untersee gehört mit seinen Flachwasserzonen, Schilfgürteln und Auenwäldern zu den wichtigsten Vogelschutzgebieten in Deutschland. Von Anfang Juni bis Mitte September startet freitags von Konstanz aus ein Solarboot zu einer etwa zweistündigen Beobachtungstour. Die fachkundige Begleitung macht auf Besonderheiten in der Vogelwelt wie die Kolbenente oder den Schwarzhalstaucher aufmerksam. Das **Naturschutzzentrum Wollmatinger Ried** bietet auch Kanutouren und geführte Wanderungen entlang des Rieds an.

Wunderschön ist der Blick von der Terrasse des Neuen Schlosses in Meersburg.

benachbarte **Hagnau** sind die Zentren des Weinanbaus am Bodensee. Über die Zeppelin-Stadt **Friedrichshafen** und Ufergemeinden wie **Wasserburg** mit Schloss und Barockkirche auf einer malerischen Halbinsel kommt man zur Insel **Lindau**, auf der die Altstadt der gleichnamigen Kreisstadt liegt. Zu den Hauptattraktionen von **Bregenz**, der Hauptstadt des österreichischen Bundeslandes Vorarlberg, gehören die befestigte Oberstadt, die Festspielbühne im See und der markante gläserne Kubus des Kunsthauses.

Streifzüge in die Umgebung

Ist das Wetter gut, geht es von Bregenz in einer Gondel der **Pfänderbahn** auf den über 1000 m hohen Pfänder. Die Aussicht vom Hausberg der Bregenzer reicht über den gesamten Obersee und zahlreiche Alpengipfel. Ausblicke auf den See und die Alpenkette bietet auch der **Hohentwiel** bei Singen nicht weit von Radolfzell am Untersee. Er ist die markanteste Erhebung der Vulkanlandschaft **Hegau** und weist als eine Besonderheit Deutschlands höchstgelegenen Weinberg (über 500 m) auf.

Auch der Luftkurort **Heiligenberg** im Hinterland von Überlingen ist ein beliebter Aussichtsbalkon. Das Renaissance-Schloss birgt als besondere Kostbarkeit eine kunstvoll geschnitzte Kassettendecke im Rittersaal. Nicht weit entfernt liegt **Salem** mit seinem Schloss, früher eine bedeutende Zisterzienserabtei, und dem bekannten Internat. Kinder wird es eher ins **Affenfreigehege** mit seinen rund 200 Berberaffen ziehen.

Bodensee

Infos und Adressen

ANREISE
Flug: Direktflüge von deutschen Regionalflughäfen nach Friedrichshafen (Bodensee-Airport); **Bahn:** IC-Bahnhöfe in Friedrichshafen, Konstanz, Lindau und Radolfzell, **Tipp:** Preisvergünstigungen rund um den See mit der Bodensee-Erlebniskarte (www.bodensee-erlebniskarte.info); **Auto:** aus Norden A 81 und A 7 bzw. A 96 aus Richtung München

SEHENSWERT
Städtisches Museum Überlingen, auf vier Etagen präsentiert das im spätmittelalterlichen Reichlin-von-Meldegg-Haus untergebrachte Museum umfangreiche stadt- und kunstgeschichtliche Sammlungen. Krummebergstr. 30, Überlingen, www.museum-ueberlingen.de
Kunsthaus Bregenz, 1997 eröffnetes Ausstellungshaus für zeitgenössische Kunst, vom Schweizer Architekten Peter Zumthor entworfen. Karl-Tizian-Platz, Bregenz, www.kunsthaus-bregenz.at
Schloss Heiligenberg, Renaissanceschloss in exponierter Lage mit monumentalem Rittersaal und dreigeschossiger Schlosskapelle, nur mit Führung zu besichtigen. Schulstr. 5, Heiligenberg, www.heiligenberg.de
Stiftsbibliothek St. Gallen, im reich mit Stuck verzierten Rokokosaal der Klosterbibliothek der ehemaligen Abtei wird u. a. der um 820 entstandene Klosterplan ausgestellt. Klosterhof 6D, St. Gallen, www.stiftsbibliothek.ch
Konzilgebäude Konstanz, mächtiger Steinbau am Seeufer, 1388 ursprünglich als Warenlager erbaut, während des Konstanzer Konzeils fand hier 1417 das Konklave statt, heute Kongresszentrum, Restaurant und Festsaal. Hafenstr. 2, Konstanz, www.konzil-konstanz.de

ESSEN UND TRINKEN
Landgasthof zum Adler: beste badische Landküche in schönem Fachwerkhaus. Hauptstr. 44, Lippertsreute, www.adler-lippertsreute.de
Winzerstube zum Becher: gemütliches Restaurant, aus einer schon im Mittelalter bekannten Trinkstube entstanden. Hollgasse 4, Meersburg, www.winzerstube-zum-becher.de
Zum Sünfzen: traditionelle Gerichte in einem alten Patrizierhaus. Maximilianstr. 1, Lindau, www.suenfzen.de
Deuring Schlössle: Gourmetküche in einem Herrenhaus in der Bregenzer Oberstadt, Ehre-Guta-Platz 4, Bregenz, www.deuring-schloessle.at

AUSGEHEN
Lakeparty, jede Menge Ausgehtipps rund um den Bodensee unter www.lakeparty
Bayerische Spielbank Lindau, futuristisch anmutendes Gebäude mit schönem Seeblick und Kleinkunstbühne. Chelles-Allee 1, Lindau/Bodensee, www.spielbanken-bayern.de

Übernachten
ArtVilla am See: ruhig gelegenes Hotel mit individuell ausgestatteten Zimmern auf der Halbinsel Mettnau, nahe der Kuranlagen. Rebsteig 2/2, Radolfzell, www.artvilla.de
Hotel Wiestor: günstiges Hotel mitten in der Altstadt von Überlingen. Wiestorstr. 17, Überlingen, www.wiestor.de
Hotel zum Lieben Augustin: in schönster Lage direkt am Bodensee. Halbinselstr. 70, Wasserburg, www.hotel-lieber-augustin.de
Hotel Drachenburg und Waaghaus: stilvoll Übernachten in einem denkmalgeschützten Häuserkomplex aus dem 17. Jahrhundert. Gottlieben (Schweiz), www.drachenburg.ch

WEITERE INFOS
Tourist-Information, www.bodensee.eu, berücksichtigt auch die Schweiz und Österreich; www.der-bodensee.de, Portal geht auch auf die weitere Umgebung ein

Kanzleistraße und Marktstätte sind beliebte Einkaufs- und Flaniermeilen in Konstanz.

11. Bamberg

Der Platz vor dem Alten Rathaus ist ein beliebter Treffpunkt nicht nur für Touristen.

HIGHLIGHTS
- **Bamberger Dom,** wertvolle Ausstattung, darunter die Skulptur des Bamberger Reiters, Riemenschneider-Altar, Veit-Stoß-Altar
- **Altes Rathaus,** Wahrzeichen der Stadt in einmaliger Brückenlage, mit Fachwerk und Fassadenmalereien
- **Sankt Michael,** ehemaliges Benediktinerkloster mit dem Fränkischen Brauereimuseum
- **Klein Venedig,** altes Fischerviertel an der Regnitz, Fachwerkhäuser mit kleinen Gärten
- **Böttingerhaus,** barockes Stadtpalais mit Gartenanlage, heute Kunstgalerie

BAMBERG IM SOMMER
- **Juni–September:** Rosengarten-Serenaden, klassische Konzerte im Rosengarten der Neuen Residenz
- **Juli:** Canalissimo, Wasserfest am Alten Kanal, zwischen Schleuse 100 und der Unteren Brücke
- **August:** Tucher Blues- & Jazzfestival, mit internationaler Besetzung

Als Musterbeispiel einer frühmittelalterlichen Stadt wurde Bamberg in die Liste des UNESCO-Welterbes aufgenommen. Der alte bürgerliche Teil ist die von der Regnitz umflossene Inselstadt, über der sich die geistliche Bergstadt mit dem Dom erhebt.

Zwischen Bamberger Reiter und Rauchbier

Der 1237 geweihte viertürmige **Bamberger Dom** ist ein Hauptwerk der deutschen Spätromanik und Frühgotik. Das berühmte Standbild des **Bamberger Reiters** im Kircheninnern soll wohl König Stephan I. von Ungarn darstellen. Die **Alte Hofhaltung**, ein prächtiger Renaissance-Bau direkt neben dem Dom, beherbergt das Historische Museum. Domherrenhöfe und die barocke **Neue Residenz** mit Staatsgalerie und Rosengarten vervollständigen das Ensemble. Auf dem nicht weit entfernten Michaelsberg erhebt sich das Benediktinerkloster **Sankt Michael**. In der ehemaligen Klosterbrauerei führt das **Fränkische Brauereimuseum** in die Geheimnisse der regionalen Brautradition ein. In den Buntsandsteinhügeln oberhalb der Stadt wurde das Bier früher in stollenartigen **Bierkellern** kühl gelagert. Um sie herum entstanden auch heute noch gern besuchte Biergärten.

Deutschland

Über 50 verschiedene Biere produzieren die neun Bamberger Brauereien, darunter das berühmte **Rauchbier**, für dessen Herstellung Rauchmalz verwendet wird. Probieren kann man es in der Altstadt, etwa im historischen Brauereiausschank **Schlenkerla**. Von dort ist es nicht weit zum **Alten Rathaus**, einer Komposition aus mittelalterlichem Fachwerk und barockem Überbau. Errichtet wurde der Bau auf Pfählen zwischen zwei Brücken im linken Regnitzarm. Besonders malerisch präsentieren sich die Fachwerkbauten in der ehemaligen Fischersiedlung **Klein Venedig** am rechten Regnitzufer. Zwischen dem Bahnhofsgelände und der Mittelstraße liegt die **Gärtnerstadt**, seit dem Mittelalter für die Versorgung der Bamberger mit Gemüse zuständig.

Infos und Adressen

ANREISE
Flug: Flughafen Nürnberg in 70 km Entfernung; **Bahn:** an ICE-Strecke Berlin–Nürnberg–München; **Auto:** über A 73 (Frankenschnellweg) und A 70 (Maintalautobahn)

SEHENSWERT
Historisches Museum, in der Alten Hofhaltung. Domplatz 7, Bamberg, www.museum.bamberg.de
Schloss Seehof, ehemalige barocke Sommerresidenz der Bamberger Bischöfe in Memmelsdorf, östlich von Bamberg, in der Nähe Karpfenteiche

ESSEN UND TRINKEN
Wilde Rose: regionale Küche, Bierspezialitäten und Frankenweine im barocken Anwesen, Keßlerstr. 7, Bamberg, www.hotel-wilde-rose.de
Gasthaus zum Sternla: Wirtshaus seit 1380 mit fränkischen Schmankerln und schönem Biergarten. Lange Straße 46, Bamberg, www.sternla.de

ÜBERNACHTEN
Villa Geyerswörth: vier stilvolle, miteinander verbundene Häuser auf einer Insel in der Altstadt, Geyerswörthstraße 15–21a, Bamberg, www.villageyerswoerth.de
Hotel Nepomuk: direkt am Regnitzarm mit Blick aufs Alte Rathaus, Obere Mühlbrücke 9, Bamberg, www.hotel-nepomuk.de

WEITERE INFOS
Tourist-Information, Geyerswörthstr. 5, Bamberg, www.bamerg.info

Persönlicher Tipp

E.T.A.-HOFFMANN-WEG
Einer der schönsten Wege durch Bamberg folgt den Spuren des Schriftstellers, Komponisten und Zeichners E.T.A. Hoffmann, der von 1808 bis 1813 in Bamberg als Theaterkapellmeister arbeitete. Ausgangspunkt des 90-minütigen Spaziergangs ist sein erstes Domizil in der Nonnenbrücke, unweit seiner Wirkungsstätte, dem Bamberger Theater, heute das **E.T.A.-Hoffmann-Theater**. Schautafeln informieren an allen zehn Stationen aus dem Leben des Künstlers – auch über Persönliches. Im **Haus zum Goldenen Löwen** verliebte er sich hoffnungslos in seine minderjährige Gesangsschülerin Julia Mark, im barocken **Krackardthaus** am Grünen Markt traf er sich zu Zechgelagen mit seinem Freund und Verleger Carl Friedrich Kunz. Am Eingang zum Haus in der Eisgrube 14 kann man den Türknauf mit dem **Apfelweibla** bewundern, Vorbild für die gleichnamige Figur in Hoffmanns Märchen »Der Goldne Topf«. Letzte Station ist das **E.T.A.-Hoffmann-Haus**, sein Wohnhaus am Schillerplatz, das 2003 in ein Literaturmuseum umgewandelt wurde.

Die Ostfassade des Bamberger Doms ist ein Meisterwerk der Spätromanik und Frühgotik.

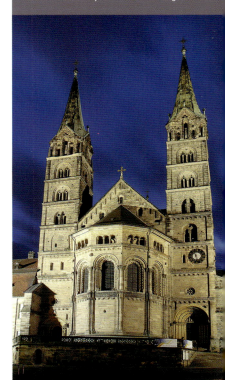

12. Naturpark Fränkische Schweiz

HIGHLIGHTS

- **Fränkisches Spielzeugmuseum,** Beispiele fränkischer Spielwarenherstellung seit den 1960er-Jahren in Gößweinstein
- **Pottenstein,** Fachwerkhäuser, 7 km östlich von Gößweinstein
- **Teufelshöhle,** berühmteste Tropfsteinhöhle der Fränkischen Schweiz, bizarre Höhlenwelt, Höhlenbärenskelett, im Sommer Kulturveranstaltungen
- **Felsenbad Pottenstein,** Naturfreibad zwischen Dolomitfelsen
- **Fränkische-Schweiz-Museum,** kulturhistorisches Museum über die Region, Tüchersfeld

FRÄNKISCHE SCHWEIZ IM HERBST UND WINTER

- **6. Januar:** Lichterfest in Pottenstein, Prozession im Ort, etwa 1000 Feuer auf den umliegenden Bergen
- **September/Oktober:** Kürbisfest in Muggendorf, Kinder tragen abends ausgehöhlte, bemalte und beleuchtete Kürbisse in einem Umzug durchs Dorf.

In romantischer Abenddämmerung: Burg und Wallfahrtskirche (18. Jh.) von Gößweinstein

---

Zugegeben, die romantische Schwärmerei, zu der die Fränkische Schweiz einst einen ihrer »Entdecker«, Ludwig Tieck, hinriss, ist vermutlich einmalig. Aber die kristallklaren Bäche und Flüsse, gesäumt von schroff aufragenden Dolomitfelsen mit geheimnisvollen Tropfsteinhöhlen, die grünen Bergrücken, auf denen trutzige Burgen thronen, all das begeistert auch heute noch.

Von romantischer Begeisterung zu neuzeitlicher Wanderlust

Den Romantiker Tieck versetzte die Fränkische Schweiz im 18. Jahrhundert in einen »Taumel«. Heute freut man sich einfach an der herrlichen Natur und den hübschen Städtchen, die man zu Fuß oder mit dem Rad erkunden kann. Für ein Wochenende eignet sich z. B. die Wanderung von **Muggendorf** nach **Behringersmühle**.

Startpunkt ist die **Laurentiuskirche** in Muggendorf (Gotik und Frühbarock), deren geschnitzte Figuren am Altar, die Apostel Petrus und Paulus sowie der heilige Laurentius, den Wanderer verabschieden. Erste Wegmarke ist die **Oswaldhöhle,** die ihren Namen einem Einsiedler verdanken soll. In der 70 m langen Höhle ist es finster; wohl dem, der eine Taschen-

Deutschland

Deftige Gaumenfreuden in der Fränkischen Schweiz – bei schönem Wetter immer draußen

Infos und Adressen

ANREISE
Flug: Über Flughäfen Nürnberg, von dort aus weiter mit dem Zug oder Auto; **Bahn:** Nach Nürnberg oder Bamberg, weiter mit Regionalzügen; **Auto:** A 3 oder A 9 Richtung Nürnberg, A 73 Richtung Bamberg; die B 470 durchzieht fast die gesamte Region

ESSEN UND TRINKEN
Hotel-Restaurant Feiler: frische regionale Kräuterküche im stilvollen Ambiente. Oberer Markt 4, Muggendorf, www.hotel-feiler.de
Restaurant Sonne: fränkische Spezialitäten. Forchheimer Str. 2, Muggendorf, www.sonne-muggendorf.com

SHOPPING
Regionale Produkte werden häufig direkt ab Erzeuger verkauft, frisch und günstig.

ÜBERNACHTEN
Hotel-Restaurant Feiler: ansprechende Zimmer in einem Fachwerkhaus. Oberer Markt 4, Muggendorf, www.hotel-feiler.de
Ferienhotel Schwan: Designhotel mit kostenlosem Zugang zur Badewelt »Juramar«. Am Kurzentrum 6, Pottenstein, www.hotel-schwan-pottenstein.de

WEITERE INFOS
Tourist Info Markt Wiesenttal, Forchheimer Str. 8, Muggendorf. www.wiesenttal.de

Persönlicher Tipp

DAMPF, DIESEL, BIER
Zwischen 1891 und 1930 kämpften die Bewohner der Fränkischen Schweiz um jeden einzelnen Kilometer Schienenstrang durch ihre Region. Aber bereits 1978 wurde die reguläre Zugverbindung aus wirtschaftlichen Gründen wieder eingestellt. Heute zählen Fahrten mit **historischen Dampf- und Dieselloks** auf der alten Strecke zu den größten Touristenattraktionen der Fränkischen Schweiz. In gemächlichem Tempo durch das bezaubernde Tal des Flusses **Wiesent** zu dampfen, das genießen nicht nur Bahn-Nostalgiker. Die einfache Fahrt von Behringersmühle nach Ebermannstadt dauert 45 Minuten. Von Mai bis Oktober verkehrt die **Museumsbahn** jeden Sonntag, zusätzlich an Feiertagen.
Die Fränkische Schweiz verzeichnet innerhalb Deutschlands, Bayerns und Oberfrankens die größte Dichte an **Privatbrauereien**, drei allein in Pottenstein. Nach gut gehüteten Familienrezepten werden Biere gebraut, die den Franken zufolge natürlich besser sind als die der Münchner. In Brauereigaststuben kann man die Hausbiere probieren, häufig auch **selbst gebrannte Schnäpse**, dazu eine deftige Brotzeit. Wohl bekomm's!

---

lampe eingepackt hat! Leider endeten manche Tropfsteine als Mitbringsel in den Taschen sogenannter Naturfreunde.

Nachdem der felsige **Zwecklersgraben** durchquert ist, wird das **Quackenschloss** erreicht. Hinter dem eigentümlichen Namen – Quacke heißt auf Fränkisch »löchriger Kalkstein« – verbergen sich die Überreste eines einst 17 m langen Höhlensystems, das einbrach. Die bizarren Felsformationen, die still unter dem Dach des Laubwaldes ruhen, wirken geheimnisumwoben. Oberhalb des Quackenschlosses ragt der **Adlerstein** (531 m) auf, von dem man ein schönes Panorama genießen kann. Die 11 km lange Wanderung endet in Behringersmühle, das mit dem oberhalb liegenden **Gößweinstein** eines der bekanntesten Fremdenverkehrsziele der Fränkischen Schweiz bildet. Auch Nicht-Wallfahrer sind von der **Wallfahrtskirche** (1730–36) aus gelbem Sandstein begeistert, die der Barockbaumeister Balthasar Neumann gestaltete. Und eine Brotzeit in einem der vielen einladenden Restaurants hat man sich jetzt sowieso verdient.

13. Rothenburg und Dinkelsbühl

Ein besonders malerischer Winkel in Rothenburg ist die Straßengabelung Plönlein.

HIGHLIGHTS
- **Sankt Jakob,** gotische Pfarrkirche, Heiligblutaltar von Tilman Riemenschneider, Rothenburg
- **Rothenburger Rathaus,** Gotik und Renaissance, herrlicher Blick vom Rathausturm
- **Fleisch- und Tanzhaus,** prächtige Fachwerkfassade, Rothenburg
- **Stadtmauer von Dinkelsbühl,** mit Türmen und Toren, vollständig erhalten und begehbar
- **Sankt Georg,** bedeutende spätgotische Hallenkirche, Dinkelsbühl

ZU JEDER JAHRESZEIT
- **Ostern, Pfingsten, September:** Schäfertanz, Folklore um die »Schäferskirche« St. Wolfgang, Rothenburg
- **Pfingsten:** Meistertrunk, erinnert an die Belagerung Rothenburgs im Dreißigjährigen Krieg
- **Juli:** Kinderzeche, Heimat- und Kinderfest mit Festspiel, Dinkelsbühl
- **Oktober/November:** Fischerntewoche
- **Dezember:** Rothenburger Reiterlesmarkt (Weihnachtsmarkt)

Die beiden mittelfränkischen Städte scheinen einem alten Bilderbuch zu entstammen. Die Altstadt der ehemaligen Reichsstadt Rothenburg ist weltbekannt und zu jeder Jahreszeit attraktiv. Etwas beschaulicher geht es im nicht minder schönen Dinkelsbühl zu.

Ausflug ins Spätmittelalter

Das gut erhaltene mittelalterliche Stadtbild von **Rothenburg** ist weltbekannt. Die beste Aussicht auf das Häusergewirr aus Fachwerk und Stein hat man vom **Rathausturm** am Marktplatz und von der **Stadtmauer** mit ihren Toren und Türmen. Beliebte Fotomotive an der Mauer sind der Markusturm mit dem Röderbogen und das von zwei Wachhäuschen flankierte Rödertor. Um den Marktplatz gruppieren sich das **Rathaus** mit der prunkvollen Renaissance-Fassade, die **Ratstrinkstube** mit ihrer Kunstuhr und prächtige Patrizierhäuser wie die **Marienapotheke** und das **Fleisch- und Tanzhaus**. Die gotische Pfarrkirche **Sankt Jakob** birgt wertvolle Kunstschätze, allen voran der aus Lindenholz geschnitzte Heiligblutaltar von Tilman Riemenschneider. Auf dem Weg zum **Reichsstadtmuseum** im ehemaligen Dominikanerinnenkloster passiert man den malerischen **Feuerleinserker** in der Klingengasse. Ein

Deutschland

lohnenswerter Abstecher führt vom Burggarten zum eigenwilligen **Topplerschlösschen** auf der anderen Tauberseite.

Dinkelsbühl ist ein weiteres Kleinod an der Romantischen Straße. Die alte Reichsstadt ist von einer 2,5 km langen Stadtmauer mit Doppelgraben, vier Toren und 16 Türmen umgeben. Der **Bäuerlinsturm** an der Wörnitz ist ein Wahrzeichen der Stadt. Von der steil zum Segringer Tor ansteigenden **Segringer Straße** hat man einen reizvollen Blick auf die Stadtmitte. Die beste Aussicht hat man vom Turm des Münsters **Sankt Georg**. Prächtige Giebelhäuser flankieren den **Weinmarkt**, den **Marktplatz** und den **Altrathausplatz**. Besonders pittoresk ist der als Hotel genutzte **Hezelhof**.

Infos und Adressen

ANREISE
Flug: über Flughafen Nürnberg; **Bahn:** zum Europabus Romantische Straße über die ICE-Bahnhöfe München, Augsburg, Würzburg und Frankfurt am Main; **Auto:** A 7, A 6

SEHENSWERT
Mittelalterliches Kriminalmuseum, in der ehemaligen Komturei der Johanniter. Burggasse 3–5, Rothenburg, www.kriminalmuseum.rothenburg.de
Museum 3. Dimension, optisches Museum mit holografischer Sammlung in der Stadtmühle. Nördlinger Tor, Dinkelsbühl, www.3d-museum.de

ESSEN UND TRINKEN
Weinstube Löchle: fränkische Küche und Weine, im Hotel Reichsküchenmeister. Kirchplatz 8, Rothenburg, www.reichskuechenmeister.com

Die Blaue Sau: regionale und italienische Küche. Vorm Würzburger Tor 7, Rothenburg, www.blauesau.eu

ÜBERNACHTEN
Villa Mittermaier: Wohlfühlhotel. Vorm Würzburger Tor 7, Rothenburg, www.villamittermeier.de
Zum Goldenen Anker: traditionsreiches Haus in zentraler, aber ruhiger Lage. Untere Schmiedgasse 22, Dinkelsbühl, www.goldener-anker.homepage.t-online.de

WEITERE INFOS
Tourismus-Service Rothenburg, Marktplatz, www.tourismus.rothenburg.de
Touristik-Service Dinkelsbühl, Altrathausplatz 14, www.dinkelsbuehl.de

Persönlicher Tipp

IM TAUBERGRUND
Hinter Rothenburg schneidet sich die Tauber, ein linker Nebenfluss des Mains, tief in die mittelfränkische Hochfläche ein. Die Hänge des **Taubergrunds** sind mit Obstbäumen und Rebstöcken bestanden. In den kleinen Weinorten **Tauberzell** oder **Röttingen** an der Mittelfränkischen Bocksbeutelstraße sollte man bei einer Weinverkostung unbedingt die lokale Spezialität Tauberschwarz probieren.

AUF DEN HESSELBERG
Fährt man von Dinkelsbühl Richtung Osten, erhebt sich aus der Hügellandschaft der 689 m hohe **Hesselberg**, ein vorgeschobener Zeugenberg der aus Kalkgestein aufgebauten Fränkischen Alb. Bei klarem Wetter reicht der Blick bis zu den Alpen. Drachenflieger, Paraglider und Modellflieger schätzen die guten Windverhältnisse an der Osterwiese. Zwei Lehrpfade informieren über die erdgeschichtliche Entstehung und die Besiedlungsgeschichte, die bis in die Jungsteinzeit reicht. Um den Berg führt die Fränkische Moststraße. An Moststationen können Obstsäfte, -weine und -brände verkostet werden.

Schöne Fachwerkhäuser säumen die Untere Schmiedgasse in Dinkelsbühl.

14. München

HIGHLIGHTS
- **Englischer Garten,** Münchens grünes Herz am Westufer der Isar
- **Alte und neue Pinakothek, Pinakothek der Moderne,** drei Museen der Spitzenklasse in der Maxvorstadt, Gemälde vom Mittelalter bis zur Gegenwart
- **Olympiapark,** Sportstätten, Olympiaturm und Olympisches Dorf von 1972
- **Studios der Bavaria in Grünwald,** Filmstudios seit 1919, hier wurde u. a. »Das Boot« gedreht
- **Deutsches Museum,** mit rund 30 000 Exponaten größte naturwissenschaftlich-technische Sammlung der Welt

MÜNCHEN IM FRÜHLING, SOMMER UND HERBST
- **Anfang Mai:** Maidult, Jahrmarkt auf dem Mariahilfplatz
- **Ende Juni:** Münchner Filmfest
- **Juni/Juli:** Tollwood Sommerfestival, vier Wochen internationales Theater und Musik im Olympiapark
- **September/Oktober:** Oktoberfest, Bierfreunde aus aller Welt treffen sich auf dem 42 ha großen Festgelände

Bei schönem Wetter sind die Alpen zum Greifen nah, hier gleich hinter der Frauenkirche.

In keiner anderen deutschen Stadt wechseln sich so viele sehenswerte Kirchen, trendige Modeboutiquen und großzügige Parkanlagen ab wie in München. In der Stadt an der Isar kommen sowohl Kunstliebhaber als auch Anhänger der gepflegten Biergartenkultur auf ihre Kosten.

Bayerns »Hauptstadt mit Herz«

Das **Isartor** aus dem Jahr 1337 ist das einzige in seiner ursprünglichen Form erhaltene Tor der mittelalterlichen Stadtbefestigung. Die Straße »Tal« mit dem **Valentin-Karlstadt-Musäum** und der **Heiliggeistkirche** aus dem 14. Jahrhundert führt geradewegs zum **Marienplatz**, dem Herzen der Stadt. Ein kaiserliches Dekret von 1315 verbot die Bebauung des weitläufigen Platzes, und daran hat sich bis heute nichts geändert. Seinen heutigen Namen erhielt der Marienplatz erst 1854 als Dank an die Muttergottes für eine überstandene Cholera-Epidemie. Der einstige Name Schrannenplatz (Schranne = Getreidemarkt) weist auf die jahrhundertelange Nutzung als Marktplatz hin. Im Zentrum des Platzes erhebt sich die **Mariensäule** mit der vergoldeten Marienfigur. Auch sie wurde als Dank an die Muttergottes errichtet – dafür, dass im Dreißigjährigen Krieg die Truppen Gustaf Adolfs die Stadt nicht zerstörten. Die Nordseite des

Deutschland

Marienplatzes wird von dem neogotischen Bau des Neuen Rathauses beherrscht. Wenn auf dem 85 m hohen Turm das größte **Glockenspiel** Deutschlands mit seinen 43 Glocken und 32 mechanischen Figuren erklingt (11 und 12 Uhr, im Sommer auch 17 Uhr), zieht es Hunderte von Touristen an. Die Münchner verabreden sich lieber am **Fischbrunnen** in der Nordostecke des Platzes.

Am Marienplatz kreuzen sich drei Fußgängerzonen, deren zahlreiche Geschäfte beim Einkaufsbummel kaum einen Wunsch offen lassen. Über die Kaufinger Straße gelangt man zur **Frauenkirche**, dem Wahrzeichen Münchens. Die beiden Türme mit den auffälligen Hauben ragen 99 m und 100 m in die Höhe – kein Neubau in Münchens Innenstadt darf höher sein. Über das Gässchen »Löwengrube« geht es zur **Jesuitenkirche St. Michael**. Hinter der eher unspektakulären Fassade verbirgt sich das nach dem Petersdom in Rom zweitgrößte Tonnengewölbe der Welt. Die Baumeister der Gegenreformation wollten durch den mächtigen Innenraum die überragende Bedeutung des Katholizismus darstellen. Von der Kirche sind es nur wenige Schritte bis zum **Stachus**, wie die Münchner den Karlsplatz nennen. Das **Karlstor** ist das westlichste Tor der ehemaligen Stadtmauer.

Vom Marienplatz zum Sendlinger Tor

Einen schönen Rundumblick auf die Altstadt erhält man vom Turm der **Peterskirche** auf dem Petersbergerl. 306 Stufen führen zu der 56 m hohen Aussichtsgalerie. St. Peter ist die älteste Pfarrkirche Münchens, der heutige gotische Bau des »Alten Peter« wurde 1294 geweiht.

Zu Füßen des Petersbergls erstreckt sich der **Viktualienmarkt**, auf dem seit über 200 Jahren Händler ihre Waren feilbieten. An den fest installierten Ständen kommen heute auch Feinschmecker auf ihre Kosten – und das mit Ausnahme von Sonn- und Feiertagen täglich.

Auf dem **Rindermarkt** wird seit dem 14. Jahrhundert kein Vieh mehr gehandelt, dafür hat sich das Gebiet rund um den Rindermarktbrunnen zu einem beliebten Treffpunkt der jungen Münchner entwickelt. Dort stehen die **Ruffinihäuser** als eindrucksvolles Beispiel der Münchner Heimatstilarchitektur des beginnenden 20. Jahrhunderts. Weiter geht es zum St.-Jakobs-Platz mit dem **Jüdischen Museum** (2007). Die **Synagoge Ohel Jakob** und das Gemeindehaus bilden weitere Teile des **Jüdischen Zentrums Jakobsplatz**. Die

Köstlichkeiten von nah und fern werden auf dem Viktualienmarkt angeboten.

Persönlicher Tipp

SCHLEMMEN MIT ALFONS SCHUHBECK
Kulinarische Genüsse vom Feinsten verspricht der Besuch in einem der Restaurants des Gourmet-Kochs Alfons Schuhbeck. Der Sternekoch betreibt am Münchner Platzl die Spitzenrestaurants **In den Südtiroler Stuben** und **Schuhbecks Orlando**. Auf der Speisekarte vermischen sich bayerische Traditionen mit einer innovativen Gewürzküche. Auch die Gastronomie im Prinzregententheater läuft unter der Regie von Alfons Schuhbeck.

ALTER SÜDFRIEDHOF
Eine grüne Oase Münchens ist der Alte Südfriedhof. Angelegt wurde er 1563 als Pestfriedhof – damals noch weit außerhalb der Stadt. 1788 wurde das Gelände zum »Centralfriedhof« und in seinem Grundriss zu einer Sarkophag-Gestalt erweitert. Bei einem Spaziergang über den Friedhof entdeckt man die letzten Ruhestätten viele große Münchner wie den Architekten und Stadtplaner Friedrich Bürklein (Maximilianstraße), den Optiker und Physiker Joseph von Fraunhofer und den Chemiker Justus von Liebig.

Am Chinesischen Turm im Englischen Garten schmeckt das Bier besonders gut.

Persönlicher Tipp

DACHAU

Der Name Dachau ist heute unweigerlich mit dem Konzentrationslager verbunden, das die Nationalsozialisten 1933 in der 16 km nordwestlich von München gelegenen Stadt errichteten. Bis 1945 waren rund 120 000 Gefangene in dem Lager interniert, etwa 41 500 wurden ermordet. Heute erinnert eine **KZ-Gedenkstätte** an diese Vergangenheit des Ortes. Im Laufe seiner Geschichte rief der Name Dachau jedoch auch andere Assoziationen hervor: In der zweiten Hälfte des 18. Jahrhunderts genoss die Stadt einen internationalen Ruf als Künstlerkolonie, in der Maler wie Carl Spitzweg und Max Liebermann wirkten. Die **Gemäldegalerie** Dachau zeigt Werke dieser Epoche. Von dem oberhalb der Altstadt gelegenen **Schlossberg** bietet sich ein Panoramablick bis in die Alpen. Im 16. Jahrhundert wurde Schloss Dachau an der Stelle einer älteren Burg angelegt, erhalten ist heute nur noch der Westflügel. Besonders sehenswert ist die Holzdecke im Renaissance-Saal.

Der Odeonsplatz wird von der Feldherrnhalle und der Theatinerkirche flankiert.

Sendlinger Straße führt als südwestliche Hauptachse bis zum Sendlinger Tor, dem dritten der drei Stadttore.

Maximilianstraße und Residenz

Exquisite Mode kommt auf der **Maximilianstraße** zwischen Max-Joseph-Platz und Altstadtring zum Zuge; nahezu alle bekannten Labels sind vertreten. König Maximilian II. ließ die Prachtstraße ab 1852 mit einheitlichen Fassaden errichten. Am östlichen Ende der Sichtachse steht das **Maximilianeum**, seit 1949 Sitz des Bayerischen Landtags. Ursprünglich war das Gebäude ein Internat, in dem die besten Schüler des Landes im Geiste der Wittelsbacher ausgebildet werden sollten. Über die Maximiliansbrücke kreuzt die Maximilianstraße die Isar, und bei so viel Maximilian fehlt auch ein Denkmal für den gestaltungsfreudigen Herrscher nicht: das **Maxmonument**. Von dort sind es nur wenige Schritte bis zum **Völkerkundemuseum**. 1987 wurde es durch einen Erweiterungsbau zum zweitgrößten seiner Art in Deutschland.

Am Ende der Maximilianstraße, am Max-Joseph-Platz, erhebt sich mit dem **Nationaltheater** die größte Bühne Münchens. Sie gehört zu dem 12 ha großen Areal der **Münchner Residenz**, dem Stadtwohnsitz der Wittelsbacher Herrscher. Mit 130 Schlafräumen, zehn Innenhöfen und drei Theatern gilt der Komplex als geräumigstes Innenstadtschloss Deutschlands und zählt zu den größten Raumkunstwerken der Welt. Stilistisch stellt die Residenz eine Mischung aus Renaissance, Barock, Rokoko und Klassizismus dar. Zu der Anlage gehört auch der **Hofgarten**, der einem italienischen Renaissance-Garten nachempfunden ist. Nach so viel repräsentativer Architektur schmeckt es im Biergarten oder in einem Schlemmerlokal gleich doppelt so gut.

München

Infos und Adressen

ANREISE
Flug: Direktflüge von zahlreichen deutschen Flughäfen, vom Flughafen München mit der S-Bahn-Linie 1 ins Zentrum; **Tipp:** Airport-City-Day-Ticket als Tageskarte für den gesamten ÖPNV; **Bahn:** IC/ICE von allen größeren Bahnhöfen; **Auto:** A 9, A 8, A 95, A 96

SEHENSWERT
Valentin-Karlstadt-Musäum, Hommage an das Komikerduo Karl Valentin und Liesl Karlstadt, Mo, Di, Do 11.01–17.29 Uhr, Fr, Sa. 11.01–17.59 Uhr, So 10.01–17.59 Uhr. Im Tal 50
Bayerisches Nationalmuseum, Europäische Kunst und Kultur der letzten beiden Jahrtausende, 1855 von König Maximilian II. gegründet, Di–So 10–17 Uhr, Do 10–20 Uhr. Prinzregentenstr. 3
Schloss Nymphenburg, Sommerresidenz der Wittelsbacher mit großem Schlosspark und Porzellanmuseum, tägl. 9–18 Uhr, im Winter ab 10 Uhr
Münchner Stadtmuseum, Stadtgeschichte und Alltagskultur, Di–So 10–18 Uhr. St.-Jakobs-Platz 1
BMW-Museum, Unternehmens-, Marken- und Produktgeschichte, mit legendären Automodellen, tägl. 10–20 Uhr

ESSEN UND TRINKEN
Augustinerkeller: 200 Jahre altes Traditionsgasthaus mit kastanienbeschattetem Biergarten (5000 Plätze), bayerisch-traditionelle Küche. Arnulfstr. 52, www.augustinerkeller.de
Waldwirtschaft Großhesselohe: schattiger Biergarten am Stadtrand, täglich Jazzmusik, von hier ging 1995 die »Biergartenrevolution« für die Öffnung aller Biergärten bis 23 Uhr aus. Georg-Kalb-Str. 3, Pullach-Großhesselohe, S7-Haltestelle Isartalbahnhof-Großhesselohe, www.waldwirtschaft.de
Osterwaldgarten: gemütliches Altschwabinger Gasthaus direkt am Englischen Garten, mit Mittagsmenü und bayerischen Schmankerln. Keferstr. 12, www.osterwaldgarten.de

Kleinschmidtz: Internationale Küche mit mediterranem Schwerpunkt. Glockenbachviertel nahe Gärtnerplatz, Fraunhoferstr. 13, www.kleinschmidtz.de

AUSGEHEN
Metropol, freie Bühne in ehemaligem Vorstadtkino, Theater und Musiktheater. Floriansmühlstr. 5, www.metropoltheater.com
Kultfabrik/Optimolwerke, Partymeile mit über 25 Clubs, junges Publikum. In der Nähe des Ostbahnhofs an der Grafinger Straße, www.kultfabrik.de
theater und so fort, private Kleinkunstbühne. Kurfürstenstr. 8

SHOPPING
Dallmayr: Stammhaus des traditionellen Kaffeehauses, Spezialitäten rund um den Kaffee. Dienerstr. 14–15
Käfer Feinkost: Feinkostladen, in dem Liebhaber kulinarischer Genüsse alles finden, was das Herz begehrt. Prinzregentstr. 73
Max Krug: Münchner Devotionalien wie Prunkbierkrüge, Kuckucksuhren und Musikdosen. Neuhauser Str. 2

ÜBERNACHTEN
Hotel Vier Jahreszeiten: beste Adresse in München, hier logierten einst Staatsgäste. Maximilianstr. 17, www.kempinski.com/de/muenchen
Hotel Prinzregent am Friedensengel: Vier-Sterne-Haus mit rustikalem Lokalkolorit. Ismaninger Str. 42–44, www.prinzregent.de
Hotel Jedermann: solides Hotel mit 55 Zimmern in der Ludwigvorstadt. Bayerstr. 95, www.hotel-jedermann.de

WEITERE INFOS
Tourist Information am Hauptbahnhof, Bahnhofsplatz 2, und im Neuen Rathaus, Marienplatz, München, www.muenchen.de/themen/tourismus

Die Pinakothek der Moderne ist Höhepunkt von Münchens Kunstareal, dem Museumsviertel in der Maxvorstadt.

15. Fünfseenland

HIGHLIGHTS
- **Schifffahrten,** über Ammersee und Starnberger See, mit Panoramablick
- **Kloster Andechs,** Kloster mit Wallfahrtskirche und weltbekanntem Biergarten
- **Schwimmen am Possenhofer Paradies,** 150 ha großer schattiger Badeplatz bei Pöcking am Starnberger See, einer der beliebtesten der Region
- **Floßfahrt auf der Isar,** 28 km von Wolfratshausen nach München-Thalkirchen
- **Starnberger Uferpromenade,** hier will man/frau sehen und gesehen werden

DAS FÜNFSEENLAND IM FRÜHLING UND SOMMER
- **Mai:** Dießener Töpfermarkt, über 150 Töpfer aus ganz Europa
- **Juli:** Fischerhochzeit, historische Fischerhochzeit mit Festumzug und Trauung im Tutzinger Schloss (alle fünf Jahre, zuletzt 2011)
- **Juli:** Kaltenberger Ritterturnier, Gauklerspektakulum und Mittelaltermarkt

Auch die kleinen Osterseen im Süden des Starnberger Sees zählen zum Fünfseenland.

Die fünf oberbayerischen Seen Ammersee, Starnberger See, Wörthsee, Pilsensee und Weßlinger See wurden von mächtigen Gletschern geschaffen, die die Seebecken aushobelten und die Umgebung zu einer hügeligen Landschaft formten. Die Eiszeit ist längst vorbei: Heute ist das Fünfseenland ein beliebtes Erholungsgebiet.

Starnberger See – der Fürstensee

Der größte der fünf Seen ist der 56 km² große **Starnberger See**. Nach dem Chiemsee nur der zweitgrößte Bayerns, ist er doch aufgrund seiner Tiefe (bis 127 m) der wasserreichste See ganz Deutschlands. Seinen Namen trägt er erst seit 1962, zuvor hieß er nach seinem einzigen Abfluss Würmsee.

Herzog Albrecht III. von Bayern erkannte bereits 1446 die Schönheit des Gewässers und machte das **Starnberger Schloss** zu seiner Sommerresidenz. Die Wittelsbacher nutzten das Schloss jahrhundertelang als Lustschloss und richteten Feste, Jagden und Turniere aus, ließen Feuerwerke abbrennen und sogar nach venezianischem Vorbild eine Lustflotte bauen. Heute kommt dem Starnberger Schloss

Deutschland

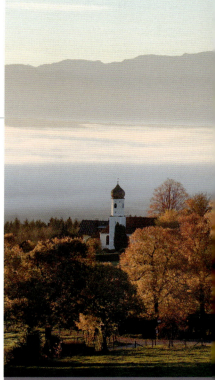

Die St. Nikolaus-Kirche auf der Ilkahöhe am Starnberger See ist von Weitem zu sehen.

eine ganz andere Bedeutung zu: Seit 1975 ist es Sitz des Starnberger Finanzamts.

Das wohl bekannteste Schloss am Starnberger See ist **Schloss Possenhofen**. Es wurde im 16. Jahrhundert auf Wunsch Herzog Wilhelms IV. erbaut. Herzog Maximilian Joseph in Bayern erstand das Anwesen 1834. Seine Tochter Elisabeth (Sisi), die spätere Kaiserin Elisabeth von Österreich und Königin von Ungarn, verbrachte hier ihre Kindheit. Im einstigen Schlosspark lässt es sich auf den Spuren der beliebten Herrscherin wandeln.

Prominenz und Tragik

Heute haben sich prominente Schauspieler und Musiker am Ostufer des Sees niedergelassen. Doch die Landschaft mit Rad- und Wanderwegen sowie zahlreichen Gaststätten, Biergärten und Badeplätzen steht allen Erholungssuchenden offen.

Einen guten Überblick über den See und die Bilderbuchkulisse der Alpen von der Zugspitze bis zu den Chiemgauer Alpen gewährt die **Ilkahöhe** (726 m), die sich rund 150 m oberhalb des Seeufers bei Tutzing erhebt. Bekannt ist **Tutzing** durch die Evangelische Akademie Tutzing, in der jedes Jahr 12 000 Gäste an politischen Tagungen teilnehmen.

Größter Ort am See ist **Starnberg**, aufgrund seiner hohen Dichte an Prominenten und Millionären ebenfalls über Bayerns Grenzen hinaus bekannt. Auf der langen Uferpromenade lässt es sich herrlich flanieren. König-Ludwig-Fans und Romantiker zieht es eher zum Ostufer des Sees, wo König **Ludwig II.** 1886 zwischen Leoni und Berg sein Leben beendete. Ein großes Holzkreuz im See markiert die Stelle, an der die Leiche des »Märchenkönigs« gefunden wurde. Prinzregent Luitpold ließ zehn Jahre nach dem tragischen Unglück am Ufer eine neoromanische Votivkapelle errichten.

Ammersee – Bauernsee mit Klöstern

Während der Starnberger See schon früh als Fürstensee bezeichnet wurde, fiel dem **Ammersee** der Beiname Bauernsee zu. Doch der See, an dem sich einst die Künstler Bertolt Brecht und Carl Orff niederließen, steht seinem großen Bruder in keiner Weise nach.

In **Dießen** residierten im 11. Jahrhundert die Vorfahren der Grafen von Andechs auf dem »Heiligen Berg«. Sie grün-

Persönlicher Tipp

Leutstettener Moos
Ruhig geht es am **Leutstettener Moos** am Nordufer des Starnberger Sees zu. Das erkannten bereits die Römer, die auf einem Hügel eine **Villa Rustica** mit Fußbodenheizung bauten. Die in einer Feuerstelle außerhalb des Hauses erwärmte Luft wurde durch gemauerte Hohlräume unter die Räume geleitet. Archäologen entdeckten den Gutshof erst 2002. Drei Jahre danach wurde anlässlich der Bundesgartenschau der **Rad- und Wanderweg** »Rund ums Leutstettener Moos« angelegt, der sich neben der Villa Rustica der Natur des kleinen Mooridylls widmet. Der ausgeschilderte Rundweg beginnt in Percha östlich von Starnberg und führt über 12 km über gute, teilweise asphaltierte Wege und stellenweise über Stege durch das Naturschutzgebiet. Tafeln am Wegesrand informieren über Natur und Geschichte des Gebietes, das ein verlandeter Teil des Starnberger Sees ist. In der **Schlossgaststätte Leutstetten** kann sich der Besucher auf der Hälfte des Weges für die restliche Wanderung stärken.

Die Klosterkirche Marienmünster in Dießen gilt als ein Meisterwerk des bayerischen Barock.

Persönlicher Tipp

Landsberg am Lech

Ein Ausflug nach Landsberg am Lech verspricht viel Sonnenschein – die an der Romantischen Straße gelegene Stadt zählt laut Deutschem Wetterdienst zu den sonnigsten Städten Deutschlands. In der Altstadt geht es beschaulich zu. Die **mittelalterliche Stadtmauer** umrahmt bis heute das historische Zentrum, was der Stadt am Lech den Beinamen »Bayerisches Rothenburg« einbrachte. Das **Bayern-Tor** von 1425 gilt als eines der schönsten Stadttore in ganz Süddeutschland. Der Salzhandel auf der Salzstraße von Bad Reichenhall nach Oberschwaben verhalf der Stadt zu ihrer heutigen Pracht, querte doch der Handelsweg hier den Lech. Wer heute auf dem **Hauptplatz** mit dem Marienbrunnen (um 1700) verweilt, streift den Alltag ganz schnell ab – rundherum alte Bürgerhäuser, zwischen ihnen das Alte Rathaus mit seiner prächtigen Rokokofassade und der Schmalzturm aus dem 13. Jahrhundert.

Die Flotte der bayerischen Seenschifffahrt betreibt auf dem Starnberger See mehrere Routen.

deten 1438 ein Augustiner-Chorherrenstift, das später in ein Benediktinerkloster umgewandelt wurde. Heute zählt das **Kloster Andechs** zu den bekanntesten Sehenswürdigkeiten der Region. Der »Heilige Berg« Andechs gilt nach Altötting als der zweitwichtigste Wallfahrtsort Bayerns. Die Benediktinermönche hüten bis heute einen Reliquienschatz aus dem Heiligen Land. Daneben bleibt ihnen genügend Zeit, auch anderen Geschäften nachzugehen: Die Mönche brauen eigenes Bier und stellen Schnäpse, Käse und Naturarzneien her. Die Gäste danken es ihnen mit einem Besuch im klösterlichen Biergarten.

Neben Kloster Andechs befindet sich ein weiterer Schatz barocker Kirchenbaukunst in Dießen. Die 1732 bis 1739 errichtete **Klosterkirche Marienmünster** gilt als Meisterwerk des Baumeisters Johann Michael Fischer. Der Hochaltar von François de Cuvilliés ist ebenfalls große Barockkunst.

An den anderen, wesentlich kleineren drei Seen des Fünfseenlandes – Wörthsee, Pilsensee und Weßlinger See – geht es eher beschaulich zu. Der **Wörthsee** gilt als einer der saubersten aller bayerischen Badeseen. Am Ufer des **Pilsensees** erhebt sich **Schloss Seefeld**, das 1302 erstmals erwähnt wurde. Seit Mitte des 15. Jahrhunderts ist es im Besitz der Grafen zu Toerring-Jettenbach. Das Bräustüberl bietet bodenständige Küche in historischen Gemäuern.

Fünfseenland

Infos und Adressen

ANREISE
Flug: Direktflüge von deutschen Flughäfen nach München, weiter mit der S-Bahn;
Bahn: S-Bahn vom Münchner Hauptbahnhof, Linie S6 über Starnberg nach Tutzing (40 min), S7 nach Wolfratshausen (45 min), S8 nach Herrsching (50 min);
Auto: A 96 zum Ammersee, A 95 zum Starnberger See

SEHENSWERT
Buchheim Museum der Phantasie, die Sammlungen von Lothar-Günther Buchheim vereinen Volkskunst und Expressionisten (u. a. Max Pechstein) unter einem Dach, die Gebäude direkt am Starnberger See erinnern an ein Schiff, Apr.–Okt. Di–So 10–18 Uhr, Nov.–März 10–18 Uhr. Am Hirschgarten 1, Bernried
Carl-Orff-Museum, Leben und Werk des berühmten Komponisten, Sa u. So 14–17 Uhr. Hofmark 3, Dießen am Ammersee
Museum Starnberger See, in einem denkmalgeschützten, bäuerlichen Anwesen werden neben der Lebens- und Arbeitswelt auch die höfische Schifffahrt der Wittelsbacher auf dem Starnberger See vorgestellt, Di–So 10–17 Uhr. Possenhofener Str. 5, Starnberg
Missionsmuseum, ethnologische und zoologische Sammlung, die meisten Exponate haben Missionare des Klosters St. Ottilien aus Afrika und Asien mitgebracht, tägl. 10–12, 13–17 Uhr. Missionsprokura St. Ottilien, St. Ottilien

ESSEN UND TRINKEN
Gasthaus Fischerrosl: eines der besten Fischrestaurants der Region in einem 400 Jahre alten Anwesen. Beuerbergerstr. 1, St. Heinrich
Bei Rosario: moderne mediterrane Küche mit täglich wechselnden Gerichten. Ludwigstr. 3, Starnberg
Restaurant Forsthaus Ilkahöhe: heimische Fische und Wild aus hauseigener Jagd, mit Blick auf den Starnberger See. Tutzing
Alte Villa: für viele der schönste Biergarten am Ammersee, neben der obligatorischen Maß serviert die Gastwirtschaft (in Jugendstilvilla) alles für den großen und kleinen Hunger. Seestr. 32, Utting, www.alte-villa-utting.de

SHOPPING
Klostermetzgerei Andechs, Wurst- und Fleischspezialitäten vom Heiligen Berg. Bergstr. 2, Andechs, nur Fr 8–11 Uhr
Dechants Fischladen, neben regionalen Spezialitäten gibt es frischen Seefisch aus aller Welt, hausgemachte Feinkostsalate und selbst geräucherte Fische. Hauptstr. 20, Starnberg

Kloster Andechs am Ammersee, Wallfahrtsort und beliebtes Ausflugsziel mit schönem Biergarten

Board & Fashion Starnberg: Wen es zum Surfen auf den Starnberger See zieht, kommt hier vorher auf seine Kosten. Bahnhofplatz 4, Starnberg, www.surftools.de

ÜBERNACHTEN
Hotel Vier Jahreszeiten: modernes Tagungshotel, in dem sich auch andere Besucher wohlfühlen. Münchner Str. 17, Starnberg, www.vier-jahreszeiten-starnberg.de
Hotel Seeblick: gemütliches Fachwerkhaus mit Blick auf den Starnberger See, großer Wellnessbereich. Tutzinger Str. 9, Bernried, www.seeblick-bernried.de
Hotel Goggl: familiengeführtes Drei-Sterne-Haus mit römischem Dampfbad im Hundertwasser-Stil. Herkomerstr. 19–20, Landsberg am Lech, www.goggl.de

WEITERE INFOS
Tourismusverband Starnberger Fünf-Seen-Land, Wittelsbacherstr. 2c, Starnberg, www.sta5.de

16. Berchtesgadener Land

HIGHLIGHTS
- **Berchtesgaden,** 8000-Einwohner-Ort mit einladendem Zentrum
- **St. Bartholomä,** Wallfahrtskirche am Westufer des Königssees, barocke Gestaltung außen und innen
- **Wimbachklamm,** über eine Strecke von 200 m tobt nahe Ramsau der Wimbach durch ein enges Felsbett.
- **Bad Reichenhall,** größte Stadt der Region mit Saline und Kurbetrieb
- **Dokumentation Obersalzberg,** 1999 eröffnetes Informationszentrum zur Geschichte des »Führersperrgebiets« während der Zeit des Nationalsozialismus

BERCHTESGADENER LAND IM SOMMER, HERBST UND WINTER
August: Almer Wallfahrt am Samstag nach dem Bartholomäustag (24. 8.) mit dem Ziel St. Bartholomä
September/Oktober: Almabtrieb am Königssee, mit Schiffspassage der Kühe
5./6. Dezember: Kramperl und Buttnmandl, wilde Gestalten, die mit Glocken behängt sind, ziehen durchs Tal.

Ob im Sommer oder mit Gipfeln im Schnee: Der Blick auf den Königssee ist immer erhaben.

In einem der abgelegensten Winkel Deutschlands findet man eine alpine Natur- und Kulturlandschaft wie aus dem Bilderbuch. Dazu tragen vor alle zwei Höhepunkte bei: Der blaue Königssee und der schroffe Watzmann ziehen Jahr für Jahr alte und neue Bewunderer in ihren Bann.

Hohe Gipfel und klares Wasser

Das Berchtesgadener Land liegt im Südostzipfel Deutschlands. Gleich an drei Seiten ist es von Österreich umschlossen, Salzburg ist nur einen Steinwurf entfernt. Der von hohen Gipfeln umgebene rund 5 km² große **Königssee** ist die blaue Perle der Region. Dreh- und Angelpunkte für Einheimische und Besucher sind die Stadt **Bad Reichenhall** und das namengebende **Berchtesgaden.** Auch **Freilassing** und **Teisendorf** haben zentrale Funktionen.

Wer von diesen Orten in die Bergwelt startet, darf eine Natur erleben, wie es sie in Deutschland nur noch selten gibt. Seit 1990 ist das **Biosphärenreservat Berchtesgadener Land** unter dem Schutz der UNESCO. Es steht beispielhaft für eine Natur- und Kulturlandschaft im deutschen Alpenraum. Dazu gehört auch der **Nationalpark Berchtesgaden,** der sich auf 210 km² erstreckt und Land-

Deutschland

Die Wallfahrtskirche St. Bartholomä steht abgeschieden am Westufer des Königssees.

Infos und Adressen

ANREISE
Bahn: von München über Freilassing nach Bad Reichenhall oder Berchtesgaden, von Salzburg mit der S-Bahn nach Bad Reichenhall, per Bus nach Berchtesgaden;
Auto: A 8 München–Salzburg, Ausfahrt Bad Reichenhall, von dort B 20

SEHENSWERT
Salzbergwerk Berchtesgaden, modernes Erlebnisbergwerk, in dem 1517 erstmals Salz gefördert wurde; Führungen mit Rutschpartien, die besonders Kinder erfreuen, Mai–Okt. tägl. 9–17 Uhr, Nov.–Apr. 11–15 Uhr. Bergwerkstr. 83, Berchtesgaden, www.salzzeitreise.de

ESSEN UND TRINKEN
Café am Luitpoldpark: Der Blick zum Watzmann rundet die Karte mit bayerischen Spezialitäten ab. Kälbersteinstr. 2, Berchtesgaden

ÜBERNACHTEN
Alm- und Wellnesshotel Alpenhof: 100-Betten-Haus im Landhausstil und in traumhafter Landschaft. Richard-Voss-Str. 30, Berchtesgaden, www.alpenhof.de

WEITERE INFOS
Berchtesgadener Land Tourismus, Bahnhofplatz 4, 83471 Berchtesgaden, www.berchtesgadener-land.com www.tourismus-berchtesgaden.de

Persönlicher Tipp

AUSSICHTSPUNKT FEUERPALFEN
Über 230 km erstreckt sich das **Netz aus Wanderwegen**, das oft bequem zu Almen, Hütten und Gasthäusern des Berchtesgadener Landes führt. So fällt es auch unsportlicheren Besuchern leicht, sich von der Natur des Nationalparks Berchtesgaden begeistern zu lassen. Ein besonderes Erlebnis ist das Panorama vom 1741 m hohen Aussichtspunkt **Feuerpalfen**. Unweit der **Gotzenalm** fällt der Blick auf den Königssee, die Wallfahrtskirche St. Bartholomä und die Ostwand des Watzmanns. Zum Aussichtspunkt Feuerpalfen führen mehrere Wanderrouten. Bei allen Wegvarianten muss mit einer Zeit von mindestens drei Stunden gerechnet werden. Bei einer Route kann ein Stück des Wegs mit der Bergbahn bewältigt werden: Von Königssee kann man bis zur Mittelstation der **Jennerbahn** fahren, den Rest gilt es zu Fuß zu meistern. Wer dort oder beim Parkplatz Hinterbrand startet, gelangt über die **Priesbergalm** zum Ziel. Von den Bootsanlegern **Kessel** oder **Salet** nähert man sich direkt von der Seeseite.

---

schaftsformen von der voralpinen über die alpine bis zur hochalpinen Zone umfasst. Über allem thront das bis zu 2713 m hohe **Watzmann-Massiv**. Dieser Felsgigant sollte nur von erfahrenden Bergwanderern und Kletterern angegangen werden. Dagegen bietet sich der 1874 m hohe **Jenner** auch für weniger Geübte an. Viele Alpenfreunde benutzen die Bergbahn, die bis unmittelbar unter den Gipfel führt.

Die Erhabenheit des Gebirges erlebt man besonders beeindruckend vom Königssee aus. Dessen Wasser gehört zu den reinsten in deutschen Seen. Auf einer Fahrt mit einem Elektromotorschiff kann Station an der **Wallfahrtskirche St. Bartholomä** gemacht werden. Zum Standardprogramm einer solchen Tour zählt das Trompetenspiel vor der **Echowand**, von der das Signal deutlich hörbar und ganz echt zurückgeworfen wird.

17. Chiemgau mit Chiemsee

HIGHLIGHTS
- **Schloss Herrenchiemsee,** vom »Märchenkönig« Ludwig II. erbaute Schloss- und Parkanlage nach dem Vorbild von Versailles
- **Augustiner-Chorherrenstift (Altes Schloss),** Tagungsort des Verfassungskonvents von Herrenchiemsee 1948, Verfassungsmuseum
- **Frauenchiemsee mit Abtei Frauenwörth,** Benediktinerinnenabtei mit Meditationszentrum
- **Chiemseeschifffahrt,** Seeflotte mit historischem Raddampfer »Ludwig Fessler« von 1926
- **Kampenwand,** ca. 1700 m hoher Gipfelkamm mit Blick auf Großglockner und Großvenediger, der mit der Kampenwand-Seilbahn von Aschau aus in 14 Minuten erreicht ist

CHIEMGAU ZU JEDER JAHRESZEIT
- **23. April:** Georgiritte, Pferdewallfahrten zum Gedenken an den heiligen Georg in diversen Ortschaften
- **Juli:** Festspiele Herrenchiemsee, stilvolles Ambiente für Klassikfans
- **August:** Chiemsee Reggae Summer
- **November/Dezember:** Christkindlmarkt auf der Fraueninsel

Wasserspiele des Latona-Brunnens in den Gartenanlagen vor Schloss Herrenchiemsee.

Die Sonne flirrt, und der Chiemsee, der größte See Bayerns, funkelt in der Sonne. In den klassischen Ferienorten wie Prien, Übersee oder und Seebruck oder im dörflichen Chieming lässt sich auf Inseln und Freizeitbooten, an Uferpromenaden und Badestellen der Sommer vor der Kulisse der Kampenwand herrlich genießen.

Am Bayerischen Meer

Es ist ein Gefühl wie am Meer, wenn bei rauem Wind zur Freude der Surfer die Wellen turmhoch gehen; dann wieder ist der Chiemsee spiegelglatt und der Horizont verschwimmt in der Ferne. **Prien** am Westufer ist der Hafen für die ganzjährig aktive Chiemseeschifffahrt. Eine historische Dampflok, die »Bockerl-Bahn«, bringt Gäste vom Priener Bahnhof zu den Anlegestellen. Sommerfeeling stellt sich ein am östlichen Ufer in **Chieming** an einem 6 km langen Naturstrand. In **Gstadt** am Nordufer wechselt man im Elektroboot die Perspektive. Nach einer Radwanderung auf gut ausgebauten Wegen lockt der Sonnenuntergang im Biergarten.

Für einen Insel-Kurzurlaub fährt der Raddampfer »Ludwig Fessler« **Herrenchiemsee** und **Frauenchiemsee** an. Bei **Schloss Herrenchiemsee,** errichtet von Ludwig II. von Bayern, gerät man ins Schwelgen angesichts (kopierter) Versailler Schlossarchitektur. Die etwa zweistündige Rundwan-

Deutschland

Hafen von Gstadt, Ausgangspunkt für Schiffsausflüge zu vielen Chiemsee-Attraktionen.

Infos und Adressen

ANREISE
Flug/Bahn: bis München, weiter mit Regionalbahnen; **Auto:** A 3/A 99/A 8 München–Salzburg

SEHENSWERT
Schloss Hohenaschau, auf einem 70 m hohen Felskegel über dem Priental, Führungen Mai–Okt., mit Falknerei (Flugvorführungen). Aschau, www.aschau.de/de/schloss-hohenaschau

Römermuseum Bedaium, mit Sonderausstellungen, Römerwochen im Sommer, Di–Sa 10–12 und 14–16 Uhr, So 14–16 Uhr, Römerstr. 3, Seebruck, www.roemermuseum-seebruck.de

ESSEN UND TRINKEN
Berggasthof SonnenAlm: Kaiserschmarrn vom Feinsten an der Bergstation. Klammweg 2, Reit im Winkl

Brauerei Camba Bavaria: Brauerei mit vielen Eigenkreationen und urige Gaststätte in einer alten Mühle. Mühlweg 2, Truchtlaching, www.cambabavaria.de

SHOPPING
Alte Inseltöpferei: volkstümliche und moderne Gebrauchskeramik. Frauenchiemsee 4a, www.inseltoepferei.de

ÜBERNACHTEN
Residenz Heinz Winkler: Wellness-Resort mit Sterneküche. Kirchplatz 1, Aschau, www.residenz-heinz-winkler.de

WEITERE INFOS
Chiemsee-Alpenland Tourismus, Felden 10, Bernau am Chiemsee, www.chiemsee-alpenland

Chiemseeschifffahrt, www.chiemsee-schifffahrt.de

Persönlicher Tipp

ENTSPANNUNG MIT WENDELSTEINBLICK
In den Chiemgau-Thermen in Bad Endorf (Ströbinger Straße 18, 83093 Bad Endorf, www.chiemgau-thermen.de) sprudeln ganzjährig Jod-Sole-Quellen in bis zu 34 °Celsius warmen Innen- und Außenbecken, zusätzlich sorgen Sprudelbecken, ein Gradierwerk und die Saunawelt für Entspannung rundum.

KLÖSTERLICHE ABGESCHIEDENHEIT
Bereits Wolfgang Amadeus Mozart schätzte einen Aufenthalt im ehemaligen **Kloster Seeon** (www.kloster-seeon.de); das heutige Tagungszentrum liegt malerisch auf einer Halbinsel im Seeoner See. Die angebotenen Veranstaltungen, z. B. eine mittelalterliche Schreibwerkstatt oder eine Kalligrafiewerkstatt, sind kontemplative Übungen. Die Klosterkirche St. Lambert besticht durch ihre Renaissance-Fresken und den Kreuzgang. Ein moderner Skulpturengarten setzt den Kontrapunkt zur Zwiebelturmarchitektur.

AUF DEM FLOSS DURCHS ALZTAL
Wer ein kleines Abenteuer sucht, findet es auf dem Wasser der Alz, dem Abfluss des Chiemsees an seinem nördlichsten Punkt bei Seebruck. Beliebt sind Floßfahrten durch das idyllische Landschaftsschutzgebiet (Tourist-Information Seebruck, www.seeon-seebruck.de).

derung führt durch dichte Wälder, die immer wieder den Blick auf See und Berge freigeben. Noch beschaulicher geht es zu auf der autofreien, von Benediktinerinnen bewohnten **Fraueninsel** mit **Kloster** und **Fischerdorf,** dessen üppig bepflanzte Gärten zum meditativen Verweilen einladen.

Aber auch die Chiemgauer Alpen locken: Das Berg- und Skidorf **Reit im Winkl** mit teils steilen, teils sanft geschwungenen Skihängen und Langlaufloipen gilt im Winter als schneesicher; mit der Gondelbahn geht es ganzjährig zur **Winklmoos-Alm,** Ausgangspunkt für Wanderungen in 1200–1800 m Höhe. Über dem Luftkurort **Aschau** hebt sich der Blick zur dreigezackten Felskulisse der **Kampenwand,** dem »Aussichtsbalkon« des Chiemgaus.

18. Berlin

Das einzig Beständige in Berlin ist der Wandel. Seit 1990 »wird« Berlin neue Hauptstadt, und laufend verändert die Metropole dabei ihr Gesicht. So gesehen ist Berlin mehrere Reisen wert, denn es gibt immer auch Neues zu entdecken.

Hauptstadt mit vielen Gesichtern

Das politische Epizentrum Berlins, ja ganz Deutschlands ist das **Regierungsviertel** mit dem **Reichstag** (1894), dem Sitz des Deutschen Bundestags, im Spreebogen. Als Zeichen für politische Transparenz setzte der britische Architekt Lord Norman Foster dem geschichtsträchtigen Gebäude aus wilhelminischer Zeit 1999 eine Glaskuppel auf. Zwei Treppen, eine für den Auf- und eine für den Abgang, winden sich durch die Kuppel um den Lichtschacht, der einen Blick in den Plenarsaal erlaubt. Unten wird Geschichte gemacht, oben hat man einen weiten Panoramablick über Berlin. Das **Kanzleramt** (2001) gegenüber dem Reichstagsgebäude steht für die Spitze der Exekutive. Die Berliner, für ihr lo-

HIGHLIGHTS
- **Potsdamer Platz,** mit den höchsten Bauten Berlins und breitem Shopping-, Restaurant- und Unterhaltungsangebot
- **Holocaust-Mahnmal,** 2711 Betonstelen erinnern an die Judenvernichtung
- **Kurfürstendamm mit Kaiser-Wilhelm-Gedächtniskirche,** Flanier- und Einkaufsmeile mit Kirchenruine als Mahnmal
- **East Side Gallery,** letztes Teil der Berliner Mauer am Ostbahnhof, von Künstlern bemalt
- **Nikolai-Viertel,** alte Hausfassaden entlang der Gassen rund um die Nikolai-Kirche

BERLIN IM WINTER UND SOMMER
- **Advent:** Weihnachtsmarkt in den Hackeschen Höfen mit viel Kunst und Handwerk
- **Silvester:** alljährlich größte Silvesterparty Deutschlands am Brandenburger Tor
- **Februar:** Berlinale, Leckerbissen für Cineasten mit mehr als 350 Filmproduktionen
- **Juni-September:** Berliner Klassiksommer u.a. am Gendarmenmarkt

Der Gendarmenmarkt mit Konzerthaus und Französischem Dom.

Deutschland

ckeres Mundwerk bekannt, bezeichnen das imposante Gebäude auch gern als »Waschmaschine« oder »Kolosseum«.

Flanieren und Kulturgenuss

Nicht weit entfernt vom Regierungsviertel befindet sich das **Brandenburger Tor** (1791). Mit seinen sechs Säulen und der krönenden **Quadriga** steht das 26 m hohe klassizistische Bauwerk wie kein anderes für deutsche Geschichte. So manche siegreichen Truppen, französische, preußische, deutsche, marschierten triumphierend hindurch. Mit dem Mauerbau am 13. August 1961 wurde es zum Symbol der deutschen Teilung. Seit der Wiedervereinigung ist es wieder frei zugänglich, heute spazieren Touristen hindurch und spüren immer noch, dass dies etwas Besonderes ist. Das Brandenburger Tor öffnet sich zum **Pariser Platz**, der seit den 1990er-Jahren mit einem Gebäudeensemble neu umschlossen wurde.

Vom Brandenburger Tor bis zur Museumsinsel flaniert man den Prachtboulevard **Unter den Linden** entlang, an dem sich eine Sehenswürdigkeit an die andere reiht: die **Staatsoper** (1742), das **Reiterstandbild Friedrichs des Großen** (1851), die frühere **königliche Bibliothek** (heute gehört sie zur Humboldt-Universität), die **Neue Wache** (1818), seit 20 Jahren zentrale Gedenkstätte für die Opfer von Krieg und Gewaltherrschaft, und das älteste Gebäude der Allee, das **Zeughaus** (1706, heute Deutsches Historisches Museum).

Die **Museumsinsel**, eingerahmt von der Spree, ist einer der bedeutendsten Museumskomplexe weltweit und UNESCO-Welterbe. Die Exponate reichen von der Antike bis in die Moderne, die sanierten Museen selbst sind architektonische Highlights des 19. bis 21. Jahrhunderts. Auch der **Berliner Dom** (1905, 1973–90) im Renaissance-Stil und weitere historische Gebäude befinden sich auf der Museumsinsel.

Der schönste Platz Berlins

Auf dem **Gendarmenmarkt** rahmen der **Französische Dom** (1705) und der **Deutsche Dom** (1708) das klassizistische **Deutsche Theater** (1821) ein, das Meisterwerk des Baumeisters Karl Friedrich Schinkel. Fast fühlt man sich nach Italien versetzt. Im Sommer kann man in einem der Straßencafés sitzen und Konzerten auf dem Platz lauschen und im Winter über den romantischen Weihnachtsmarkt vor historischer Kulisse schlendern.

Das 200-jährige Brandenburger Tor mit Quadriga wurde 1989 vom Symbol der Deutschen Teilung zum Wahrzeichen des geeinten Deutschland.

Persönlicher Tipp

BERLINER UNTERWELTEN
Die Vergangenheit hinterließ in Berlin nicht nur überirdisch ihre Spuren, auch unter der Erde wird Geschichte sicht- und fühlbar. Es gibt Luftschutzbunker aus dem Dritten Reich, alte Brauereikeller, das Abwassersystem und Tunnel, durch die verzweifelte Menschen während der deutschen Teilung von Ost nach West flohen oder fliehen wollten. Es gibt unvollendete U-Bahnhöfe, das innerstädtische Rohrpostsystem und Zivilschutzbunker aus der Zeit des Kalten Krieges. Der Verein Berliner Unterwelten hat in Eigeninitiative viele unterirdische Räume hergerichtet und bietet diverse Führungen an. Am U-Bahnhof Gesundbrunnen wurde ein **Unterwelten-Museum** eingerichtet, das Exponate der unterirdischen Räume und Bauwerke zeigt.

Das Bodemuseum an der Spree.

Persönlicher Tipp

BERLIN VOM WASSER AUS

Mehr Brücken als Venedig soll Berlin haben, auf diversen **Bootstouren** kann man mehr als 60 davon kennenlernen, ja sogar von unten berühren. Berlin vom Wasser aus zu entdecken, hat einen besonderen Reiz: Es ist weniger anstrengend als zu Fuß und sehr unterhaltsam.

Denn die Schiffsbesatzung erzählt Wissenswertes aus Geschichte und Gegenwart der Stadt, garniert mit zahlreichen Anekdoten zu Bauwerken, Orten und Persönlichkeiten. Befahren werden der **Landwehrkanal** und die **Spree**. Es gibt Rundtouren durch die Innenstadt, die nicht nur an den großen Sehenswürdigkeiten vorbeiführen, sondern auch an Stadtlandschaften, Industriegebieten und der Hochbahn – und Berlin so auf eine ganz eigene Weise erlebbar machen. Und wer nach einer anstrengenden Besichtigungstour und/oder einer langen Ausgehnacht Erholung braucht, findet diese nirgends besser als an oder in Wannsee oder Müggelsee.

Entspannte »Blaue Stunde« an den Hackeschen Höfen.

Rund um den Gendarmenmarkt ist ein nobles Viertel mit vielen In-Restaurants, Cafés, und eleganten Läden entstanden. Einer der auffälligsten Komplexe dieses Viertels sind die **Friedrichstadtpassagen** an der Friedrichstraße. Drei sogenannte **Quartiere**, die durch eine unterirdische Passage miteinander verbunden sind, bilden den Gebäudekomplex. Jedes ist individuell gestaltet: mit Glas und Lichthof das erste, mit expressiven, keilförmig vorspringenden Elementen in der Fassade das zweite und sachlich zurückhaltend das dritte. Schicke Modegeschäfte, teure Büroflächen und verführerische Feinkostläden beherbergt die Passage mit ihrer aufwendigen Inneneinrichtung.

Quer über die **Friedrichstraße** verlief auch die innerdeutsche Grenze. **Checkpoint Charlie** war einer der bekanntesten Kontrollpunkte, den passierte, wer in das jeweils andere Deutschland durfte. Eine originalgetreu nachgebildete Baracke erinnert daran. Das **Mauermuseum** stellt eindringlich die Versuche der Menschen dar, die Grenze zur Freiheit unter Lebensgefahr zu überwinden. Preiswerter und etwas trendiger als in den Friedrichstadtpassagen kauft man in den **Hackeschen Höfen** in der Spandauer Vorstadt ein. Der einst größte zusammenhängende Arbeits- und Wohnkomplex Europas (1908) hat sich zum Szenetreff entwickelt. In den acht verwinkelten Höfen mit teils fantasievoll gestalteten Jugendstilfassaden haben sich Künstler, Galeristen, ausgefallene Boutiquen, Restaurants, Clubs und ein Kino niedergelassen.

Berlin

Infos und Adressen

ANREISE
Flug: Direktflüge von deutschen Regionalflughäfen nach Tegel; **Bahn:** IC/ICE von allen größeren Bahnhöfen

SEHENSWERT
Alte Nationalgalerie, bedeutende Museumsarchitektur und Sammlung des 19. Jahrhunderts, Bodestr. (Museumsinsel), www.alte-nationalgalerie.de, **Tipp:** Tageskarte für alle Museen der Insel
Neues Museum, herausragendes Beispiel für Museumsbau im 19. Jahrhundert, drei Sammlungen, darunter das Ägyptische Museum mit der Büste der Nofretete. Bodestr. 1 (Museumsinsel), www.neues-museum.de **Tipp:** Zeitfenstertickets mit Einlasszeit online bestellen, um Wartezeit zu vermeiden
Pergamonmuseum, Antikensammlung, Vorderasiatisches Museum und Museum für islamische Kunst, weltberühmt für die gigantischen Rekonstruktionen z. B. des Pergamonaltars (2. Jh. v. Chr.). Am Kupfergraben 5 (Museumsinsel), www.smb.museum.de
Schloss Sanssouci, mit terrassenförmigem Garten, Chinesischem Teehaus und römischen Bädern im weitläufigen Park, beeindruckende Kulturlandschaft. Maulbeerallee, Potsdam, www.spsg.de

AUSGEHEN
Die Stachelschweine: Kabarett im Europa-Center www.die-stachelschweine.de
Bar jeder Vernunft: Glitzer und Glamour, Kabarett, Chansons, Lesungen, Kleinkunst im bezaubernden Ambiente eines Spiegelzelts, Schaperstr. 24 (Wilmersdorf). www.bar-jeder-vernunft.de
Amphitheater mit **Strandbar:** Theater, Musik, Tanz unter freiem Himmel. Monbijoupark (gegenüber Bode-Museum), www.amphitheater-berlin.de

SHOPPPING
Galeries Lafayette: internationale Mode und Kosmetik, Delikatessen aus aller Welt. Friedrichstr. 76–78, Quartier 207, www.galerieslafayette.de

KaDeWe: größtes Warenhaus auf dem europäischen Kontinent, größte Feinkostabteilung Europas. Tauentzienstr. 21–24, www.kadewe.de
to die for: Mode von Berliner Labels für Sie und Ihn. Neue Schönhauser Str. 10
Trendmafia Kreativmarkt: Flohmarkt jeden ersten Samstag im Monat für Mode, Schmuck und Design von aufstrebenden Kreativen. Revaler Str. 99 (Friedrichshain), www.trendmafia.de

ESSEN UND TRINKEN
Hartmanns: Sterneküche in freundlichem Ambiente. Fichtestr. 31. www.hartmanns-restaurant.de

Schleusenkrug: Biergarten mit preisgünstiger Berliner Küche, Müller-Breslau-Str. 1, www.schleusenkrug.de
Schokoladen-Café und **Schokoladen-Restaurant** von Fassbender und Rausch Chocolatiers: süße und herzhafte Köstlichkeiten mit Schokolade. Charlottenstr. 60 (Gendarmenmarkt), www.fassbender-rausch.de

ÜBERNACHTEN
Arte Luise Kunsthotel: Zimmer, Lobby und Treppenhaus von namhaften Künstlern gestaltet. Luisenstr. 19 (Regierungsviertel), www.luise-berlin.com
B&B Hotel: günstig Übernachten im Zentrum. Potsdamer Str. 90 (Potsdamer Platz), www.hotelbb.de
Frauenhotel Artemisia Berlin: in zentraler, ruhiger Citylage, nur für weibliche Gäste. Brandenburgische Str. 18, www.frauenhotel-berlin.de

WEITERE INFOS
Touristeninformation Berlin, www.touristeninformation-berlin.de, Tourismusportal www.visitberlin.de offizielles Hauptstadtportal: www.berlin.de/tourismus/

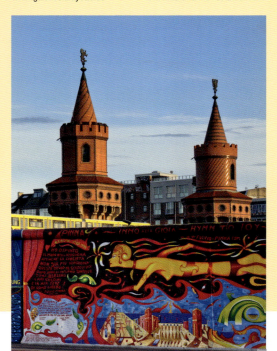

Eastside Gallery: 1990 bemalten Künstler den 1,3 km langen Mauerrest.

19. Lausitz und Spreewald

Bei einer Paddeltour können Jung und Alt die einmalige Idylle des Spreewalds genießen.

HIGHLIGHTS
- **Cottbus,** mit über 100 000 Einwohnern einzige Großstadt der Lausitz
- **Spreewaldmuseum Lehde,** Freilichtanlage, hier lebt das 19. Jahrhundert wieder auf
- **Spreewelten-Bad** in Lübbenau, hier kann man neben Pinguinen schwimmen
- **Alte Wasserkunst,** alter Wasserturm in Bautzen, heute Museum
- **Fürst-Pückler-Park Bad Muskau,** Landschaftspark im englischen Stil mit dem Neuen Schloss, Welterbe der UNESCO

DIE LAUSITZ IM FRÜHLING, SOMMER UND HERBST
- **März/April:** sorbischer Ostereiermarkt in Bautzen
- **Juli:** Spreewald- und Schützenfest in Lübbenau, mit Gurkenmarkt
- **August:** Spreewälder Gurkentag in Golßen
- **November:** Festival des osteuropäischen Films in Cottbus

Südöstlich von Berlin liegt die Lausitz. Zum einen wird dort noch immer im großen Stil Braunkohle abgebaut. Zum anderen ist sie eine Erholungslandschaft erster Güte. Besonders im Spreewald kann man eine Fluss- und Kulturlandschaft erleben, wie es sie in Europa kein zweites Mal gibt.

Landschaft, vom Wasser geprägt

Der Name verrät den Charakter der Landschaft: In den slawischen Sprachen Niedersorbisch und Obersorbisch bedeutet Lausitz so viel wie »sumpfige Wiese«. Genau das zeichnet weite Teile der Lausitz aus, die sich vom Süden Brandenburgs über den Osten von Sachsen bis nach Polen zieht. Die Böden sind feucht, Hauptfluss ist die Spree. Sie gab dem **Spreewald** seinen Namen, der den nördlichen Abschluss der **Niederlausitz** um **Cottbus** bildet. Die historische Hauptstadt der höher gelegenen **Oberlausitz** ist **Bautzen**. Diese Region ist das Kernsiedelgebiet der **Sorben**, einer slawischen Minderheit, deren Präsenz sich nicht zuletzt an den zweisprachigen Orts- und Straßenschildern zeigt.

Deutschland

Vielen Besuchern gilt der Spreewald als touristischer Höhepunkt der Lausitz. Dort löst sich die **Spree** in Hunderte sogenannter Fließe auf. Durch zahlreiche **Kanäle** ist eine ganz besondere Landschaft entstanden, die als **Biosphärenreservat** ausgewiesen ist. Besonders im Sommer wimmelt es vor Kanus und den für den Spreewald typischen Ausflugskähnen, die u.a. im Hafen von **Lübbenau** zur Rundfahrt starten. Die Kleinstadt beherbergt auch das **Spreewaldmuseum**, in dem vieles über die Geschichte der sorbischen Besiedlung zu erfahren ist. Nur wenig kleiner ist das nördlich gelegene **Lübben** mit seiner gut erhaltenen Stadtbefestigung und **Schloss Lübben**.

Für die Region typisch sind die **Spreewälder Gurken**, die von Einheimischen und Gästen als Delikatesse geschätzt und an Ständen überall angeboten werden wie andernorts Eis, v. a. entlang des 250 km langen **Gurkenradwegs**. Vogelfreunden geht das Herz auf, wenn sie bei einer solchen Tour auf Seeadler oder Weißstörche stoßen.

Persönlicher Tipp

ERHOLUNG DANK BRAUNKOHLE

Der Abbau von **Braunkohle** ist berüchtigt, da er riesige Löcher hinterlässt, die Naturliebhaber als Wunden in der Landschaft empfinden. In der Oberlausitz macht man seit Jahrzehnten aus der Not eine Tugend. Zwischen Cottbus und Bautzen erstreckt sich das **Lausitzer Seenland**. Alle Seen sind geflutete Löcher des Tagebaus. Mit einer Ausdehnung von 80 mal 40 km entsteht dort bis 2018 die größte künstliche Seenlandschaft des Kontinents. Noch sieht vieles unfertig aus, doch am Ende verspricht man sich eine große Anziehungskraft für Touristen. Am **Senftenberger See** kann bereits seit 1973 geschwommen, gesegelt und gesurft werden. Der **Bärwalder See** wartet mit einer künstlichen Hügellandschaft auf. Am **Geierswalder See** gibt es neben einem großen Strand auch einen Sportboothafen, die Erlebniswelt »Düne« und eine Wasserskianlage. Am **Sedlitzer See** will man noch höher hinaus: Auf ihm ist ein Landeplatz für Wasserflugzeuge geplant.

Der Lauenturm ist ein Relikt der Bautzener Stadtbefestigung aus dem 15. Jahrhundert.

Infos und Adressen

ANREISE
Bahn: Direktverbindungen von Berlin nach Cottbus, Lübben und Lübbenau; von Dresden nach Cottbus und Bautzen; **Auto:** A 13 bis Lübben und Lübbenau, A 15 bis Cottbus, A 4 bis Bautzen

SEHENSWERT
Park und Schloss Branitz, von Hermann von Pückler-Muskau geschaffener Landschaftspark samt Schloss, Cottbus

ESSEN UND TRINKEN
Flaggschiff: Erlebnisrestaurant direkt am großen Kahnfährhafen. Dammstr. 77a, Lübbenau/Spreewald, www.flaggschiff-amhafen.de

Schlossrestaurant Lübben: erlesene Speisen aus der Region, Ernst-von-Houwald-Damm 14, Lübben, www.schlossrestaurant-luebben.de

ÜBERNACHTEN
Turmhotel Lübbenau: Elf-Zimmer-Haus mit familiärer Atmosphäre. Nach Stottoff 1, Lübbenau, www.turmhotel-luebbenau.de

WEITERE INFOS
Förderverein Lausitz, Grenzstr. 33, Finsterwalde, www.lausitz.de;
Tourismusverband Spreewald, Lindenstr. 1, Vetschau, www.spreewald.de

20. Bremen und Bremerhaven

HIGHLIGHTS
- **Bremer Rathaus,** Juwel der Weserrenaissance und größte **Rolandsäule** Deutschlands auf dem Marktplatz, UNESCO-Weltkulturerbe
- **Böttcherstraße,** 110 m langes Gesamtkunstwerk aus rotem Backstein
- **Dom St. Petri,** gotische Kathedrale (11.–16. Jh.), Festkonzerte
- **»Havenwelten«,** Maritimes historisch und modern im Museumshafen, Alten und Neuen Hafen, Bremerhaven
- **Klimahaus 8°Ost,** über den Globus zwischen Arktis und Äquator entlang eines Meridians, Bremerhaven

BREMEN UND BREMERHAVEN ZU JEDER JAHRESZEIT
- **6. Januar:** Eiswette – kommt man trockenen Fußes über die Weser?
- **August:** La Strada, Straßenzirkusfestival in Bremer Innenstadt und auf den Wallanlagen
- **Juli:** Bremerhavener Festwoche, Schiffstreffen und Volksfest
- **Ende Oktober:** 17 Tage Bremer Freimarkt, Großkirmes auf der Bürgerweide (seit 1035)
- **November/Dezember:** Bremer Weihnachtsmarkt

Bremerhaven: Einkaufszentrum Mediterraneo, Klimahaus, Atlantic Hotel Sail City.

Die Bremer Stadtmusikanten suchten einen Job in Bremen, kamen dort aber bekanntlich nie an. Dennoch wurden sie zum Symbol für die mehr als 1200 Jahre alte Hansestadt, die heute zusammen mit Bremerhaven das kleinste deutsche Bundesland bildet. Selbstbewusst blickt Bremen auf sein Erbe als Fernhandelsmetropole und behauptet seinen Platz als moderner Hafenstandort.

Alte Hansestadt und moderne Metropole

Wer die 2 m hohe Bronzeskulptur der **Bremer Stadtmusikanten** an der Ostseite des Rathauses von Gerhard Marcks (1953) an den Vorderbeinen des Esels berührt, dem wird ein Wunsch erfüllt. Weniger die persönliche Zukunft als das Schicksal der Stadt Bremen ist verbunden mit dem 5 m großen steinernen **Roland** (1404), dem mittelalterlichen Symbol für Bremens Freiheit; das Wappenschild verkündet's – auf Platt. Solange der Roland steht, sei diese gesichert, heißt es.

Der Reichtum der Kaufmannsstadt zeigt sich besonders im **Alten Rathaus** mit der figuren- und reliefgeschmückten Schaufassade im Stil der Weserrenaissance (1608–12). Im Rahmen einer Gruppenführung können auch die Innenräume besichtigt werden. Im Rathaus tagt noch heute der Senat mit dem Bürgermeister an der Spitze, gleichzeitig

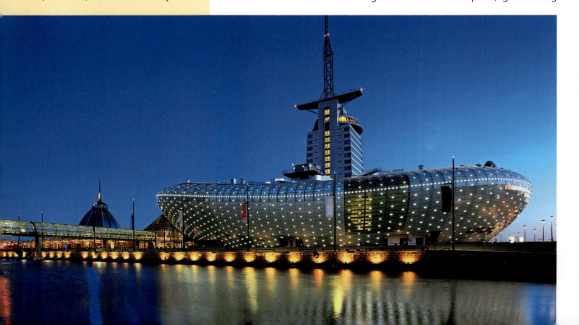

Deutschland

Die Bremer Stadtmusikanten sind das Wahrzeichen der Freien Hansestadt Bremen.

Stadt- und Landesregierung. Die Bedürfnisse einer modernen Verwaltung wurden 1913 mit einem weitläufigen, aber architektonisch zurückhaltenden Anbau befriedigt. An der Westseite des Rathauses geht's hinunter in den **Ratskeller.** Weitere Renaissance-Bauten der Altstadt sind die frühere **Stadtwaage** in der Langenstraße (heute Kulturhaus) und das **Gewerbehaus** im Ansgarikirchhof.

Ganz nah der Exekutive ist in Bremen die Legislative. Schräg gegenüber des Rathauses tagt die Bürgerschaft in einem Gebäude aus den 1960er Jahren. Die Ostseite des Marktplatzes beherrschen die 92 m hohen Doppeltürme des **Doms St. Petri** (ab 1042), einer dreischiffigen gotischen Hallenkirche mit reichem Skulpturenschmuck und Mumien im Keller. Älter als der Dom ist nur noch die **Liebfrauenkirche** (ab 1020).

Dekorative Kunst auf 100 Metern

Ein Schmuckstück ganz anderer Art ist die **Böttcherstraße.** Ziemlich heruntergekommen, bewahrte sie der Bremer Kaufmann und Erfinder des koffeinfreien »Kaffee HAG«, Ludwig Roselius, vor dem Verfall. Ja, er machte aus der Handwerkergasse sogar ein Kunstwerk. Sieben Häuser ließ er **in expressionistischem Stil** umbauen und von Künstlern, die auch dort wohnen und arbeiten durften, individuell gestalten. Das Backsteinensemble in Bremens »heimlicher Hauptstraße« überrascht mit vielen Baudetails. Größter Blickfang sind das Goldrelief »Lichtbringer« über dem Nordeingang und die zehn Holztafeln mit Ozeanbezwingern am Roselius-Haus, die sich zu Melodien der Porzellanglocken zwischen den Giebeln des **Glockenspielhauses** bewegen. Bilder und Skulpturen der Worpsweder Künstler Paula Modersohn-Becker (1876–1907) und Bernhard Hoetger (1874–1949) werden im **Paula-Modersohn-Becker-Museum** ausgestellt. Im **Handwerkerhof** kann man Goldschmieden und Glasbläsern über die Schulter sehen. Außerdem gibt's Kunsthandwerk, Gebrauchsdesign, Schmuck und Leckereien (Tee, Kaffee, Bonbonmanufaktur, Gasthausbrauerei) zu kaufen.

Weserpromenade und ein Stück Alt-Bremen

Bremens Flaniermeile heißt **»Schlachte«**, der Name stammt von den Holzpfählen zur Uferbefestigung. Auf der Beletage reihen sich Restaurants, Bierkneipen und Bistros aneinander. Von den Anlegestellen im Untergeschoss starten Fahrgastschiffe – auch die nachgebaute **Hansekogge** »Roland

Persönlicher Tipp

WEIN UNTERM WELTERBE

Der **Bremer Ratskeller** wartet mit einem eher unerwarteten Superlativ auf. In seinen bis zu 600 Jahre alten Hallen und Kellern, die sich über eine Fläche von 5000 m² unter dem Stadtpflaster erstrecken, lagert das **größte Weinsortiment** aus den 13 deutschen Anbaugebieten.

Wer unter mindestens sechs Augen Wichtiges zu besprechen hatte, konnte sich in der **Großen Halle** mit ihren vier Prunkfässern (18. Jh.) in geschlossene Lauben (Priölken) zurückziehen. Nicht geheim bleibt selbst das leise gesprochene Wort zwischen den Säulen des 1927 mit Fresken von Max Slevogt geschmückten Saals, der nach dem Dichter und Weinliebhaber Wilhelm Hauff benannt ist. Durch die **ungewöhnliche Akustik** unter der Gewölbedecke macht selbst eine geflüsterte Nachricht die Runde.

Zu einem Kurzbesuch in die Galerieräume des Ratskellers kommt man im Rahmen einer Stadtführung, bei einer Extraführung (ca. 1 Std.) geht es auch in die Keller aus dem 16. Jahrhundert, u. a. mit dem ältesten Fasswein (1653) – inklusive einem Schoppen Wein zur Probe (Karten in der Tourist-Information).

57

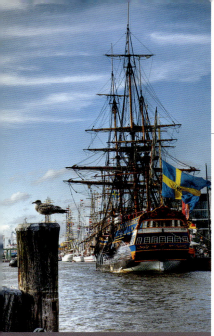

Die Sail Bremerhaven (zuletzt 2010) gehört zu den größten Windjammer-Treffen Europas.

Persönlicher Tipp

EIN KOFFER VOLLER HOFFNUNG
Das **Deutsche Auswandererhaus** am Neuen Hafen in Bremerhaven (Columbusstr. 65, www.dah-bremerhaven.de) würdigt die **Rolle Bremerhavens als Auswandererhafen.** Mehr als 7 Mio. Menschen sagten 1830–1974 der Alten Welt Lebewohl. Besucher des Auswandererhauses schauen nicht »von oben« auf die Migranten aus zwei Jahrhunderten herab, sondern begleiten sie unter »realen« Bedingungen auf ihrem Weg von der Columbuskaje an Bord, dann auf ihrer von Seekrankheit gekennzeichneten **Reise in Sammelunterkünften der 3. Klasse** über den Atlantik bis zur Ankunft auf Ellis Island in Sichtweite von Manhattan, wo strenge Einwanderer-Inspekteure warten. In einer Galerie aus Tausenden von Schubladen nimmt man – optisch und akustisch – am Schicksal einzelner Auswanderer(familien) teil. Nachgeborene können in Datenbanken nach ihren emigrierten Vorfahren bzw. entfernten Verwandten in Übersee forschen. In Sonderausstellungen geht es um die Migration der Gegenwart, etwa die Einwanderung nach Deutschland oder den Menschenhandel.

Das Alte Rathaus, ein Renaissance-Juwel, zählt mit dem Bremer Roland zum Weltkulturerbe.

von Bremen« – die Weser abwärts zu den **Industrie- und Handelshäfen,** deren verwaiste Anlagen die Stadt neu »entwickelt«. Marinas, **Waterfront Bremen,** ein Shopping- und Entertainmentcenter, und der neue Ortsteil **Überseestadt** sind vielversprechende Ansätze.

Ein Tunnel zweigt von der Weserpromenade ins **Schnoorviertel** ab, dem ältesten Stadtquartier mit dicht an dicht an Gassen und Gängen stehenden niedrigen Häusern, die im 15. und 16. Jahrhundert für Schiffshandwerker bestimmt waren. Hinter Fachwerk und Butzenfenstern, in Kellern und auf Hinterhöfen verstecken sich kleine Läden, urige Kneipen, lauschige Cafés und gemütliche Restaurants.

Bremens Tor zur Welt

Bremerhaven an der Mündung der Geeste in die Weser ist mit seinen modernen Verladeterminals Bremens eigentlicher Überseehafen. Hier werden durch die neue **Kaiserschleuse** Automobile und Komponenten für Windkraftanlagen in die ganze Welt verschifft. Fast 200 Jahre alt (Stadt ab 1851), weist Bremerhaven eine lange maritime Tradition als Seehafen auf. Die **»Havenwelten«** sind das Aushängeschild der Stadt. Zwischen Neuem Hafen und Museumshafen lassen sie im **Deutschen Auswandererhaus,** dem **Deutschen Schiffahrtsmuseum,** im **Klimahaus 8°Ost** und im **Zoo am Meer** Erkenntnisse über die spannungsreiche Beziehung zwischen Mensch und Natur, Meer und Technik gewinnen. Dabei wurden, z. B. mit dem **Atlantik Hotel Sail City** (Aussichtsplatt in 86 m), auch architektonisch Akzente gesetzt. Vom Deich, vom Strandbad oder vom Leuchtfeuer »Geestemole Nord« aus kann man den Schiffen auf ihrer Fahrt in die Nordsee lange nachschauen.

Bremen und Bremerhaven

Infos und Adressen

ANREISE
Flug: Direktflüge von Stuttgart, München, Nürnberg zum City Airport Bremen, ins Zentrum mit Straßenbahn; **Bahn:** IC/ICE nach Bremen Hbf, weiter mit Nordwestbahn nach Bremerhaven Hbf; **Tipp:** ÖPNV-Nutzung und Ermäßigungen mit **Erlebnis CARD Bremen**; **Auto:** A 1, A 27 oder A 29 über Oldenburg und durch den Wesertunnel nach Bremerhaven

SEHENSWERT
Dom St. Petri, Besichtigung Mo–Fr 10–17, Sa 10–14, So 14–17 Uhr, Konzerte Do 19 Uhr, Turmbesteigung, Dommuseum, Bleikeller, Bremen

Bremer Kunsthalle, Gemälde und Skulpturen ab 14. Jh., bedeutendes Kupferstichkabinett, Mi–So 10–17 Uhr (Di bis 21 Uhr). Am Wall 207, Bremen, www.kunsthalle-bremen.de

Übersee museum, 1896 kamen exotische Welten (Afrika, Amerika, Asien, Ozeanien) nach Bremen, Di–Fr 9–18 Uhr (Sa, So ab 10 Uhr). Bahnhofsplatz 13, Bremen, www.uebersee-museum.de

Deutsches Schiffahrtsmuseum, Schifffahrt und Navigation in allen Facetten auf 8000 m². Hans-Scharoun-Platz 1, Bremerhaven, www.dsm.museum

Zoo am Meer, moderne Anlagen für Eisbären, Robben und Pinguine. H.-H. Meier-Str. 7, Bremerhaven, www.zoo-am-meer-bremerhaven.de

ESSEN UND TRINKEN
Schlachte: Bistros, Restaurants und Biergaststätten nahe beieinander an der Weserpromenade

Friesenhof: Bremer und norddeutsche Küche, maritimes Ambiente, nahe Marktplatz. Hinter dem Schütting 12–13, Bremen, www.friesenhof-hb.de

Schaufenster Fischereihafen: Fischverarbeitung erleben und Fisch in restaurierter Packhalle (1907) essen. Aquarium im »Atlanticum«. An der Packhalle IV, Bremerhaven

Kaffeemühle: Café, Bistro und Restaurant in restaurierter Windmühle. Am Wall 212, Bremen, www.muehle-bremen.de

AUSGEHEN
Theaterschiff Bremen: leichte Muse in umgebautem Frachter, Restaurant »Bühne 3«. Anleger 4 (Schlachte), 28195 Bremen

Teatro Magico, Kleinkunst, Varieté und Travestie im Schnoorviertel, Kolpingstr. 9, Bremen, www.teatro-magico.eu

Deutsche Kammerphilharmonie Bremen: Kammerorchester der Extraklasse mit breitem Repertoire. Kulturhaus Stadtwaage, Langenstr. 13, Bremen, www.kammerphilharmonie.com

SHOPPING
Kajenmarkt, Kunst, Kitsch, Trödel, Musik, samstags Mai–Sept. 10–16 Uhr auf der Schlachte

Lloyd-Passage, große Einkaufspassage mit kleiner »Mall of Fame«, www.lloydpassage.de; auch Passagen im **Katharinenviertel** und **Domshof**;

Schnoor Oase, nostalgische Emailschilder und Blechspielzeug. Wüstestätte 1a; Übersicht zu Geschäften im **Schnoorviertel** unter www.bremen-schnoor.de

Kaffeerösterei Münchhausen, letzte Bremer Kleinrösterei. Geren 24, Bremen

ÜBERNACHTEN
Hotel Stadt Bremen garni: im Norden der Altstadt, 17 gemütliche Zimmer, auch Übernachtungen im Mini-Hotelschiff »Perle«. Heinkenstr. 3–5, Bremen, www.hotel-stadt-bremen-garni.de

Hilton Hotel: First-Class-Hotel, integriert ins »Haus Atlantis«. Böttcherstr. 2, Bremen, www.hilton.de

Schulschiff Deutschland: stilecht übernachten in Außenkabinen des letzten deutschen Vollschiffs (1927). Zum Alten Speicher 15, Bremen-Vegesack, www.schulschiff-deutschland.de

Leuchtfeuer Geestemole Nord, im Hintergrund das Atlantic Hotel Sail City (Bremerhaven).

WEITERE INFOS
Bremer Tourist-Information, Obernstr./Liebfrauenkirchhof und Hauptbahnhof, www.bremen-tourismus.de

Tourist-Info Bremerhaven, Hafeninsel und Schaufenster Fischereihafen, www.bremerhaven.de/tourismus

21. Hamburg

HIGHLIGHTS
- **Michaeliskirche,** bedeutendste der fünf Hauptkirchen Hamburgs, Aussichtsplattform
- **Rathaus,** Prachtbau im Stil der Neorenaissance, Sitz von Bürgerschaft und Senat
- **Hafenrundfahrt,** mit Barkassen durch Hafenbecken, Kanäle, Schleusen und Fleete
- **Speicherstadt,** 2 km langer Lagerkomplex im alten Freihafen
- **Miniatur Wunderland,** größte Modelleisenbahnanlage der Welt, neun Themenwelten auf 4000 m²

HAMBURG ZU JEDER JAHRESZEIT
- **März/April, Juli/August, November/Dezember:** Hamburger Dom, 30-tägige Kirmes auf dem Heiliggeistfeld
- **Mai:** Hafengeburtstag, drei Tage Party und Volksfest um den 7. 5. mit Parade der Windjammer, Schlepper-Ballett und Feuerwerk
- **Juli/August:** Hamburg Cruise Days, alle zwei Jahre (2014), Kreuzfahrtschiffe auf der Elbe
- **August/September:** vier Tage Alstervergnügen mit Musik, Kleinkunst und Feuerwerk an der Binnenalster

Die Silhouette der Innenstadt prägen Kirchtürme (ganz links: Michaeliskirche).

Sich selbst bezeichnet Hamburg gern als »Tor zur Welt«. Zu Recht, denn die Freie und Hansestadt besitzt den zweitgrößten Seehafen Europas. Dass die Millionenmetropole eine der reichsten Regionen in der EU ist, beweisen zahlreiche exklusive Geschäfte. Mit zwei Dutzend Theatern und Musicalbühnen kommt auch die Unterhaltung nicht zu kurz.

Lebensnerv der Hansestadt

Wer nicht am Hafen war, der hat Hamburg nicht gesehen. Erste Station in der 1200 Jahre alten Stadt an der Elbe sind daher die **St.-Pauli-Landungsbrücken** und die **Überseebrücke** mit den Schiffsveteranen »Rickmer Rickmers« und »Cap San Diego«. Auf den Betonpontons der Anleger müssen Restaurants, Cafés und Fischverkaufsstände nicht lange auf Gäste warten. Fähren leisten Zubringerdienste zwischen Argentinienbrücke und Klein-Flottbecker Elbchaussee. Ausrufer mit Schiffermütze werben für **Hafenrundfahrten**. Barkassen fahren auch in die Fleete (Kanäle) der Speicherstadt und der Innenstadt hinein. Durch den **Alten Elbtunnel** (1911) gelangt man 23 m unter der Sohle der Norderelbe auf die Steinwerder Seite und kann von dort auf das Hochufer von Altona und St. Pauli schauen.

Deutschland

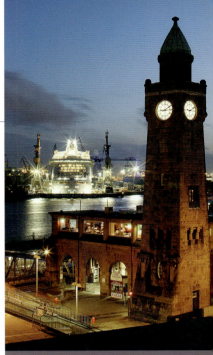

St.-Pauli-Landungsbrücken. Der Pegelturm zeigt Uhrzeit und Wasserstand der Elbe an.

Südlich der Innenstadt entstand 1883–1926 die **Speicherstadt**, als geschlossener historischer Lagerhauskomplex einzigartig in der Welt. In dem neugotischen Backsteinensemble werden heute meist nur noch Teppiche gelagert. Einige Gebäude haben als Museum und Ausstellungsort eine neue Bestimmung erhalten. So kann man im **Speicherstadtmuseum** den Quartiersleuten im Jahr 1896 bei der Arbeit zusehen, das **Internationale Maritime Museum** zeigt dagegen 3000 Jahre Schifffahrtsgeschichte. Im **Miniatur-Wunderland** fahren H0-Eisenbahnen nicht einfach von Amerika in die Schweiz. Vielmehr haben die Brüder Braun detailverliebte Themenwelten erschaffen, zuletzt den »Knuffingen Airport«, in der 215 000 Figürchen manchen Unsinn treiben.

Südlich der Speicherstadt entsteht mit der **HafenCity** ein ganz neuer Stadtteil. Sein spektakulärstes Bauwerk ist die **Elbphilharmonie** am Eingang zum Sandtorhafen. Schon jetzt kann man nördlich des **Hamburg Cruise Center** originelle bis gewagte Architektur bestaunen und die Cafés an der neuen **Uferpromenade** testen. Wie die ganze HafenCity aussehen soll, verrät ein 8 x 4 m großes Modell im alten **Kesselhaus** der Speicherstadt.

Jenseits der Norderelbe erstrecken sich die **Hafenbecken** und Kaianlagen des »richtigen« Hamburger Hafens, in den jährlich 12 000 Seeschiffe einlaufen. An **Containerterminals** werden die größten Containerschiffe der Welt innerhalb von 60 Stunden be-, ent- oder umgeladen. In gigantischen Schwimmdocks, etwa bei Blohm & Voss gegenüber den Landungsbrücken, werden Ozeanschiffe generalüberholt.

Innenstadt und Alster

Durch das **Portugiesenviertel** mit seinen portugiesischen und spanischen Restaurants geht es hinauf zur **Michaeliskirche** (1751–62) mit dem 132 m hohen Westturm – als »Michel« das Wahrzeichen der Hansestadt. Von der Aussichtsplattform, zu der auch ein Fahrstuhl fährt, bietet sich ein Rundumpanorama. Unbedrängt durch Hochhäuser prägen die Türme der fünf evangelischen Hauptkirchen bis heute die Silhouette der Innenstadt. Genauso hoch wie der Michel ist die **Petrikirche** (14. Jh.), die Zahl der Stufen, die auf ihren Turm hinaufführen, ist aber höher als die des Michels: 544 statt 453.

An St. Petri mündet die Berg- in die **Mönckebergstraße**, die Haupteinkaufsstraße der Hamburger Innenstadt, heute eine Fußgängerzone. Seit der Eröffnung 1909 haben sich dort nam-

Persönlicher Tipp

DER »WEISSE SCHWAN«

Auf der »Cap San Diego« am Liegeplatz Überseebrücke lässt sich einer Schifffahrt nachspüren, die mit dem Siegeszug des Vollcontainers zu Ende ging. 1961 für eine Hamburger Reederei gebaut, befuhr der 159 m lange Stückgutfrachter bis 1981 die Weltmeere, meist nach Südamerika. Dank massiver Privatinitiative, die das Schiff vor dem Abwracken bewahrte, blieb die »**Cap San Diego**« der Nachwelt als größtes fahrtüchtiges **Museums-Frachtschiff** der Welt erhalten. Eine Schar von Freiwilligen hält den schnittigen weißen Frachter mit dem roten Kiel instand und seetüchtig.

Besichtigt werden kann das Schiff täglich 10–18 Uhr von der Kommandobrücke bis zur Motorenhalle, wo bis heute gewaltige Diesel-, Lüftungs- und Wasseraufbereitungsanlagen darauf warten, wieder angeworfen zu werden (www.capsandiego.de). Einfach, fast karg sind die Kajüten, im Stil der 1960er Jahre eingerichtet ist der Salon. Auf der »Cap San Diego« kann man speisen, feiern, sogar übernachten und im Frühling und Sommer auch mitfahren, etwa bis Cuxhaven an der Elbmündung.

In Hamburg findet sich immer ein Platz mit Blick aufs Wasser, etwa an der Außenalster.

Persönlicher Tipp

GROSSES TIERPANORAMA

Als Wildtiere in anderen Zoos noch in engen Käfigen ihre Zeit totschlagen mussten, konnten sie sich im **Tierpark Carl Hagenbeck** in großzügigen Gehegen, die den natürlichen Lebensbedingungen nachempfunden waren, frei bewegen. Steinböcke durften auf Felsen klettern, Affen einander jagen, Tiger sich in unsichtbare Refugien zurückziehen, wenn sie es leid waren, von den Besuchern über »natürliche« Barrieren hinweg bewundert zu werden.

Der Tierpark, im Eigentum einer Stiftung, ist das **Vorbild für alle modernen Zoos.** Die Anlage in Hamburg-Stellingen (Lockstedter Grenzstr. 2, www.hagenbeck.de) präsentiert 210 Tierarten vor »passenden« Landschafts- und Architekturpanoramen – nie weit weg vom Besucher. Exotische Vögel fliegen umher, auf den Parkwegen stolzieren Kraniche, Elefanten in einer der größten Herden Europas dürfen sogar, unter Aufsicht, mit Keksen gefüttert werden. Eine eigenständige Attraktion ist das **Tropen-Aquarium** inmitten eines dichten Dschungels mit Biotopen rund um den Äquator.

An der Hamburger Paradestraße Jungfernstieg starten Schiffstouren auf der Alster.

hafte Architekten mit Einkaufstempeln ein Denkmal gesetzt. Zu den Schmuckstücken zählen das **Klöpperhaus** (1913) und das **Levantehaus** (1912), das 1997 zu einer Einkaufspassage umgebaut wurde. Die Europapassage mündet am **Jungfernstieg** im Angesicht der **Binnenalster**. Über das Alsterfleet fällt der Blick auf das **Neue Rathaus** (1886–97), einen Sandsteinbau mit angeblich mehr Räumen als der Buckingham-Palast.

Stilvoll für Luxus und Top-Marken Geld ausgeben kann man besonders im **Passagenviertel** um den Hohen Wall und im **Hanseviertel**. Dabei gerät leicht aus dem Blick, dass Hamburg einmal eine Arbeiterstadt mit übervölkerten Wohnvierteln war. Diese Atmosphäre lässt sich ein wenig nachempfinden in der **Deichstraße** am **Nikolaifleet** mit alten Bürgerhäusern, die den großen Brand 1842 überstanden haben, in der **Langen Reihe** oder am **Valentinskamp**.

Unterhaltungsmetropole

Die Hansestadt bietet Unterhaltung für jeden Geschmack. Zwischen bedeutenden Spielstätten wie der **Hamburger Staatsoper** und dem **Deutschen Schauspielhaus** sowie den »Stimmungslokalen« an der Reeperbahn gibt es eine breite Palette an klassischer, alternativer und bodenständiger Kultur. Einen Namen hat Hamburg als **Musical-Stadt**, etwa mit den Disney-Stücken »Der König der Löwen« im Theater im Hafen und »Tarzan« in der Neuen Flora sowie »Heiße Ecke – Das St. Pauli-Musical« im Schmidts Tivoli am Spielbudenplatz.

Wer ein Wochenende hamburgisch ausklingen lassen will, findet sich sonntags spätestens um 7 Uhr unter den Marktschreiern am **Fischmarkt** ein. Anschließend ein Elbspaziergang über die »Docklands« nach **Oevelgönne**, dort am Sandstrand faulenzen, dann in die »Strandperle« oder auf die Schlepper und Schuten des Museumshafens.

Hamburg

Infos und Adressen

ANREISE
Flug: Direktflüge von München, Stuttgart, Frankfurt/Main, Köln/Bonn nach Hamburg-Fuhlsbüttel; **Bahn:** IC/ICE nach HH Hbf oder HH-Altona; **Auto:** A 1, A 7, A 24. **Tipp:** freie Fahrt mit öffentlichen Verkehrsmitteln und ermäßigter Eintritt mit Hamburg CARD (www.hvv.de)

SEHENSWERT
Miniatur Wunderland, Kehrwieder 2–4, Mo–Fr 9.30–18/19 Uhr (Di bis 21 Uhr), Sa 8.00–21 Uhr, So 8.30–20 Uhr, **Tipp:** Karten reservieren. www.miniatur-wunderland.de
Blankenese, Villenvorort hoch über der Elbe, malerisch im Treppenviertel, **Tipp:** Sightseeing mit ÖPNV
Planten un Blomen, großer Grün- und Vergnügungsgürtel mit Gartenanlagen, »Wasserlichtkonzerten« und Spielmöglichkeiten für Kinder, http://plantenunblomen.hamburg.de
Museum der Arbeit, Arbeit in früheren Hamburger Industriebetrieben (u. a. Metall, Gummi, Fisch, Druckerei). Hamburg-Barmbek, Wiesendamm 3; Außenstelle **Hafenmuseum,** Schuppen 50A, Kleiner Grasbrook im Freihafen, www.museum-der-arbeit.de

AUSGEHEN
Schanzenviertel, zahlreiche Bars und Restaurants zwischen St. Pauli und Elmsbüttel, früher alternativ, heute eher schick
Musicals, vier Hamburger Spielstätten bei www.stage-entertainment.de
Deutsches Schauspielhaus, größte deutsche Sprechbühne, Jan.–Juli, Sept.–Dez. Kirchenallee 29, www.schauspielhaus.de
Ohnsorg-Theater, Volksstücke, aber auch Klassiker in Plattdeutsch. Bieberhaus, Heidi-Kabel-Platz 1, www.ohnsorg.de
St. Pauli-Theater, Revue, Varieté, Kabarett und Drama. Spielbudenplatz 29–30, www.st-pauli-theater.de
Das Schiff, Kabarett im 100-jährigen Schiff, Nikolaifleet/Holzbrücke 2, www.theaterschiff.de
Hamburger Spielbank, Esplanade, Casino mit Live-Events und Gartenlokal, Stephansplatz 10, www.spielbank-hamburg.de
Clubkombinat e. V., Gemeinschaftsvermarktung von Clubs, Discos, Tanzbars, Aftershow Partys, www.neu.clubkombinat.de

SHOPPING
Einkaufsgalerien und Passagen, zahlreiche Edelboutiquen und Markenläden im Dreieck zwischen Hohem Wall, Jungfernstieg und ABC-Straße
Europapassage, größte innerstädtische Einkaufsmall (fünfstöckig) zwischen Jungfernstieg und Mönckebergstraße, www.europa-passage.de
Levantehaus, Einzelhandel und Restaurants in historischer Architektur, Mönckebergstraße 7, www.levantehaus.de

ESSEN UND TRINKEN
Alsterpavillon: Kaffee und Kuchen stilvoll an der Binnenalster, Jungfernstieg 54, www.alexgastro.de
Friesenkeller: im Tiefgeschoss der Alsterarkaden, mit Aussicht auf Schwäne und Rathaus, deftig-norddeutsche Küche. Jungfernstieg 7, www.friesenkeller.de
Landhaus Dill: Traditionshaus mit frischer Saisonküche für Gourmets. Elbchaussee 94, http://landhausdill.com
Strand Pauli: Sonnenuntergang an der Elbe im Liegestuhl mit Cocktail auf dem Nordseesand, www.strandpauli.de

Die Speicherstadt: ein geschlossener historischer Lagerhauskomplex aus Backsteinbauten.

ÜBERNACHTEN
Hotel Atlantic Kempinski: Traditions-Luxusherberge (1909) mit fünf Sternen, Außenalster. An der Alster 72–79, www.kempinski.com/en/hamburg/hotel-atlantic
Hotel Fürst Bismarck: zentral und freundlich, nahe Hauptbahnhof, Kirchenallee 49
Best Western Hotels: Hamburg International, preis- und verkehrsgünstig, U-Bahn (Rauhes Haus), Hamburg-Billstedt, Hammer Landstr. 200–202; mehr Komfort im Familienhotel St. Raphael, Innenstadt, Adenauerallee 41, www.bestwestern.de

WEITERE INFOS
Tourist Information am Hafen, St.-Pauli-Landungsbrücken, Brücke 4/5, www.hamburg-tourismus.de

63

22. Frankfurt am Main

HIGHLIGHTS
- **Römer,** das alte Rathaus am Römerberg mit historischer Häuserzeile
- **Paulskirche,** Tagungsstätte der Deutschen Nationalversammlung (1848/49)
- **Städel Museum,** bedeutende Kunstsammlung, mit Erweiterungsbau
- **Alte Oper,** prachtvoller Bau aus der Gründerzeit, Konzert- und Veranstaltungshaus
- **Messeturm,** nicht der höchste, aber eindrucksvollste Wolkenkratzer

FRANKFURT IM FRÜHLING, SOMMER UND HERBST
- **Dienstag nach Pfingsten:** Wäldchestag, traditionelles Volksfest im Stadtwald
- **August:** Museumsuferfest, Kulturfest entlang der Museumsmeile
- **September:** Goethe-Festwoche, Theateraufführungen an verschiedenen Spielorten
- **Oktober:** Deutsches Jazzfestival, ältestes deutsches Jazzfestival

Den Blick auf den Main und Frankfurts Skyline gibt es in den Biergärten am Museumsufer gratis.

Goethestadt, Messestadt, Finanzplatz Deutschlands – alles Bezeichnungen, die das Besondere der Mainmetropole treffen. Bis heute ist Frankfurt einer der wichtigsten Verkehrsknotenpunkte Europas. Doch auch Kultur- und Ausgehangebote sind attraktiv.

Banken, Buchmesse und Bembel

Frankfurt ist eines der wichtigsten Finanzzentren weltweit, die **Wolkenkratzer** der Banken prägen die Silhouette der Stadt. Messestandort ist Frankfurt seit dem 12. Jahrhundert, 1462 öffnete die **Frankfurter Buchmesse** ihre Tore. Die Börse wurde im 16. Jahrhundert gegründet, Bulle und Bär stehen vor der **Frankfurter Wertpapierbörse**, die sich aus der Alten Börse entwickelt hat. Mittelpunkt der im Zweiten Weltkrieg stark zerstörten Stadt ist der rekonstruierte **Römer**, das alte Rathaus am Römerberg. In wenigen Schritten erreicht man den »Kaiserdom« **Sankt Bartholomäus**, seit 1562 Krönungskirche deutscher Kaiser und Könige, und die **Paulskirche**, in der 1848/49 die Frankfurter Nationalversammlung tagte und heute der Friedenspreis des deutschen Buchhandels verliehen wird.

Deutschland

Als Hochburg des Äbbelwoi gilt Frankfurts malerischer Stadtteil Alt-Sachsenhausen.

Infos und Adressen

ANREISE
Flug: über Frankfurt Airport erreichbar; **Bahn:** Verbindungen zu allen ICE-Bahnhöfen in Deutschland, **Auto:** über A 5, A 3, A 66

SEHENSWERT
Senckenberg Naturmuseum, Senckenberganlage 25, www.senckenberg.de
Zoo Frankfurt, Bernhard-Grzimek-Allee 1, www.zoo-frankfurt.de
Gesellschaftshaus und Palmenhaus im Palmengarten, Siesmayerstraße 61, www.palmengarten.de

ESSEN UND TRINKEN
Zarges: feines Sternelokal, Kalbächer Gasse 10
Zum Rad: Apfelweinlokal seit 1806. Leonhardsgasse 2

AUSGEHEN
Tigerpalast, Varieté-Theater und Sternerestaurant. Heiligkreuzgasse 16–20, www.tigerpalast.de
Sansibar, klassische Bar. Taunustor 2, Japantower
Batschkapp, traditionelle Musikkneipe. Maybachstr. 24, http://batschkapp.tickets.de

SHOPPING
Die Zeil, Deutschlands umsatzstärkste Einkaufsstraße mit der Shopping Mall Zeitgalerie
Goethestraße, luxuriöse Geschäfte zwischen Zeil und Fressgass

WEITERE INFOS
Tourist-Information, Römerberg 27 und Hauptbahnhof-Passage, www.frankfurt-tourismus.de

Persönlicher Tipp

MAINHATTAN
Frankfurt am Main ist die einzige deutsche Großstadt mit einer ausgeprägten **Skyline**, daher – in Anspielung auf Manhattan – die volkstümliche Bezeichnung Mainhattan. Die ersten Hochhäuser entstanden in den 1950er-Jahren zu Zeiten des deutschen Wirtschaftswunders. Bis auf wenige Ausnahmen sind die Wolkenkratzer in Gruppen angeordnet, etwa im Bankenviertel oder in der Bürostadt Niederrad. Im Lauf der Zeit wurden sie immer höher. Bis 1997 war der 257 m hohe **Messeturm** das höchste Gebäude in Europa, seit 2012 ist der **Commerzbank Tower** mit 259 m sogar das höchste Gebäude der Europäischen Union. Besonders originell ist die Glasfassade des **Westhafen Tower**, von den Frankfurtern »Das Gerippte« oder »Äppelwoi-Turm« genannt. Der einzige, öffentlich zugängliche Wolkenkratzer ist der 200 m hohe **Main Tower** mit Aussichtsplattform; die anderen sind nur im Rahmen einer Hochhaustour oder während des **Wolkenkratzer-Festivals** (nächstes 2013) begehbar – frühzeitige Anmeldung ist empfehlenswert.

Ein markantes Gebäude der Barockzeit ist die **Hauptwache** am ehemaligen Paradeplatz.

Frankfurt ist auch eine Stadt der Museen. Das **Städel Museum** gehört zu den renommiertesten Kunstmuseen und ist nur eins von 15 Museen am **Museumsufer** zu beiden Seiten des Mains. Zwischen Dom und Römer wurde 1986 die **Schirn Kunsthalle** eröffnet. Das **Senckenberg Naturmuseum** mit seinen imposanten Dinosaurierskeletten ist ein Ziel für die ganze Familie. An Johann Wolfgang von Goethe, den berühmtesten Sohn Frankfurts, erinnert neben Goethe-Institut und Goethe-Universität das **Goethe-Haus** am Großen Hirschgraben, in dem der Dichterfürst 1749 das Licht der Welt erblickte. Goethe war auch ein Liebhaber der Frankfurter Küche, die man in einem der vielen **Apfelweinlokale** testen sollte, wo der herbe Obstwein im Bembel serviert wird.

23. Kassel

Die Terrasse des barocken Orangerieschlosses (1702–10) im Park der Karlsaue.

HIGHLIGHTS
- **Karlsaue,** in den weitläufigen Parkanlagen mit Blick auf die Orangerie lustwandeln
- **Herkules,** das Wahrzeichen der Stadt erklimmen und das grandiose Panorama auf sich wirken lassen
- **Wasserspiele,** die sich auf einer 250 m langen Steintreppe ausbreitenden Kaskaden am Fuße des Herkules bewundern
- **Fuldadamm,** in eine der Rudergaststätten einkehren und die Aussicht auf die Fulda genießen
- **Bugasee,** in den Fuldaauen in aller Ruhe baden und entspannen

KASSEL IM SOMMER UND HERBST
- **Juni–September:** am 1. Samstag im Monat beleuchtete Wasserspiele unterhalb des Herkules
- **Juni/Juli:** Wilhelmshöhe Open, internationales Tennisturnier
- **Juli/August:** Zissel-Kirmes
- **September:** Berg- und Lichterfest im Bergpark Wilhelmshöhe
- **September:** Internationales Theaterfestival im Staatstheater

Documenta und Fürstenstadt – zwischen diesen beiden Polen bewegt sich Kassel. Mit ihrer alle fünf Jahre zelebrierten Kunstschau setzt die Stadt neue Maßstäbe für die zeitgenössische Kunst, und gleichzeitig erinnert sie mit ihren Schlössern und Parkanlagen, allen voran dem Schloss Wilhelmshöhe, an die glorreiche Zeit als Residenz der hessischen Landgrafen.

Grüne Museumsstadt an der Fulda

Entscheidenden Einfluss auf das Stadtbild hatte Landgraf Karl von Hessen-Kassel (1654–1730), der Anfang des 18. Jahrhunderts hoch über der Stadt den **Herkules** mit seinen **Wasserkaskaden** errichten ließ, das Wahrzeichen Kassels. Die Kupferstatue befindet sich ebenso wie das **Schloss Wilhelmshöhe** in Europas größtem **Bergpark**, der mit Teichen und Wasserfällen, der Teufelsbrücke und dem Lustschloss **Löwenburg** ein unvergleichliches Gartenkunstwerk ist. Das 1786–1798 erbaute Schloss beherbergt heute u. a. die Antikensammlung und die Gemäldegalerie Alte Meister.

Auch die ursprünglich als barocker Lustgarten angelegte **Karlsaue** geht auf die Initiative von Landgraf Karl zurück. Der weitläufige Park am westlichen Fuldaufer reicht bis in die Innenstadt und zum **Friedrichsplatz** mit dem klassizisti-

Deutschland

schen Museumsgebäude **Fridericianum**, dem ehemaligen Theater **Ottoneum** und dem **Zwehrenturm** als Rest der einstigen Stadtbefestigung. Zusammen mit den angrenzenden **Fuldaauen** bildet die von der **Orangerie**, heute Museum für Astronomie und Technikgeschichte, begrenzte Karlsaue ein großes grünes Naherholungsgebiet.

Neben ihren Museen, die sich nicht nur der Bildenden Kunst, sondern auch spezielleren Themen widmen, wie das **Museum für Sepulkralkultur**, hat die Stadt auch kulinarisch einiges zu bieten. Ein besonderes Erlebnis ist ein Besuch in der **Kasseler Markthalle** in der Wildemannsgasse, die eingebettet in die historischen Mauern des Marstalls ein großes Angebot an frischen regionalen Spezialitäten wie »Ahle Wurscht« oder den traditionellen Speckkuchen bereithält.

Infos und Adressen

ANREISE
Flug: Regionalflughafen Kassel-Calden; **Bahn:** IC/ICE bis Kassel-Wilhelmshöhe; **Auto:** A 7 aus Nordosten und Süden (auch A 49), A 44 aus Westen, am Südkreuz auf A 49

SEHENSWERT
Brüder-Grimm-Museum, Dauerausstellung zum Leben und Wirken von Jacob und Wilhelm Grimm. Palais Bellevue, Schöne Aussicht, www.grimms.de
Museum für Sepulkralkultur, Deutschlands einziges Museum zum Thema Totenkult. Weinbergstr. 25–27, www.sepulkralmuseum.de
Naturkundemuseum, älteste systematische Pflanzensammlung Europas. Ottoneum, Steinweg 2, www.naturkundemuseum-kassel.de

ESSEN UND TRINKEN
Mundo: Cocktailbar und Restaurant mit Blick auf die Karlsaue. Schöne Aussicht 1a, www.mundobar.de
Lohmann: ältestes Lokal der Stadt mit Biergarten. Königstor 8, www.lohmann-kassel.de
Zum steinernen Schweinchen: gehobenes Gourmetrestaurant. Konrad-Adenauer-Str. 117, www.steinernes-schweinchen.de

ÜBERNACHTEN
Hotel Schweizer Hof: Art-Hotel nahe des Bergparks. Wilhelmshöher Allee 288, www.hotel-schweizerhof-kassel.de

WEITERE INFOS
Kassel Marketing, Obere Königsstr. 15, www.kassel-marketing.de

Persönlicher Tipp

AUF DEN SPUREN DER DOCUMENTA
Alle fünf Jahre (zuletzt 2012) wird Kassel mit der Documenta zur **Drehscheibe der internationalen Kunstszene**. Doch auch nach oder zwischen diesen 100 Tagen Ausnahmezustand fällt die Stadt künstlerisch betrachtet keineswegs in einen Dornröschenschlaf. Dafür sorgen die zahlreichen Museen und die über das ganze Stadtgebiet verstreuten **Außenkunstwerke** vergangener Documenta-Spektakel. Wer mit offenen Augen durch Kassel geht, wird schnell fündig: Da gibt es z. B. direkt vor dem Kulturbahnhof Jonathan Borowskis 25 m hohen **»Himmelsstürmer«** oder auf einem Säulenportal am Friedrichsplatz Thomas Schüttes **Figurenensemble »Die Fremden«**. Neben der Documenta-Halle stößt man auf den gigantischen Bilderrahmen des Künstlerkollektivs Haus-Rucker-Co und am Fuldaufer auf die in die Wiese gespießte **Spitzhacke von Claes Oldenburg**. Und dann sind da natürlich auch noch **Joseph Beuys' »7000 Eichen«** aus seinem Kunstprojekt »Aktion Stadtverwaldung statt Stadtverwaltung«, die in der ganzen Stadt gut erkennbar an daneben stehenden Steinsäulen verteilt sind.

Kaskaden rauschen unterm »Riesenschloss« mit der Herkules-Statue (1717) im Bergpark Wilhelmshöhe.

24. Rheingau / Oberes Mittelrheintal

HIGHLIGHTS
- **Kloster Eberbach,** Zisterzienserkloster mit Klostergebäuden (mit Staatsweingut)
- **Schloss Johannisberg,** Barockschloss neben einem ehemaligen Benediktinerkloster, mit einem der ältesten Riesling-Weingüter
- **Bacharach,** malerischer Weinort am Mittelrhein mit Ruine der Wernerkapelle
- **Loreley,** der 132 m hohe Schieferfelsen ist der Inbegriff der Rheinromantik
- **Festung Ehrenbreitstein,** eine der größten Festungsanlagen Mitteleuropas oberhalb von Koblenz mit dem Landesmuseum Koblenz

RHEINGAU UND OBERER MITTELRHEIN IM FRÜHLING UND SOMMER
- **April/Mai:** Rheingauer Schlemmerwochen mit Rahmenprogramm
- **Mai–September:** Rhein in Flammen, Großfeuerwerk an fünf Terminen und fünf Orten
- **Mai–August:** Mittelrhein-Musik-Festival, klassische Musik, Jazz und Lesungen
- **letzter Sonntag im Juni:** Tal Total, autofrei zwischen Rüdesheim/Bingen und Koblenz
- **Juni–September:** Rheingau-Musik-Festival, mit Klassik, Jazz und Kabarett

Besonders steil sind die Schieferhänge an der Loreley; im Vordergrund die Burg Katz.

Zu den schönsten Abschnitten des Rheins gehören der weinreiche Rheingau und das tief ins Rheinische Schiefergebirge eingeschnittene, burgenreiche Obere Mittelrheintal, das als Kulturlandschaft zum UNESCO-Welterbe zählt. Die Strecke zwischen Wiesbaden und Koblenz lässt sich in Etappen am besten vom Schiff aus oder zu Fuß erkunden.

Warum es am Rhein so schön ist

Der **Rheinsteig** ist ein rund 320 km langer Premium-Wanderweg. Er verläuft auf der rechten Rheinseite in mehreren Etappen zwischen **Schloss Biebrich** in Wiesbaden und Bonn entlang dem Rheingau, durch das Obere und das Untere Mittelrheintal und das Siebengebirge. Angelegt als Höhenweg, führt der Rheinsteig vorbei an zahlreichen Burgen und Schlössern und verbindet Rheinromantik mit beeindruckenden Naturerlebnissen. Für ein Wochenende kann man sich auch ein besonders reizvolles Teilstück herauspicken. Knapp acht Stunden Wanderzeit muss man für die Strecke vom **Kloster Eberbach** bis Rüdesheim einplanen. Das noch fast vollständig erhaltene Zisterzienserkloster beeindruckt durch seine wuchtige romanische Basilika und Klostergebäude aus dem 12. bis 14. Jahrhundert. Seit dem Mittelalter ist das Kloster auch Weingut; beliebt sind die Weinproben im Cabi-

Deutschland

In der Altstadt von Koblenz gibt es romantische Winkel mit Fachwerkhäusern.

net- oder im Hospitalkeller. Über **Schloss Johannisberg** und **Schloss Vollrads** führt der Wanderweg zum Wallfahrtsort **Marienthal** mit dem gleichnamigen Franziskanerkloster. Und noch ein weiteres Kloster liegt auf dem Weg: das um 1150 von Hildegard von Bingen gegründete Benediktinerinnenkloster **Eibingen**. 1900–04 entstand die Abtei St. Hildegardis im neuromanischen Stil wieder neu.

Das Pendant zum Rheinsteig ist der linksrheinische, 200 km lange **Rheinburgenweg**, der mit zwei **Klettersteigen** bei Boppard und Oberwesel sowie vielen Burgen aufwartet. Auf der fünfeinhalb Stunden dauernden Wanderung von Bacharach bis Trechtinghausen kann man gleich sechs kennenlernen. Über dem Fachwerkstädtchen Bacharach erhebt sich die Burg **Stahleck**, heute eine Jugendherberge. Burg **Fürstenberg** ist eine Ruine mit hohem, rundem Bergfried. Nur von außen bewundert werden kann die Heimburg, auch Burg **Hohneck** genannt. Im neugotischen Stil der »Rheinromantik« wurden Burg **Sooneck**, die weitläufige Burg **Reichenstein** und Burg **Rheinstein** wieder aufgebaut. Beim Abstieg nach Trechtinghausen gewährt die Aussichtsplattform **Siebenburgenblick** einen schönen Blick auf das gesamte Rheintal.

Schlösser und Wein – der Rheingau

Das milde Klima an der Südabdachung des westlichen Taunus und gute Böden haben die rechtsrheinische Landschaft zwischen **Wiesbaden** und **Assmannshausen** zu einem bedeutenden Weinbaugebiet gemacht; besonders Riesling gedeiht prächtig. Die auch bei Radfahrern beliebte **Rheingauer RieslingRoute** verbindet die Weinorte miteinander.

Älteste Stadt im Rheingau ist **Eltville** mit zahlreichen Fachwerkhäusern und Adelshöfen. Auf dem Weg nach Erbach liegt **Schloss Reinhartshausen**, heute ein Luxushotel und Weingut. Das barocke **Schloss Reichartshausen** in **Oestrich** beherbergt eine private Wirtschaftshochschule. Für das Verladen von Weinfässern diente der 1754 erbaute **Rheinkran**. Im 10. oder 11. Jahrhundert wurde das **Graue Haus** in Winkel erbaut, eines der ältesten Steinhäuser Deutschlands. Ebenfalls zu **Winkel** gehört **Schloss Vollrads**; Weinbau wird hier schon seit dem Mittelalter betrieben. In **Geisenheim** werden an der Fachhochschule für Wein- und Gartenbau künftige Spitzenwinzer ausgebildet. Das nahe gelegene **Schloss Johannisberg**, eines der bekanntesten

Persönlicher Tipp

ROMANTISCHE SEITENTÄLER
Bei **Lorch** mündet die **Wisper** in den Rhein. Das 30 km lange Flüsschen fließt in einem malerischen Tal durch den waldreichen Rheingautaunus. Burgen und Mühlen, heute beliebte Ausflugslokale, säumen die Wisper, die eine wichtige Rolle im Wiederansiedlungsprogramm für Lachse spielt. Für gute Luft in Lorch sorgt der Wisperwind, ein Bergwind, der nachts und am frühen Morgen aus dem Wispertal weht. Das Tal gehörte zum winzigen **Freistaat Flaschenhals**, einem Teil der preußischen Provinz Hessen-Nassau, das 1919–23 nicht von den Alliierten besetzt war. Lorch ist heute noch die »Hauptstadt« der touristisch orientierten Freistaat-Flaschenhals-Initiative.
Nur 7 km lang ist der Morgenbach, der unterhalb der **Burg Reichenstein** in den Mittelrhein mündet und sich 364 m tief in den Hunsrück einschneidet. Das **Morgenbachtal** ist eine bei Wanderern und Kletterern beliebte Schlucht mit außergewöhnlicher Geologie und Vegetation. Unweit der Mündung in Trechtinghausen steht die **Clemenskapelle**, eine spätromanische Pfeilerbasilika.

69

Hauptattraktion auf Wiesbadens Neroberg ist die Russisch-Orthodoxe Kirche.

Persönlicher Tipp

AM LINKEN RHEINUFER

Linksrheinisch geht es geruhsamer zu: Ab Mainz führt der Weg vorbei an Obstbäumen und Spargelfeldern Richtung Bingen. Das Rheinufer wird noch von Auenwäldern gesäumt. Auch die Inseln im Strom, die **Rheinauen**, sind größtenteils geschützte Feuchtgebiete. Für die vom Schloss Reinhartshausen auch landwirtschaftlich genutzte **Mariannenaue** werden Inselführungen angeboten. Eine Rarität sind die Inselweine; die Rebsorte Chardonnay gedeiht hier gut.
Hervorragende Rotweine kann man in **Ingelheim** verkosten. Die Stadt zählt zu den wärmsten und trockensten Orten Deutschlands. Von der ehemaligen **Kaiserpfalz** sind nur noch Reste wie das **Heidesheimer Tor** erhalten. Wahrzeichen der Stadt ist die von einer mittelalterlichen Wehranlage umgebene **Burgkirche**.
Bingen ist das linksrheinische Tor zum Mittelrheintal. Überragt wird die Stadt vom Rochusberg mit der Wallfahrtskirche **Rochuskapelle**. Die ehemalige Zollburg **Mäuseturm** steht auf einer Rheininsel. In den östlichen Pfeiler der siebenbögigen **Drususbrücke** über die Nahe ist eine frühromanische Kapelle eingebaut.

Der Rüdesheimer Stadtteil Assmannshausen ist berühmt für seine feinen Spätburgunder.

deutschen Weingüter, bietet ihnen ein reiches Betätigungsfeld. In **Rüdesheim** festigt ein Besuch des Rheingau- und Weinmuseums **Brömserburg** das erworbene Weinwissen.

Bewacht von der Loreley – das Obere Mittelrheintal

Rüdesheim bildet mit dem über eine Seilbahn erreichbaren **Niederwalddenkmal** den rechtsrheinischen Einstieg ins Obere Mittelrheintal, das auf der Höhe von **Bingen** als tief eingeschnittener Durchbruch des Rheins durch das Rheinische Schiefergebirge beginnt. Schroffe Felsen, malerische Orte an rebenbestandenen Hängen und die zahllosen Burgen haben schon die deutschen Romantiker angezogen. Aus der Schiffsperspektive lassen sich die vielen Highlights ganz gemütlich bestaunen. Die früher gefürchtete Untiefe **Binger Loch** stellt heute keine Gefahr mehr dar, und auf dem mitten im Rhein liegenden **Pfalzgrafenstein** wird auch kein Zoll mehr für die Weiterfahrt erhoben. Am steilen Schieferfelsen **Loreley** macht jeder Ausflugsdampfer einen Halt, um an die Legende von der Sagengestalt Loreley zu erinnern. Zu den besonders eindrucksvollen Burgen zählen die Ruinenanlage der **Burg Rheinfels** bei St. Goar mit ihren unterirdischen Minengängen und die gut erhaltene **Marksburg** bei Braubach. Einen »Schoppen« trinken kann man im pittoresken Weinort **Bacharach** und in **Boppard**, das auf römische Wurzeln zurückblickt. Die Fahrt endet in **Koblenz** an der Moselmündung. Gegenüber dem **Deutschen Eck** ragt die gewaltige **Festung Ehrenbreitstein** auf.

Rheingau und oberes Mittelrheintal

Infos und Adressen

ANREISE
Flug: über Flughafen Frankfurt am Main, Frankfurt-Hahn (Hunsrück) und Köln/Bonn;
Bahn: Fernzüge verkehren stündlich auf den Strecken Mainz–Bingen–Koblenz–Köln und Wiesbaden–Rüdesheim–Koblenz; **Auto:** über A 3 (rechtsrheinisch) oder A 61, A 60 (linksrheinisch); **Schiff:** Die beiden Rheinufer sind durch Auto- und Personenfähren miteinander verbunden. Fahrplanmäßig befahren fünf Unternehmen den Rhein, darunter die Köln-Düsseldorfer Rheinschiffahrt (www.k-d.de)

SEHENSWERT
Basilika St. Valentin, spätgotische Kirche mit reicher Ausstattung, u. a. eine der ältesten bespielbaren Orgeln, gehört zu den schönsten Kirchenbauten im Rheingau, Kiedrich
Brömserburg, in der frühmittelalterlichen Burg in Rüdesheim befindet sich das Rheingauer Weinmuseum, tägl. 10–18 Uhr. Rheinstr. 2, Rüdesheim am Rhein, www.rheingauer-weinmuseum.de
Niederwalddenkmal, vom Nationaldenkmal mit der Hauptfigur Germania bietet sich ein spektakulärer Rundblick, mit Kabinenseilbahn von Rüdesheim erreichbar
Pfalzgrafenstein, in Schiffsform angelegte ehemalige Zollburg im Rhein bei Kaub, Besichtigungen im Rahmen einer Führung
Die Feindlichen Brüder, die beiden Burgen Sterrenberg und Liebenstein oberhalb vom Wallfahrtsort Kamp-Bornhofen sind durch die »Streitmauer« voneinander getrennt.
www.burg-sterrenberg.de
Marksburg, einzige vollkommen erhaltene Höhenburg am Mittelrhein, beliebt ist das Rittermahl in der Burgschänke. www.marksburg.de

ESSEN UND TRINKEN
Burg Crass: feine Landhausküche in einem ehemaligen Freihof aus dem 11./12. Jahrhundert. Freygässchen 1, Eltville, www.burgcrass-eltville.de
Die Adler Wirtschaft: bodenständige Küche in rustikalem Ambiente. Hauptstr. 31, Hattenheim im Rheingau, www.franzkeller.de
Gutsschänke Schloss Johannisberg: Terrassensitzplätze mit herrlichem Blick über den Rheingau. Geisenheim, www.schloss-johannisberg.de
Weinwirtschaft Nassauer Hof: regionale Gerichte, zünftig angeboten, beliebt bei Wanderern und Bikern. Bahnhofstr. 22, St. Goarshausen, www.nassauer-hof-loreley.de

AUSGEHEN
Drosselgasse, die Feiermeile in Rüdesheim, bis in die Morgenstunden herrscht in den Weinstuben und Kneipen Hochbetrieb
Circus Maximus, Kleinkunst, Musik und Bistro. Stegemannstr. 30, 56068 Koblenz, www.circus-maximus.org

ÜBERNACHTEN
Hof-Hotel Bechtermünz im Weingut Kögler: kleines Weinhotel in einem ehemaligen Adelshof. Kirchgasse 5, Eltville, www.weingut-koegler.de
Breuer's Rüdesheimer Schloss: modernes Hotel in historischem Ambiente, in der Nähe der Drosselgasse. Steingasse 10, Rüdesheim am Rhein, www.ruedesheimer-schloss.com
Rhein-Hotel Bacharach: großes Fachwerkensemble direkt auf der Stadtmauer. Langstr. 50, Bacharach am Rhein, www.rhein-hotel-bacharach.de
Schloss Rheinfels: übernachten in einer der größten Burganlagen am Mittelrhein. Schlossberg 47, St. Goar, www.schloss-rheinfels.de

WEITERE INFOS
Tourist-Information, über den Mittelrhein informieren www.welterbe-mittelrheintal.de und www.mittelrheintal.de, über den Rheingau www.rheingau.de

Feuerwerk vor der Marksburg beim großen Spektakel »Rhein in Flammen«.

25. Usedom

HIGHLIGHTS
- **Ahlbecker Seebrücke,** mit ihrem Holzgebäude am Strand ideale Kulisse für romantische Momente und Bilder für das Familienalbum
- **Peenemünde,** Erprobungsstelle der Luftwaffe der Wehrmacht für Raketen und Flugkörper »V-Waffen«, zu DDR-Zeiten militärisches Sperrgebiet, heute Historisch-Technisches Museum
- **Ostseetherme Usedom,** zentral gelegener Wellnesstempel in Ahlbeck
- **Lieper Winkel,** die Landschaft am Achterwasser kann gut per Rad erkundet werden.
- **St. Petri,** Kirche mit sternenübersätem Deckengewölbe in Benz

USEDOM ZU JEDER JAHRESZEIT
- **März:** Usedomer Heringswochen, Hering satt auf der ganzen Insel
- **Juli:** Seebrückenfest, Spektakel mit Karussells und Feuerwerk, Bansin
- **August:** Usedom-Beachcup, eines der weltgrößten Beachvolleyballturniere, Karlshagen
- **August:** Heringsdorfer Kaisertage, Straßenfest mit Rückblick ins 19. Jahrhundert

Der besondere Charm von Heringsdorf: Strandkörbe, Sand und Seebrücke.

Lange Jahre konnte Usedoms Schönheit nicht wirklich gewürdigt werden, denn die Insel lag im toten Winkel an der Grenze zu Polen. Mit der Grenzöffnung hat sich das geändert. Heute kommen immer mehr Gäste nach Usedom, um sich vom hohen Freizeitwert der Insel zu überzeugen.

Mit Sonnenschein und Stränden verwöhnt

Hinter Rügen liegt **Usedom** auf Rang zwei der größten deutschen Inseln. Mit einer Handvoll anderer Inseln auf dem Globus teilt sie sich ein besonderes Merkmal: Sie wird von einer Grenze geteilt. Der größte Teil liegt auf deutschem Gebiet, nur rund ein Sechstel gehört unter dem Namen Uznam zu Polen. Interessanter für Besucher ist jedoch etwas anderes: Usedom gehört zu den Orten mit den **meisten Sonnenstunden** in Deutschland.

Entsprechend begehrt ist die Insel bei Besuchern von nah und fern. Berlin ist lediglich 200 km entfernt, sodass viele Hauptstädter an den Wochenenden die langen **Sandstrände** genießen – sei es zum Spaziergang in Frühling, Herbst und Winter oder zum Badevergnügen im Sommer. Weitaus weniger beachtet als Usedoms zur Küste gewandte Seite wird das **Achterwasser**. Dabei prägt diese vom Peene-

Deutschland

Infos und Adressen

ANREISE
Flug: Mai/Juni–Okt. Direktflüge von Dortmund, Düsseldorf, Köln-Bonn, Frankfurt am Main, Stuttgart und München; **Bahn:** nach Ahlbeck über Stralsund und Greifswald, Umsteigeverbindungen von Berlin über Züssow; **Auto:** B 111 oder B 110

SEHENSWERT
Schmetterlingsfarm Trassenheide, rund 2000 frei fliegende Schmetterlinge in einer Tropenhalle, zusätzlich Vogelspinnenschau und Insektenmuseum, Wiesenweg 5. Trassenheide, www.schmetterlingsfarm.de

ESSEN UND TRINKEN
Haithabu Wikingerrestaurant: Rustikale Speisen und originelles Ambiente garantieren gute Laune. Friedrichstr. 7, Seebad Ahlbeck, www.haithabu-usedom.de
Fischkopp: Familienbetrieb, der sich Fischgerichten in vielen Varianten verschrieben hat, Seestr. 66, Seebad Bansin, www.fischkopp-bansin.de

ÜBERNACHTEN
Strandhotel Heringsdorf: Vier-Sterne-Haus direkt an der Promenade. Liehrstr. 10, Seebad Heringsdorf, www.strandhotel-heringsdorf.de

WEITERE INFOS
Tourismusinformation, Usedom Tourismus GmbH, Waldstr. 1, Seebad Bansin, www.usedom.de

Am Strand zwischen Bansin und Ahlbeck bieten Fischerboote schöne Fotomotive.

Persönlicher Tipp

ÜBER DIE GRENZE
Jahrzehntelang endete eine Strandwanderung Richtung Osten abrupt an den Grenzanlagen zwischen Deutschland bzw. der DDR und Polen. Mit dem Beitritt Polens zur Europäischen Union hat das ein Ende gefunden, 2007 wurden die letzten Zaunreste abgebaut. Wer sich heute ab Bansin über Heringsdorf aufmacht, kann über Ahlbeck hinaus laufen. Gemeinsam mit den **Kaiserbädern** haben die Verantwortlichen im polnischen **Świnoujście** (früher Swinemünde) 2011 eine Lücke von über 3 km geschlossen und damit eine 12 km lange Promenade geschaffen, die zu den längsten Europas gehört. Der Weg führt nicht nur über knirschenden **Sand**, sondern auch durch schattige **Kiefernwälder**. Dies ist nicht das einzige vorbildliche Unternehmen der deutsch-polnischen Verständigung: Bereits seit 2008 können Reisende mit der **Usedomer Bäderbahn** problemlos von Ahlbeck nach Świnoujście gelangen – es ist nicht lange her, da war das noch undenkbar.

strom geformte Bucht die Gestalt der Insel. Bei **Zempin** stoßen Achterwasser und Ostsee fast aufeinander, nur 330 m Land liegen zwischen ihnen.

Die Hauptziele der Touristen sind die drei **Kaiserbäder Bansin Heringsdorf** und **Ahlbeck** in denen sich auch verlängerte Wochenenden gut gestalten lassen. Als Nachbarn liegen sie nebeneinander im Osten der Insel, 2006 haben sie sich zum Ostseebad Heringsdorf zusammengeschlossen. Die Badeorte blicken auf eine fast 200-jährige Tradition zurück, in deren Anfängen vor allem der wohlhabende Adel empfangen wurde. Entsprechend prächtig präsentieren sich die Häuser und Hotels unmittelbar an den **Strandpromenaden.** Besonders markant sind die **Seebrücken**: Die von Heringsdorf misst knapp über 500 m und ist damit die längste in Deutschland. Mit ihrem Baujahr 1994/95 ist sie gegenüber der Ahlbecker Seebrücke von 1899 blutjung.

26. Stralsund mit Rügen

Blick vom Hafen auf Stralsund: das Ozeaneum neben den alten Speicherhäusern.

HIGHLIGHTS
- **Nikolaikirche** in Stralsund mit gotischem Hoch- und barockem Hauptaltar, astronomischer Uhr und farbiger Ausmalung aus dem 14./15. Jahrhundert
- **Ozeaneum** in Stralsund mit Schwarmfischbecken und Erlebnisausstellung für Kinder
- **Bäderarchitektur,** verschnörkelte, weiß gestrichene Villen in Binz, Sellin und Göhren
- **Putbus,** »weiße Stadt« mit Theater und großem Schlosspark
- **Nationalpark Jasmund,** mit Kreidefelsen und Buchenwald (seit 2011 Weltnaturerbe)

STRALSUND UND RÜGEN IM SOMMER
- **Juni:** Segelwoche, Regatta rund um Rügen und Hiddensee
- **Juli:** Wallenstein-Tage, Volksfest in Stralsund, das an den erfolgreichen Widerstand gegen den Feldherrn im Dreißigjährigen Krieg erinnert
- **Juni–September:** Störtebeker Festspiele, Theaterspektakel auf Freilichtbühne Ralswiek nördlich von Bergen

Stralsund, die alte Hansestadt, gehört dank ihres gut erhaltenen mittelalterlichen Kerns zum UNESCO-Weltkulturerbe und bildet das Tor zu Rügen. Deutschlands größte Insel punktet mit langen Sandstränden. Seebrücken und Bäderarchitektur in den Ostseebädern lassen die Sommerfrische früherer Zeiten aufleben.

Stralsund: stolze Hansestadt an der Ostsee

Backsteinkirchen prägen die Silhouette Stralsunds, reich verzierte Patrizierhäuser künden von dem einstigen Reichtum einer Stadt, deren Aufstieg begann, als sie sich 1293 mit anderen norddeutschen Städten zur Hanse zusammenschloss.

Stralsund entwickelte sich um den Alten Markt. Dort zieht das **gotische Rathaus** mit seiner Schaufassade mit den Wappen der Hansestädte alle Blicke auf sich. Dahinter erhebt sich die 1270–1350 erbaute **Nikolaikirche**, als älteste Kirche der Stadt dem Schutzpatron der Seefahrer, dem heiligen Nikolaus, geweiht. Schräg gegenüber dem Rathaus steht mit dem **Wulflamhaus**, das sich Bürgermeister Bertram Wulflam um 1380 errichten ließ, eines der schönsten **Patrizierhäuser** Stralsunds. Sein hoher Giebel ist typisch für die Kaufmannshäuser mit ihren Speicheretagen über den Wohn- und Geschäftsräumen.

Deutschland

Der Neue Markt im Süden der fast ganz von Wasser umschlossenen Altstadt wird von der **Marienkirche** beherrscht. Mit ihrem fast 100 m langen und 32 m hohen Mittelschiff ist sie eine der größten Backsteinkirchen Norddeutschlands. Ihren Bau finanzierten Handwerker. Sie wollten den Ratsherren und Kaufleuten nacheifern, die sich mit St. Nikolai eine prächtige Kirche errichtet hatten.

Am Hafen mit seinen alten Backsteinspeichern steht Stralsunds jüngstes Museum: das **Ozeaneum**. In riesigen Aquarien breiten sich die Lebenswelten der nördlichen Meere aus. Im Hafen liegt die erste **»Gorch Fock«**, ein Dreimaster, der 1933 Segelschulschiff wurde.

Seebäder: weiße Villen und lange Strände

Als im 19. Jahrhundert die wohltuende Wirkung des Meeres und des Badens entdeckt wurde und sich nicht mehr nur der Adel eine Reise in die Sommerfrische leisten konnte, wandelten sich die Fischerdörfer auf Rügen zu Seebädern. Fischerkaten wurden zu Unterkünften umgebaut, und neue Pensionen entstanden. Dabei waren der architektonischen Fantasie kaum Grenzen gesetzt. Nur frisch geweißt sollten die Häuser sein und Balkone, Veranden oder verglaste Wintergärten haben. Typisch wurde eine reiche Verzierung mit Schnitzereien und Jugendstilornamenten, Erkern und gotischen Türmchen. Nach der deutschen Wiedervereinigung und der Klärung der Eigentumsverhältnisse wurde umfangreich saniert, sodass die **Bäderarchitektur** heute in neuem altem Glanz erstrahlt.

In **Binz**, dem größten und elegantesten der Rügener Seebäder, führt eine rund 4 km lange Strandpromenade den weißen Sandstrand entlang. Das dreiflügelige **Kurhaus** gegenüber der Seebrücke empfing 1890 seine ersten Gäste und erhielt nach einem Brand 1908 seine imposante heutige Gestalt.

Göhren auf dem südöstlichen Landzipfel Rügens namens **Mönchgut** besitzt den weitläufigsten Kurpark Rügens und gleich zwei Strände, die durch eine Landspitze getrennt sind. Den Nordstrand flankiert eine Strandpromenade, am Südstrand liegt das Museumsschiff »Luise«, einer der letzten eisernen Küstenfrachter. Es ist Teil der Mönchgut-Museen, die sich, wie das Heimatmuseum im Ortszentrum, der Geschichte und Kultur der Region widmen.

Wahrzeichen des beschaulichen Seebads **Sellin** an einem Steilufer zwischen Ostsee und Selliner See ist die 1992 eröffnete Seebrücke, die der ersten, 1906 erbauten nachemp-

---

Persönlicher Tipp

MIT DEM »RASENDEN ROLAND« UNTERWEGS

Eisenbahnromantik pur bietet eine Fahrt mit der alten Rügener **Schmalspurbahn**, die von historischen Dampfloks gezogen wird. Schon seit über 100 Jahren schnauft die Kleinbahn mit einer Spitzengeschwindigkeit von 30 km/h durch die Granitz und das Mönchgut. Schon von Weitem ist sie an ihrem Rauch und ihren Warnsignalen vor Bahnübergängen zu erkennen. Von dem einst mehr als 100 km langen Schmalspurnetz blieb eine Strecke von gut 24 km erhalten, die von Göhren über Binz und Putbus bis nach Lauterbach führt. Dafür braucht der Zug etwa 1,5 Stunden.

Außer in den Seebädern hält der »Rasende Roland« in der Nähe von **Jagdschloss Granitz**, einem klassizistischen Schloss im Granitzer Wald etwa 3,5 km südlich von Binz. In seinem 38 m hohen mächtigen Mittelturm führt eine gusseiserne, filigran durchbrochene Wendeltreppe auf eine Aussichtsplattform, die einen weiten Blick über ganz Rügen bis nach Stralsund eröffnet.

Sellins Seebrücke mit Jugendstilpavillons wird abends schön beleuchtet.

Die Kreidefelsen im Jasmund-Nationalpark sind legendär.

Persönlicher Tipp

KREIDEFELSEN AUS ALLEN PERSPEKTIVEN

Die wildromantische Landschaft an der bewaldeten Steilküste der Halbinsel Jasmund inspirierte bereits einen Maler der Romantik, **Caspar David Friedrich**, zu einem seiner berühmtesten Gemälde: »Kreidefelsen auf Rügen« (um 1818). Je nach Sonnenstand schimmern die weißen Kreidefelsen in den unterschiedlichsten Farbtönen. Der höchste Felsen der Kreideküste ist der 117 m hohe **Königsstuhl**. Von einer Plattform sowie von der benachbarten (nicht gebührenpflichtigen) Viktoriasicht, einer Art natürlichem Balkon, bietet sich ein atemberaubender Blick in die Tiefe. Den schönsten Blick auf die Kreidefelsen selbst hat man vom Meer aus. **Bootsrundfahrten** zum Königsstuhl starten in Sassnitz. Dort beginnt auch der **Hochuferweg**, der durch die Stubnitz, das Waldgebiet längs der Steilküste, führt. Wer mit dem Auto kommt, muss etwa 3 km vor dem Königsstuhl parken. Von dort geht es per Shuttle-Bus, Fahrrad oder zu Fuß zur Küste.

Das klassizistische Theater in Putbus wurde nach aufwendiger Renovierung 1998 wieder eröffnet.

funden wurde. Sie besticht mit einer zweigeschossigen Restaurant- und Ladenpassage sowie dem Kaiserpavillon im Stil der Goldenen 1920er-Jahre. Alle größeren Badeorte haben Anfang des 20. Jahrhunderts Seebrücken gebaut. Sie waren nicht nur Anlegestellen für die Boote, die Badegäste nach Rügen brachten, sie entwickelten sich auch schnell zu Flanier- und Geschäftsmeilen.

Klassizistisches Kleinod Putbus

Die »weiße Stadt« im Hinterland der Südküste, die ihre klassizistischen Bauten original bewahrt hat, geht auf Wilhelm Malte zu Putbus zurück. Zum Fürsten erhoben, ließ er den alten Grafensitz ab 1808 planmäßig zu einer **Residenzstadt** ausbauen. Zentraler Punkt ist der **Circus**, ein kreisrunder Platz, um den sich frei stehende zwei- oder dreigeschossige weiß gestrichene Häuser gruppieren. Das Schloss des Fürsten wurde 1962, obwohl nur leicht beschädigt, auf Geheiß der DDR-Führung abgetragen. Es stand im weitläufigen **Schlosspark**, der im Stil eines englischen Landschaftsgartens angelegt wurde. Hier finden sich noch die **Schlosskirche**, ursprünglich ein Kurhaus mit Tanzsaal, und die **Orangerie**, in der heute Ausstellungen gezeigt werden.

1821 eröffnete das **Theater am Marktplatz**, in dem im Sommer Aufführungen stattfanden. Der klassizistische Bau mit Säulenportikus vor dem Eingang ist bis heute das einzige Theater auf Rügen. Für die Badegäste ließ Fürst Wilhelm Malte 1818 im 3 km entfernt am Bodden liegenden **Lauterbach** ein elegantes Badehaus errichten, das heute ein Wellnesshotel beherbergt.

Stralsund mit Rügen

Infos und Adressen

ANREISE
Bahn: IC von Köln, Hamburg, München, Stuttgart, Berlin nach Stralsund und Binz; **Auto:** A 20 nach Stralsund, über Rügendamm oder Rügenbrücke nach Rügen; **Tipp:** in Binz mit **Kurkarte** kostenlose Nutzung der Binzer Bäderbahn.

SEHENSWERT
Deutsches Meeresmuseum, Aquarium mit riesigen Meeresschildkröten und einem 15 m langen Skelett eines vor Rügen gestrandeten Finnwals im ehemaligen Katharinenkloster, Juni–Sept. 10–18 Uhr, Okt.–Mai 10–17 Uhr. Katharinenberg 14–17, Stralsund, www.meeresmuseum.de
Kulturhistorisches Museum mit Hiddenseer Goldschmuck, Di–So 10–17 Uhr. Mönchstr. 25–27, Stralsund
Museumshaus, in einem der ältesten Häuser von Stralsund, zeigt Geschichte seiner Nutzung, Di–So 10–17 Uhr, Mönchstr. 38, Stralsund
Museumsspeicher, Alltagsleben der Seefahrer und Fischerbauern mit Hausmodellen und Spielzeugausstellung, Di–So 10–17 Uhr. Böttcherstr. 23, Stralsund
Dokumentationszentrum Prora, im »Koloss von Rügen«, der von den Nationalsozialisten geplanten gigantischen Ferienanlage, März–Mai, Sept.–Okt. 10–18 Uhr, Juni–Aug. 9.30–19 Uhr, Nov.–Febr. 10–16 Uhr. Objektstr., Block 3, Prora www.proradok.de
Jagdschloss Granitz, mit Aussichtsturm, Mai–Sept. 9–18 Uhr, Okt.–April Di–So 10–16 Uhr, Rügen
Museum Ostseebad Binz, Geschichte des Badeorts mit historischer Postkartensammlung im Kleinbahnhof, April–Okt. 10–17 Uhr, Nov.–März Di–Sa 10–16 Uhr, Bahnhofstr. 54
Mönchgut-Museen in Göhren: **Heimatmuseum** zu Alltagskultur und Geschichte. Strandstr. 1; **Museumshof,** Strandstr. 4, beide: März–April Fr–So 10–16 Uhr, Mai–Okt. Di–So 10–17 Uhr; **Museumsschiff »Luise«,** Arbeits- und Lebensbedingungen der Küstenschiffer. Mai–Juni, Sept.–Okt. Di–So 10–16 Uhr, Juli–Aug. Di–So 10–17 Uhr. Am Südstrand 1a, www.moenchguter-museen-ruegen.de
Putbus-Museum zur Entwicklung von Putbus, 10–18 Uhr. Circus 1

ESSEN UND TRINKEN
Wulflamstuben: Restaurant im historischen Wulflamhaus mit deftiger und feiner Küche. Alter Markt 5, Stralsund
Rasender Roland: einem Zug nachempfundenes Restaurant mit Gerichten wie »Abstellgleis« oder »Bremsklotz« am Binzer Bahnhof der Schmalspurbahn. Bahnhofstr. 54, Binz
Seebrücke: gute Fischküche, auf der Seebrücke an der Wilhelmstraße, Sellin

AUSGEHEN
Diskothek M3, Prora, Objektstr. 51, Prora auf Rügen, www.m3-disco.de
Theater Vorpommern im Theater Stralsund, Olaf-Palme-Platz 1, www.theater-vorpommern.de

SHOPPING
Goldschmied Stabenow, Repliken des Hiddenseer Goldschmucks. Badenstr. 1, Stralsund, www.c-stabenow.de
Glasbläserei Binz mit Schauwerkstatt. Schillerstr. 11, Binz, www.glasblaeserei-malente.de
Narrenkeramik, Margarethenstr. 22, Binz, www.narrenkeramik.de

ÜBERNACHTEN
Norddeutscher Hof: gemütliches Hotel an der Marienkirche. Neuer Markt 22, Stralsund, www.nd-hof.de
Roewers Privathotel: Villenensemble im Bäderstil, Wihelmstr. 34, Sellin, www.roewers.de
Hotel Hanseatic: komfortables Haus oben auf der Landzunge am Meer, Nordperdstr. 2, Göhren, www.hotel-hanseatic.de
Villa Meeresgruß: Bäderstil-Villa, Margarethenstr. 19, Binz, www.villa-meeresgruss.de

WEITERE INFOS
Tourismuszentrale der Hansestadt Stralsund, Alter Markt 9, Stralsund, www.stralsundtourismus.de
Tourismuszentrale Rügen, www.ruegen.de

Das Kurhaus am Strand von Binz wurde nach der Wende zur Luxusherberge umgebaut.

27. Hildesheim

Die bemalte Holzdecke im Mittelschiff der Michaeliskirche stammt aus dem 13. Jahrhundert.

HIGHLIGHTS
- **Dom St. Mariä,** mit Bernwardstür, Christussäule, Radleuchter, »tausendjährigem« Rosenstock, Dommuseum, bedeutender Dombibliothek (Neubau)
- **St. Michaeliskirche,** doppelchörige Basilika mit bemalter Holzdecke
- **Knochenhauer-Amtshaus,** früher Zunfthaus der Fleischer (26 m hoch)
- **Kaiserhausfassade,** 46 Medaillons römischer Kaiser, vier »Weltreichsfiguren« und Fenstererker (Auslucht) an früherem Renaissance-Haus
- **Roemer- und Pelizaeus-Museum,** kulturhistorische Sammlung von europäischem Rang, besonders Alt-Ägypten, Alt-Peru, Ostasien

HILDESHEIM IM SOMMER/HERBST
- **Juli/August:** Citybeach, Cocktails, Musik, Unterhaltung und Sport hinterm Rathaus
- **September:** Pflasterzauber, Straßenmusik und Straßenkunst in der Innenstadt

Das Stadtbild des 1200-jährigen Hildesheim grenzt an ein Wunder: durch seine zum Welterbe erhobenen romanischen Gotteshäuser und durch die ehrgeizige Rekonstruktion seiner Altstadt, die 1945 durch Bombenangriffe in Schutt und Asche gefallen war.

Stadt der Wunder

Ein Wunder beflügelte auch den Bau des **Dom St. Mariä** (9. Jh., wird bis 2014 restauriert): Kaiser Ludwig der Fromme hatte einer Legende nach aus Dank für die Errettung nach einem misslungenen Jagdausflug eine Marienkapelle erbauen lassen und die Kaufmannssiedlung an der Furt des Hellwegs 815 zur Bischofsstadt erhoben. Dort, wo Ludwig die Hilfe der Gottesmutter erflehte, wuchs der nun **»tausendjährige« Wildrosenstock**. Das Wahrzeichen Hildesheims blüht noch heute an der Apsis des Doms. Seine Blüte als Stadt erlebte Hildesheim unter Bernward, Bischof von 993–1022. Er ließ die **Michaeliskirche** mit ihren mächtigen Vierungstürmen und kunstvoller Bronzetür bauen. In die beiden Flügel der 4,72 m hohen **Bernwardstür** sind 16 Reliefs mit Szenen aus dem neuen Testament gearbeitet.

Deutschland

Berühmt ist Hildesheim auch für seine historischen Bürger-, Patrizier-, Gilde- und Handwerkerhäuser aus fünf Jahrhunderten. Als einer der schönsten Fachwerkbauten Deutschlands gilt das **Knochenhauer-Amtshaus** mit überreichem Schnitzwerk und Dekor. Im Unterschied zu den Nachbarhäusern wurde nicht nur die Fassade (außer Tempelherrenhaus, 1457) rekonstruiert, sondern das komplette Gebäude. Das tut dem Zauber des **Marktplatzes** mit dem spätgotischen **Rathaus** (13.–15. Jh.) und dem **Marktbrunnen** (1540) aber keinen Abbruch. Als ältestes Fachwerkhaus gilt das **Waffenschmiedehaus** (1548) am Gelben Stern.

Wer nicht weiß, wohin er zuerst gehen soll: Die **Rosenroute** führt zu den wichtigsten Sehenswürdigkeiten – und an urigen Kneipen, gemütlichen Cafés und Restaurants vorbei.

Infos und Adressen

ANREISE
Flug: über Flughafen Hannover;
Bahn: ICE/IC bis Hannover Hbf, weiter mit Regionalexpress oder S-Bahn;
Auto: A 7

SEHENSWERT
Stadtmuseum, stadtgeschichtliche Sammlung des Roemer-Museums im Knochenhauer-Amtshaus, Restaurant im Erdgeschoss. Markt 7, www.stadtmuseum-hildesheim.de, www.knochenhaueramtshaus.com
Gärten und Parks, um die früheren Wallanlagen und -gräben und das Flüsschen Innerste bzw. aus Klostergärten entstanden und zu einem Naherholungsgebiet verbunden, z. B. Ernst-Ehrlicher-Park und Magdalenengarten

ESSEN UND TRINKEN
Bischofsmühle: Restaurant-Café, abends im Keller Jazz und Blues live, nahe Magdalenenkirche und -garten, Dammstr. 32, www.bischofsmuehle.de
Nil im Museum: Wein und leichte Küche im Neubau des Roemer- und Pelizaeus-Museums. Am Steine 1, www.nil-restaurant.de

ÜBERNACHTEN
Van der Valk Hotel Hildesheim: Vier-Sterne-Haus im Ensemble aus Wollenwebergildehaus (16. Jh.), Stadtschänke (17. Jh.) und Rokokohaus (18. Jh.), mit Restaurant Gildehaus. Markt 4, http://hildesheim.vandervalk.de

WEITERE INFOS
Tourist-Information, Rathausstr. 20 (Tempelherrenhaus), www.hildesheim.de

Persönlicher Tipp

HERRENHÄUSER GÄRTEN
Nach dem mittelalterlichen Hildesheim bilden die Herrenhäuser Gärten in **Hannover** einen schönen Kontrast und zugleich Abschluss des kurzen Wochenendes im Welfenland. Der **Große Garten** (1666–1714) südlich der früheren Sommerresidenz der Kurfürsten bzw. Könige von Hannover (Orangerie und Galerie erhalten, Fassade des klassizistischen Schlosses wird rekonstruiert) ist mit dem Neuen Garten der größte und mit den exakt ausgerichteten Rabatten, Hecken, Alleen und Wasserspielen, darunter die Großen Kaskade und **Große Fontäne** (rund 60 m), dem Irrgarten, Gartentheater und der Grotte (2003 neu gestaltet) der **besterhaltene barocke Lustgarten Europas**. Nördlich der Residenz wurde aus einem Küchen- ein botanischer Garten mit 11 000 Pflanzenarten. Attraktion des **Berggartens** ist das Sealife-Aquarium im tropischen Regenwald. Der **Georgengarten** und der **Welfengarten** südlich bzw. nördlich der **Herrenhäuser Allee** wurden im 19. Jahrhundert nach englischem Vorbild als Landschaftsgarten angelegt. Im Georgenpalais ist das **Wilhelm-Busch-Museum** mit Satirekunst aus vier Jahrhunderten untergebracht.

Das 26 m hohe Knochenhauer-Amtshaus; das ursprüngliche Gebäude entstand 1529.

28. Goslar – Oberharz

Es gibt nur wenige Regionen mit einer größeren Dichte von Welterbestätten als der Oberharz: die Altstadt von Goslar, das Erzbergwerk Rammelsberg und die Oberharzer Wasserwirtschaft – und das alles inmitten des Nationalparks Harz. Ein Wochenende erlaubt einen Einblick in das fast 2000-jährige Zusammenspiel von Natur, Technik und Kultur.

Arbeit unter, Wohlstand über Tage

Erzlagerstätten machten den Oberharz bereits in vorchristlicher Zeit für den Menschen interessant. Aus diesem Grund besiedelte er das nördlichste deutsche Mittelgebirge, gestaltete die Landschaft um, nutzte Holz und Wasser für den Bergbau (bis 1992) und baute Städte, deren früher Wohlstand bis heute nachglänzt. Goslar ist eine von ihnen; durchs **Breite Tor** geht's in die frühere **Hanse- und freie Reichsstadt** hinein. Da der Bergbau ursprünglich ein Regal, also königliches Recht war, fanden sich in der 922 erstmals urkundlich erwähnten Stadt oft und regelmäßig die deutschen Herrscher, Ottonen, Salier und Staufer, ein. In der **Kaiserpfalz** hielten sie Hof und nahmen Abgaben entgegen. Im 19. Jahrhundert wurde das Gebäudeensemble aus 54 m

HIGHLIGHTS
- **Kaiserpfalz**, 1040–50 von Kaiser Heinrich III. errichtet
- **Marktplatz von Goslar**, mit Rathaus (um 1450, Huldigungssaal) und Kaiserworth (1494), früher Gildehaus der Großkaufleute und Gewandschneider
- **Neuwerkkirche**, dreischiffige Basilika (12. Jh.) mit weitgehend unveränderter Architektur der Entstehungszeit
- **Bergwerk Rammelsberg**, Museum mit historischen Stollen, Schacht-, Förder- und Aufbereitungsanlagen, Maschinenhallen und Grubenbahn, Untertageführungen
- **Hahnenklee**, Kurort seit dem 19. Jahrhundert, heute Ortsteil von Goslar, Kabinenseilbahn auf den Bocksberg (mit Sommerrodelbahn)

GOSLAR IM FRÜHLING UND SOMMER
- **30. April:** Walpurgisnacht, Hexentanz ums Walpurgisfeuer, z. B. in Hahnenklee
- **August/September:** Altstadtfest, Unterhaltung mit Musik und Kulinarischem

Das Gildehaus Kaiserworth (1494) am Marktplatz. In Goslar gibt es ca. 1800 Fachwerkhäuser.

Deutschland

Entlang des Oberharzer Wasserregals: Wandern durch jahrhundertealtes Kulturland.

Infos und Adressen

ANREISE
Flug: über Flughafen Hannover;
Bahn: ICE/IC bis Hannover Hbf, weiter mit Regionalexpress;
Auto: A 7 oder A 395 (aus Richtung Wolfenbüttel); Tipp: kostenlose Besichtigungen mit der **2-Tage-HarzCard** (www.harzcard.info)

SEHENSWERT
Marktkirche St. Cosmas und Damian, doppeltürmige Basilika (ab 1151), Glasfenster (13. Jh.), Turmbesteigung 11–17 Uhr. Kaiserbleek 5, Goslar
Siemenshaus, Stammhaus der Unternehmerfamilie Siemens (1692/93). Schreiberstr. 12, Goslar
Oberharzer Bergwerksmuseum, Arbeitsgeräte, Über- und Untertageanlagen (Fahrkunst, Schaubergwerk), Feldbahn zum Ottiliae-Schacht, tägl. 10–17 Uhr. Bornhardtstr. 16, Clausthal-Zellerfeld, www.bergwerksmuseum.de

ESSEN UND TRINKEN
Zwinger, Restaurant im Turm (1517) der alten Stadtbefestigung mit Museum (Waffen, Ritterrüstungen) und Aussichtsplattform, drei Ferienwohnungen. Thomasstr. 2, Goslar
www.zwinger.de

ÜBERNACHTEN
Hotel Kaiserworth: unter vier Sternen stilvoll übernachten und feudal speisen. Markt 3, Goslar, www.kaiserworth.de

WEITERE INFOS
Tourist-Information Goslar, Markt 7, Goslar, www.goslar.de

langem, zweigeschossigem Kaiserhaus mit Kapellen und Resten einer Stiftskirche im Stil der Zeit »restauriert«. Auch Ratsherren, Kaufleute und Hüttenbesitzer zeigten mit spätgotischem **Rathaus** und **Kaiserworth** Sinn für Repräsentatives: Decken- und Wandmalereien schmücken den **Huldigungssaal** (1520) des Rathauses. An der Fassade des einstigen Gildehauses stehen acht Kaiserfiguren aus bemaltem Holz in Konsolen – und das **Dukatenmännchen** drückt den sehnlichen Wunsch nach Profanem (her)aus. Das **Glockenspiel** mit Figurenumgang am **Kaiserringhaus** zeigt, wer das Geld mit Schlägel und Eisen erwirtschaftete.

Quelle des Reichtums war das **Bergwerk Rammelsberg**, aus dem 968–1988 Blei-, Zink- und Kupfererz gefördert wurde. Das erhaltene **Feuergezäher Gewölbe** (13. Jh.) gilt als ältester gemauerter Grubenraum Mitteleuropas.

Persönlicher Tipp

WASSER FÜR DEN BERGBAU
Früher konnte **Bergbau im Oberharz** nur mithilfe der Wasserkraft betrieben werden. Wasserräder und -gestänge dienten vor der Erfindung der Dampfmaschine und des Elektromotors zur Entwässerung der Gruben, Erz wurde zutage gefördert und weiterverarbeitet, »Fahrkünste« transportierten Bergleute die Schächte hinauf und herunter. Um Wasser heranzuführen, wurde unter Einbeziehung natürlicher Wasserläufe ein System von Stauseen, Teichen, Speicherbecken, Gräben und unterirdischen Leitungen angelegt. Heute teils in die Trinkwasserversorgung einbezogen, wird es von den Harzwasserwerken (www.harzwasserwerke.de) unterhalten. Die historischen Bauwerke des Weltkulturerbes **Oberharzer Wasserregal** (meist ab 16. Jh.) verteilen sich über eine Fläche von 25 km². Zu ihnen führen 22 **Wasserwanderwege**. Von Goslar aus über die B 241 am leichtesten zu erreichen sind die Anlagen um den Ortsteil **Hahnenklee-Bockswiese**, darunter der Wanderweg »Auerhahn-Kaskade« mit dem Auerhahner Teich.

29. Ostfriesland

Greetsiel (Gemeinde Krummhörn) ist ohne Zweifel der malerischste Sielhafen Ostfrieslands.

HIGHLIGHTS

- **Greetsiel,** schönster Sielort Ostfrieslands, viele historische Gebäude, Kutterhafen, Zwillingsmühlen
- **Dornum,** alte Herrlichkeit mit Schloss, Beningaburg, Bartholomäuskirche, Synagoge (Gedenkstätte) und einziger Bockwindmühle Ostfrieslands
- **Seehundstation Nationalparkhaus,** alles über Seehunde in der Nordsee, verwaiste »Heuler« werden hier in Norddeich gepflegt und aufgepäppelt
- **Wattwanderung,** barfuß durch Schlick und Priele, per Du mit Wattwurm und Sandklaffmuschel
- **Langeoog,** autofrei, aber Inselbahn, 14 km Sandstrand, Radeln mit Rückenwind

OSTFRIESLAND ZU JEDER JAHRESZEIT

- **ganzjährig:** Orgelkonzerte, z. B. in Weener (Georgskirche), Norden (Ludgerikirche), der Gemeinde Krummhörn (Rysum) und Dornum (St. Bartholomäus)
- **Mai:** Drachen- und Windspielfestival, Norden-Norddeich
- **Juli/August:** Hafenfeste mit Kutterkorso, Markt und Unterhaltung in den Sielorten

Das flache, grüne Land wird von Gräben durchzogen, der Himmel wirkt ganz nah, Wolken jagen dahin, die Bäume sind vom Westwind gebeugt. Vorm Deich erstrecken sich Watt und Salzwiesen, dahinter ducken sich niedrige Häuser. Ostfriesland ist von herber Schönheit, ein hartes Dasein prägte den Menschenschlag, der aber nur beim ersten Gruß (»Moin!«) als wortkarg erscheint.

Deiche, Siele und Wattenmeer

Ostfriesland lebt heute vorwiegend vom Fremdenverkehr. Das Marschland wurde mit einem dichten Radwegenetz überzogen. **Meerwasserthermen,** Erlebnisbäder und Sonneninseln bieten Badespaß und Strandfeeling auch bei »Schietwetter«. Herausgeputzt haben sich alte Häuptlingssitze, Siel-, Deich- und Hafenorte. Historische Häuser und Höfe wurden für die Nachwelt erhalten, kostbare Orgeln in **Dorfkirchen aus dem Mittelalter** restauriert und Traditionen wiederbelebt oder neu erfunden, z. B. das **Schlickschlittenrennen.** Die Nordsee fürchtet man immer noch und Deicherhaltung ist weiterhin erste Bürgerpflicht, der Natur wird aber immer mehr Raum zur Entfaltung gegeben. Im **Nationalpark Niedersächsisches Wattenmeer** ist sie besonders geschützt. Darüber informieren und dafür werben an vielen Küstenorten und auf allen Ostfriesischen In-

Deutschland

seln **Nationalpark- und Nordseehäuser**. Sie organisieren Wanderungen durch das **Watt** und die **Salzwiesen**, Ökosysteme mit einer Flora und Fauna, die sich perfekt an das Spiel der Gezeiten angepasst haben.

Krummhörn und Leybucht

Greetsiel entstand im Unterschied zu den 18 anderen Orten der Gemeinde Krummhörn nicht auf einer Warf(t), sondern wurde dem Meer abgerungen. Das »Fischerdorf« ist Ostfriesland aus dem Bilderbuch. Seine Visitenkarte sind die **Zwillingsmühlen** am Ortseingang, sein Aushängeschild ist der im 14. Jahrhundert angelegte, auf den Markt zulaufende **Hafen** mit der größten Kutterflotte zwischen Ems und Weser. Durch das eingedeichte **Leyhörn** und die Seeschleuse (1991), um das Fahrwasser (Leysiel) größtenteils Naturschutzgebiet, wurde dieser gezeitenunabhängig und erhielt seinen alten Charme zurück. Die Burg der friesischen Häuptlingsfamilie Cirksena wurde zwar geschleift, doch hat sich der Ortskern Greetsiels (Fußgängerzone) seit Jahrhunderten im Wesentlichen nicht verändert. Zu den ältesten Gebäuden gehört das Haus Smidt (um 1400) und die Marienkirche (ab 1380). Ein Spaziergang von wenigen Kilometern nach Westen am Deich führt zum kleinen **Pilsumer Leuchtturm**, dessen gelb-roter Anstrich einen reizvollen Kontrast zum Grün des Deichs, Braun des Watts und Blau des Himmels bildet – *das* Wahrzeichen Ostfrieslands, obwohl seit 1919 außer Betrieb. Baden kann man vorm Deich bei **Upleward**, dahinter am »Trockenstrand« buddeln und sich sonnen.

Von Norden nach Esens-Bensersiel

Die Nordsee schwappte im Spätmittelalter bis nach Norden, konnte diesem Ort aber wegen seiner Lage auf einer Geestinsel nichts anhaben; von der direkten Anbindung in die Leybucht ist noch ein Teil des Hafens übrig mit zwei historischen Windmühlen in Sichtweite. Mittelpunkt der Stadt (ab 13. Jh.) ist der Marktplatz mit **Ludgerikirche** (Arp-Schnittger-Orgel, 1692) und Schmuckstücken aus der **Renaissance**: das Alte Rathaus, die »Dree Süsters« und das stattliche Schöninghsche Haus (1576).

Von Norden kann man sich mit der **Museumseisenbahn** (Küstenbahn Ostfriesland) in gemütlichem Tempo über Land nach Dornum aufmachen oder noch das **Nordseeheilbad Norddeich** mit seinen schicken Kuranlagen (Park, Sand- und

Persönlicher Tipp

KRABBENPULEN

Die Kutter in den Häfen Frieslands sind vor allem auf die Krabben aus, korrekt Sandgarnelen, mindestens 6,5 mm groß. Gekocht, gefroren und angelandet wandern sie meist in Lkws, welche die Vitamin-B-reichen Eiweißbomben quer durch Europa, z. B. nach Marokko, zum Pulen fahren. Das ist billiger und sauberer als in Oma Freses Küche. Pulen kann man aber auch selbst. Ein Kilogramm, erheblich preiswerter als das fertige Krabbenfleisch (aus Marokko zurück), bei der Fischereigenossenschaft gekauft, und los geht's: Krabbe in die eine Hand nehmen und Kopfteil mit der anderen festhalten. Den Schwanzteil hinter dem zweiten und dritten Schalenring drehen, sodass sich die Schale vom Gelenk löst. Dann Schwanzteil abziehen und das Fleisch aus dem Vorderteil ziehen. Fertig. Das Ergebnis auf ein Schwarzbrot oder auch Brötchen legen, ein Rührei oder Salat dazu. Köstlich!

Im Unterschied zu den ostfriesischen Küstenbädern haben die Inseln natürliche Sandstrände.

Der grüne Galerieholländer am Greetsieler Tief wird heute als Café genutzt.

Persönlicher Tipp

ES KLAPPERT DIE MÜHLE ...

Vor der Erfindung der Dampf- und Motorkraft mahlten Windmühlen Getreide oder wurden Schöpfräder zum Entwässern des Marschlandes eingesetzt. Außer Dienst gestellt, wurden sie abgerissen oder umgebaut. In Ostfriesland sind zahlreiche Mühlen zumindest teilweise erhalten, mehr als 60 allein im Landkreis Aurich. Ein besonders schönes und voll funktionsfähiges Exemplar ist die **Schoof'sche Mühle** in Greetsiel, ein Holländer in Privatbesitz mit zweistöckigem Unterbau, umlaufender Galerie und drehbarer Kappe (1921). Hier wird noch regelmäßig Schrot zum Verfüttern gemahlen. Einige Mühlen sind zu Cafés umgebaut, etwa die grüne **Greetsieler Zwillingsmühle** (1856), andere wurden zu Museen, z. B. der **Galerieholländer in Pewsum** (1842, Handwerksmuseum), die **Deichmühle** (1900) in Norden und die **Peldemühle** (für Graupen) **in Esens** (1850, »Leben am Meer«, mit Uhrmacherwerkstatt). Als älteste Windmühle Ostfrieslands gilt die **Bockwindmühle in Dornum** (1626); bei dieser Technik wurde der ganze Mühlenkasten in den Wind gedreht.

An der Nordseeküste weht fast immer eine frische Brise – ideal für Windsurfer.

Grünstrand, »Ocean Wave«) mitnehmen. An der Mole werden seit 120 Jahren Urlauber aus der Bahn auf die Frisia-Fähren nach Norderney und Juist (tideabhängig) verfrachtet. In der **Seehundstation Nationalparkhaus** warten kleine Seehunde mit großen Augen zweimal täglich auf frischen Fisch aus der Hand der Jagdaufseher – einst wurden die Tiere zur Belustigung der Badegäste mit dem Gewehr erlegt.

Das 800 Jahre alte **Dornum** ist ein kleines Juwel mit Osterburg (Hotel) und, umgeben von einem Park, mit einem Schloss (Norderburg), das als Schule, aber auch für Ausstellungen genutzt wird. Von der romanischen Backsteinkirche St. Bartholomäus (1290) auf der Warf, mit Außen-Glockenturm inmitten des Friedhofs, sind es nur wenige Schritte zum Marktplatz mit Restaurant und Synagoge (1841) nebenan. Deutlich lebhafter geht es in **Esens** zu. Zahlreiche Geschäfte am Markt und in der Fußgängerzone werben mit großen **Bärenfiguren**, auf vier oder zwei Beinen, auch im Handstand, darunter »Sehbär«, »Kopfübär« und »Fiebär«. Kutterhafen und Jachthafen, Wattenmeer und Sandstrand mit vielfältigen und familiengerechten Urlaubseinrichtungen bietet **Esens-Bensersiel** und, eine Nummer kleiner, **Dornumersiel**. Dessen besonderer Reiz macht der **Mahlbusen** aus, ein Speichersee zwischen dem alten, leider zugeschütteten Hafen von Westeraccumersiel, dem östlichen Teil des heutigen Ortes, und dem Schöpfwerk. Von Bensersiel aus verkehren regelmäßig Fähren zur **Insel Langeoog**. Im Angesicht des alten Wasserturms schlagen die Wellen der »echten« Nordsee unaufhörlich auf den endlosen Strand. Über die Dünen führt eine 1,5 km lange Promenade, die höchste der Ostfriesischen Inseln.

Ostfriesland

Infos und Adressen

ANREISE
Bahn: bis Leer, Emden, Norden/Norddeich, Aurich oder (aus Richtung Wilhelmshaven) bis Esens, weiter per Bus; **Auto:** A 31 (»Ostfriesenspieß«) oder A 1/A 28, anschließend B 72 (Richtung Aurich)

SEHENSWERT
Manningaburg, Wasserburg (15. Jh.) mit Museum, alter Häuptlingssitz. Krummhörn-Pewsum, www.manninga-burg.de
Campener Leuchtturm, höchster Leuchtturm Deutschlands (65 m) an der Emsmündung, Mo–Sa 14–16/17 Uhr (So ab 11 Uhr). Krummhörn-Campen
Schiefer Turm von Suurhusen, der massive Turm (1450) der Backsteinkirche ist mit einem Neigungswinkel von rund 5° noch schiefer als der Campanile des Doms von Pisa, Apr.–Okt. Di, Mi, Fr, Sa 10.30–13 Uhr. Hinte-Suurhusen, www.kirche-suurhusen.de
Ostfriesisches Teemuseum, alles zur Kulturgeschichte des ostfriesischen Nationalgetränks im Alten Rathaus (1539) von Norden, Di–So 10/11–16/17 Uhr. Am Markt 36, www.teemuseum.de
Waloseum, die Geheimnisse der Wale interaktiv erforschen, mit Quarantänestation für Seehunde. Osterlooger Weg, Norddeich, www.seehundstation-norddeich.de
Lütetsburg: Wasserschloss mit Vorburg (ab 16. Jh., privat) und 30 ha großem Landschaftspark (1790–1813, öffentlich zugänglich Mai–Sept. 8–21 Uhr, Okt.–Apr. 10–17 Uhr), Parkcafé und Golfplatz. Lütetsburg/Hage, www.schlosspark-luetetsburg.de
Turmmuseum, in St. Magnus (1854), Hauptkirche des Harlinger Landes, funktionstüchtiges Uhrwerk von 1873, nach fünf Etagen (113 Stufen) herrliche Aussicht über Stadt und Land, Apr.–Okt. Di, Do 15–17, So 11–12. Kirchplatz, Esens, www.turmmuseum-esens.de
Holarium, Holografie als Kunst, Apr.–Okt. 11–18 Uhr. Kirchplatz, Esens, www.holarium.de
Wasserturm Langeoog, Osterferien bis Herbstferien Mo–Fr 10–12 Uhr

ESSEN UND TRINKEN
Am alten Siel: Restaurant mit Terrasse und Hotel, in Blickweite zum Hafen. Am Markt 1, Krummhörn-Greetsiel, www.zum-alten-siel.de
Restaurant und Hotel Beningaburg: Gourmetrestaurant und Bier im Burgkeller. Beningalohne 2, Dornum, www.hotel-beningaburg-dornum.de
Dornumer Teestube: Ostfriesentee mit Klüntjes und Sahne, hervorragender Kuchen. Enno-Hektor-Str. 18, Dornum
Alte Schmiede: Spezialitäten, z. B. Deichlamm, neben Esse und Amboss. Cassen-Elts-Pad 2, Dornumersiel, www.alte-schmiede-dornumersiel.de
Zum Jüchertor: Regionale Küche preiswert. Jücherstr. 5, Esens
Fischerstuben: Deftig friesisch, viel Fisch, rustikale Atmosphäre. Hauptstr. 15, Bensersiel, http://fischerstuben.com

ÜBERNACHTEN
Hohes Haus: Hotel im früheren Rentmeisterhaus (1696) nahe dem Alten Siel. Hohe Str. 1, Krummhörn-Greetsiel, www.hoheshaus.de
Fährhaus: Hotel gehobener Kategorie, Restaurant mit Meerblick, für Feinschmecker. Hafenstr. 1, Norddeich, www.hotel-faehrhaus.info
Krögers Hotel: 40 Zimmer, familiär und zentral, Bahnhofstr. 18, Esens, www.kroegers-hotel.de
Strandhotel Achtert Diek: ruhige Lage am Ortsrand. Suderdunenring 47, Langeoog, www.langeooger-strandhotel.de

WEITERE INFOS
Tourist Information Greetsiel, Zur Hauener Hooge 11, www.greetsiel.de; **Kurverwaltung Norden-Norddeich,** Dörper Weg 22, www.norddeich.de; **Tourismus Gemeinde Dornum,** Hafenstraße 3, Dornum-Dornumersiel, www.dornum.de; **Kurverein Nordseeheilbad Esens-Bensersiel,** Am Strand 8, Esens-Bensersiel, www.bensersiel.de; **Tourist-Information Langeoog,** Rathaus, Langeoog, www.langeoog.de

Wasserturm auf Langeoog. Die Insel wird tideunabhängig von Fähren aus Bensersiel angefahren.

30. Solingen – Bergisches Land

Bei den Ritterspielen der Georgsritter auf Schloss Burg wird das Mittelalter lebendig.

HIGHLIGHTS
- **Müngstener Brücke mit Brückenpark,** mit 107 m höchste Eisenbahnbrücke Deutschlands (1897) zwischen Solingen und Remscheid, denkmalgeschützte Stahlgitter-Bogenkonstruktion
- **Gräfrather Lichtturm,** beleuchtetes architektonisches Kunstwerk am höchsten Punkt Solingens
- **Wuppertaler Schwebebahn,** Hängebahn (1901) an Stahltragegerüsten im benachbarten Wuppertal; 10 km der 13 km langen Strecke zwischen Vohwinkel und Oberbarmen führen über das Flussbett der Wupper

SOLINGEN VON SOMMER BIS WINTER
- **August/September:** 48 Stunden, bildende Kunst, Performances und Musik auf Schloss Burg
- **September:** Zöppkesmarkt, großer Trödelmarkt in der Innenstadt
- **Dezember:** romantischer Weihnachtsmarkt auf Schloss Grünewald
- **Dezember:** Adventsbasar der Kunsthandwerker auf Schloss Burg

Die Solinger Stadtteile Gräfrath und Schloss Burg sind eine Altstadtidylle mit den typischen bergischen Fachwerk- und Schieferhäusern an kopfsteingepflasterten Straßen. Zudem liegt Solingen inmitten der sanften Hügel des Bergischen Landes mit zahlreichen Bach- und Flussläufen.

Der Name ist Marke

Solingen hat einen guten Ruf. Klingen, vor allem Messer und Scheren, machten die Stadt weltbekannt. Da die Stadt im Zweiten Weltkrieg stark zerstört wurde, sucht man eine historische Mitte vergebens. Im Zentrum erinnert nur die gotische **St. Clemens Kirche** (1892) an frühere Zeiten. Dafür gibt es Neues, z. B. die **Clemens-Galerien** mit vielen Geschäften und Cafés oder das **Forum für Produktdesign**, eine Außenstelle der Bergischen Universität im ehemaligen Hauptbahnhof. Auf die Tradition des Klingenhandwerks hat sich das **Deutsche Klingenmuseum** in **Gräfrath** (Klosterhof 4) spezialisiert. Darin sind wertvolle Waffen, außergewöhnlich gestaltetes Essgerät und kunstgewerbliche Arbeiten aus aller Welt zu sehen. Rund um das Klingenmuseum breitet sich einer der schönsten Stadtteile Solingens mit Kirche

Deutschland

(1690 erneuert) und ehemaligen Klostergebäuden auf dem Hügel aus. Fachwerk und Schieferhäuser verleihen den Gassen eine gemütliche Atmosphäre, urige Restaurants und kleine Läden tragen zum Charme Gräfraths bei.

Erholung und Wassersport

Zwar verdankt das Bergische Land seinen Namen den **Grafen von Berg**, doch bergig ist es auch: bis zu 400 m hoch, von Wald und Wiesen bedeckt, mal schroff und felsig. Dazwischen schufen Flüsse und Bächer Täler, ihr Wasser wird häufig zu Talsperren gestaut. Die **Bevertalsperre** bei Hückeswagen, etwa 45 Autominuten von der Solinger Innenstadt entfernt, ist eine der vielseitigsten. Man kann Boot fahren, surfen und schwimmen, wandern und Rad fahren. Man kann es sich aber auch in einem der Ausflugslokale gut gehen lassen ...

Infos und Adressen

ANREISE
Flug: von allen größeren Flughäfen nach Düsseldorf oder Köln, von da aus weiter mit dem Zug/Auto; **Bahn:** IC-Strecke zwischen Köln und Dortmund; S-Bahn von Düsseldorf; **Auto:** A 1 (Abfahrt Schloss Burg/Wermelskirchen), A 46 oder A 3

SEHENSWERT
Wipperkotten: letzter original erhaltener Solinger Schleifkotten, mit Wasserkraft angetrieben, Dokumentation zur Geschichte des Schleiferberufs. Wipperkotten 2, www.wipperkotten.com
Rheinisches Industriemuseum im Gebäude der ehemaligen Gesenkschmiede Hendrichs. Merscheider Str. 297.
www.industriemuseum.lvr.de/schauplaetze/solingen/

ESSEN UND TRINKEN
Café Florian: im Hotel Gräfrather Hof, kreative Küche in netter Atmosphäre. In der Freiheit 48, www.hotel-graefratherhof.de
Café und Restaurant La Villa: italienische Küche in restaurierter Jugendstilvilla, mit Biergarten. Merscheider Str. 289, www.villa-solingen.de

AUSGEHEN
Papiertheater auf Schloss Burg, Opern, Schauspiele, Märchen in Kurzfassungen, mit Papierfiguren gespielt. Schlossplatz 16, www.burgtheater.org

WEITERE INFOS
Touristeninformation im Bürgerbüro, Clemens-Galerien, Mummstr. 10, Solingen, www.solingen.de

---

Persönlicher Tipp

REICH GETAFELT IN SCHLOSS BURG
In Schloss Burg kommt der Besucher direkt ins Mittelalter. Die Burg, die dem Stadtteil ihren Namen gab, errichtete Anfang des 12. Jahrhunderts Graf Adolf II. von Berg hoch oben auf einem Berg. Über die Zeit wurde sie zu einem prächtigen Schloss ausgebaut, verfiel dann aber, bis sie im 19. Jahrhundert in alter Form wiederaufgebaut wurde. Heute beherbergt sie das **Bergische Museum**, das u. a. Einblicke in das Leben in mittelalterlichen Herrschaftssitzen gewährt. Man erreicht die Burg zu Fuß oder bequem per Seilbahn. In den Gassen um und unterhalb der Burg werben Cafés mit einer Spezialität, der **Bergischen Kaffeetafel**. Bei diesem Gaumenfest gibt es neben Kuchen diverse Brotsorten und Stuten, Marmeladen sowie Wurst und Käse, Milchreis mit Zimt und Zucker, Zwieback mit Sirup und natürlich Waffeln mit heißen Kirschen. Der Kaffee kommt stilecht aus einer „Dröppelminna", einer samowarähnlichen Zinnkanne. Danach ist ein Klarer oder Aufgesetzter notwendig!

Die sanften Hügel des Bergischen Landes mit Wiesen, Feldern und Wäldern

31. Münster

HIGHLIGHTS
- **Lambertikirche,** am Turm der Kirche die Originalkörbe der Täufer besichtigen
- **Prinzipalmarkt,** durch die Arkadengänge der wiederaufgebauten Giebelhäuserzeile flanieren
- **Aasee,** mit dem Solarboot »Solaaris« auf dem See spazieren fahren
- **Allwetterzoo,** bei der Elefantenfütterung den grauen Kolossen Brot und Obst reichen
- **Rieselfelder,** im nördlich gelegenen Naturschutzgebiet zu Fuß bedrohte Vogelarten beobachten

MÜNSTER ZU JEDER JAHRESZEIT
- **Mittwochs und samstags:** Wochenmarkt auf dem Domplatz
- **März, Juni, Oktober:** Send, Münsters größtes Volksfest
- **Sommer:** Turnier der Sieger, bedeutendes Pferdesport-Turnier auf dem Schlossplatz
- **August:** Montgolfiade, älteste Heißluftballon-Veranstaltung Deutschlands
- **Adventszeit:** Weihnachtsmarkt um den Prinzipalmarkt

Das Gotische Rathaus am Prinzipalmark bei Nacht.

Seit ihrem grandiosen Abschneiden im LivCom-Wettbewerb 2004 unter den Städten mit 200 000 bis 750 000 Einwohnern darf sich die Universitätsstadt mit dem Titel »lebenswerteste Stadt der Welt« schmücken. Münster bietet neben seiner Altstadt viel lebendige Kultur, grüne Natur und nahezu paradiesische Voraussetzungen für Radler.

Historische Westfalenmetropole mit moderner Lebensqualität

Wolkenkratzer sucht man hier vergeblich, stattdessen wartet die Stadt mit einer gelungenen Mischung von historischer und moderner Architektur auf. Gegründet 1170, gelangte Münster im Spätmittelalter als Mitglied der Hanse in Westfalen zu Ruhm und Ansehen. Von dieser glanzvollen Zeit zeugt der **Prinzipalmarkt** im Zentrum der Stadt. Die historische Kaufmannsstraße mit ihren prächtigen Giebelhäusern wurde nach massiven Zerstörungen im Zweiten Weltkrieg nahezu authentisch wieder aufgebaut. Zu den Wahrzeichen gehört auch der mächtige **St.-Paulus-Dom**, mit dessen Bau 1225 begonnen wurde. Die Kathedrale ist Mutterkirche des Bistums Münster.

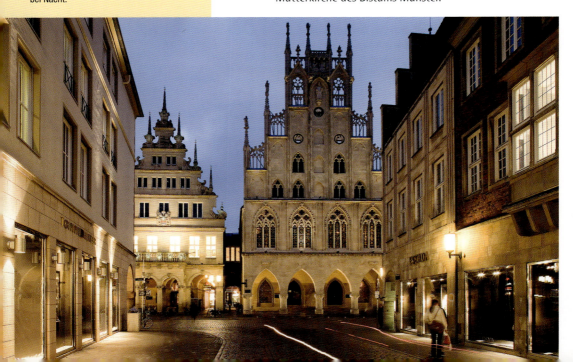

Deutschland

Lokale auf dem Prinzipalmarkt, dem Herz der westfälischen Studentenstadt Münster.

Infos und Adressen

ANREISE
Flug: Direktflüge von allen größeren Flughäfen zum Flughafen Münster/Osnabrück bei Greven;
Bahn: IC/ICE bis Münster/Westf.;
Auto: aus Richtung Norden über die A 1, aus Süden über die A 1 oder A 43

SEHENSWERT
Kunstmuseum Pablo Picasso, Ausstellungen rund um Picasso. Picassoplatz 1, www.kunstmuseum-picasso-muenster.de
Mühlenhof-Freilichtmuseum, Handwerk aus 4. Jahrhunderten. Theo-Breider-Weg 1, www.bockwindmuel.de
Allwetterzoo, mit überdachten Wegen (»Allwettergängen«) ausgestatteter Zoo. Sentruper Str. 315, www.allwetterzoo.de

ESSEN UND TRINKEN
Altes Gasthaus Leve: traditionsreiches Gasthaus mit westfälischen Gerichten. Alter Steinweg 37, www.gasthaus-leve.de
Cavete: älteste Studentenkneipe. Kreuzstr. 37, www.cavete-muenster.de

ÜBERNACHTEN
Central Hotel Münster: kleines Privathotel in der Innenstadt. Aegidiistr. 1, www.central-hotel-muenster.de.de
Factory Hotel: modernes Designhotel in den Mauern der denkmalgeschützten Germania-Brauerei. An der Germania-Brauerei, www.factoryhotel-muenster.de

WEITERE INFOS
Münster Information, Heinrich-Brüning Str. 9, www.muenster.de

Persönlicher Tipp

MORD UND TOTSCHLAG IN DER RADLERSTADT MÜNSTER
Schuld daran sind der ARD-Tatort mit Hauptkommissar Frank Thiel alias Axel Prahl und Pathologe Karl-Friedrich Boerne alias Jan Josef Liefers sowie die ZDF-Krimiserie »Wilsberg« mit Leonard Lansink in der Rolle des Antiquars und Privatdetektivs. Beide Serien spielen mit viel Erfolg in Münster und Umgebung.
Der Veranstalter »Statt Reisen Münster« (www.stattreisen-muenster.de) bietet für Krimifans verschiedene Spaziergänge durch die Stadt an, die entweder zu den Fernsehdrehorten führen oder auch tatsächliche, lang zurückliegende Kriminalfälle neu aufrollen.
In Münster gibt es übrigens doppelt so viele **Fahrräder,** hier »Leeze« genannt, wie Einwohner – kein Wunder, ist das Rad doch dank des guten Radwegenetzes das wichtigste Verkehrsmittel. Auch Besucher können sich an vielen Stellen in der Stadt einen Drahtesel mieten, um auf dem autofreien Ring, der **Promenade,** die Stadt zu umrunden.

Am Ende des Prinzipalmarkts erhebt sich die spätgotische **Lambertikirche,** die mit ihren drei außen am Turm hängenden Körben für das **Täuferreich** von Münster steht. In den Körben wurden 1536 die Leichname der Anführer der »Wiedertäufer«, einer radikalen reformatorischen Bewegung, zur Schau gestellt. Das **historische Rathaus** steht für einen Meilenstein der Geschichte: Im »Friedenssaal« wurde 1648 der Friede von Münster als Teil des **Westfälischen Friedens** geschlossen.

Zu den modernen Glanzstücken gehört der **Hafen.** Zunächst wichtiger Umschlagplatz für Kohle und Getreide, war der Stadthafen lange Zeit dem Verfall preisgegeben. Heute ist dort mit dem **Kreativkai** eine neue Szenemeile entstanden. In die umgebauten Speicherhäuser zogen Kunst, Kultur und Gastronomie ein.

32. Münsterland – Schlössertour

Herrenhaus vom Wasserschloss Lembeck bei Dorsten, eine Barockanlage mit großem Park.

HIGHLIGHTS
- **Schloss Münster,** im Botanischen Garten die exotischen Pflanzen bestaunen
- **Schloss Nordkirchen,** im stilechten Ambiente einem Schlosskonzert lauschen
- **Burg Vischering,** sich im Münsterland-Museum in die Ritterzeit versetzen
- **Annette von Droste-Hülshoff,** mit dem Fahrrad den Spuren der Dichterin folgen
- **Naturbad Olfen,** sich im modernen Freibad ganz ohne Chlor und Chemie von der Schlösserbesichtigung erholen

MÜNSTERLAND IM FRÜHLING, SOMMER UND HERBST
- **Letzter Samstag im Mai:** Wildpferdefang in Dülmen
- **Juli/August:** Dülmener Sommer mit Musikevents und internationalem Straßentheater
- **Ende September/Anfang Oktober:** Warendorfer Hengstparade
- **3. Oktober:** Sparkassen Münsterland Giro, Radsport-Eintagesrennen

Burgen und Wasserschlösser, Parkanlagen und Schlossgärten – das flache Münsterland mit seinen historischen Städtchen birgt unzählige dieser Architekturschätze. Und das vielleicht Schönste daran: Sie liegen oftmals so nah beieinander, dass sie leicht mit dem Fahrrad zu erreichen sind.

Historische Baukunst im Grünen

Mit seinen Äckern und Weiden, seinen Wallhecken und Wäldchen präsentiert sich das Münsterland als riesige Parklandschaft. Die größtenteils ebene Region mit der Stadt Münster als Zentrum eignet sich hervorragend für **Erkundungstouren mit dem Fahrrad**, die selbst für ungeübte Radler problemlos zu bewältigen sind. So sind die 100 Schlösser und Burgen über vier verschiedene Routen miteinander verbunden. Und wer nicht mit dem eigenen Rad anreisen möchte: Die **Fahrradstadt Münster** bietet Leihfahrräder in Hülle und Fülle.

Mitten in Münster liegt der 1753–57 von Barockmeister Johann Conrad Schlaun erbaute **Erbdrostenhof**. Das einst als Wohnstätte des Adels dienende Palais ist nur von außen zu bewundern. Das **Schloss Münster**, ehemals fürstbischöfliche

Deutschland

Residenz, beherbergt heute die Verwaltung der Universität. Hinter dem eleganten Baukomplex erstreckt sich der Schlosspark mit dem Botanischen Garten. Etwa 6,5 km von der Innenstadt Münsters entfernt stößt man auf den ehemaligen Herrensitz **Rüschhaus**. Hier lebte und arbeitete 1826–46 die Dichterin Annette von Droste-Hülshoff. Geboren wurde sie jedoch in der 5 km entfernten **Wasserburg Hülshoff** (Havixbeck), die mit großem Park und **Droste-Museum** aufwartet.

Etwas weiter von Münster entfernt, beim Städtchen Lüdinghausen entstand im 13. Jahrhundert als wehrhafte Verteidigungsanlage die **Burg Vischering**. Wer jetzt mit dem Auto noch etwa 10 km fährt, stößt in **Nordkirchen** auf das »Westfälische Versailles«, eine traumhaft schöne Barockanlage mit großem Park.

Infos und Adressen

ANREISE
Flug: Direktflüge zum Flughafen Münster/Osnabrück. **Bahn:** IC/ICE bis Münster/Westf., weiter mit ÖPNV oder Mietwagen. **Auto:** von Norden und Süden über A 1, A 43, A 31, A 3, aus Osten und Westen über A 2, A 30

SEHENSWERT
Burg Vischering, Museum: Apr.–Okt. 10–17.30 Uhr, Nov.–März 10–16.30 Uhr, montags geschl. Lüdinghausen, www.burg-vischering.de
Schloss Nordkirchen, Führungen durch die Innenräume: im Sommer jede Std. 11–17 Uhr, Winter 14–16 Uhr. Nordkirchen, www.schloss-nordkirchen.de
Burg Hülshoff, Droste-Museum: Apr.–Okt. tägl. 11–18.30 Uhr. Havixbeck, www.burg-huelshoff.de

ESSEN UND TRINKEN
Pinkus Müller: Brauereiausschank mit westfälischen Spezialitäten, Kreuzstr. 4–10, Münster, www.pinkus.de
Bauerncafé Austermann: Ausflugslokal an der Schlösserroute. Vohren 18, Warendorf, www.bauerncafe-austermann.de

ÜBERNACHTEN
Parkhotel Schloss Hohenfeld: Hotel im Landhausstil am Rand von Münster. Dingbängerweg 400, www.parkhotel-hohenfeld.de
Hotel Feldmann: kleines Traditionshotel im Zentrum von Münster. An der Clemenskirche 14, www.hotel-feldmann.de

WEITERE INFOS
Münsterland e.V., Airportallee 1, Greven, www.muensterland-tourismus.de

Persönlicher Tipp

WILDE PFERDE IN DÜLMEN

Das Münsterland ist nicht nur eine Hochburg für Schlösser und Burgen, sondern auch eine ausgesprochene Pferderegion. Im **Naturschutzgebiet Merfelder Bruch**, 12 km westlich der münsterländischen Stadt Dülmen, leben die **letzten freilebenden Wildpferde** des europäischen Kontinents. Diese etwa 350 Tiere große Herde ist das ganze Jahr über bei jeder Witterung sich selbst und ihren uralten Instinkten überlassen. Nur einmal im Jahr, jeweils im Mai, werden die **einjährigen Hengste** ausgesondert und anschließend versteigert. Dazu treibt man die Herde vor den Augen von unzähligen begeisterten Zuschauern in eine Arena und beginnt, die jungen Hengste auf sanftmöglichste Weise, also ohne Lasso oder Fussschlingen, einzufangen. Auch außerhalb dieses Wildpferdefangs besteht von März bis Oktober an den Wochenenden die Möglichkeit, die herumtollenden Fohlen und die friedlich grasenden ausgewachsenen Vierbeiner in freier Bahn zu beobachten.

Korbflechter beim »Kiepenkerlsonntag«. Wanderhändler trugen einst Rückentragen (Kiepen).

33. Köln

HIGHLIGHTS
- **Kölner Dom,** gotische Kathedrale mit dem Dreikönigsschrein (UNESCO-Weltkulturerbe)
- **Römisch-Germanisches Museum,** Fundstücke aus dem römischen Köln, mit der weltweit größten Sammlung römischer Gläser
- **Wallraf-Richartz-Museum & Fondation Corboud,** Kunst vom Mittelalter bis zum Impressionismus
- **Altstadt,** auf Kopfsteinpflaster durch schmale Gässchen streifen, dabei Kölsch und andere Spezialitäten genießen
- **Rhein,** mit der Köln-Düsseldorfer Rheinfahrt die Stadt an sich vorbeigleiten lassen

KÖLN ZU JEDER JAHRESZEIT
- **Februar/März:** Straßenkarneval, von Weiberfastnacht bis Aschermittwoch, Höhepunkt ist der Rosenmontagszug
- **Juli:** Kölner Lichter, Feuerwerk und Schiffskonvoi auf dem Rhein
- **Dezember:** Weihnachtsmärkte, u. a. am Dom, Märchen-Weihnachtsmarkt auf dem Rudolfplatz, Schiffs-Weihnachtsmarkt auf dem Rhein

Zum Kölner Stadtpanorama gehören neben Groß St. Martin und Dom auch die Rheinschiffe.

Köln stand in seiner fast 2000-jährigen Geschichte unter so vielen Einflüssen wie kaum eine andere Stadt in Deutschland. Jede Epoche hat ihre Spuren in der Rheinmetropole, die im Mittelalter die größte deutsche Stadt war, hinterlassen.

Alte Stadt am Rhein

Weithin sichtbar ist der **Hohe Dom zu Köln,** wie das Wahrzeichen von Köln offiziell heißt. Mit ihren 157 m ist die Kathedrale das zweithöchste Kirchengebäude Europas. Die Grundsteinlegung des fünfschiffigen gotischen Gotteshauses erfolgte im Jahr 1248, vollendet wurde der Bau nach rund 300-jähriger Pause 1880. Auch unvollendet zogen der Dom und sein **Dreikönigsschrein** Pilger aus ganz Europa an. Sie trugen zum Reichtum des mittelalterlichen Köln bei.

Als der Bau des Doms begann, wurden die **zwölf romanischen Kirchen** gerade vollendet. **Groß St. Martin** erhebt sich als größte von ihnen aus dem Gewirr kleiner Gässchen und Häuschen der Altstadt. Heute ist die **Altstadt** zwischen Alter Markt und Rhein ein beliebtes Ausgehviertel.

Der Untergrund von Köln gibt immer wieder Zeugen der Vergangenheit preis. Wer vom Roncalliplatz durch das große Fenster des **Römisch-Germanischen Museums**

Deutschland

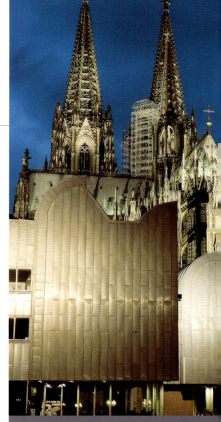

Der fabrikhallenartige Bau des Museums Ludwig bildet einen Kontrast zum Dom.

Infos und Adressen

ANREISE
Flug: Direktflüge zum Köln-Bonn Flughafen »Konrad Adenauer«, dann S-Bahn zum Hauptbahnhof;
Bahn: IC/ICE-Verbindungen von allen größeren deutschen Bahnhöfen; **Auto:** A 4, A 3, A 57, A 61, A 555, A 59

SEHENSWERT
Kölnisches Stadtmuseum, Geschichte, Wirtschaft und Alltagsleben, Di 10–20 Uhr, Mi–So, feiertags 10–17 Uhr.
Zeughausstr. 1–3,
www.museenkoeln.de/koelnisches-stadtmuseum

ESSEN UND TRINKEN
Brauhaus Sion: traditionelles Brauhaus, seit 1318 gibt es hier Selbstgebrautes und deftige Küche. Unter Taschenmacher 5–7, www.brauhaus-sion.de

AUSGEHEN
Theater im Bauturm:
freies Theater mit wechselndem Programm.
Aachener Str. 24–26,
www.theater-im-bauturm.de

SHOPPING
4711: Stammhaus des »4711 Echt Kölnisch Wasser« mit großer Auswahl an hauseigenen Duftwässern und Seifen. Glockengasse 4, www.4711.de

ÜBERNACHTEN
Excelsior Ernst: Fünf-Sterne-Traditionshaus am Dom.
Trankgasse 1–5,
www.excelsiorhotelernst.com

WEITERE INFOS
Köln Tourismus,
Kardinal-Höffner-Platz 1,
www.koelntourismus.de

blickt, kann das Dionysos-Mosaik bewundern – genau an der Stelle, wo es vor fast 2000 Jahren als Boden eines Speisesaals angelegt wurde. Von hier sind es nur wenige Schritte zum **Museum Ludwig**. Der moderne Bau beherbergt eine der weltweit renommiertesten Sammlungen von Kunst des 20. Jahrhunderts und der Gegenwart.

Ein Museum ganz anderer Art wartet in der südlichen Altstadt. Das **Schokoladenmuseum** lässt die Herzen großer und kleiner Schleckermäulchen höher schlagen. Dahinter geht es am **Deutschen Sport- und Olympiamuseum** entlang zum jüngsten Kölner Stadtteil, dem Rheinauhafen. Das frühere Hafengebiet wurde in den letzten Jahren zu einem modernen Büro- und Ausgehviertel aufgepeppt. Die drei Kranhäuser sind nun ein fester Bestandteil der südlichen Stadtsilhouette.

Persönlicher Tipp

KÖLN VON OBEN
Wer die Perspektive wechseln und Köln von oben betrachten möchte, hat dazu gleich mehrere Möglichkeiten. Die beschwerlichste ist der Aufstieg auf den **Südturm des Doms**. 533 Stufen führen bis zur Aussichtsgalerie. Die Mühe wird mit einem herrlichen Blick auf die Altstadt belohnt. Wer das Stadtpanorama mit den Türmen des Doms betrachten möchte, muss auf die andere Rheinseite wechseln. Ein Aufzug fährt zum 29. Stockwerk des Hochhauses **Köln Triangle** an der Hohenzollernbrücke. Von 103 m Höhe aus bietet sich ein Rundumblick von der Kölner Altstadt bis zum Siebengebirge. Wer immer noch nicht genug gesehen hat, sollte am Rheinufer bis in den Rheinpark laufen. Der Park und die **Rheinseilbahn** wurden 1957 anlässlich der Bundesgartenschau angelegt. Die bunten Vierer-Kabinen fahren gemütlich über den Rhein und die Zoobrücke bis zum Zoo.

34. Xanten

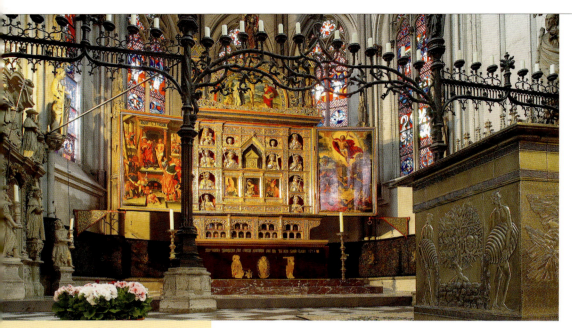

Der Hochaltar von St. Viktor (1529–1544) ist das bedeutendste Heiligtum des Domschatzes.

HIGHLIGHTS

- **Dom St. Viktor,** eines der bedeutendsten gotischen Gotteshäuser Deutschlands
- **Archäologischer Park,** weitläufiges Gelände nördlich der Altstadt mit Relikten aus der Römerzeit
- **RömerMuseum,** 2008 eröffnetes Haus mit moderner Präsentation der römischen Geschichte
- **Amphitheater Birten,** einst Vergnügungsstätte für römische Legionäre, heute Freilichtbühne für verschiedene Veranstaltungen
- **SiegfriedMuseum,** Siegfried aus dem Nibelungenmythos soll in Xanten geboren worden sein; das Museum beleuchtet die Legende.

XANTEN IM SOMMER

- **Juni:** Fronleichnamskirmes, die Stadt verwandelt sich in einen Rummelplatz
- **Juni:** Römerfest »Schwerter, Brot und Spiele« im Archäologischen Park
- **August:** Sommerfestspiele, Oper, Konzert und Musicals im Amphitheater des Archäologischen Parks

Obwohl Xanten in der niederrheinischen Provinz liegt, bietet es eine Fülle an kulturellen Sehenswürdigkeiten. Die Wurzeln reichen zurück bis zu den Römern, deren älteste Spuren aus vorchristlicher Zeit stammen. Die zweite für Xanten wichtige Epoche war die Gotik am Ende des Mittelalters.

Schätze aus Antike und Mittelalter

Unübersehbar ragt er aus der niederrheinischen Ebene empor: Xantens **Dom St. Viktor**. Er ist nach dem heiligen Viktor benannt, dem auch die Stadt ihren Namen verdankt. Die erste mittelalterliche Siedlung entstand rund um die Gräber von Viktor und seinen Weggefährten. »Ad Sanctos«, bei den Heiligen, schliff sich im Laufe der Zeit zu »Xanten« ab. Zwischen dem Kölner Dom und der Nordseeküste findet sich kein prägnanteres gotisches Gotteshaus. Begonnen wurde sein Bau 1263, vollendet war es 1544. Im Inneren des Doms beeindrucken vor allem über 20 Altäre, von denen der **Marienaltar** mit der geschnitzten Wurzel Jesse künstlerisch herausragt.

Bei einem Streifzug durch die Altstadt fällt eine Reihe von historischen Gebäuden auf, die sich alle in hervorragendem Zustand präsentieren. Unmittelbar am zentralen Markt fin-

Deutschland

den sich das **Gotische Haus** und das ehemalige **Kartäuserkloster**, in denen sich heute Restaurants etabliert haben. Im Nordwesten kann man die Altstadt durch das **Klever Tor** verlassen, eine Doppeltoranlage mit Brücke.

Von dort ist es nicht weit bis zum **Archäologischen Park**, der auf dem Gelände der ehemaligen römischen Stadt **Colonia Ulpia Traiana** entstanden ist. In der römischen Provinz Niedergermanien war nur Köln bedeutender. Xantens Situation ist einmalig, da sich die mittelalterliche Stadt ab dem 5. Jahrhundert nicht auf den römischen Ruinen entwickelt hat. So blieb vieles erhalten oder wurde historisch genau rekonstruiert. Dazu gehören die Ecke des **Hafentempels** und das **Amphitheater**, in dem Konzerte und Fernsehshows stattfinden. Beim Gang durch den Park, einer Stärkung in der römischen Herberge und imaginären Entspannung im Caldarium der **Thermen** wird man langsam selbst zum Römer.

Persönlicher Tipp

FREIZEITZENTRUM XANTEN

Nördlich der Altstadt wurde 1974 ein Freizeitzentrum eröffnet, das seitdem stetig neue Aktivitäten und Erholungsmöglichkeiten anbietet (www.freizeitzentrumxanten.de). Rund um die Xantener Nordsee und die Xantener Südsee kann jeder Spaß am Wasser erleben. Die beiden Seen sind künstlich angelegt worden und jeweils rund 110 ha groß. Dort kann gesegelt und gesurft werden. Taucher finden ebenso ihr Revier wie Angler und Schwimmer. Rund um die Seen kommen Spaziergänger und Radfahrer auf ihre Kosten. Im Strandbad Xantener Südsee gibt es großzügig bemessene Liegewiesen. Wer sich bei Wassersportarten ausprobieren möchte, kann dort Wasserski fahren und Katamarane leihen. Ruhigere Naturen bevorzugen das Fahrgastschiff »Seestern«, das im Frühling und Sommer auf den Seen seine Runden dreht. Insgesamt sind drei Häfen Dreh- und Angelpunkte der Aktivitäten im Freizeitzentrum: Vynen, Wardt und Xanten.

Die Türme des Doms sind (fast) überall zu sehen, auch bei einer entspannten Pause im Café.

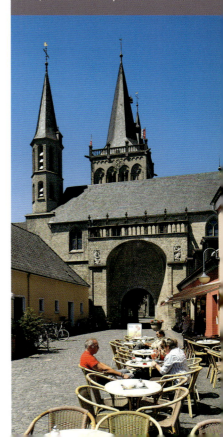

Infos und Adressen

ANREISE
Bahn: Endstation der Regionalbahnlinie »Der Niederrheiner« aus Duisburg; **Auto:** B 57 zwischen Kleve und Rheinberg

SEHENSWERT
Klever Tor, 1393 errichtetes Doppeltor mit drei Appartements. Ecke Klever Straße/Westwall

ESSEN UND TRINKEN
Gotisches Haus: einmaliges Ambiente direkt am Marktplatz. Markt 6, www.gotisches-haus-xanten.de
Einstein: moderne Gerichte in einem ehemaligen Kloster. Karthaus 10, www.einstein-xanten.de

SHOPPING
Kriemhildmühle: Bei Wind drehen sich die alten Mühlenflügel, Backwaren aus eigener Herstellung, Nordwall 5, Mo 14–18.30 Uhr, Di–Fr 8.30–18.30 Uhr, Sa 8.30–18, So 11–17 Uhr (wetterabhängig), http://muehle.xanten.de

ÜBERNACHTEN
Hotel van Bebber: Im Haus mit 225-jähriger Geschichte übernachteten schon Königin Viktoria und Winston Churchill. Klever Str. 12, www.hotelvanbebber.de
Hotel Nibelungen Hof: Ganz im Zeichen Siegfrieds, der Xantener gewesen sein soll. Niederstr. 1, www.hotel-nibelungenhof.de

WEITERE INFOS
Tourist-Information, Kurfürstenstr. 9, Xanten, www.xanten.de

35. Aachen

HIGHLIGHTS
- **Couven-Museum,** Barockhaus, repräsentiert bürgerliche Wohnkultur im 18./19. Jahrhundert
- **Alt Aachener Kaffeestuben – Leo van den Daele,** eine Institution, nicht nur ein Café
- **Ludwig-Forum für Internationale Kunst,** moderne Kunst ab den 1960er Jahren bis heute
- **Frankenviertel,** viele Gründerzeitvillen, gemütliche Kneipenkultur
- **Ponttor** (17./18. Jh.) und **Marschiertor** (13./14. Jh.), die beiden letzten erhaltenen der einst elf Stadttore Aachens

AACHEN IM FRÜHLING, SOMMER, HERBST UND WINTER
- **Mai/Juni:** historischer Jahrmarkt am Korneliusplatz
- **Juni/Juli:** Internationales Pferdesportturnier CHIO
- **August:** Aachen across the borders, Musik, Tanz, Kunst aus aller Welt
- **Dezember:** stimmungsvoller Weihnachtsmarkt rund um das Rathaus

Blick ins Oktogon des Doms mit dem Leuchter (1165), den Friedrich Barbarossa stiftete.

Vor der Kulisse historischer Bauten und Bürgerhäuser entfaltet sich in den gemütlichen Gassen der Aachener Altstadt lebendiges, junges Treiben – nicht zuletzt wegen der fast 50 000 Studenten in der Stadt. Man genießt fast südländische Atmosphäre in Deutschlands »europäischster« Stadt.

Auf den Spuren Karls des Großen

Das Herz von Aachen bildet der **Dom**, jenes Konglomerat aus karolingischem, gotischem und barockem Baustil. Das zentrale **Oktogon**, das Karl der Große errichten ließ, stammt von 805, die gotische **Chorhalle** mit ihren gen Himmel strebenden Glasfenstern von 1414, der Turm aus dem Jahr 1884. Der Dom birgt unermessliche Schätze wie den mit vergoldetem Silber und Edelsteinen besetzten **Schrein** (1215) Karls des Großen und den **Marmorthron**. Mehr als 100 europaweit gerühmte Kunstwerke gibt es in der **Domschatzkammer** zu sehen, darunter das **Lotharkreuz** (10. Jh.) und die **Karlsbüste** (nach 1349).

Das **Rathaus** am **Marktplatz** geht ebenfalls auf den großen Kaiser zurück. Auf den Grundmauern des karolingischen Pfalzpalastes wurde das Rathaus im 14. Jahrhundert erbaut, im 17./18. Jahrhundert barockisiert und im 19.

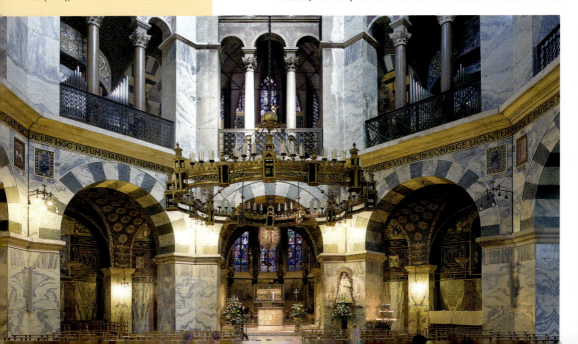

Deutschland

Das Wasser der acht Innen- und Außenpools der Carolus-Thermen ist 18 bis 38 °C warm.

Infos und Adressen

ANREISE
Flug: von allen größeren Flughäfen aus nach Düsseldorf, Köln oder Lüttich, weiter mit dem Zug,
Bahn: über Mönchengladbach, Köln, Düsseldorf oder Duisburg,
Auto: A 4 (aus Richtung Köln) oder A 44

SEHENSWERT
Drehturm Belvedere, Aussichtsturm auf dem Lousberg, dreht sich einmal pro Stunde um 360°
Fischmarkt: alte Bürgerhäuser, Fischpüddelchenbrunnen und Grashaus (erstes Rathaus der Stadt, 1267)

ESSEN UND TRINKEN
Maier-Peveling's: »Aachens schickste Frittenbude«. Alter Posthof 16, www.maier-pevelings.com
Red: kleines Restaurant mit kreativer, leichter, gehobener Küche. Schloßstr. 16, www.restaurant-red.de

AUSGEHEN
Spielcasino, im ehemaligen Kurhaus, Nervenkitzel in angenehmer Umgebung. www.westspiel.de/spielbanken/aachen/
Elephant Bar im Pullmann-Hotel Quellenhof, niveauvolle Bar im Kolonialstil. Monheimsallee 52, www.accorhotels.com
Grenzlandtheater, Boulevardstücke und moderne Klassiker. Friedrich-Wilhelm-Platz, www.grenzlandtheater.de

WEITERE INFOS
Aachen Tourist Info, Friedrich-Wilhelm-Platz. www.aachen-tourist.de

Persönlicher Tipp

CAROLUS THERMEN
Schon Karl der Große genoss es, im Kreise von Getreuen im warmen Wasser der Aachener Thermalquellen seine Zipperlein zu vergessen. Diese Tradition führen die nach ihm benannten Carolus Thermen Bad Aachen fort, mit allem Komfort eines modernen Wellness-Badetempels.
Innen- und Außenbecken, Massagedüsen und Wasserfälle bietet die von der Aachener Rosenquelle gespeiste Thermalwelt der Carolus Thermen. Danach ein Saunagang? Bei 15 Saunen und Dampfbädern hat man die Qual der Wahl, der Saunasee ist eine Wohltat für den Körper, der Japanische Saunagarten eine für den unruhigen Geist. Wer möchte, kann Meditationen zur Unterstützung beim Zur-Ruhe-Kommen und Abschalten nutzen. Letzte Verspannungen löst ein Aufenthalt in der Verwöhnwelt etwa mit einer Massage oder mit einem „Kurzurlaub" in der Karawanserei auf weißem, warmem Wüstensand. Bei Durst und Hunger sind die drei Bistros der Carolus Thermen zuständig.

Jahrhundert regotisiert. Ein Standbild Karls des Großen (17. Jh.) ziert den **Karlsbrunnen** auf dem Marktplatz.

Neben dem Karlsbrunnen gibt es zahlreiche weitere Brunnen in Aachen, z. B. den **Puppenbrunnen** (1975) in der Krämerstraße, eine der Flanier- und Einkaufsmeilen, den imposanten klassizistischen **Elisenbrunnen**, Wahrzeichen des Kurbades Aachen, mit einem Trinkbrunnen in der mittleren Rotunde oder auch den **Hühnerdiebbrunnen** (1913) auf dem Hühnermarkt. Der **Hühnermarkt** ist einer der betriebsamsten Plätze der Stadt. Umgeben von den schönen Fassaden barocker Häuser trifft sich Jung und Alt in den zahlreichen Straßencafés. Auch der **Hof** mit der Nachbildung eines **römischen Portikus** (Original aus dem 2. Jh.) und natürlich der **Marktplatz** mit Cafés vor historischer Kulisse sind belebte Plätze.

36. Nationalpark Eifel

Das Rote Haus, erbaut 1756, ist eins der schönsten Häuser im idyllischen Monschau an der Rur.

HIGHLIGHTS
- **Wanderungen im Nationalpark,** markierte Strecken- und Rundwanderwege
- **Nationalparktore,** Informationshäuser des Nationalparks in Simmerath-Rurberg, Schleiden-Gemünd, Heimbach, Monschau-Höfen und Nideggen
- **Rurtalsperre,** Wassersportarten, Ausflugsschiffe der Rursee-Schifffahrt
- **Vogelsang Internationaler Platz,** ehemalige nationalsozialistische Schulungsstätte, Führungen und Besucherzentrum
- **Monschau,** historisches Fachwerkstädtchen an der Rur mit zahlreichen Einkehrmöglichkeiten

EIFEL IM SOMMER UND WINTER
- **Juli:** Rursee in Flammen, Konzerte und Höhenfeuerwerk auf dem Rursee bei Rurberg und Woffelsbach (www.rursee-in-flammen.de)
- **November/Dezember**: Weihnachtsmarkt in Monschau, einer der schönsten Weihnachtsmärkte der Region, Fr–So 11–20 Uhr

Der 2004 eingerichtete Nationalpark Eifel schützt jene Waldform, die in Mitteleuropa ohne den Einfluss des Menschen flächendeckend wachsen würde: den Buchenwald. Eine der Aufgaben des Schutzgebiets ist es, diese Naturlandschaft den Menschen näherzubringen.

Naturerlebnis Eifel

Buchen gedeihen überwiegend auf den Hochflächen der Eifel. Auf trockenen Hängen mischen sie sich unter die Hangmischwälder, in den Schluchtwäldern dominieren Bergahorn, Ulme und Esche. Diese verschiedenen Waldformen bilden im **Nationalpark** ein kleinräumiges Mosaik, durchzogen wird es von Bächen und Felsen.

An den Eingängen des Nationalparks informieren »**Nationalparktore**« über den Park und seine Natur. Innerhalb des Nationalparks stehen zahlreiche ausgeschilderte Wanderungen zur Auswahl, u. a. Thementouren wie »Buchenhallen und Eichenhänge« oder »Schieferbrüche und Fledermäuse«. Für ein verlängertes Wochenende bietet sich der **Wildnis-Trail** an. Er führt in vier Tagesetappen von bis zu 25 km einmal quer durch das Schutzgebiet.

Deutschland

Die **Rurtalsperre**, der zweitgrößte Stausee Deutschlands mit einem 72 m hohen Damm names Schwammenauel, erstreckt sich am Rand des Nationalparks. Ursprünglich zum Hochwasserschutz und zur Energieerzeugung gedacht, ist der Stausee heute zugleich ein wichtiges **Naherholungsgebiet**. Direkt am Staudamm legt eine Fähre nach Eschauel ab, dort gibt es ein Freibad. Als Alternative für den Rückweg bietet sich eine knapp 5 km lange Wanderung entlang des Ufers an.

Mitten im Nationalpark befindet sich ein Relikt aus nationalsozialistischer Zeit: die ehemalige »Ordensburg« **Vogelsang**. Hier sollte der »Führungsnachwuchs« geschult werden. Nach dem Zweiten Weltkrieg diente das Gebiet rund um die Gebäude den belgischen Streitkräften als Truppenübungsplatz. Erst 2006 wurde die »Ordensburg« für eine zivile Nutzung freigegeben. Heute gibt es Führungen zur Geschichte der Anlage.

Infos und Adressen

ANREISE
Bahn: von Köln oder Trier zum Bahnhof Kall, von dort weiter mit dem Bus; ab Düren mit der Rurtalbahn nach Heimbach; **Auto:** A 1 oder A 4, Weiterfahrt auf Bundesstraßen ausgeschildert

SEHENSWERT
Historische Senfmühle, Familienbetrieb, der rund 20 Senfsorten produziert. Laufenstr. 118, Monschau, Mo–Sa 8.30–18 Uhr, So u. feiertags 10–18 Uhr, www.senfmuehle.de

ESSEN UND TRINKEN
Genießer Wirtshaus: Landhausküche mit regionalen Spezialitäten. Hövel 15, Simmerath-Rurberg, www.geniesserwirtshaus.de

Graf Rolshausen: uriges Restaurant mit rustikalen Speisen in 400 Jahre altem Gewölbekeller. Kirchstr. 33, Monschau, www.graf-rolshausen.de

ÜBERNACHTEN
Hotel Friedrichs: elegantes Hotel mit 23 Zimmern, direkt am Zusammenfluss von Urft und Olef. Alte Bahnhofstr. 16, Schleiden-Gemünd, www.hotel-friedrichs.de

WEITERE INFOS
Nationalpark Eifel, Informationsportal, www.nationalpark-eifel.de; **Rureifel-Tourismus Heimbach**, An der Laag 4, Heimbach, www.rureifel-tourismus.de

Persönlicher Tipp

EISENWANDERWEG
Die nördliche Eifel war vom 16. bis ins 19. Jahrhundert eines der frühen Zentren der deutschen Industrialisierung. Seit ca. 1500 wurden hier unzählige **Hochöfen** und **Hammerwerke**, so genannte Reidtwerke, errichtet. Der 2,7 km lange Eisenwanderweg erschließt ehemalige Standorte. Er beginnt am Nationalparktor Gemünd und wird durch ein »E« markiert (acht Informationstafeln). Er führt u. a. zu den Resten des 1763 gegründeten Gemünder Eisenwalz- und Schneidwerks, der »Mariahütte«. Von einem 1845 errichteten Röhren- und Walzwerk blieb nur die Villa der Fabrikantenfamilie Poensgen erhalten. Die Wanderung endet an einer Pinge, einer runden Vertiefung, die durch eine bergbauliche Abgrabung entstanden ist. Zurück geht man entweder die gleiche Strecke zu Fuß oder nimmt den Bus (10 Min.).

Wildromantisch: der Wasserlauf der Rur bei Monschau.

37. Ruhrmetropole Essen

HIGHLIGHTS
- **Grugapark,** großer Landschaftspark mitten in Essen, vielfältige Freizeitangebote
- **Red Dot Design Museum,** preisgekröntes zeitgenössisches Design im ehemaligen Kesselhaus der Zeche Zollverein
- **Gasometer Oberhausen,** mit dem gläsernen Fahrstuhl auf die Aussichtsplattform
- **Baldeneysee,** mit der »Weißen Flotte« auf dem See – oder der Ruhr – unterwegs
- **Ruhrtalradweg,** mit dem Leihfahrrad die Ruhr und am Baldeneysee entlang

ESSEN IM FRÜHLING UND HERBST
- **Frühling:** Techno-Classica, weltweit größte Oldtimerschau in der Messe Essen
- **Oktober:** in der zweiten Monatshälfte internationale Spieltage, weltgrößte Publikumsmesse für nichtelektronische Spiele
- **Adventszeit:** Essener Lichtwochen mit wechselndem Motto in der Innenstadt

Der Tetraeder in Bottrop, eine Stahlskulptur, ist eine Landmarke der Haldenkunst.

Kohle, Stahl und rauchende Schlote waren gestern. Heute zeigt sich die Stadt Essen stellvertretend für die gesamte Ruhrregion als lebendige Metropole mit vielfältigen Kunst- und Kulturangeboten und, für viele Besucher durchaus überraschend, auch mit viel Natur.

Welterbe Industriekultur

Ein Wahrzeichen von Essen, nach Dortmund die größte Stadt des Ruhrgebiets, ist der Förderturm von Schacht XII, der als Teil der **Zeche Zollverein** seit 2001 zum UNESCO-Weltkulturerbe gehört. Auf dem rund 100 ha großen Areal im Norden der Stadt wurde bis 1986 Steinkohle gefördert, heute ist die weitläufige Anlage mit ihren Bunkern und Schächten, der Kohlenwäsche und dem Kesselhaus ein lebendiges **Industriedenkmal**, das sich am besten im Rahmen einer Führung erkunden lässt. Die historischen Gebäude und Museen erzählen von der vergangenen Glanzzeit der Kohle, während Ateliers, Werkstätten und Büros für den Wandel der Zeche zum modernen **Kreativzentrum** stehen.

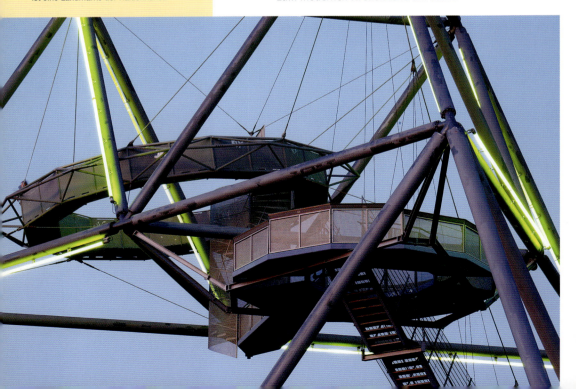

Deutschland

Neben der Kohle war es vor allem das Stahlunternehmen **Friedrich Krupp**, das Essen jahrzehntelang prägte. Die **Villa Hügel**, die schlossähnliche Residenz der Industriellenfamilie Krupp, entstand um 1873. Einige der 269 Räume sind heute für die Öffentlichkeit freigegeben. Die Villa mit ihrem exotischen **Hügelpark** erhebt sich über dem Ruhrtal am nördlichen Ufer des **Baldeneysees**, des größten der fünf Ruhrstauseen. Auf dem 8 km langen Gewässer kann man Boot fahren und segeln, drum herum Rad fahren, inlineskaten, spazieren gehen oder dem munteren Treiben von einer Parkbank aus zusehen.

Ob Theater, Oper, Konzert oder bildende Kunst – Essen, 2010 gemeinsam mit dem ganzen Ruhrgebiet zur Europäischen Kulturhauptstadt ernannt, bietet Kultur für jeden Geschmack. Zu den Höhepunkten zählt das **Museum Folkwang**, das 2010 durch den Neubau des britischen Stararchitekten David Chipperfield ein modernes Gesicht erhielt. Die lichtdurchfluteten Räume präsentieren vorwiegend Gemälde, Grafiken und Skulpturen des 19. Jahrhunderts, der Moderne und der zeitgenössischen Kunst.

Raum- und Klangwunder Gasometer

Das Ruhrgebiet ist eine Ansammlung großer Städte, die dicht aneinandergrenzen, sodass man den Übergang von der einen in die andere oftmals gar nicht bewusst wahrnimmt. So zeigt sich die Region als **weiträumige Metropole mit vielen Attraktionen**. An einem Tag ins Aalto-Theater Essen, am anderen Tag ins Deutsche Bergbaumuseum nach Bochum oder zum Restaurantbesuch nach Mülheim an der Ruhr – für die Bewohner des Ruhrgebiets kein Problem und für Fremde während eines verlängerten Wochenendes ohne großen Aufwand möglich.

Im Westen an Essen grenzt die Stadt **Oberhausen**. Mit ihrem **Gasometer** besitzt sie einen außergewöhnlichen Ausstellungsort. Der riesige, über 100 m hohe Stahlzylinder hatte lange Zeit die Aufgabe, in seinem Bauch Gichtgas aufzufangen, das bei der Eisen- und Stahlproduktion entstand. Heute gibt das Industriedenkmal **spektakulären Ausstellungen** Raum. Sie beschäftigen sich z. B. mit dem Thema Wasser, mit dem Sonnensystem oder auch mit einem der Lieblingsanliegen der Ruhrgebietler, dem Fußball. Wegen seiner außergewöhnlichen Akustik wird der Gasometer auch gerne für Theater- und Musikveranstaltungen genutzt.

Das CentrO, größtes Einkaufszentrum Europas, dominiert die »Neue Mitte Oberhausen«.

Persönlicher Tipp

WOHNEN IM BAUWAGEN

Sie tragen die Namen Essener Stadtteile wie Überruhr, Steele oder Kray und stehen als bunte Farbkleckse auf einem kleinen Campingplatz direkt **an der Ruhr** im Essener **Stadtteil Horst** (Ruhrcamping Bauer, In der Lake 76, Essen-Horst, www.ruhrcamping.de). Die kleinen »Minihotels auf Rädern« sind ausrangierte Bauwagen, die mit viel Liebe und Sorgfalt saniert und zur Schlaf- und Kurzzeitwohnstätte umfunktioniert wurden. Sie bieten Platz für zwei bis vier Personen und sind mit Heizung, Waschgelegenheit, WC, Kühlschrank, Kocher und Sitzecke ausgestattet.

DAS UNPERFEKTHAUS

Kreative Energie, die man auch als Gast sofort spüren kann: Untergebracht in einem ehemaligen Franziskanerkloster im Zentrum von Essen (Friedrich-Ebert-Str. 16, www.unperfekthaus.de) ist das 2004 gegründete Unperfekthaus weit mehr als eine Räumlichkeit für **Maler, Designer und andere Kunst- und Kulturschaffende**. Hier ist es den Besuchern erlaubt, sich gegen ein kleines Eintrittsgeld frei im siebenstöckigen Gebäude zu bewegen und den kreativen Köpfen über die Schulter zu schauen.

Der Hochseilklettergarten auf der Halde Prosperstraße gehört zum »alpincenter Bottrop«.

Persönlicher Tipp

HALDENKUNST
Bottrop nördlich von Essen wartet nicht nur mit einer ganzjährig betriebenen **Skihalle** und dem **Movie Park Germany,** einem weitläufigen Freizeitpark, auf. Zu den weithin sichtbaren Wahrzeichen der Stadt gehört auch die auf einer ehemaligen Zechenabraumhalde errichtete Stahlkonstruktion in Form einer Pyramide. Dieser etwa 50 m hohe **Tetraeder,** der über viele Stufen »erklettert« werden kann, gehört zu den in den 1990er Jahren entstandenen Haldenkunstwerken, die überall im Ruhrgebiet Zeichen setzen.

BÜGELEISENHAUS IN HATTINGEN
Die Wurzeln der am südlichen Rand des Ruhrgebiets gelegenen Stadt Hattingen reichen bis ins Jahr 990 zurück, was die zahlreichen, zum Großteil sorgfältig restaurierten **Fachwerkhäuser in der Altstadt** belegen. In den Gässchen lässt es sich herrlich bummeln – und danach in die kleinen Restaurants und Kneipen einkehren. Zu den Skurrilitäten gehört das 1611 erbaute »Bügeleisenhaus«, das von der Form her seinem Namen alle Ehre macht.

Kunst des 19. und 20. Jahrhunderts gibt es im Museum Folkwang in Essen zu sehen.

Gelsenkirchener Reise durch drei Kontinente

Alaska, Asien und Afrika an einem Tag? In Gelsenkirchen, dem nordöstlichen Nachbarn von Essen, ist das kein Problem. Seitdem der Ruhr-Zoo ab 2004 zur **ZOOM Erlebniswelt** umgestaltet wurde, tauchen die Besucher in fremde Welten ein. Auf ihrer Expeditionstour stoßen sie auf viele Tierarten in ihren angestammten Lebensräumen. In »Alaska« wartet eine 3000 m² große Bärenanlage, die auf einer hölzernen Hängebrücke überquert werden kann. »Afrika« entdeckt man mit der »African Queen« auf einem Fluss. Flughunde haben in »Asien« ein riesiges Terrain für sich. Auf Rundwegen kann man auch an Abenteuerspielplätzen Station machen, darunter einer »Goldwaschanlage« und einem »Iglu«, das auf einer Eisscholle steht.

Auf blau-weiße Fußballfans wartet die **Veltins-Arena**, Heimat des **FC Schalke 04**. 2001 fertiggestellt, zählt sie zu den modernsten Multifunktionsarenen Europas. Wird dort nicht Fußball gespielt, wird der komplette Spielrasen auf Schienen herausgefahren. So kann die Halle für andere Zwecke, etwa Konzerte, genutzt werden – und der »heilige« Rasen hat Gelegenheit, sich draußen zu erholen. An das Stadion angeschlossen ist das **Schalke-Museum** mit unzähligen Exponaten zur Geschichte des Traditionsvereins. Das Museum bietet auch eine Führung durch die Veltins-Arena an, die mehr als einen Blick hinter die Kulissen zulässt. Übrigens: Wer eher auf »Schwarz-Gelb« steht, kann im **Borusseum** des Signal-Iduna-Parks in Dortmund »100 Jahre echte Liebe« erleben.

Ruhrmetropole Essen

Infos und Adressen

ANREISE
Flug: nach Düsseldorf oder Köln, weiter mit Regionalexpress; **Bahn:** IC/ICE bis Essen; **Auto:** A 42 aus Richtung Gelsenkirchen/Münster und Oberhausen/Duisburg, A 40/A 52 aus Richtung Bochum/Dortmund, Mülheim/Duisburg und Köln/Düsseldorf

SEHENSWERT
Villa Hügel, Hügelpark tägl. 8–20 Uhr, Krupp-Villa Di–So 10–18 Uhr, Dauerausstellung im Kleinen Haus. Essen, http://villahuegel.de
Museum Folkwang, Di–So 10–18 Uhr (Fr bis 22.30 Uhr), Museumsplatz 1, Essen, www.museum-folkwang.de
Ruhr Museum, natur- und kulturhistorisches Museum in der Kohlenwäsche der Zeche Zollverein, Apr.–Sept. tägl. 10–20 Uhr, Okt.–März tägl. 10–18 Uhr, Gelsenkirchener Str. 181, Essen, www.ruhrmuseum.de
Essener Dom, gotische Hallenkirche aus dem 13. Jahrhundert mit bedeutenden Kunstschätzen, Domschatz Di–Fr 10–17 Uhr, So und feiertags 11.30–17 Uhr, Burgplatz 2, www.dom-essen.de
Margarethenhöhe, Anfang des 20. Jahrhunderts auf Initiative von Margarethe Krupp im Westen der Stadt Essen erbaute Siedlung, mit ihrer konzentrischen, begrünten Bauweise Paradebeispiel einer Gartenstadt. www.essen-margarethenhoehe.de

ESSEN UND TRINKEN
Villa Kunterbunt: kleines, gemütliches Restaurant im Grünen mit liebevoll zusammengestellten mediterranen Gerichten, vom Chef persönlich vor den Augen der Gäste zubereitet. Hammer Str. 116, Essen-Werden, www.essensfreude.de
Lukas: Restaurant, Biergarten, Kneipe und kultureller Treffpunkt, untergebracht in einem ehemaligen Bahnhofsgebäude. Prinz-Friedrich-Str. 1, Essen-Kupferdreh, www.lukas-essen.de
Fährhaus Rote Mühle: Biergarten mit herzhaften Speisen, aber auch Kuchen auf dem Gelände des 1752 erbauten historischen Fährhauses direkt an der Ruhr, am Radfernweg »Kaiser-Route« von Aachen nach Paderborn. Rote Mühle 1, Essen-Heisingen, www.faerhaus-rote-muehle.de
Mörchens Eis: unzählige frisch zubereitete Eiskreationen, mit Sorten wie Spekulatiuseis auch im Winter eine Gaumenfreude. Rüttenscheider Str. 202, Essen-Rüttenscheid, www.moerchenseis.de

AUSGEHEN
Aalto Theater, Opernhaus der Stadt Essen. Opernplatz 10, Essen, www.aalto-musiktheater.de
Lichtburg, historisches Kino im Zentrum von Essen, mit 1250 Plätzen größter Kinosaal Deutschlands. Kettwiger Str. 36, www.lichtburg-essen.de
GOP Varieté Essen, Rottstr. 30, www.variete.de

SHOPPING
Limbecker Platz, Einkaufsmall im Zentrum von Essen mit über 200 Shops. www.limbecker-platz.de
Essen-Rüttenscheid, trendiger Stadtteil mit individuellen kleinen Läden, Cafés und Restaurants
Centro Oberhausen, mit 70 000 m² eines der größten Shopping- und Freizeitzentren in Deutschland, Keimzelle der Neuen Mitte Oberhausen, entstanden auf der Industriebrachfläche der Gutehoffnungshütte. Alte Walz, Oberhausen, www.centro.de

ÜBERNACHTEN
Parkhaus Hügel: kleines Hotel im Grünen, am Ufer des Baldeneysees direkt unterhalb der Villa Hügel. Freiherr-vom-Stein-Str. 209, Essen-Bredeney, www.imhoff-essen.de
Art Hotel Körschen: komfortable Appartements im Stadtteil Rüttenscheid. Hindenburgstr. 6, Essen, www.arthotelessen.de
»Zimmer im Revier«: Vermittlung von Privatzimmern oder Appartements. www.zimmer-im-revier.de

WEITERE INFOS
EMG-Touristikzentrale Essen, Am Hauptbahnhof 2, www.essen.de
www.ruhr-tourismus.de

Auf dem Gelände der früheren Zeche und Kokerei Zollverein verfolgt man den »Weg der Kohle von Anlieferung bis Verkokung«.

103

38. Trier

HIGHLIGHTS
- **Porta Nigra**, gut erhaltenes römisches Stadttor, mit Aufstieg in den zweiten Stock
- **Trierer Dom**, älteste Bischofskirche Deutschlands
- **Amphitheater**, Ruinen eines römischen Theaters für 20 000 Zuschauer
- **Rheinisches Landesmuseum**, Exponate aus dem römischen Trier und einem der größten römischen Goldschätze
- **Benediktinerabtei St. Matthias**, mit dem Grab des Apostels Matthias

TRIER ZU JEDER JAHRESZEIT
- **April:** Mercatus Treveris, mittelalterliches Markttreiben in der Messeparkhalle
- **Juni/Juli:** Handwerkermarkt rund um die Porta Nigra
- **August:** Brot und Spiele, Römerspektakel im Amphitheater und in den Kaiserthermen
- **November/Dezember:** Weihnachtsmarkt vor dem Dom

Auf dem Trierer Hauptmarkt findet bis heute ein reges Markttreiben statt.

Ein Spaziergang durch Trier führt zu Bauwerken aus über 2000 Jahren Stadtgeschichte. Die Römer hinterließen mit der Porta Nigra das heutige Wahrzeichen der Stadt. Der Trierer Dom ist die älteste Bischofskirche und die Liebfrauenkirche die älteste gotische Kirche Deutschlands.

Eine kaiserliche Stadt

Der beste Ausgangspunkt für die Erkundung Triers ist die **Porta Nigra**. Das gut erhaltene römische Stadttor hat zwei Stockwerke und besteht aus großen Sandsteinquadern.

Seit dem Mittelalter bildet der **Hauptmarkt** das Zentrum der Stadt. Das Marktkreuz stammt aus dem Jahr 958, als Trier das Marktrecht erhielt. Der Marktbrunnen von 1595 ist dem Stadtpatron Petrus gewidmet. Zu den schönsten Gebäuden am Platz zählt die **Steipe**, das Repräsentationshaus des Stadtrates aus dem 15. Jahrhundert. Hinter einem Barocktor erhebt sich die Markt- und Bürgerkirche **St. Gangolf**. Eine lateinische Inschrift am **Roten Haus** weist darauf hin, dass Trier angeblich 1300 Jahre vor Rom gegründet wurde.

Deutschland

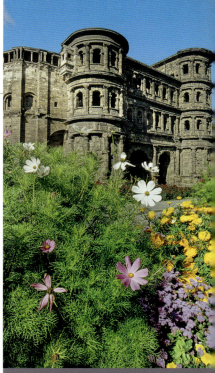

Die Porta Nigra wurde ca. 180 n. Chr. als Teil der römischen Stadtbefestigung errichtet.

Infos und Adressen

ANREISE
Flug: Direktflüge nach Luxemburg, weiter mit Buslinie 117 oder Zug; **Bahn:** Anschlussmöglichkeiten über Koblenz, Saarbrücken, Luxemburg; **Auto:** A 1

SEHENSWERT
Karl-Marx-Haus, Apr.–Okt. tägl. 10–18 Uhr, Nov.–März tägl. 11–17 Uhr (Mo bis 17 Uhr). Brückenstr. 10, www.fes.de/marx
Rheinisches Landesmuseum, Di-Do 10–17 Uhr. Weimarer Allee 1, www.landesmuseum-trier.de

ESSEN UND TRINKEN
Bagatelle: Gourmetrestaurant direkt am Moselufer. Zurlaubener Ufer 78, www.bagatelle-trier.com
Die Glocke: traditionsreiches Gasthaus mit regionalen Spezialitäten. Glockenstraße 12, www.glocke-trier.de

AUSGEHEN
Stadttheater, Musiktheater, Schauspiel und Tanztheater. Am Augustinerhof 1, www.theater-trier.de

ÜBERNACHTEN
Römischer Kaiser: exquisites Hotel in Patrizierhaus direkt neben der Porta Nigra. Porta-Nigra-Platz 6, www.friedrich-hotels.de

WEITERE INFOS
Tourist-Information, An der Porta Nigra, Trier, www.trier-info.de

Persönlicher Tipp

VIEZ
Der **Apfelwein** Viez ist neben Wein so etwas wie das Nationalgetränk der Trierer. Kleine, geschmacksintensive Äpfel aus dem Streuobstanbau geben dem Viez ein besonderes Aroma. Die Trierer trinken den Apfelwein traditionell aus der Viezporz, einem Krug aus weißem Porzellan. Seltener wird vergorener Birnenmost als **Birnenviez** serviert. Die Jugend hat andere Varianten des Viez als ihre Favoriten entdeckt: Covi (Cola-Viez), Livi (Limo-Viez) und Spruvi (Sprudel-Viez).

WEINKULTURPFAD
Das Rieslinganbaugebiet rund um Trier gilt als Wiege des deutschen Weins. Schautafeln auf dem Weinkulturpfad informieren über die Arbeit der Winzer, die Rebsorten der Region und den Anbau der Reben. Er beginnt oberhalb des Amphitheaters am Petrisberg und führt über 1,6 km durch die Trierer Weinberge bis zu dem Weinort **Olewig**. Dort kann das erworbene Wissen bei einer Weinprobe gleich getestet werden.

Vom Hauptmarkt sind es nur wenige Schritt bis zum **Trierer Dom**. Die ursprüngliche Kirche aus dem Jahr 330 wurde teilweise zerstört und später mit romanischen Anbauten erweitert. 1515 ließ der damalige Bischof den Südturm um ein gotisches Stockwerk erhöhen, nachdem die Türme von St. Gangolf die des Doms überragten. Gleich neben dem Dom erhebt sich die gotische **Liebfrauenkirche**, die wie der Dom und die Römerbauten seit 1986 auf der Liste des **UNESCO-Weltkulturerbes** steht.

Die gassenartige Liebfrauenstraße führt zur **Konstantinbasilika**. Mit dem riesigen Thronsaal wollten die Römer Größe und Macht des Kaisers ausdrücken. Hinter dem antiken Bau erhebt sich das **Kurfürstliche Palais**. Der angrenzende Palastgarten lädt zu einer Rast vor der Besichtigung der **Kaiserthermen** ein. Einst erholten sich hier die Römer im warmen Bad. Nur 500 m entfernt befindet sich am Fuße des Petrisbergs das römische **Amphitheater**.

39. Moseltal

Bei dem Örtchen Bremm hat sich die Mosel eine ihrer schönsten Schleifen geschaffen.

HIGHLIGHTS
- **Weinprobe,** etwa im Holzfasskeller des Weingutes Jakob Maßem, Kapellenstr. 3, Bernkastel-Kues
- **Wanderung durch die Weinberge,** z.B. Moselhöhenweg von Traben-Trarbach nach Zell mit Blick auf den Zeller Hamm
- **Schiffstour auf der Mosel,** z. B. von Traben-Trarbach nach Bernkastel-Kues
- **Traben-Trarbach,** Städtchen im Zeichen des Jugendstils
- **Reichsburg,** in historisierendem Stil wiederaufgebaute Burg in Cochem

DAS MOSELTAL IM FRÜHLING, SOMMER UND HERBST
- **Juni:** Altstadtfest in Traben-Trarbach
- **Anfang Juli:** internationales Trachtentreffen in Kröv
- **Anfang September:** Weinfest der Mittelmosel in Bernkastel-Kues, mit Kunsthandwerkermarkt
- **Oktober:** römisches Kelterfest in Piersport, mit römischem Festumzug

Zwischen Trier und Koblenz windet sich die Mosel mit unzähligen Flussschleifen durch ein steiles Tal, dessen Hänge von Weinreben überzogen sind. Aus den Weinbergen lugt so manche Burg hervor. Am Flussufer erstrecken sich gemütliche Fachwerkstädtchen. Wer sich auf das Moseltal einlässt, hat eine reiche Auswahl an Sehens- und Genießenswertem.

Wein und Burgen in bester Lage

Weniger als 100 km Luftlinie trennen Trier und Koblenz voneinander, doch die Mosel benötigt für diese Strecke rund 184 km. In großen Schleifen hat sie sich in den harten Untergrund eingegraben und steile Hänge geschaffen. Dort wachsen jene Reben, die den **Moselwein** ausmachen. Es waren die Römer, die die Gunst der Lage erkannten und den Weinbau in die Region brachten. Die wichtigste Rebsorte ist heute der Riesling. Von geringerer Bedeutung sind die Sorten Müller-Thurgau, Elbling, Kerner, Spätburgunder und Dornfelder.

Der Doppelort **Bernkastel-Kues** wartet in Bernkastel mit einer Altstadt aus Fachwerkhäusern und in Kues mit gediegenen Gründerzeitvillen auf. Erst 1905 wurden die beiden

Deutschland

Ortsteile vereint. Der berühmteste Sohn, der 1401 geborene Universalgelehrte **Nikolaus von Kues**, stiftete 1458 in seinem Heimatort das St. Nikolaus-Hospital. Im Zentrum der Anlage befindet sich die spätgotische Kapelle mit ihrem geschnitzten Chorgestühl. Oberhalb der Doppelgemeinde thront seit Hunderten von Jahren die **Burg Landshut**. Der Bau aus dem 13. Jahrhundert fiel 1692 einer Feuersbrunst zum Opfer und erinnert seitdem als Ruine an die bewegte Geschichte der Region.

Auch **Traben-Trarbach** entstand erst 1904 nach der Vereinigung der beiden Ortschaften links und rechts der Mosel. Kurz zuvor hatte der Jugendstilarchitekt Bruno Möhring Traben und Trarbach mit einer Doppelbogenbrücke miteinander verbunden. Im **Brückentor** auf der Trarbacher Seite wurde zunächst das Brückengeld kassiert, doch bald zog dort eine Schenke ein, das heutige Wahrzeichen von Trarbach. Die Brücke selbst wurde im Zweiten Weltkrieg gesprengt. Bis heute gilt Traben-Trarbach als das Zentrum der Jugendstilarchitektur an der Mosel.

Weltberühmte Katze

Zell verdankt seinen Namen den Römern, die hier eine kleine Hafenanlage mit Lagerhallen (»cellae«) errichteten. Aus der Silhouette des Ortes erhebt sich neben dem Turm der Pfarrkirche St. Peter der runde **Pulverturm**, einst Teil der ehemaligen mittelalterlichen Stadtmauer. Bekannt ist Zell für die »**Zeller Schwarze Katze**«. Der Name des berühmten Weins geht auf die Geschichte von drei Aachener Weinhändlern zurück, die nach einer Verkostung drei Fässer in die engere Wahl gezogen hatten. Als die schwarze Katze der Winzerfamilie auf eines der Fässer sprang und es mit einem Katzenbuckel verteidigte, war die Wahl getroffen – dieses musste der beste Wein sein. Heute trifft man die schwarze Katze überall in und um Zell.

Burgen an der Mosel

Als einer der hübschesten Orte an der Mosel gilt **Beilstein** unter der Ruine der im 13. Jahrhundert erstmals erwähnten **Burg Metternich**. Anfang des 14. Jahrhundert verlieh Johann II. von Braunshorn dem Ort das Stadt- und Marktrecht. Ab dem 17. Jahrhundert herrschten die Metternichs. Die Ruine erinnert bis heute an jene Zeit, der Beilstein die Bezeichnung »Dornröschen der Mosel« verdankt. Seit spani-

---

Persönlicher Tipp

KLOSTER MACHERN
Die ehemalige **Zisterzienserinnenabtei** in der Nähe von Bernkastel-Kues wurde 1238 gegründet. Die Zisterzienser nahmen die Tradition des spätrömischen Weinbaus auf. 1395 verlieh der Bischof von Trier dem Kloster das Recht zum Weinausschank. Nachdem die Anlage im Dreißigjährigen Krieg beschädigt worden war, wurde sie im 18. Jahrhundert im Barockstil wiederaufgebaut. Anfang des 19. Jahrhunderts säkularisierte Napoleon das Kloster. Die Restaurierung begann 1969, als der Weingutbesitzer Franz Schneider den Gebäudekomplex kaufte. Heute beherbergt Kloster Machern neben einem **Spielzeug- und Ikonenmuseum** auch ein **Weinbaumuseum** sowie eine **Klosterdestille** und eine **Klosterbrauerei**. Das Brauhaus serviert täglich zu deftigen Speisen helle und dunkle Biere sowie Hefeweizen. Die Klosterdestille führt ein breites Sortiment an Weinen, Sekten, Likören und Edelbränden.

Hoch über Bernkastel-Kues thront die Ruine der Burg Landshut (13. Jh.).

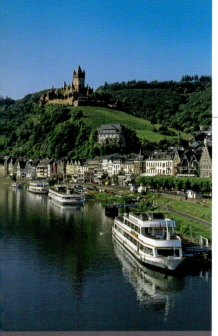

Bei einer Schifffahrt auf der Mosel sieht man Burgen wie die Reichsburg bei Cochem.

Persönlicher Tipp

AUF DEN SPUREN VON STEFAN ANDRES

Bei einem verlängerten Wochenende bietet sich eine Tagestour über ein 12 km langes Teilstück des **Stefan-Andres-Wanderwegs** an. Der Schriftsteller wurde 1906 als Sohn eines Müllers in Dhrönchen, einem heutigen Ortsteil von Trittenheim geboren. Seine Kindheit verbrachte er in Schweich. Erkennungszeichen des Wanderwegs ist ein grünes Buch. Er beginnt an der Römervilla in Mehring und steigt durch den Kammerwald auf das **Kumer Knüppchen**, einem Aussichtspunkt mit Felsenkreuz. Im weiteren Verlauf führt der Weg zum Aussichtsturm **Fünfseenblick**: Die Schleifen der Mosel und die dazwischenliegenden Hügel erwecken tatsächlich den Eindruck einer »Fünfseenlandschaft«. Dem Buchsymbol folgend geht es über die waldigen Hunsrückhöhen bis zur **Zummethöhe**. Nach dem Abstieg ins Tal endet die Wanderung in Leiwen, Rückfahrt nach Mehring mit dem Bus Moselbahn 333-1.

Unbezwingbar thront die Burg Eltz auf einem hohen Felsplateau über dem Elzbach.

sche Soldaten im Dreißigjährigen Krieg eine Schwarze Madonna aus ihrer Heimat in die Stadt brachten, ist die barocke Klosterkirche St. Joseph ein bedeutendes Pilgerziel.

Eine der schönsten Burgen an der Mosel erhebt sich über der »Perle der Mosel«, dem Städtchen **Cochem**: Die **Reichsburg** wurde um 1000 von Pfalzgraf Ezzo errichtet und im 17. Jahrhundert zerstört. Der Berliner Fabrikant Jakob Louis Ravené ließ die Anlage im 19. Jahrhundert in historisierendem Stil wiederaufbauen. Einen schönen Blick auf die Fachwerkstadt und ihre Burg hat man vom Pinner-Kreuz, das mit einer Sesselbahn erreichbar ist. Nur 20 Gehminuten entfernt können sich Jung und Alt im **Wild- und Freizeitpark Klotten** u. a. auf einer Wildwasserbahn amüsieren.

Eine der wenigen deutschen Burgen, die niemals zerstört wurden, ist **Burg Eltz**. Der Elzbach, ein Nebenfluss der Mosel, umfließt die auf einem 70 m hohen Felsen thronende Anlage an drei Seiten. Bereits 1157 erstmals urkundlich erwähnt, befindet sich die Burg immer noch im Besitz der Familie Eltz. Nach einem Streit unter drei Brüdern wurde sie 1268 »geteilt«. Jede Familie führte nun ihren eigenen Haushalt. So kam es zu dem verwinkelten Ausbau des Komplexes als sogenannte Ganerbenburg.

Moseltal

Infos und Adressen

ANREISE
Flug: Flughafen Frankfurt-Hahn, weiter mit Bus u. a. nach Cochem, Bullay, Zell oder Koblenz; **Bahn:** Regionalexpress zwischen Koblenz und Trier mit Stopps in Cochem, Bullay und Wittlich; **Auto:** A 48 und A 1

SEHENSWERT
St. Nikolaus-Hospital, von Nikolaus von Kues gestiftet, mit Kreuzgang und Kapelle sowie Weinkulturellem Zentrum. Cusanusstr. 2, Bernkastel-Kues, So–Fr 9–18 Uhr, Sa 9–15 Uhr, www.cusanus.de
Haus der Ikonen, Sammlung mit 100 modernen Ikonen des Russen Alexej Saweljew. Mittelstr. 8, Traben-Trarbach, Di–So 10–17 Uhr, www.ikonenzentrum-saweljew.de
Mittelmosel-Museum, Heimatmuseum in der Barockvilla Haus Böcking, Exponate zu Stadtgeschichte, Handwerk und ländlicher Wohnkultur. Casinostr. 2, Traben-Trarbach, Ostern–Okt. Di–So 10–17 Uhr
Burg Eltz, Burganlage im Originalzustand. Apr.–Nov. tägl. 9.30–17.30 Uhr, www.burg-eltz.de

ESSEN UND TRINKEN
Altes Brauhaus: regionale Speisen in uriger Atmosphäre unter Steingewölbe, Weinfässer dienen als Tische. Gestade 4, Bernkastel-Kues, www.hotel-baeren.de
L'Auberge du Vin: exklusive Speisen, auf handgeschriebenen Speisekarten präsentiert, direkt am Marktplatz von Cochem. Obergasse 1, Cochem, www.lohspeicher.de
Mayer's Burgrestaurant: Burg Hohenbeilstein bietet gutbürgerliche Küche im Restaurant sowie im Wein- und Biergarten im Burghof. Langhans 1, Beilstein, www.burg-beilstein.de
Zum Eichamt: Speisen in historischem Fachwerkhaus mit Ausblick auf die Moselschleife. Rohrgasse 2, Zell-Merl, www.zum-eichamt-zell.de

SHOPPING
Historische Bonbonmacherei, handgemachte Süßigkeiten im Ambiente der 1930er Jahre. Burgstr. 8, Bernkastel-Kues, www.bonbon-willi.de
Glasveredlung Achim Schneiders, Familienbetrieb, in dem es neben edlen Gläsern und Flaschen Weinkrüge in allen möglichen Formen und Farben gibt. Jesuitenhofstr. 2, Kröv, www.glasschneiders.com
Historische Senfmühle, Senfmüller Wolfgang Steffens produziert und verkauft in der Mühle von 1810 kalt gemahlenen Senf nach einem Rezept aus dem 15. Jahrhundert. Stadionstr. 1, Cochem, www.senfmuehle.net

ÜBERNACHTEN
Jugendstilhotel Bellevue: 1903 nach den Plänen des Berliner Jugendstilarchitekten Bruno Möhring erbautes Hotel mit Eckturm in Form einer Sektflasche. An der Mosel 11, Traben-Trarbach, www.bellevue-hotel.de
Märchenhotel: Jedes Zimmer ist nach einem Märchen gestaltet, z. B. Aschenputtel und Froschkönig. Kallenfelsstr. 25–27, Bernkastel-Kues, www.maerchenhotel.com
Hotel Schloss Zell: kleines, gepflegtes Hotel, in dessen Gemäuern Kaiser Maximilian 1521 und drei Jahrhunderte später der Preußenkönig Friedrich Wilhelm IV. nächtigten. Schloßstr. 8a, Zell, www.schlosszell.de

WEITERE INFOS
Mosellandtouristik, Kordelweg 1, Bernkastel-Kues, www.mosellandtouristik.de;
Tourist-Information Traben-Trarbach, Am Bahnhof 5, Traben-Trarbach, www.traben-trarbach.de;
Tourist-Information Zentrum Bernkastel-Kues, Gestade 6, Bernkastel-Kues, www.bernkastel.de;
Tourist-Information Zeller Land, Balduinstr. 44, Zell, www.zellerland.de;
Tourist-Information Ferienland Cochem, Endertplatz 1, Cochem, www.cochem.de/tourismus

In den gemütlichen Weinschenken im Moseltal lässt sich der Rebensaft vor Ort kosten.

40. Mainz

Die Altstadt birgt neben historischen erzbischöflichen Höfen manches Fachwerkkleinod.

HIGHLIGHTS
- **Dom St. Martin,** romanischer »Kaiserdom« (ab 1009), markante Vierungstürme, Bischöfliches Dom- und Diözesanmuseum
- **Gutenberg-Museum,** Gedrucktes aus allen Zeiten und der ganzen Welt, originale Gutenberg-Bibel und rekonstruierte Druckerwerkstatt aus dem 15. Jh.
- **Altstadt,** enge Gassen, lauschige Plätzchen, fürstliche Höfe, prächtige Barockkirchen
- **Stephanskirche,** gotische Hallenkirche mit neun Glasfenstern von Marc Chagall
- **Rheinuferpromenade,** zwischen altem Zollhafen und Winterhafen (Adenauer- und Stresemannufer)

MAINZ IM WINTER UND SOMMER
- **Fastnacht:** die fünfte Jahreszeit mit Sitzungskarneval und Rosenmontagszug
- **Juni:** Johannisfest, viertägiges Volksfest um den Johannistag, mit Gautschen (Buchdruckertaufe) und Schifferstechen
- **August/September:** Weinmarkt im Stadtpark und Rosengarten (Künstlermarkt)

2000 Jahre römisches Moguntiacum, 1000 Jahre Mainzer Dom, 100 Jahre Festungsstadt, 60 Jahre Landeshauptstadt von Rheinland-Pfalz – Mainz hat zahlreiche historische Schichten. Zu Fuß lässt sich aber in kurzer Zeit vieles entdecken. Die Mainzer, ein offenes Völkchen, helfen gern dabei.

Unter dem Licht des Doms

Aufgrund seines Reichtums hieß Mainz im Spätmittelalter »Aurea Moguntia«. Dort residierte der Erzkanzler, der wichtigste Mann im Heiligen Römischen Reich Deutscher Nation nach dem Kaiser. Seine Kirche war der **Dom St. Martin,** ein Gebirge aus rotem Sandstein, das viele Male abbrannte und immer wieder auf- und umgebaut wurde. Die Kathedrale beherrscht den **Marktplatz** mit 1000-jähriger **Heunensäule, Renaissancebrunnen** und **Nagelsäule.** Das »Herz der Stadt« wird eingerahmt von Bürger- und Domherrenhäusern (mit Cafés). Gleich um die Ecke am Liebfrauenplatz im **Gutenberg-Museum** kann man Bekanntschaft mit dem größten Sohn der Stadt machen. Vorbei an der **Johanniskirche** (ab 900), dem »Alten Dom«, empfängt den Besucher an den

Deutschland

Leichhofstraßen und am **Kirschgarten** die **Altstadt** mit Häusern, die bis in die Stauferzeit zurückgehen, mit Höfen aus kurfürstlicher Zeit – und mit zahlreichen Einkehrmöglichkeiten.

Vorwiegend blau leuchten die **Chagallfenster** der gotischen **Stephanskirche** (14. Jh.), ein symbolreiches Alterswerk des jüdisch-französischen Künstlers Marc Chagall. Über die Gaustraße oder Kupferbergterrasse kann man sich am **Schillerplatz** mit dem **Fastnachtsbrunnen** etwas erholen, bevor es weitergeht: vielleicht in die **Neustadt** jenseits der **Kaiserstraße** mit Gründerzeithäusern und der **Neuen Synagoge** (2010), dann über die **Rheinuferpromenade** und das **Rathausplateau** (Jockel-Fuchs-Platz) mit denkmalgeschütztem »Beamtengefängnis« (1974) zurück ins Herz der Stadt.

Infos und Adressen

ANREISE
Flug: über Frankfurt am Main, vom Flughafen-Fernbahnhof weiter mit Regionalexpress; **Bahn:** IC/ICE über Flughafen Fernbahnhof oder Koblenz; **Auto:** A 3, A 61 oder A 5

SEHENSWERT
Kupferberg-Museum, historische Sektkellerei mit Traubensaal (1900) und Glassammlung, nur mit Anmeldung. Kupferbergterrasse 17–19, www.kupferbergterrasse.com
Fastnachtsmuseum, Di–So 11–17, Mainz, wie es seit 175 Jahren singt, lacht und sich kostümiert. im Proviantmagazin, Neue Universitätsstr. 2, www.mainzer-fastnachtsmuseum.de
Historische Zitadelle auf dem Jokobsberg, mit Drususstein

ESSEN UND TRINKEN
Weinstuben und -restaurants:
Am Bassenheimer Hof (Acker 10), **Augustinerkeller** (Augustinerstr. 26), **Zum Beichtstuhl** (Kapuzinerstr. 30), Zum Spiegel (Leichhofstr. 1)

AUSGEHEN
Unterhaus, führende deutsche Kleinkunstbühne. Münsterstr. 7, www.unterhaus.mainz.de

ÜBERNACHTEN
Günnewig Hotel Bristol: nähe Stadtpark, 75 Zimmer, reiches Frühstücksbuffet, Pool. Friedrich-Ebert-Str. 20, Mainz-Weisenau, www.guennewig.de/mz/

WEITERE INFOS
Touristik-Centrale Mainz, Brückenturm am Rathaus, Mainz, www.touristik-mainz.de

Persönlicher Tipp

RÖMISCHES MAINZ
Die Zeugnisse aus der Römerzeit, als Mainz Hauptstadt der Provinz Germania Superior war, sind über das Stadtgebiet verstreut. An »Orignalschauplätzen« befinden sich das **Stadttor** (um 350) – mit »echten« Wagenspuren – auf dem Kästrich, dem mückengeschützten Standort des Legionslagers, dann der **Eichelstein**, ein 20 m hoher Mauerblock auf der Zitadelle, die Ruinen des **Römischen Theaters** am Hang neben dem früheren Südbahnhof und schließlich Überreste eines **Heiligtum der Isis und Mater Magna** unter der Römerpassage (Taberna archaeologica). Die 1981/82 am Rheinufer entdeckten **fünf römischen Kriegsschiffe** haben ein komplettes Museum (für Antike Schifffahrt) erhalten. Nachbildungen von **Jupitersäule** (1. Jh.) und **Dativius-Victor Bogen** (3. Jh.) stehen am Landtag bzw. Kurfürstlichen Schloss, in dem die Dauerausstellung des **Römisch-Germanischen Zentralmuseums** eine Fülle archäologischer Schätze präsentiert. Noch mehr Römisches – und die schönste Aussicht auf das linksrheinische Mainz – gibt's auf der rechten Rheinseite im **Museum Castellum**.

Kirmes am Rhein mit dem Dom im Hintergrund. Sein barocker Westturm misst 83,50 m.

41. Leipzig

HIGHLIGHTS
- **Thomaskirche,** ehemalige Wirkungsstätte und Grab Johann Sebastian Bachs
- **Gewandhaus,** Spielstätte des Gewandhausorchesters
- **Mädlerpassage,** elegante Ladenstraße mit Gaststätte »Auerbachs Keller«
- **Nikolaikirche,** Wirkungsstätte Bachs, Ausgangspunkt der friedlichen Revolution 1989
- **Völkerschlachtdenkmal,** größter Denkmalsbau Deutschlands zur Erinnerung an den Sieg über Napoleon

LEIPZIG ZU JEDER JAHRESZEIT
- **Samstags:** Auf den Spuren der friedlichen Revolution, Treffpunkt Nikolaikirche (14 Uhr)
- **März:** Leipziger Buchmesse, »Leipzig liest«
- **Juni:** Bach-Fest des Bach-Archivs
- **September/Oktober:** Leipziger Passagenfest, Kultur- und Gastronomiefest mit verlängerter Öffnungszeit bis 24 Uhr
- **Dezember:** »Große Concerte« zum Jahreswechsel im Gewandhaus

Thomanerchorprobe in der Thomaskirche

Fast alle Sehenswürdigkeiten der Kultur- und Messestadt Leipzig sind zu Fuß erreichbar: die historische Innenstadt mit dem einzigartigen Passagensystem, das Alte Rathaus, die Thomaskirche und das Bachdenkmal. Kaum eine andere Stadt bietet so viel Kulturgenuss auf höchstem Niveau.

Stadt der Musik und der Literatur

Tage musikalischen Hochgenusses – nirgendwo sonst wird der Musikfreund so verwöhnt. In der spätgotischen **Thomaskirche** liegt Johann Sebastian Bach, der große Sohn der Stadt, begraben – und dreimal pro Woche fesselt der **Thomanerchor** begeisterte Zuhörer. Mit den Aufführungen des **Gewandhausorchesters**, eines der renommiertesten Klangkörper der Welt, genießen Besucher ein besonderes Musikerlebnis. Wohn- und Wirkungsstätten berühmter Musiker liegen dicht beieinander. Das Leitsystem **Leipziger Notenspur, Leipziger Notenbogen und Leipziger Notenrad** verbindet die wichtigsten Schauplätze auf Fußgänger- und Radrouten im Stadtzentrum, Edelstahlelemente im Boden weisen den Weg.

Deutschland

Infos und Adressen

ANREISE
Flug: Direktflüge nach Leipzig-Halle, weiter mit Regionalbahn bis Leipzig Hbf; **Bahn:** IC bis Leipzig Hbf, **Tipp:** im Stadtgebiet Preisvergünstigungen mit Leipzig Card (www.leipzig-card.de)

SEHENSWERT
Bach-Museum Leipzig, Thomaskirchhof 15/16, Leipzig, Öffnungszeiten Di–So 10–18 Uhr, www.bach-leipzig.de
Nikolaikirche, Nikolaikirchhof 3, Leipzig, www.nikolaikirche.de

SHOPPING
Promenade im Hauptbahnhof Leipzig, Ladenstraßen auf drei Ebenen in Europas größtem Kopfbahnhof

ESSEN UND TRINKEN
Auerbachs Keller: In »Faust I« setzte Goethe dem historischen Weinlokal ein literarisches Denkmal. Grimmaische Str. 2–4, Leipzig, www.auerbachs-keller.de

ÜBERNACHTEN
art'otel Leipzig City Center: modernes Kunst- und Designhotel in Bahnhofsnähe mit Werken der Leipziger Meisterschülerin Anna Tessenow. Eutritzscher Straße 15, Leipzig, www.artotel-leipzig.com

WEITERE INFOS
Tourist-Information, Katharinenstr. 8, Leipzig, www.leipzig.de

Altes Rathaus an der Ostseite des Marktes.

Persönlicher Tipp

SÄCHSISCHE KAFFEEGESCHICHTE
• Das älteste Café-Restaurant Zum Arabischen Coffe Baum, Kleine Fleischergasse 4 (www.coffee-baum.de), befindet sich in einem schmucken Renaissance- bzw. Barockbau. Neben diversen Cafés gibt es eine rustikale Stube, ein Restaurant und ein Kaffee-Museum, das die Geschichte des Kaffeegenusses in Sachsen seit August dem Starken präsentiert.

TROPENWELT UND JUGENDSTIL
• Der **Zoo Leipzig**, Pfaffendorfer Straße 29 (www.zoo-leipzig.de), besticht durch denkmalgeschützte Bauten mit Jugendstilelementen in einer gewachsenen Parklandschaft. Daneben locken Erlebniswelten wie Gondwanaland, Pongoland oder Südamerika sowie die Themengastronomie Groß und Klein.

DENKMAL UND AUSSICHTSPLATTFORM
• Das **Völkerschlachtdenkmal** (1858–1916) wurde als steinernes Manifest eines stolzen Patriotismus zum Gedenken an den Sieg über Napoleon I. in der Völkerschlacht bei Leipzig 1813 errichtet und bietet, nach 500 Stufen Aufstieg zur Plattform, einen fantastischen Ausblick.

Auch zum Buch hat die Messestadt Leipzig eine enge Bindung: In jedem März lässt sich die Lust am Lesen auf der **Leipziger Buchmesse** hautnah erleben. Verlage präsentieren ihre Novitäten im Rahmen kurzweiliger Events und auf Europas größtem Lesefest **»Leipzig liest«** erleben Leseratten dort ihre Lieblingsautoren ganz persönlich.

Die Leipziger Innenstadt ist geprägt von Passagen. Die gediegene **Mädlerpassage**, in der ein Glockenspiel aus Meißner Porzellan erklingt, oder die Handwerkerpassage versprechen entspanntes Shopping. Goethe machte das Gasthaus **Auerbachs Keller** als Schauplatz im »Faust« berühmt. Von der **Nikolaikirche**, der Hauptwirkungsstätte Bachs, ging in den Oktobertagen 1989 die Wende zur deutschen Einheit aus: 1989 sammelte man sich zu den Montagsdemonstrationen. Nördlich des Promenadenrings erstreckt sich das **Rosental**, ein beliebtes Ausflugsziel mit Leipzigs schönstem Rokokobau, dem **Gohliser Schlösschen**.

42. Sächsische Schweiz

Eine Sandsteinbrücke überspannt mit sieben Bögen die Mardertelle-Schlucht.

HIGHLIGHTS
- **Pirna mit Festung Sonnenstein,** »Canalettoblick« auf Sonnenstein, Marienkirche und Rathaus
- **Rathen,** Luftkurort zu Füßen der Bastei, Ausgangspunkt für Elbpromenade oder Basteirundweg
- **Bastei,** weiter Blick von einer Felskanzel über Elbtal und Elbsandsteingebirge
- **Festung Königstein,** größter Tafelberg der Sächsischen Schweiz und imposante Befestigungsanlage
- **Bad Schandau,** ältester Kurort der Sächsischen Schweiz mit mittelalterlichem Stadtkern

SÄCHSISCHE SCHWEIZ ZU JEDER JAHRESZEIT
- **Mai–September:** Felsenbühne Rathen, Opernaufführungen und Märchenspiele in »Europas schönstem Naturtheater«
- **März–Dezember:** Festival Sandstein & Musik, Konzerte an besonderen Orten der Sächsischen Schweiz unter der Leitung von Ludwig Güttler

Perspektivwechsel gefällig? Mit seinen bizarren Felsformationen, Tafelbergen und tiefen Schluchten entführt das wild-romantische Felsenmeer der Sächsischen Schweiz, der deutsche Teil des Elbsandsteingebirges, Aktivurlauber für ein Wochenende in eine ganz andere, märchenhafte Welt fernab des hektischen Alltags.

Felsenwelt mit Aussicht

Diese Einstimmung ist perfekt: Vom Marktplatz **Pirnas**, dem Tor zur Sächsischen Schweiz, bietet sich wie einst dem Maler Canaletto ein Blick auf die wuchtige **Festung Sonnenstein**, auf die reich geschmückte spätgotische Hallenkirche St. Marien und das Rathaus. Das üppige Dekor der Bürgerbauten wie das des Canalettohauses (Haus Nr. 7) zeugt vom einstigen Wohlstand.

Der **Luftkurort Rathen**, Ausgangspunkt für viele Wandertouren, ist von stark zerklüfteten Felsen und tiefen Schluchten umgeben. Von hier aus erreicht man das Wahrzeichen der Region, die **Bastei**, und hat einen grandiosen Überblick über Felsenmeer und malerisches Elbtal. Schwin-

Deutschland

delerregend hoch überspannt eine Sandsteinbrücke die 40 m tiefe Mardertelle-Schlucht.

Oberhalb der Elbe erstreckt sich die **Festung Königstein** mit altem Zeughaus, Garnisonshaus, unterirdischen Befestigungsanlagen und fast 50 weiteren Bauwerken. Hier soll Friedrich Böttger zu Beginn des 18. Jahrhunderts die Geheimnisse der europäischen Porzellanproduktion ergründet haben. Ihr Pendant findet die Festung im Lilienstein auf der anderen Elbseite.

Eine kurvenreiche Fahrt mit der nostalgischen elektrischen **Kirnitzschtalbahn** von Bad Schandau zum gewaltigen Lichtenhainer Wasserfall 8 km entlang des Flüsschens Kirnitzsch vermittelt endgültig das Gefühl, in eine andere Welt versetzt worden zu sein. Wer mag, wählt alternativ eine Fahrt mit der historischen **Raddampferflotte** zwischen Seußlitz bei Meißen und Bad Schandau durch das Elbtal.

Infos und Adressen

ANREISE
Flug: nach Dresden-International; **Bahn:** IC/ICE bis Dresden Hbf, weiter mit S-Bahn nach Pirna oder Bad Schandau; **Auto:** von Norden kommend A 4 Richtung Berlin/Dresden, ab Dreieck Dresden-West A 17

SEHENSWERT
Festung Sonnenstein, Schlosshof 2–4, Pirna, Mo–Fr 9–15 Uhr, 1. Sa im Monat 11–16 Uhr, www.schloss-sonnenstein.eu
Festung Königstein, Apr.–Okt. 9–18 Uhr, Nov.–März 9–17 Uhr, www.festung-koenigstein.de
Schloss Weesenstein, Am Schlossberg 1, Müglitztal, Apr.–Okt. 9–18 Uhr, www.schloss-weesenstein.de

ESSEN UND TRINKEN
Festung Königstein: Offizierskasino, Erlebnisrestaurant und Festungsbäckerei. www.festung-koenigstein.com

ÜBERNACHTEN
Berghotel Bastei: Hotel hoch über der Elbe direkt neben der Bastei. Lohmen/Bastei, www.bastei-berghotel.de

WEITERE INFOS
Tourismusverband Sächsische Schweiz e. V., Bahnhofstr. 21, Pirna, www.saechsische-schweiz.de
Nationalpark Sächsische Schweiz, An der Elbe 4, Bad Schandau, www.nationalpark-saechsische-schweiz.de

Persönlicher Tipp

KLETTERVERGNÜGEN FÜR ALLE
1100 frei stehende **Sandsteinfelsen** fordern zum Genussklettern auf. In Schnupperkursen bewältigen auch Anfänger nach kurzem Anmarsch dank erfahrener Kursleiter und Seilsicherung die Gipfelbesteigung – ins Gipfelbuch eintragen und Fernblick genießen! Etwa 3 km von Königstein entfernt liegt das **Felsenlabyrinth Langenhennersdorf.** Die Felsen sind nur wenige Meter hoch und stark zerklüftet. Durch enge Felsengassen, dunkle Tunnel und kleine Höhlen wird der markierte Pfad nicht nur für Kinder zur abwechslungsreichen Abenteuertour.

FELSENSCHLOSS MIT TAPETENSAMMLUNG
Auf einer Felskuppe über dem Müglitztal erhebt sich in eine Parkanlage gebettet das malerische, um 1200 gegründete **Schloss Weesenstein**. Darin gibt es neben fürstlichen Wohnräumen auch eine Sammlung kostbarer Tapeten zu sehen. Das Schloss wurde von oben nach unten gebaut, Teile der achtstöckigen Anlage sind in den Fels gehauen.

Aufführung der Oper »Der Freischütz« von Carl Maria von Weber auf der Felsenbühne Rathen.

43. Dresden und Elbtal

HIGHLIGHTS
- **Zwinger,** Barockanlage mit Gemäldegalerie Alte Meister, Rüstkammer, Mathematisch-Physikalischem Salon und Porzellansammlung
- **Residenzschloss,** Historisches Grünes Gewölbe, Neues Grünes Gewölbe, Münzkabinett und Kupferstichkabinett, Hausmannsturm (102 m)
- **Dresdner Frauenkirche,** barocker Kuppelbau mit Aussichtsplattform
- **Pillnitz,** Sommerresidenz August des Starken mit über 230-jähriger Kamelie im Garten
- **Moritzburg,** barockes Jagdschloss auf einer künstlichen Insel

DRESDEN ZU JEDER JAHRESZEIT
- **Mai:** Parade der neun historischen Schaufelraddampfer auf der Elbe
- **Juni:** Karl-May-Festspiele in Radebeul am ersten Juni-Wochenende
- **Juni/Juli:** Dresdner Musikfestspiele (Klassik) mit Elbhang-Fest am letzten Juni-Wochenende
- **August:** Dresdner Stadtfest und Moritzburg-Festival (Kammermusik)
- **Dezember:** Dresdner Striezelmarkt auf dem Altmarkt (seit 1434)

Vom linken Elbufer aus bietet sich ein herrlicher Blick auf die Silhouette der Dresdner Altstadt.

Die barocke Schönheit an der Elbe zieht jedes Jahr zahlreiche Touristen aus dem In- und Ausland an. Allein der Panoramablick auf die Altstadtsilhouette mit Hofkirche und Semperoper von der Neustädter Seite ist die Reise wert. Die Stadt ist eingebettet in eine herrliche Kulturlandschaft mit Schlössern, Villen und Weinbergen.

Perle an der Elbe

Die wichtigsten Sehenswürdigkeiten der **Altstadt** lassen sich gut zu Fuß erkunden. Beginnen sollte man den Altstadtspaziergang am Terrassenufer an der Elbe. Über eine Freitreppe erreicht man den »Balkon Europas«, wie die auf der alten Befestigungsanlage errichtete **Brühlsche Terrasse** auch genannt wird. An der **Kunsthalle im Lipsiusbau** vorbei führt der Weg zur **Frauenkirche**. Lange Zeit galt die Ruine des barocken Gebäudes als Mahnmal für die Zerstörung Dresdens kurz vor dem Ende des Zweiten Weltkriegs. Seit 2005 erstrahlt sie nach zehnjähriger Bauzeit wieder in altem Glanz am 1546 angelegten **Neumarkt**. Am **Albertinum**, dem ehemaligen Zeughaus, und am barocken **Landhaus**, heute Stadtmuseum, vorbei geht es zur spätbarocken **Kreuzkirche** am Altmarkt. Hier verführen im Dezember auf dem **Striezelmarkt** die Dresdner Christstollen die Besucher.

Deutschland

Weiter Richtung Schloss kommt man am 1969 errichteten **Kulturpalast** vorbei, eine kleine Reminiszenz an die DDR-Vergangenheit. Erster Besichtigungspunkt an der weitläufigen Anlage um das **Residenzschlosses** ist das **Johanneum**. Das ehemalige Stallgebäude ist über den Langen Gang des Stallhofs mit dem Georgsbau des Schlosses verbunden. Auf der Außenseite des Gangs kann man den 1905/06 aus 24 000 Meissner Kacheln gestalteten **Fürstenzug** bewundern, das größte Porzellanbild der Welt. Ganz in der Nähe des Schlosses ließ Kurfürst August der Starke 1709/11 das **Taschenbergpalais** für seine Geliebte Gräfin Cosel errichten. Hauptanziehungspunkt im Residenzschloss ist das **Historische Grüne Gewölbe** (Kartenvorbestellung ratsam) mit der Schatzkammer August des Starken. Am prächtigen Schlossplatz steht die spätbarocke **Hofkirche** Nicht minder schön ist der Theaterplatz mit der nach ihrem Erbauer Gottfried Semper benannten **Semperoper** und die **Altstädter Wache**, in der sich die Theaterkasse befindet. Krönender Abschluss ist der um eine Gartenanlage gruppierte **Zwinger**. Die **Gemäldegalerie Alte Meister** im Semperbau des Zwingers ist das bedeutendste der vier in der repräsentativen Barockanlage untergebrachten Museen.

Innere und Äußere Neustadt

Am linken Elbufer schlendert man über die neunbögige **Augustusbrücke** und wendet sich auf der Neustädter Seite gleich nach links. Vom **Palaisgarten** aus bietet sich der berühmte **Canaletto-Blick** auf die Altstadt – das Gemälde des Dresdner Hofmalers ist in der Gemäldegalerie Alte Meister zu bewundern. Nur wenige Meter weiter, nahe dem Elbufer steht das als Museum genutzte **Japanische Palais**. Die barocke **Königstraße** mit ihren eleganten Bürgerhäusern führt zum runden Albertplatz, an dem das **Erich-Kästner-Museum** liegt. Über die Hauptstraße, heute Fußgängerzone, geht es vorbei an der **Dreikönigskirche** und den reizvollen **Kunsthandwerkerpassagen** zwischen den Barockpalästen, über den Neustädter Markt mit dem Reiterdenkmal August des Starken, dem **Goldenen Reiter** und der **Neustädter Wache** zurück zur Elbe.

Für die Erkundung der Äußeren Neustadt, ein lebhaftes Szeneviertel, sollte man die Straßenbahn benutzen. Nicht versäumen sollte man einen Besuch der pittoresken **Kunsthofpassage** und **Pfunds Molkerei**, der als »schönster Milchladen der Welt« gepriesen wird.

Sehr beliebt sind die anschaulichen Führungen durch das Museum der Porzellan-Manufaktur Meissen.

Persönlicher Tipp

MIT DEM RADDAMPFER NACH MEISSEN

Die Linienschiffe der Sächsischen Dampfschiffahrt (www.saechsische-dampfschiffahrt.de) legen zweimal täglich an den Hauptstationen der Sächsischen Weinstraße, die von Pirna nach Seußlitz führt, an. Einer der beliebtesten Ausflüge führt von Dresden nach Meißen. Auf der von Weinbergen gesäumten Elbe passiert man das zu Radebeul gehörende malerische Angerdörfchen **Altkötzschenbroda**, bevor man nach zwei Stunden in Meißen anlegt. Schon von Weitem ist das gotische Bauensemble aus **Dom** und **Albrechtsburg** auf dem Burgberg zu sehen. Die Albrechtsburg gilt als erster deutscher Schlossbau. Ungewöhnlich sind der unregelmäßige Grundriss und die beiden gedrehten Treppentürme. In der malerischen Altstadt kann man einen Meißner Fummel probieren, ein süßes, aber zerbrechliches Feingebäck. Seit fast 300 Jahren stellt die **Porzellan-Manufaktur Meissen** feinstes Porzellan her. In der Schauwerkstatt kann man die Porzellanherstellung erleben, Shop und Outlet befriedigen Kaufwünsche. Die erste Porzellanmanufaktur ließ August der Starke in der Albrechtsburg einrichten.

Vor der wieder aufgebauten Frauenkirche steht das bronzene Lutherstandbild von 1885.

Persönlicher Tipp
MIT DER LÖSSNITZGRUNDBAHN UNTERWEGS

Radebeul, bekannt als Weinort und Karl-May-Stadt, erreicht man von Dresden aus bequem mit der S-Bahn. Die **Villa Shatterhand** war das Wohnhaus von Karl May (mit Museum), die **Villa Bärenfett** erzählt die Geschichte der nordamerikanischen Indianer. Im Sächsischen Staatsweingut **Schloss Wackerbarth** kann man einen guten Tropfen aus dem Weinbaugebiet Sachsen probieren. Im Bahnhof Radebeul besteigt man die im Volksmund **Lößnitzdackel** genannte Schmalspurbahn Richtung Radeburg. Durch den Lößnitzgrund geht es nach Moritzburg mit dem vierflügeligen **Jagdschloss Moritzburg**. Einzigartig ist der aus unzähligen bunten Federn gewebte Wandbehang des Prachtbetts von August dem Starken. Nach 17 km ist **Radeburg** erreicht. Die sächsische Karnevalshochburg würdigt ihren berühmtesten Sohn, den Zeichner **Heinrich Zille**, in einem kleinen Museum.

Hinter dem Reiterstandbild König Johanns erstrahlt die Semperoper in festlichem Glanz.

Entlang der Elbe bis Pillnitz

Die Strecke kann man mit dem Auto, auf dem Fahrrad oder auf einem Elbdampfer zurücklegen. Die sogenannte Schlösserfahrt führt zunächst vorbei an den drei **Elbschlössern** Schloss Albrechtsburg, Lingnerschloss und Schloss Eckberg, heute eine Luxusherberge, die durch Parkanlagen miteinander verbunden sind. Beim Villenvorort Loschwitz überquert das **Blaue Wunder** die Elbe, eine kühne Eisenkonstruktion. Nach Oberloschwitz führt eine Schwebebahn, zum Ausflugslokal Luisenhof eine Standseilbahn. Die Brücke und die beiden Bahnen sind technische Denkmale aus der Zeit kurz vor 1900. Ziel der Schifffahrt ist die Sommerresidenz August des Starken in **Pillnitz**. Das Dreiflügelensemble besteht aus dem Wasserpalais an der Elbe, dem gegenüberliegenden Bergpalais und dem Neuen Palais im Osten. Sie umschließen einen Barockgarten und sind selbst vom weitläufigen Schlosspark umgeben.

Nach der Rückfahrt kann man noch einen Abstecher zum **Großen Garten** machen, durch die Parkanlagen mit Palais, Kavaliershäuschen, Brunnen und Skulpturen spazieren oder ganz bequem die Parkeisenbahn nehmen. Im Großen Garten liegt auch Dresdens **Zoo**.

Dresden und Elbtal

Infos und Adressen

ANREISE
Flug: Direktflüge zum Flughafen Dresden von den wichtigsten deutschen Flughäfen; **Bahn:** IC- und ICE-Verbindungen u. a. von Leipzig, Berlin, Frankfurt am Main und München; **Auto:** über A 4, A 13 und A 14. **Tipp:** freie Fahrt mit öffentlichen Verkehrsmitteln und Rabatten mit der **Dresden Card** (mehrere Kategorien)

SEHENSWERT
Semperoper, Konzerte, Ballett- und Operninszenierungen in einem der schönsten Operngebäude Deutschlands. Theaterplatz 2, Dresden, www.semperoper.de
Deutsches Hygienemuseum, einzigartiges Wissenschaftsmuseum; im Mittelpunkt steht der »Gläserne Mensch«. Lingner Platz 1, Dresden, www.dhmd.de
Gläserne Manufaktur, transparente Automobilfertigung im Volkswagenwerk. Lennéstr. 1, Dresden, www.glaesernemanufaktur.de
Blaues Wunder, im Volksmund Name der Loschwitzer Brücke über die Elbe
Burgberg in Meißen, gotischer Dom und Albrechtsburg, umgeben vom ehemaligen bischöflichen Schloss und den Domherrenhöfen
Porzellan-Manufaktur Meissen, Museum zur Geschichte des Porzellans, Schauwerkstätten, ganzjährig Führungen. Talstr. 9, Meißen, www.meissen.com
SchlossWackerbarth, Führungen und Weinproben in der barocken Schloss- und Gartenanlage des Sächsischen Staatsweinguts. Wackerbarthstr. 1, Radebeul, www.schloss-wackerbarth.de

ESSEN UND TRINKEN
Italienisches Dörfchen: ursprünglich als Quartier für italienische Handwerker und Künstler erbaut, die am Bau der Hofkirche beteiligt waren, stilvoll, aber erschwinglich, direkt am Elbufer. Theaterplatz 3, Dresden, www.italienisches-doerfchen.de
Coselpalais: originalgetreu rekonstruiertes Palais von 1763, im Kaffeehausstil, gegenüber der Frauenkirche. An der Frauenkirche 12a, Dresden, www.coselpalais-dresden.de
Restaurant Vincenz Richter: Weinstube seit 1873 in einem Gebäude von 1523, von der Terrasse Blick auf den Marktplatz. An der Frauenkirche 12, Meißen, www.vincenz-richter.de
Schloss Wackerbarth: regionale Gerichte in einem stilvollen Rahmen präsentiert. Wackerbarthstr. 1, Radebeul, www.schloss-wackerbarth.de

AUSGEHEN
Dresdner Szeneviertel mit vielen Kneipen, Restaurants und Bars in der **Äußeren Neustadt,** nostalgische Ballhäuser (z. B. **Ballhaus Watzke**) und stimmungsvolle **Biergärten an der Elbe**
Yenidze: ehemalige Zigarettenfabrik, 1908/09 im Stil einer Moschee errichtet, im Kuppelsaal finden Märchenveranstaltungen statt. Weißeritzstr. 3, Dresden, www.kuppelrestaurant.de
Herkuleskeule: Kabarett seit mehr als 50 Jahren. Sternplatz 1, Dresden, www.herkuleskeule.de

ÜBERNACHTEN
Art'otel: mit Designerausstattung und Ausstellung von Werken des Dresdner Malers A. R. Penck. Ostra-Allee 33, Dresden, www.artotels.com/dresden-hotel-de
Taschenbergpalais: nicht billig, aber die wohl stilvollste Übernachtungsmöglichkeit in Dresden. Taschenberg 3, Dresden, www.kempinski.com/de/dresden
Hexenhaus: romantisch und ruhig in zwei Fachwerkhäusern im alten Dorfkern von Gorbitz, gute Anbindung an den öffentlichen Nahverkehr. Hofwiesenstr. 28, Dresden, www.hexenhaus-dresden.de

WEITERE INFOS
Dresden Tourismus GmbH, Schloßstr. 2, Dresden, www.dresden-tourismus.de

Die Attraktion im »Hof der Elemente« in der Kunsthofpassage sind die Wasserpfeifen, die bei Regen Musik machen.

119

44. Quedlinburg – Straße der Romanik –

HIGHLIGHTS
- **Stiftskirche St. Servatius,** bedeutendes romanisches Bauwerk mit Domschatz, auf dem Schlossberg
- **Renaissance-Schloss,** die ehemaligen Stiftsgebäude beherbergen ein Stadtmuseum
- **Fachwerkmuseum Ständerbau,** die Geschichte des Fachwerkbaus (14.–20. Jh.)
- **Wipertikirche,** die romanische Kirche mit tausendjähriger Krypta, Überrest eines ottonischen Königshofs
- **Halberstädter Domschatz,** im Stephansdom, gehört zu den kostbarsten Domschätzen in Europa

QUEDLINBURG IM FRÜHLING UND SOMMER
- **Ostern–Pfingsten:** Kaiserfrühling, mittelalterliches Spektakel, das mit einer Osterprozession am Marktplatz beginnt und an Pfingsten am Schlossberg endet
- **Juni–September:** Quedlinburger Musiksommer, Konzerte klassischer Musik
- **Juni–September:** Quedlinburg swingt, Dixieland und Swing in der Altstadt

Den Marktplatz von Quedlinburg umgeben das prächtige Rathaus und stattliche Bürgerhäuser.

Das Renaissance-Schloss und die romanische Stiftskirche überragen die Altstadt Quedlinburgs, das mit knapp 1300 Fachwerkhäusern aus sechs Jahrhunderten wie ein großes Freilichtmuseum wirkt. Die Welterbe-Stadt im nördlichen Harzvorland zählt zu den Höhepunkten der Straße der Romanik.

Gesamtkunstwerke aus Stein und Fachwerk

Hoch über Quedlinburg thront der **Schlossberg**. Wo bis ins 13. Jahrhundert eine ottonische Pfalz stand, erheben sich das **Renaissance-Schloss** und die romanische Kirche des ehemaligen Frauenstifts **Sankt Servatius**. Hauptanziehungspunkt ist die **Schatzkammer**, in der seit 1993 der Domschatz wieder zu bestaunen ist, der 1945 einem Kunstraub zum Opfer gefallen war. Ein weiteres Juwel der Romanik ist die **Wipertikirche** mit der um 1000 entstandenen Krypta. Die Altstadt besticht durch mehrere gotische Kirchen, das mehrfach umgebaute **Rathaus** mit der Roland-Statue und vor allem die zahllosen Fachwerkhäuser. In einem der ältesten Fachwerkhäuser Deutschlands ist das **Fachwerkmuseum Ständerbau** untergebracht. Besonders reizvoll sind das Handwerkerviertel **Schuhhof** und die **Hölle** mit einem Steinbau aus dem 13. Jahrhundert.

Deutschland

Die Darsteller von Kaiser Otto I. und seiner Gattin Adelheid während des Kaiserfrühlings.

Infos und Adressen

ANREISE
Bahn: über Hannover, Magdeburg und Halle (Saale) mit Regionalbahnen; **Auto:** Anschluss an A 395 (»Harz-Highway«) und B 6n

SEHENSWERT
Schlossmuseum, mit ottonischem Gewölbe, Geschichte des Schlossbergs. Schlossberg 1, www.quedlinburg.de
Lyonel-Feininger-Galerie, mit Sammlung des New Yorker Bauhauskünstlers. Finkenherd 5a, www.feininger-galerie.de
Klopstockhaus, literaturhistorisches Museum im Geburtshaus des Dichters Friedrich Gottlieb Klopstock. Schlossberg 12, www.quedlinburg.de

ESSEN UND TRINKEN
Benedikt: regionale und mediterrane Küche. Marktkirchhof 18, www.benedikt-quedlinburg.de
Theophano: gehobene regionale Küche im Palais Salfeldt (Hotel Theophano). Kornmarkt 6, www.palaissalfeldt.de

AUSGEHEN
Blasiikirche: ganzjährig Konzerte, Lesungen, Ausstellungen in ehemaliger Pfarrkirche, www.blasiikirche.de

ÜBERNACHTEN
Hotel am Brühl: im restaurierten Fachwerkgebäude einer ehemaliger Destille und Gründerzeitvilla. Billungstr. 11, www.hotelambruehl.de
Hotel zum Bär: Traditionshotel seit 1748 im Zentrum der Altstadt. Markt 8/9, www.hotelzumbaer.de

WEITERE INFOS
Tourist-Information, Markt 2, Quedlinburg, www.quedlinburg.de

Persönlicher Tipp

MIT DER HARZER SCHMALSPUR-BAHN AUF DEN BROCKEN
Ausgangspunkt der beliebten Bahnfahrt in historischen Waggons ist das Harzstädtchen **Wernigerode** mit seinem prächtigen Fachwerkrathaus. 700-PS-starke Dampfrösser befördern seit 1992 wieder Reisende auf den 1142 Meter hohen **Brocken**. Fast 900 Höhenmeter sind insgesamt zu bewältigen. Allein für die steilste Teilstrecke ab **Drei-Annen-Höhe** bis zum Brockenbahnhof benötigt die Schmalspurbahn 50 Minuten, die gesamte Hin- und Rückfahrt (im Sommer sechsmal am Tag) dauert knapp vier Stunden. Die kahle Gipfelfläche des Brocken beeindruckt mit mächtigen Granitblöcken. Wer sich mit den seltenen Hochgebirgspflanzen vertraut machen möchte, kann an einer Führung durch das Schutzgebiet **Brockengarten** teilnehmen. Das **Brockenmuseum** informiert über die Geschichte des Bergs. Wanderwege führen zu Hochmooren und Felsklippen.

In der Umgebung liegen an der Straße der Romanik weitere Sehenswürdigkeiten. 1945 weitgehend zerstört, wurde die Altstadt von **Halberstadt** rekonstruiert. Die bedeutendsten Gebäude, darunter die wuchtige viertürmige **Liebfrauenkirche** von 1146, gruppieren sich um den gotischen **Stephansdom**, der mit dem kostbaren **Halberstädter Domschatz** aufwartet. An jedem ersten Samstag im Monat erklingen alle 13 Glocken des Domgeläutes. Vor dem neu erbauten Rathaus mit der rekonstruierten Ratslaube von 1663 steht die **Rolandsfigur** von 1433, die zweitälteste in Deutschland.

Natürlichen Ursprungs ist die etwa 4 km lange und bis 15 m hohe **Teufelsmauer**, eine sagenumwobene Felsklippe aus Kreidesandstein zwischen Blankenburg und Thale.

45. Gartenreich Dessau-Wörlitz

Die Fassade des Gotischen Hauses ist einer venezianischen Kirche nachempfunden.

HIGHLIGHTS
- **Schloss Wörlitz,** Urbau des deutschen Klassizismus mit originaler Inneneinrichtung aus dem 18. Jahrhundert
- **Schloss Oranienbaum,** Barockgebäude mit Schlossmuseum
- **Georgengarten,** Gartenanlage des Schlosses Georgium im englischen Stil
- **Sieglitzer Park,** 25 ha großer Waldpark westlich von Vockerode, ab 1777 als »geordnete Wildnis« angelegt
- **Mosigkau,** Rokokoschloss mit dem Beinamen »kleines Sanssouci«, Sommersitz von Anna Wilhelmine von Anhalt-Dessau

GARTENREICH DESSAU-WÖRLITZ IM FRÜHLING UND SOMMER
- **Mai:** Elberadeltag, zur Saisoneröffnung des Elberadwegs finden in ganz Sachsen-Anhalt Radtouren und andere Aktionen statt
- **August:** Gartenreichtag, Veranstaltungen in allen Parkanlagen des Gartenreichs lassen das Weltkulturerbe als ein Ganzes erscheinen

Am Ostrand von Sachsen-Anhalt ist eine über 200 Jahre alte Kulturlandschaft zu entdecken. Zahlreiche Bauten aus Barock, Rokoko und Klassizismus fügen sich harmonisch in ihre Umgebung ein – eine weltweiten Besonderheit.

Philosophie und Landschaft

»Das Gartenreich Dessau-Wörlitz ist ein herausragendes Beispiel für die Umsetzung philosophischer Prinzipien der **Aufklärung** in einer Landschaftsgestaltung, die Kunst, Erziehung und Wirtschaft harmonisch miteinander verbindet.« So lautete die Begründung der UNESCO, als sie das Gartenreich im Jahr 2000 als **Welterbe** anerkannte.

Über 142 km² erstreckt sich die Kulturlandschaft, die sich entlang der Flüsse Mulde und Elbe zieht und Teil des **Biosphärenreservates Mittelelbe** ist. Harmonisch fügen sich Schlossanlagen in die Natur ein. Seit dem späten 18. Jahrhundert wurde auf eine einheitliche Gestaltung geachtet. Zu verdanken ist dieses Ensemble **Leopold III. Friedrich Franz von Anhalt-Dessau**, der von 1758 bis zu seinem Tod 1817 regierte. In dieser Zeit ließ er u.a. die **Schlösser Großkühnau**

Deutschland

und **Wörlitz** anlegen. Beide sind von **Parks** umgeben, zu denen künstliche Seen und Inseln, Obstanlagen und Labyrinthe gehören. Auf dem großen Gelände von Schloss Wörlitz finden sich auch eine Kirche und eine Synagoge sowie eine künstliche Ruine samt Grotte. Sorgsam wurde bei der Planung darauf geachtet, die Elemente mit Sichtachsen zu verknüpfen.

Weitere Prachtbauten im Gartenreich Dessau-Wörlitz sind **Schloss Oranienbaum**, eines der Stammschlösser des niederländischen Königshauses, und **Schloss Luisium**, das der Herzog als Geschenk für seine Frau errichten ließ.

Die Gärten und Parks sind zugleich wichtige **Biotope**. Naturfreunde stoßen auf das Kleine Nixkraut, das Graben-Veilchen und den Wiener Blaustern. Auf den Wiesen und in den Auen tummeln sich Kleiner Schillerfalter, Ringelnatter und Eisvogel. Selbst Elbe-Biber und Fischadler sind im Gartenreich heimisch.

Infos und Adressen

ANREISE
Bahn: von den Bahnhöfen Coswig und Dessau Busverbindungen nach Wörlitz; **Auto:** A 9, Anschlussstelle Vockerode

SEHENSWERT
Schloss Luisium, 1778 eingeweihter Landsitz im Stil des Klassizismus, Dessau

ESSEN UND TRINKEN
Elbterrasse Wörlitzer Winkel: Direkt an der Elbe warten im Biergarten 250 Plätze auf Gäste. Elbterrasse 1, Oranienbaum, www.elbterrasse.com
Kartoffelkäfer: Das Kneipenrestaurant gehört zum Gasthof »Drei Linden« und bietet neben 45 Plätzen innen noch 40 Plätze im Biergarten. Neue Reihe 149a, Wörlitz, www.kartoffelkaefer-woerlitz.de

ÜBERNACHTEN
Ringhotel »Zum Stein«: Vier-Sterne-Haus am Wörlitzer See mit Wellnessangeboten. Erdmannsdorffstr. 228, Oranienbaum, www.hotel-zum-stein.de
Schlangenhaus: Ferienwohnung in einem neugotischen Gebäude auf dem Gelände von Schloss Luisium am Ostrand von Dessau. Informationen und Buchung: www.gartenreich.com

WEITERE INFOS
Tourist-Information, Wörlitz-Information, Förstergasse 26, Oranienbaum-Wörlitz, www.woerlitz-information.de

Persönlicher Tipp

WELTERBE IN DER NACHBARSCHAFT

In unmittelbarer Nähe zum Gartenreich Dessau-Wörlitz finden sich gleich zwei weitere Stätten des UNESCO-Welterbes – selbst im weltweiten Vergleich eine ungewöhnliche Dichte an kunsthistorisch global bedeutenden Orten. Östlich liegt die **Lutherstadt Wittenberg**, die zu den herausragenden Wirkungsstätten des Reformators Martin Luther (1483–1546) gehörte. Zu den Welterbestätten zählen das Lutherhaus, das Melanchthonhaus, die Stadtkirche und die Schlosskirche, an deren Pforte Luther 1517 seine 95 Thesen angeschlagen haben soll.
Im Westen liegt die Stadt Dessau-Roßlau. Die 1919 in Weimar gegründete Kunstschule **Bauhaus** hatte von 1925 bis 1932 ihren Sitz in **Dessau**. Besonders auf dem Gebiet der Architektur und des Möbeldesigns gingen von ihr wertvolle Impulse aus, ohne die die klassische Moderne anders ausgesehen hätte. Zu den Welterbestätten zählt das von Walter Gropius entworfene und 1926 eingeweihte Hauptgebäude der »Hochschule für Gestaltung«.

Das 1925/26 in Dessau entstandene Bauhaus-Gebäude ist ein Entwurf von Walter Gropius.

46. Thüringer Wald

HIGHLIGHTS
- **Eisenach,** Geburtsstadt von Johann Sebastian Bach, das Geburtshaus erinnert an Leben und Werk des Musikers.
- **Wartburg,** geschichtsträchtige Burg am Nordwestende des Thüringer Waldes
- **Rennsteig,** gut ausgeschilderter Wanderweg auf dem Kamm des Thüringer Waldes
- **Rennsteingarten,** Garten mit rund 4000 Gebirgspflanzen aus Europa, Amerika und Asien, bei Oberhof
- **Drachenschlucht,** schmale Schlucht mit bis zu 10 m hohen Wänden, Wanderweg über Holzplanken, südlich von Eisenach

THÜRINGER WALD IM FRÜHLING, SOMMER UND WINTER
- **Mai:** Rennsteiglauf, größter Crosslauf Europas, mit Marathon und Supermarathon
- **Juli:** TFF Rudolstadt, größtes Folk-Roots-Weltmusik-Festival Deutschlands
- **Juli/August:** Grasgrün, Sommerkultur in Meiningen, mit Theater und Konzerten
- **Dezember:** Kugelmarkt in Lauscha, handgefertigter Christbaumschmuck

Die Drachenschlucht südlich von Eisenach zählt zu den schönsten Ecken des Thüringer Waldes.

Der Märchenwald mit seiner ursprünglichen Natur und zahlreichen Schlössern und Burgen lässt sich am besten zu Fuß erkunden: Der Rennsteig zieht sich als ältester Fernwanderweg Deutschlands über die Höhen des bewaldeten Mittelgebirges. Von überragender kulturhistorischer Bedeutung ist die Wartburg bei Eisenach.

Das grüne Herz Deutschlands

Am besten lässt sich der Thüringer Wald auf dem 168 km langen **Rennsteig** erwandern. Seit 1896 markiert der Rennsteigverein den Höhenwanderweg mit einem weißen »R«. Für einen Wochenendausflug bietet sich der 10 km lange Abschnitt von **Grenzadler bei Oberhof** bis zur **Schmücke** an. Die Route führt knapp unterhalb der flachen Kuppe des **Großen Beerbergs**, mit 983 m höchster Berg des Gebirges, vorbei.

Eine andere Möglichkeit, den Thüringer Wald zu Fuß zu erkunden, folgt den Spuren von Johann Wolfgang von Goethe. Der Dichter verbrachte viel Zeit in der Stadt **Ilmenau**. Am Goethe-Gedenkstein beginnt der 19 km lange **Goethewanderweg** über den Kickelhain bis zum Bahnhof von Stützerbach.

Oberhof ist als Wintersportzentrum und Olympiastützpunkt für Langläufer, Rodler und Biathleten bekannt. Zwei

Deutschland

Martin Luther übersetzte auf der Wartburg das Neue Testament in die deutsche Sprache.

Infos und Adressen

ANREISE
Bahn: Regionalexpress zwischen Erfurt und Würzburg mit Stopps in Gräfenroda, Oberhof, Zella-Mehlis und Suhl; **Auto:** über A 71

SEHENSWERT
Lutherhaus, Wohnhaus von Martin Luther mit Ausstellung über das Leben des Reformators. tägl. 10–17 Uhr. Lutherplatz 8, Eisenach, www.lutherhaus-eisenach.de

Waffenmuseum, von Jagd- und Sportwaffen bis zu Prunkwaffen, Di–So 10–18 Uhr. Friedrich-König-Str. 19, Suhl, www.waffenmuseumsuhl.de

Deutsches Spielzeugmuseum, u. a. lebensgroße Figuren, die Märchen- und Volksszenen nachstellen, Di–So 10–17 Uhr. Beethovenstr. 10, Sonneberg, www.spielzeugmuseum-sonneberg.de

ESSEN UND TRINKEN
Goldener Hirsch: regionale Spezialitäten im Fachwerkhaus. An der Hasel 91–93, Suhl, www.goldener-hirsch-suhl.de

ÜBERNACHTEN
Schlossberg Hotel Oberhof: familiengeführtes Hotel mit großem Wellnessbereich. Am Park 1, Oberhof, www.schlossberghotel-oberhof.de

WEITERE INFOS
Tourismusverein Thüringer Wald, Krankenhausstr. 12, Ilmenau, www.thueringer-wald.com

Schanzenanlagen mit sechs Sprungschanzen gibt es in der Stadt. Hinzu kommen eine Skiarena, eine Rodelbahn und eine Langlaufhalle, in der die Athleten auch bei milden Außentemperaturen trainieren können.

Dagegen lebt **Suhl** seit Jahrhunderten von seinen reichen Erzvorkommen. Seit Mitte des 16. Jahrhunderts galt die Stadt als die Rüst- und Waffenkammer Deutschlands. Auch zu DDR-Zeiten war Suhl ein bedeutender Rüstungsstandort. Das **Waffenmuseum** informiert über Waffen aus Suhl und aller Welt.

Auf der **Wartburg** übersetzte Martin Luther 1521 das Neue Testament ins Deutsche. Von nicht minderer Bedeutung war das Wartburgfest 1817, bei dem rund 500 Burschenschaftler die Vereinigung der Kleinstaaten des Deutschen Bundes zu einem Deutschen Reich forderten. Seit 1999 gehört die Wartburg zum UNESCO-Welterbe.

Persönlicher Tipp

ZWERGE AUS THÜRINGEN
Der Geburtsort der Gartenzwerge, Sinnbild der deutschen Kleingartenkultur, liegt in **Gräfenroda** am Nordostfuß des Thüringer Waldes. Hier wurden die kleinen Kerle mit der (roten) Zipfelmütze erstmals industriell gefertigt, z. B. in der **Gartenzwergmanufaktur** von Philipp Griebel; das Familienunternehmen besteht seit 1874. Ein Museum erläutert die »Zwergengeschichte«.

ZENTRUM DER GLASBLÄSERKUNST
Im Städtchen **Lauscha** hat die Glasproduktion eine lange Tradition. 1597 ging die erste Glashütte in Betrieb. Der Hüttenplatz bildete das alte Zentrum des Ortes. Lauscha gilt als die Wiege der Christbaumkugeln, die von hier auf Weihnachtsbäume in aller Welt fanden. Das **Museum für Glaskunst** informiert über die Entwicklung der Glaskunst und die Herstellung von Glas von der Butzenscheibe bis zum Prunkbecher. Auf der Straße des Friedens bieten zahlreiche Geschäfte die heimische Kunst an.

47. Erfurt und Weimar

In den Brückenpfeilern der Krämerbrücke in Erfurt befinden sich Kellerräume.

HIGHLIGHTS
- **Fischmarkt,** Herz des mittelalterlichen Erfurt
- **Augustinerkloster,** Martin Luther verbrachte in dem 1277 gegründeten Erfurter Kloster sechs Jahre als Mönch.
- **Bauhausmuseum,** Design und Architektur von Walter Gropius, Paul Klee und weiteren Vertretern der Stilrichtung, Weimar
- **Anna-Amalia-Bibliothek,** mit zweigeschossigem Rokokosaal, Weimar
- **Goethe Nationalmuseum,** das dem Wohnhaus von Goethe angeschlossene Museum in Weimar dokumentiert Leben und Werk des großen Literaten.

ERFURT UND WEIMAR IM SOMMER UND HERBST
- **Juni:** Krämerbrückenfest, großes Altstadtfest rund um die Krämerbrücke, Erfurt
- **August:** Domstufen-Festspiele, Theater und Musik vor dem Erfurter Dom
- **Oktober:** Zwiebelmarkt in Weimar. Der seit 1653 abgehaltene Markt hat sich zu einem großen Volksfest entwickelt, auf dem nicht nur Zwiebelzöpfe verkauft werden.

Nur 25 km trennen Erfurt und Weimar voneinander, doch bieten die beiden Städte im Herzen von Thüringen ein kontrastreiches Programm. Während Erfurt bereits im Jahr 742 Bischofssitz und ein mittelalterliches Zentrum des Waidhandels in Europa war, erlebte Weimar erst im 18. und 19. Jahrhundert seine Blüte.

Zeitreise durch Mittelalter und Klassik

Um sich einen ersten Überblick über Erfurt zu verschaffen, ist der **Petersberg** ein idealer Aussichtspunkt. Die **Zitadelle** mit ihren Bastionen und Kasernen entstand Ende des 17. Jahrhunderts als Bollwerk der Mainzer Erzbischöfe gegen die Bürger von Erfurt. Das moderne Informationszentrum steht im Kontrast zu den alten Gemäuern. Ebenfalls auf dem Petersberg steht die romanische **Benediktiner-Klosterkirche St. Peter und Paul** aus dem 12. Jahrhundert. In ihrem Untergeschoss befindet sich das Erfurter Zentrum für Konkrete Kunst – auch hier bilden Alt und Neu ein interessantes Gegenspiel.

Vom Petersberg fällt der Blick auf die Türme des **Doms St. Marien** und der benachbarten gotischen Kirche **St. Severi**. In der über 300 Jahre langen Baugeschichte des Doms verschmolzen romanische und gotische Elemente zum größten Sakralbau Thüringens. Die romanische Erfurter Madonna

Deutschland

zählt zu den Höhepunkten der Domausstattung. Vom Dom führt eine 70-stufige Freitreppe hinab zum **Domplatz**.

St. Severi hat eine auffällige gotische Dreiturmfassade. Die fünfschiffige Hallenkirche birgt die Reliquien des heiligen Severus. Auf dem Sandsteinsarkophag ist dessen Werdegang vom Tuchmacher zum Bischof von Ravenna festgehalten.

Mittelalterliches Zentrum des Waidhandels

Höchster Punkt in der Altstadt ist der 53 m hohe Kirchturm der **Allerheiligenkirche**. Die Ende des 14. Jahrhundert errichtete Kirche passt sich mit ihrem trapezförmigen Grundriss der Kreuzung der Allerheiligenstraße mit der **Waagengasse** an. Alte Waidspeicher und Handelshäuser weisen auf die Bedeutung Erfurts als Zentrum des Handels mit der Färberpflanze Waid in Europa hin.

In der Michaelisstraße stand bis 1945 das Hauptgebäude der 1392 gegründeten Universität. Die Kirche St. Michaelis aus dem 12. Jahrhundert diente bis 1816 als Universitätskirche.

Nur wenige Schritte entfernt führt der Weg über den Benediktinerplatz zur 120 m langen **Krämerbrücke**. Die 1325 errichtete Brücke über einen Seitenarm der Gera ist die einzige bebaute und bewohnte Brücke nördlich der Alpen. In den einstigen Krambuden bieten heute Galerien und Läden Thüringer Kunsthandwerk an. Von den an den beiden Brückenenden errichteten Kirchen blieb nur **St. Ägidien** erhalten. Der Aufstieg in den Turm wird mit einem schönen Blick über die Dächer der Altstadt sowie auf den begrünten Wenigemarkt belohnt. Dieser ist einer der schönsten Plätze der Stadt, den man am besten in einem der vielen Straßencafés oder von einem Fensterplatz im Restaurant aus genießen kann.

Auf dem Spuren der Klassik

Die UNESCO adelte das Weimar der deutschen Klassik 1998 mit dem Prädikat »Weltkulturerbe«. Zu den gelisteten Denkmälern zählen die weltberühmte **Herzogin Anna Amalia Bibliothek** sowie die **Wohnhäuser** der drei wichtigsten Vertreter dieser Kulturepoche: **Johann Wolfgang von Goethe**, **Friedrich Schiller** und der Theologe und Philosoph **Johann Gottfried Herder**. Goethe und Schiller wirkten zusammen von 1799 bis 1805 am Weimar Hoftheater, dem heutigen **Deutschen Nationaltheater**. Das **Goethe-Schiller-Denkmal** direkt vor dem Theater erinnert an die beiden großen deutschen Dichter.

Persönlicher Tipp

JÜDISCHES LEBEN IN ERFURT

Erfurt hatte seit dem Mittelalter eine bedeutende jüdische Gemeinde, die auch die Stadtentwicklung beeinflusste. 1453 wies der Erfurter Rat die Juden aus. Der am Moritztor gelegene Friedhof wurde eingeebnet, und die Grabsteine dienten fürderhin als Baumaterial. Andere Zeugnisse dieser Zeit blieben erhalten. Die **Erfurter Synagoge** weist Bauteile aus dem 11. Jahrhundert auf und ist damit die älteste Mitteleuropas, die bis zum Dach erhalten blieb. 2009 wurde darin ein Museum eröffnet, das sich mit dem jüdischen Leben in Erfurt sowie der Bau- und Nutzungsgeschichte der Synagoge beschäftigt. Seit 2011 kann die mittelalterliche **Mikwe**, ein Ritualbad, im Rahmen einer Führung besichtigt werden. Nach dem Zweiten Weltkrieg entstand in Erfurt der einzige **Neubau einer Synagoge** in der DDR. Die Gemeinde war aber sehr klein, erst seit 1990 verzeichnet sie wieder Zuwachs.

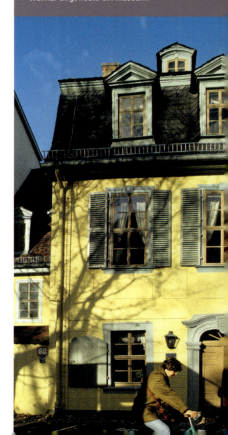

Das Wohnhaus von Friedrich Schiller in Weimar birgt heute ein Museum.

Goethe und Schiller grüßen von ihrem Denkmal vor dem Nationaltheater in Weimar.

Persönlicher Tipp

WEIMARS SÜDEN

Ein Spaziergang durch Weimars Süden beginnt am **Wielandplatz**. Durch die Amalienstraße geht es zum **Museum für Ur- und Frühgeschichte**. Der Weg führt weiter zum **Historischen Friedhof**, in dem die Großen Weimars ihre letzte Ruhestätte gefunden haben. Zu ihnen zählen der Schriftsteller Christian August Vulpius und der Maler Johann Joseph Schmeller. Die Sarkophage in der Familiengruft der Weimarer Herzöge sind kunstvoll gestaltet, einen Ehrenplatz haben die schlichten **Särge von Goethe und Schiller** erhalten. Das von Walter Gropius 1922 entworfene Märzgefallenen-Denkmal mit seiner kristallin-kubischen Form wird im Volksmund als »Blitz« bezeichnet. Nicht weit entfernt errichtete der Bauhaus-Architekt Henry van de Velde die **Kunstgewerbeschule** und die heutige **Bauhaus-Universität**.

Die Anna-Amalia-Bibliothek wurde 1691 von Herzog Wilhelm Ernst gegründet.

Ein architektonischer Leckerbissen ist das **Weimarer Stadtschloss**, eine barocke Vierflügelanlage mit prunkvollen Innenräumen. Auch die Schlösser Belvedere, Ettersburg und Tiefurt gehören zum Welterbe. Jedes für sich bildet zusammen mit einem Park ein kleines barockes Universum. **Schloss Belvedere** wurde von Herzog Ernst August I. 1724 als Jagdsitz errichtet und zum Lustschloss erweitert. Der Park mit seinem strahlenförmigen Wegesystem wurde unter Carl August Anfang des 19. Jahrhundert angelegt. Die Orangerie beherbergt eine der größten Pflanzensammlungen Europas. Unter Herzogin Anna Amalia wurde **Schloss Tiefurt** ab 1781 zu einem Treffpunkt für die großen Geister Weimars und der Hofgäste. Auch die Schlossanlage **Ettersburg** zog unter Anna Amalia die Literaten an.

Park an der Ilm

Weimars grüne Lunge, der Park an der Ilm, strotzt vor historischen Prachtstücken. Herzog Carl August nutzte das **Römische Haus** als Sommerresidenz. Heute informiert eine Ausstellung über die Geschichte des Parks. Jenseits der Ilm entführt **Goethes Gartenhaus** in die Welt des Universalgenies, der hier ab 1776 sechs Jahre lang lebte. Am Ostrand der Parks setzt das **Haus Am Horn** (1923) als Prototyp für eine geplante Wohnsiedlung ganz andere Zeichen: Es ist das einzige in Weimar verwirklichte Bauhausgebäude. Nur wenig älter ist das **Haus Hohe Pappeln**, ein Jugendstilwerk des belgischen Architekten und Designers Henry van de Velde (1907/08), das er später selbst bewohnte.

Erfurt und Weimar

Infos und Adressen

ANREISE
Bahn: ICE-Strecke zwischen Frankfurt am Main und Leipzig; **Auto:** A 4; **Tipp:** mit der **Erfurt-Card** bzw. **WeimarCard** 48 Stunden freie Nutzung des städtischen Nahverkehrs, freier Eintritt in mehrere Museen und weitere Ermäßigungen

SEHENSWERT
Stadtmuseum Haus zum Stockfisch, 1260 Jahre Erfurter Stadtgeschichte bis zur Wiedervereinigung, Di–So 10–17 Uhr. Johannesstr. 169, Erfurt, www.stadtmuseum-erfurt.de
Deutsches Gartenbaumuseum Erfurt, Geschichte und Entwicklung des Gartenbaus und der Gartenkunst, März–Okt. Di–So 10–18 Uhr (Juli–Sept. auch Mo). Gothaer Str. 50, Erfurt, www.gartenbaumuseum.de
Angermuseum, Kunstmuseum der Landeshauptstadt Erfurt, Exponate vom Mittelalter bis zum 20. Jahrhundert. Di–Fr 13–19 Uhr, Sa, So 11–19 Uhr. Anger 18, www.angermuseum.de
Schloss Molsdorf, spätbarockes Schloss mit schönem Park, 10 km südlich von Erfurt, Di–So 10–18 Uhr
Neues Museum Weimar, Neorenaissance-Bau mit Wechselausstellungen zeitgenössischer Kunst, Apr.–Okt. Di–So 11–18 Uhr, Nov.–März bis 16 Uhr. Weimarplatz 5
Liszt-Museum, Wohn- und Arbeitsräume des Komponisten und Pianisten, Apr.–15. Okt. Di–So 10–16 Uhr, 16. Okt.–März Sa, So 10–16 Uhr. Marienstr. 17, Weimar
Nationale Mahn- und Gedenkstätte Buchenwald, Gedenkstätte für das Konzentrationslager 20 km nordwestlich von Weimar. 10–18 Uhr. www.buchenwald.de

ESSEN UND TRINKEN
Palais Wachsberg: exklusive internationale Küche im modernen Ambiente. Futterstr. 13, Erfurt, www.palaiswachsberg.de
Anna Amalia: Gourmetrestaurant im Hotel Elephant, mediterran beeinflusste Küche. Markt 19, Weimar
Gasthaus zum Weißen Schwan: 450 Jahre altes Gasthaus, in dem schon Goethe ein und aus ging, klassische deutsche Küche. Frauentorstr. 23, Weimar

AUSGEHEN
Theater Erfurt, abwechslungsreiche Theater- und Musikaufführungen in einem Neubau von 2003. Theaterplatz 1, www.theater-erfurt.de
Deutsches Nationaltheater, eines der renommiertesten deutschen Theater. Theaterplatz 2, Weimar, www.nationaltheater-weimar.de
Studentenclub Kasseturm, Deutschlands ältester Studentenclub, Treffpunkt für Studenten und Junggebliebene. Goetheplatz 10, Weimar, www.kasseturm.de

SHOPPING
Thüringer Spezialitätenmarkt TSM, Spirituosen wie Magenbitter Aromatique und Süßwaren wie Saalfelder Feengrotten-Schokolade. Kaufstr. 9, Weimar, und Krämerbrücke 19, Erfurt, www.thueringer-spezialitaeten.de
Anger 1, moderne Einkaufsgalerie mit über 50 Boutiquen und Fachgeschäften im Zentrum von Erfurt. Anger 1–3, www.anger1erfurt.de

ÜBERNACHTEN
Hotel Zumnorde am Anger: Privathotel mit 54 Zimmern, Restaurant der gehobenen Küche und Biergarten. Anger 50/51, Erfurt, www.hotel-zumnorde.de
Hotel am Kaisersaal: Hotel mit 35 stilvoll eingerichteten Zimmern und Sonnenterrasse in der Erfurter Altstadt. Futterstr. 8, Erfurt, www.hotel-am-kaisersaal.de
Amalienhof: elegantes Hotel im klassizistischen Stil direkt am Goethehaus. Amalienstr. 2, Weimar, www.amalienhof-weimar.de

WEITERE INFOS
Erfurt Tourist Information, Benediktsplatz 1, Erfurt, www.erfurt-tourismus.de;
Tourist-Information Weimar, Markt 10 und Friedensstr. 1, Weimar, www.weimar-tourismus.de

Der Neptunbrunnen ist der älteste Brunnen Weimars; seit dem 16. Jahrhundert steht er auf dem Markt vor dem Rathaus.

48. Zwischen Kiel und Schlei

Das Kreuzfahrtschiff »Deutschland« im Hafen während der Kieler Woche.

HIGHLIGHTS
- **Schleusenpark Kiel-Holtenau,** Verbindung zwischen Kieler Förde und Nord-Ostsee-Kanal
- **Schwedeneck,** Steilküste des Dänischen Wohld
- **Eckernförde,** kleine Hafenstadt mit langem Sandstrand
- **Haithabu,** rekonstruierte, ehemals bedeutende Wikingersiedlung (Freigelände) und Wikinger-Museum, u. a. mit Langboot
- **Schloss Gottorf,** früheres Residenzschloss (16./17. Jh.), größter historischer Profanbau Schleswig-Holsteins mit Landesmuseen (Archäologie und Kunst)

KIEL UND ECKERNFÖRDE IM SOMMER
- **Juni:** Kieler Woche (seit 1882), große internationale Segelregatten auf der Förde und Volksfest an der Kiellinie
- **Juli:** Sprottentage, Hafenfest mit Markt, Musik und Kleinkunst rund um die kleine Heringsart, Eckernförde

Zwischen Kieler Förde und der Schlei, einem tief ins Land reichenden Ostseefjord, zeigt sich die schleswig-holsteinische Küstenlandschaft mit Kliffs und Naturstrand, dichtem Wald und dunklem Moor, weiten Feldern und mehr Hügeln als mancher denkt, besonders abwechslungsreich.

Wilde Ostsee, liebliches Land

Kiel, die Hauptstadt Schleswig-Holsteins, wurde um und für das Wasser gebaut. Das zeigen nicht nur die großen Fähren am **Ostseekai** und die vielen **Segelareale**. Ende des 19. Jahrhunderts sollte die kaiserliche Flotte von der **Kieler Förde** aus Deutschland Weltgeltung verschaffen – heute ist die Bundesmarine präsent. Vom Dach des **Rathauses** (1911) lassen sich Stadt und Förde überblicken. Von einer Aussichtsplattform an den Schleusen **in Kiel-Holtenau** kann man die Frachtschiffe, die in den **Nord-Ostsee-Kanal** fahren, fast berühren. Über die 1895 eröffnete, meistbefahrene Wasserstraße der Welt erfährt man einiges im **Kieler Schifffahrtsmuseum**, sogar in historischem 3-D-Format (Kaiserpanorama).

Wanderwege erschließen die unverstellte **Steilküste des Dänischen Wohld** westlich des Bülker Leuchtturms. Durch-

Deutschland

lässe, z. B. in Stohl und Dänisch-Nienhof, führen an meist felsigen Strand und in kleine Buchten. In **Surendorf** (Gemeinde Schwedeneck) wird die Küstenkante flacher und sandiger, genau richtig für ein Bad oder zum Surfen. Mit einer langen Strandpromenade, nur einen Katzensprung von der Innenstadt entfernt, wartet **Eckernförde** auf. Moor, Wald, Weiden und »Knicks« (Heckenwälle) im Hinterland der kleinen Hafenstadt lassen sich gut per Fahrrad erkunden.

Die **Schlei** gehört wieder den Seglern, deren Manöver man vom Schleswiger Stadthafen aus verfolgen kann. Die Altstadt von **Schleswig** um den St.-Petri-Dom und die Fischersiedlung **Holm** sind wahre Schmuckstücke. Die »Museumslandschaft« in und um **Schloss Gottorf** und die **Wikingersiedlung Haithabu**, vom 9. bis 11. Jahrhundert ein bedeutender Handelsplatz, erzählen von Moorleichen, kunstsinnigen Herzögen und der bewegten Geschichte im deutsch-dänischen Grenzraum.

Infos und Adressen

ANREISE
Flug: Direktflüge nach Hamburg-Fuhlsbüttel, weiter mit Airport-Bus nach Kiel; **Bahn:** IC/EC nach Kiel Hbf bzw. Regionalexpress über Hamburg Hbf; **Auto:** über Hamburg A 7/A 215 oder A 1/A 21, weiter über B 404 oder B 76

SEHENSWERT
Kieler Schifffahrtsmuseum, in ehemaliger Fischhalle (Sanierung bis Mitte 2013), Museumsbrücke, Wall 65, Kiel
Bonbonkocherei, frische Bonbons aus der Schauküche von Hermann Hinrichs. Frau-Clara-Str. 22, Eckernförde, www.bonbonkocherei.de

ESSEN UND TRINKEN
Kiel: Gaststätten, Bistros, Cafés am Alten Markt (z. B. Kieler Brauerei), an und um Schloss- und Holstenstraße
Eckernförde: Fischverkauf am Hafen, Restaurant und Cafés an Siegfried-Werft, Frau-Clara-Straße und Kieler Straße
Schleswig: Außengastronomie am Rathausmarkt und Stadthafen

WEITERE INFOS
Tourist-Information Kiel, Andreas-Gayk-Straße 31, www.kiel-sailing-city.de;
Schwedeneck Touristik, Surendorfer Strand, www.schwedeneck.de; **Eckernförde Touristik,** Stadthalle, www.ostseebad-eckernfoerde.de; **Tourist-Information Schleswig,** Plessenstr. 7, www.ostseefjordschlei.de

Persönlicher Tipp

REISE ÜBER DEN STERNENHIMMEL
Im barocken Terrassengarten von Schloss Gottorf in Schleswig ist ein Wunderwerk der Technik aus dem 17. Jahrhundert wieder am ursprünglichen Platz zum Leben erweckt worden: Der **Gottorfer Globus** von Herzog Friedrich III. gilt als erstes »Planetarium«. Im originalgetreu rekonstruierten Globushaus von 2005 dürfen Besucher heute erleben, was früher schon begeisterte, und zwar so sehr, dass sich der russische Zar Peter der Große den Riesenglobus als Geschenk erbat – und 1717 auch erhielt. Auf der Außenseite der 3 m großen **Replik** ist die damals bekannte **Erdoberfläche** abgebildet, in das Innere gelangt man durch eine Luke und kann dort auf einer Sitzbank acht Minuten lang das mit Sternbildporträts geschmückte **Firmament** an sich vorüberziehen lassen. Hatte sich der Originalglobus noch mithilfe der Wasserkraft bewegt, übernimmt dies heute ein Elektromotor. Zugänglich ist das **begehbare Modell** von Mai bis Oktober im Rahmen einer Führung (www.schloss-gottorf.de).

Schloss Gottorf: Aussicht vom Globushaus auf Spiegelteich und barocken Terrassengarten.

49. Sylt

HIGHLIGHTS
- **Wattwanderung,** Wanderung um die Hörnumer Nehrung mit Wattführer
- **Friesenhäuser in Keitum,** denkmalgeschützte Reethäuser, die einst als Wohnstätte, Ställe und Heulager genutzt wurden
- **Rotes Kliff,** 30 m hohe Steilküste zwischen Wenningstedt und Kampen
- **Kirche St. Niels** im Ortsteil Alt-Westerland, mit mittelalterlichem Schnitzaltar
- **Denghoop,** größtes Hügelgrab Nord-Westeuropas in Wenningstedt

SYLT ZU JEDER JAHRESZEIT
- **21. Februar:** Biikebrennen, traditionelles nordfriesisches Volksfest
- **Sommer:** Meerkabarett, Musik, Theater und Comedy in der Glashalle der Sylt Quelle, Rantum
- **Ende September:** Windsurf World Cup Sylt am Brandenburger Strand vor Westerland
- **Silvester:** Maskenlauf von Erwachsenen und Kindern von Haus zu Haus
- **26. Dezember:** Weihnachtsbaden in der Nordsee mit anschließendem Aufwärmen

Am Sandstrand von Wenningstedt laden Strandkörbe zum Verweilen ein.

Die ungeheure Zahl von 13 000 Strandkörben verteilt sich im Sommer auf dem 40 km langen Sandstrand an der Westküste der Insel. Seit über 100 Jahren ist Sylt fest in der Hand des Tourismus. Kamen zunächst vor allem die Reichen und Schönen, hat sich die Insel mittlerweile zum Feriendomizil für die Allgemeinheit gewandelt, auch wenn sie noch immer viel mondänes Ambiente besitzt.

Vom Meer geformt, vom Meer bedroht

Wie ein großes »T« liegt Sylt, die größte der Nordfriesischen Inseln, an der Nordspitze Deutschlands. Misst sie von Süden nach Norden etwa 38 Kilometer, ist sie von West nach Ost an manchen Stellen wie am Königshafen bei List nur einige Hundert Meter breit. Draußen in der mitunter rauen Nordsee gefräßigen Sturmfluten ausgesetzt, die dem Dünengürtel schwer zusetzen, wandert die Insel langsam, aber stetig von West nach Ost. Jedes Jahr werden riesige Sandmengen meterhoch auf dem Weststrand verteilt, um den **Landverlust** durch Erosion weitestgehend einzudämmen.

Größter Ort der Insel ist das bereits 1855 zum Seebad erklärte **Westerland,** das vom Festland aus über den 1927 eröffneten Hindenburgdamm auch mit dem Zug erreichbar ist.

Deutschland

Der Leuchtturm List-Ost (13 m) auf der Halbinsel Ellenbogen ist seit 1858 in Betrieb.

Infos und Adressen

ANREISE

Flug: Direktflüge von deutschen Großstädten zum Flughafen Sylt; **Bahn:** Nah- und Fernverbindungen nach Morsum, Keitum und Westerland; **Auto:** ab Hamburg A 7 Richtung Flensburg, B 199 bis Niebüll, weiter mit Autozug über den Hindenburgdamm

SEHENSWERT

Altfriesisches Haus, früher Wohnhaus, heute Museum der altfriesischen Wohnkultur, Apr.–Okt. Mo–Fr 10–17 Uhr, Sa u. So 11–17 Uhr, Nov.–März Di–Sa 12–16 Uhr. Am Kliff 13, Keitum

Erlebniszentrum Naturgewalten, interaktive Ausstellung zu den Themen Watt, Dünen und Küstenschutz, Sept.–Juni 10–18 Uhr, Juli u. Aug. 10–20 Uhr. Hafenstr. 37, List, www.naturgewalten-sylt.de

ESSEN UND TRINKEN

Alte Friesenstube: traditionelle Gerichte in einem restaurierten Haus von 1648. Gaadt 4, Westerland, www.altefriesenstube.de

Pius Weinwirtschaft: Gemütliches Bistro mit großer Weinkarte und kleinen Gerichten. Am Kliff 5, Keitum, www.pius-weine.de

ÜBERNACHTEN

Hotel Fährhaus: elegantes Hotel in guter Lage. Si Heef 1, Munkmarsch, www.faehrhaus-hotel-collection.de

WEITERE INFOS

Sylt Tourismus Zentrale, Keitumer Landstr. 10B, Sylt-Ost, www.sylt-tourismus.de

Persönlicher Tipp

SYLTER ROYAL – EIN GANZ BESONDERER GENUSS

Austern, diese essbare Muschelart aus dem Meer, die meist roh aus der Schale »geschlürft« wird, gelten als **Delikatesse**. Lange Zeit war die Austernfischerei draußen im Wattenmeer eine wichtige Einnahmequelle für die Bewohner der Insel, bis das Gebiet schließlich leer geräumt war und der Austernfang Ende des 19. Jahrhunderts eingestellt werden musste. 1986 begann die Dittmeyer's Austern-Compagnie auf Sylt, die Tradition durch **Austernzucht** wiederzubeleben. Seitdem werden die Meeresfrüchte auf sogenannten Tischkulturen im Wattenmeer vor der Insel aufgezogen, was für eine Generation etwa zwei Jahre in Anspruch nimmt. Als einzige in Deutschland produzierte Auster ist die Sylter Royal mittlerweile weit über Sylt hinaus bekannt. Im firmeneigenen **Bistro Austernmeyer in List** (Hafenstr. 10–12) kann man die Delikatesse auf verschiedenste Arten zubereitet taufrisch genießen und dabei sogar noch einen Blick in die Austernbecken werfen.

Auf der 6 km langen Strandpromenade finden in der »Musikmuschel« im Sommer regelmäßig Kurkonzerte statt. Von ihrer Lage hinter dem berühmten **Roten Kliff** profitieren das Familienbad **Wenningstedt** und der frühere Prominententreff **Kampen**, der mit seinen noblen Villen und Restaurants sowie seinem Golfplatz noch immer zu den exklusiveren Inselorten gehört. Wer es ruhiger mag, sollte die ebenfalls an der Westküste liegenden Örtchen **List** (ganz im Norden), **Rantum** oder **Hörnum** (ganz im Süden) ansteuern.

Grüner Mittelpunkt von Sylt ist die auf der Nössehalbinsel gelegene kleine Gemeinde **Keitum** mit ihren prächtigen Alleen, romantischen Gässchen und farbenfrohen Bauerngärten. Zur Blütezeit des Walfangs war Keitum der Hauptort der Insel. Noch heute zeugen die unter Denkmalschutz stehenden ehemaligen **Kapitänshäuser** von dieser »goldenen Zeit«.

50. Helgoland

Helgolands Buntsandsteinfelsen – mit die ältesten geologischen Formationen Deutschlands.

HIGHLIGHTS
- **Börteboote,** »Ausbooten« der Passagiere vom Fährschiff mit kleinen Holzkuttern
- **Lange Anna,** 47 m hoher frei stehender Felsen aus rotem Buntsandstein am Nordhorn der Insel
- **Hummerbuden,** ehemalige Lager- und Werkstätten der Fischer, die heute Kunst, Kultur und kulinarische Spezialitäten bieten
- **Lummenfelsen,** Felsen an der Steilküste, der von Tausenden von Vögeln besiedelt ist
- **Robbenkinderstube,** Kegelrobben- und Seehundgruppen auf den Stränden der Düne

HELGOLAND IM FRÜHLING UND SOMMER
- **Mai:** Marathonlauf als Rundkurs über die etwa 1 km² große Insel
- **Pfingsten:** Nordseewoche, Hochseeregatta nach und um Helgoland
- **Ende Juli/Anfang August:** Flens Beach-Soccer Cup, Strandfußballturnier auf der Düne
- **10. August:** Regatta der Helgoländer Börteboote

Etwa 70 km vom Festland entfernt erhebt sich draußen in der Deutschen Bucht weithin sichtbar mit ihren berühmten Buntsandsteinfelsen die Insel Helgoland. Viele Jahre gehörte sie zu Großbritannien, bis sie 1890 – im Tausch gegen die Insel Sansibar – wieder Deutschland zufiel.

Blaues Meer, soweit das Auge reicht

Bereits die Anreise nach Helgoland, Deutschlands einziger **Hochseeinsel**, ist ein Erlebnis. Die Überfahrt per Schiff ist legendär, erfordert sie doch je nach Wellengang ein gewisses Maß an Seetüchtigkeit. Kurz vor der Insel werden die Passagiere in kleine Fischkutter, die sogenannten **Börteboote**, »umgeladen«, die dann mit ihrer lebenden Fracht den Strand von Helgoland ansteuern. Mit ihrem milden Hochseeklima ist die Insel nicht nur bei Asthmatikern und Allergikern sehr beliebt. Seit Jahrzehnten empfängt Helgoland einen Strom von Besuchern, die meist als Tagestouristen, aber auch als Mehrtagesgäste die schroffe Insel und ihre Sehenswürdigkeiten erkunden, die Spezialitäten wie **Knieper**, die Scheren des Taschenkrebses, probieren oder die Möglichkeiten zum **zollfreien Einkauf** nutzen.

Deutschland

Die Hauptinsel teilt sich in das Unterland, das Mittelland und das **Oberland**. Beliebtestes Fotomotiv ist sicher die **Lange Anna**, ein einzigartiges felsiges Naturdenkmal, das sich 47 m hoch im Nordwesten der Insel aus dem Meer erhebt. Vom Oberland aus, wo auch der Leuchtturm steht, bietet sich der beste Blick auf den roten Felsenturm. An den Steilklippen des Oberlandes rasten und brüten Scharen von Vögeln, darunter **Trottellummen**, **Basstölpel**, **Dreizehnmöwen** und **Eissturmvögel**.

Die etwa 1 km entfernte und per Fährboot erreichbare **Düne**, die 1751 durch eine Sturmflut abgetrennt wurde, ist mit ihrem feinen Sand das Badeparadies Helgolands. Die kleine Insel gefällt aber nicht nur menschlichen Besuchern, sondern auch **Seehunden und Kegelrobben**, die seit einigen Jahren hier auch ihren Nachwuchs zur Welt bringen. Ein Naturlehrpfad informiert über das Leben auf der Düne.

Infos und Adressen

ANREISE
Flug: Flugverbindungen von Bremerhaven, Heide/Büsum und Hamburg bzw. Uetersen/Heist nach Helgoland; **Schiff:** regelmäßig von Büsum, Bremerhaven, Wilhelmshaven, Cuxhaven und Hamburg mit Schnellfähre, Katamaran oder gemütlich mit dem Seebäderschiff

SEHENSWERT
Museum Helgoland, Ausstellungen zur Geschichte Helgolands. Nordseehalle am Nord-Ost-Gelände
Leuchtturm, mit einer Reichweite von 30 Seemeilen das stärkste Leuchtfeuer der Deutschen Bucht. Oberland
Kulturweg, Weg auf der Hauptinsel über 14 Stationen, die mit der Kultur Helgolands vertraut machen

ESSEN UND TRINKEN
Restaurant Störtebecker: inseltypische Spezialitäten. Steanaker 365
Bunte Kuh: »Knieper«-Restaurant direkt am Hafen. Hafenstr. 1013–1018

ÜBERNACHTEN
Atoll ocean resort: Design-Hotel direkt am Wasser. Lung Wai 27, www.atoll.de
Camping: Zeltplatz auf der Düne mit ca. 100 Stellplätzen. www.helgoland.de

WEITERE INFOS
Helgoland Touristik, im Rathaus, www.helgoland.de

Persönlicher Tipp

EXPEDITIONEN IN DIE UNTERWELT
Helgoland blickt auf eine bewegte Vergangenheit zurück. Im Zweiten Weltkrieg wurde die Insel zum militärischen Stützpunkt ausgebaut und heftig bombardiert. Von ihrer Funktion als Seefestung zeugen noch heute die viele Meter unter der Erde liegenden zivilen **Luftschutzbunker und Schutzräume**, die im Rahmen einer etwa einstündigen Führung (Informationen und Karten bei der Helgoland-Touristik im Rathaus) besichtigt werden können.

WELLNESS MIT MEERESBLICK
Ein Bad im Meer ist auf Helgoland aufgrund des rauen Hochseeklimas ein seltenes Vergnügen. Doch wer auf den Badespaß nicht verzichten möchte oder seinem Körper gerne Gutes gönnt, ist im **Schwimmbad Mare Frisicum Spa Helgoland** bestens aufgehoben. Es besitzt mehrere Schwimmbecken innen und außen mit ausgedehnten Liegewiesen sowie eine Saunalandschaft. Eine besondere Attraktion ist der **Whirlpool auf dem Dach**: Hier lässt es sich im 30 °C warmen Wasser herrlich entspannen, den Panoramablick auf die Düne, die Lange Anna und natürlich das Meer gibt es gratis dazu.

Auf dem Strand der Helgoländer »Düne« aalt sich eine Kegelrobbe.

51. Lübeck und Umgebung

HIGHLIGHTS
- **Holstentor,** monumentales Stadttor aus dem 15. Jahrhundert, Wahrzeichen Lübecks
- **Buddenbrookhaus,** von 1841 bis 1891 im Besitz der Familie Mann
- **Dom,** 1173 zu Zeiten Heinrichs des Löwen begonnen, ältestes Baudenkmal Lübecks
- **Rathaus Lübeck,** mit berühmter Schaufassade der Backsteinrenaissance
- **Marienkirche,** backsteingotische Basilika mit zwei 125 Meter hohen Zwillingstürmen

LÜBECK IM SOMMER, HERBST UND WINTER
- **Juli:** Travemünder Woche, zweitgrößte Segelsportveranstaltung der Welt mit rund 800 Booten
- **Juli/August:** Schleswig-Holstein-Musikfestival, mehrere Spielstätten in Lübeck und Travemünde
- **Oktober/November:** Nordische Filmtage, größtes europäisches Filmfestival für das nordische Kino
- **Dezember:** Kunsthandwerker-Weihnachtsmarkt in Lübeck

Lübecks Wahrzeichen: das Holstentor.

Im Mittelalter war Lübeck die »Königin der Hanse«. Viele Bauwerke der norddeutschen Backsteingotik, darunter das Holstentor als Wahrzeichen der Stadt, zeugen heute noch vom einstigen Wohlstand der Kaufleute und machen den Charme der Altstadt aus. Das zu Lübeck gehörende Ostseebad Travemünde lockt mit Stränden und modernsten Kureinrichtungen.

Tor zur Ostsee

Seinen Aufstieg verdankte Lübeck seiner strategisch günstigen Lage an den Handelsrouten zwischen Ostseeraum und Westeuropa. Mit **Travemünde**, das seit 1329 zur Hansestadt gehört, verfügte Lübeck über einen direkten Zugang zur **Ostsee**. Die Hansestadt gelangte insbesondere durch den Salzhandel zu Wohlstand. Zeugen dieser Blütezeit sind der **Lübecker Hafen**, das Herzstück des städtischen Wirtschaftslebens, und die zahlreichen Kirchen. Bereits von Weitem ist Lübeck an seiner berühmten Silhouette mit den **sieben Kirchtürmen** eindeutig zu erkennen. Älteste Kirche und ältestes Baudenkmal der Stadt ist der **Dom**. Heinrich der Löwe legte 1173 den Grundstein zu dem gewaltigen Backsteinbauwerk. Von der **St.-Petri-Kirche**, die auch für

Deutschland

Der Sandstrand in Travemünde bietet viel Platz für Badegäste.

Ausstellungen genutzt wird, bietet sich ein schöner Rundblick über die von Wasser umgebene Altstadt.

Norddeutsche Backsteingotik

Das doppeltürmige **Holstentor** ist ein besonders schönes Eingangsportal in die Altstadt. Das trutzige Wahrzeichen Lübecks wurde 1464–78 erbaut und weist bis zu 3,50 m dicke Mauern auf. In unmittelbarer Nähe stehen die **Salzspeicher**, ein schmuckes Ensemble von hohen Backsteingiebelhäusern (16.–18. Jh.), in denen früher Salz gelagert wurde.

Viele Gebäude Lübecks wurden im backsteingotischen Baustil errichtet. Besonders prächtige Beispiele finden sich am **Marktplatz**, der von der Schaufassade des Rathauses (um 1350) flankiert wird. Daran schließen sich das um 1300 errichtete **Lange Haus** sowie der **Kriegsstubenbau** von 1440 an. Gleich neben dem Rathaus befindet sich die **St.-Marien-Kirche**, die mit dem fast 40 Meter hohen Mittelschiff das höchste Backsteingewölbe der Welt besitzt.

Für Literaturinteressierte ist das **Buddenbrookhaus** gegenüber der Marienkirche ein Muss. Es erinnert an die berühmtesten Söhne der Stadt, Heinrich und Thomas Mann. 1758 erbaut, kam das Haus 1841 in den Besitz der Familie. Seit 1993 dokumentiert hier eine Ausstellung das Leben und Werk der beiden Schriftstellerbrüder.

In der nördlichen Altstadt steht mit dem **Haus der Schiffergesellschaft** – 1535 als Gildehaus der Schiffer und Kaufleute errichtet – die weltweit älteste erhaltene Seemannskneipe. Die **Kirche St. Jakobi**, eine dreischiffige Backsteinhallenkirche, wurde 1334 geweiht. Sehenswert ist auch die Giebelfront des **Heilig-Geist-Hospitals**. Im 13. Jahrhundert errichtet, zählt es zu den ältesten und besterhaltenen Hospitalbauten seiner Zeit. Das **Behnhaus** und das **Drägerhaus**, zwei benachbarte Bürgerhäuser aus dem 18. Jahrhundert, werden heute vom Museum für Kunst und Kulturgeschichte genutzt. Das **Burgtor** schließt die Altstadt nach Norden hin ab.

Lübecker Bucht

Lübeck profitiert von der Nähe zu zahlreichen Badeorten an der Ostsee. **Travemünde**, auch liebevoll »Lübecks schönste Tochter« genannt, zählt zu den ältesten Ostseebädern (seit 1802) und bietet mit seinem außergewöhnlich breiten und langen **Sandstrand** vor allem im Sommer Bade- und Strandvergnügen. Auf der großzügig angelegten Strand-

Persönlicher Tipp

ZU FUSS VON TRAVEMÜNDE NACH TIMMENDORFER STRAND

Die Ostseebäder Travemünde, Niendorf und Timmendorfer Strand lassen sich auch zu Fuß erkunden. Der Wanderweg startet in **Travemünde** und führt immer an der Ostseeküste entlang. Zunächst geht es Richtung Niendorf vorbei am teilweise bizarr geformten Kliff des 15–20 m hohen **Brodtener Steilufers**. Hier befindet sich eine der größten Uferschwalbenkolonien Schleswig-Holsteins; mehr als 2500 Tiere leben hier. Nach einer Strecke von etwa 3,5 km erreicht man das **Ausflugslokal Hermannshöhe**. Bis **Niendorf** sind es insgesamt etwa 7,5 km. Vom Fischerhafen kann man mit dem Bus zurückfahren oder noch 3 km weiter bis Timmendorfer Strand laufen. Südlich von Niendorf senkt sich das Hochufer, und der Weg führt am Strand entlang. Er mündet an der gepflegten Kurpromenade des mondänen Badeortes **Timmendorfer Strand.** Der stündlich verkehrende Linienbus bringt die Wanderer anschließend zurück zum Ausgangspunkt.

Blick über die Trave zur Altstadt mit Marienkirche und Petrikirche.

promenade flaniert man vom **alten Leuchtturm** (1539) vorbei an Cafés und Geschäften bis zur **St.-Lorenz-Kirche**, einem einschiffigen spätgotischen Backsteinbau.

Fährt man von Travemünde weiter Richtung Norden, kommt man in den **Bauern- und Fischerort Niendorf**. Der Hafen hat sich noch etwas von seiner Ursprünglichkeit bewahrt; hier wird täglich fangfrischer Fisch verkauft. Der rund 6,5 km lange Strand reicht von Niendorf bis **Timmendorfer Strand**, das den Ruf hat, das eleganteste und schickste der Ostseebäder zu sein. Dort wird neben Strandvergnügen auch Kultur, Lifestyle, Edelshopping und Abendunterhaltung geboten. Hinter der Kurpromenade mit ihren vielen Restaurants und Straßencafés säumen großzügige Villen den Weg. Von der langen **Seebrücke** starten Ausflugsschiffe in die Lübecker Bucht, beispielsweise nach Grömitz oder nach Boltenhagen in der Mecklenburger Bucht. Im Hinterland der Ostseebäder bieten sich der **Vogelpark Niendorf** sowie der in hügeliger Landschaft gelegene **Hemmelsdorfer See** als Ausflugsziele an.

Persönlicher Tipp

LÜBECK VOM WASSER AUS

Lübecks Altstadt ist wie eine Insel vom ç der Trave umflossen. Da bietet sich eine **Hafen- und Kanalrundfahrt** mit dem Passagierschiff an, um die Sehenswürdigkeiten der alten Hansestadt aus einer ganz neuen Perspektive kennenzulernen. Vom Schiff aus ist etwa die berühmte Stadtansicht mit den sieben **Kirchtürmen** gut zu sehen. Die etwa einstündige Fahrt führt an historischen Altstadthäusern entlang, unter Brücken hindurch, vorbei am **Dom** und am **Gängeviertel** mit seinen engen Gassen. In Höhe des **Malerwinkels**, einer kleinen Grünanlage am Westufer der Trave, fällt der Blick auf die geschlossene mittelalterliche Bebauung der südwestlichen Altstadt. Die Schiffe legen von März bis Oktober mehrfach täglich von Anlegern an der Musik- und Kongresshalle und der Holstenbrücke an der Untertrave ab.

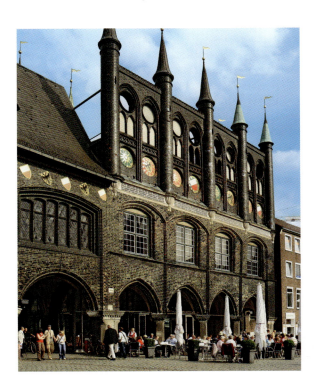

Das Lübecker Rathaus mit seiner prächtigen Backsteinfassade.

Lübeck und Umgebung

Infos und Adressen

ANREISE

Bahn: IC/ICE bis Lübeck Hbf; weiter mit Regionalbahn bis Travemünde; **Auto:** aus Süden und Westen über Hamburg (A 1), aus Osten über A 20 (Ostseeautobahn)

SEHENSWERT

Buddenbrookhaus, barockes Patrizierhaus, in Thomas Manns Roman »Buddenbrooks« ein zentraler Handlungsort. Seit 1993 ist das Haus ein Museum zum Leben und Werk der Brüder Heinrich und Thomas Mann. Mengstr. 4, Lübeck, www.buddenbrookhaus.de
Günter-Grass-Haus, dokumentiert neben dem literarischen auch das druckgrafische und zeichnerische Werk des Nobelpreisträgers. Glockengießerstr. 21, Lübeck, www.grass-haus.de
Füchtingshof, größter und prächtigster Stiftungshof in Lübeck; die denkmalgeschützte frühbarocke Wohnanlage (1636) diente als Wohnhof für Witwen von Schiffern und Kaufleuten. Glockengießerstr. 23–27, Lübeck
St.-Annen-Museum, kunsthistorisch bedeutendstes Museum der Stadt im ehemaligen Klosterbau aus dem frühen 16. Jahrhundert, bedeutende Zeugnisse der Lübecker Kirchenkunst vom 13.–16. Jahrhundert, außerdem Möbel, Silber, Porzellan u. a. Exponate zur

Lübecker Wohnkultur. St.-Annen-Str. 15, Lübeck, www.die-luebecker-museen.de
Sea Life Centre, mehr als 30 naturgetreu und abwechslungsreich gestaltete Aquarien zur heimischen Unterwasserwelt auf einer Fläche von 1500 m². Kurpromenade 5, Timmendorfer Strand

ESSEN UND TRINKEN

Lübecker Hanse: gehobenes Restaurant mit frischer saisonaler Küche. Kolk 3, Lübeck, www.luebecker-hanse.com
Schiffergesellschaft: gute Adresse für regionale Küche.

Breite Str. 2, Lübeck, www.schiffergesellschaft.com
Ratskeller: kräftige deutsche Küche in rustikalem Ambiente. Markt 13, Lübeck, www.ratskeller-zu-luebeck.de
Café Niederegger: behagliche Konditorei der Marzipan-Dynastie, große Marzipanauswahl im Verkauf, Marzipanmuseum in der 2. Etage. Breite Str. 89, Lübeck, www.niederegger.de

SHOPPING

Lübecker Altstadt, viele Feinkostgeschäfte, Lifestyle, Kunst- und Modeläden über die ganze Altstadtinsel verstreut, beson-

ders aber in den Straßen, die von der Fußgängerzone in der Breiten Straße abgehen
Timmendorfer Strand, exklusive Shopping-Meile mit extravaganten Boutiquen und erlesenen Schmuck- und Lifestyle-Geschäften

ÜBERNACHTEN

Klassik Altstadt Hotel: Die Zimmer sind berühmten Persönlichkeiten gewidmet. Fischergrube 52, Lübeck, www.klassik-altstadt-hotel.de
Park Hotel am Lindenplatz: familiär geführtes Hotel, zentral gelegen. Lindenplatz 2, Lübeck, www.parkhotel-luebeck.de
Bed & Breakfast Hotel: übernachten zu günstigen Preisen, zentrumsnah. Chasotstr. 25, Lübeck, www.bed-breakfast-hotel.de
Hotel Villa Charlott: 25 klassisch eingerichtete Zimmer mit modernem Bad und urigem Charme, Kaiserallee 5, Travemünde, www.villa-charlott.de

WEITERE INFOS

Welcome Center (Touristbüro), Lübeck und Travemünde Marketing GmbH, Holstentorplatz 1, Lübeck, www.luebeck-tourismus.de

Das Buddenbrookhaus gehörte früher der Familie des Schriftstellers Thomas Mann.

52. Fehmarn

HIGHLIGHTS
- **Burgstaaken,** am Hafen fangfrischen Fisch direkt vom Kutter probieren
- **Wasservogelreservat Wallnau,** das Brut- und Schutzgebiet für Zugvögel an der Westküste der Insel erkunden
- **Fährhafen Puttgarden,** den ein- und auslaufenden Fähren über den Fehmarnbelt aus bzw. in Richtung Rødby nachschauen
- **Naturschutzgebiet »Grüner Brink«,** auf dem Radwanderweg gemütlich bis zum Niobe-Denkmal radeln
- **Badewelt FehMare,** im großzügigen Meerwasserwellenbad durch die Becken toben oder die Wellnessangebote genießen

FEHMARN ZU JEDER JAHRESZEIT
- **Mittwochs:** Wochenmarkt in Burg
- **Ende Mai:** Rapsblütenfest in Petersdorf
- **Juli bis August:** Burger Kunsttage
- **August:** Beachbasketballturnier am Südstrand

Ein Großteil der Insel wird landwirtschaftlich genutzt. Blüht der Raps, wird gefeiert.

Mehr als 2000 Sonnenstunden pro Jahr verspricht die mit 185 km² drittgrößte Insel Deutschlands ihren Besuchern und gehört damit zu den wärmsten Regionen im Land. Unter Surfern bekannt als »deutsches Hawaii«, bietet Fehmarn mit seinen Binnenseen, Feldern und Wiesen aber nicht nur Spaß für »Wasserratten«, sondern auch erholsamen Natururlaub für »Landgänger«.

Viel Natur an der deutschen Ostsee

Seit 2003 die Landgemeinden Bannesdorf, Westfehmarn und Landkirchen mit der Stadt Burg zusammengelegt wurden, besteht die Insel offiziell nur noch aus der **Stadt Fehmarn**, die damit zur **zweitgrößten Stadt in Schleswig-Holstein** geworden ist. Doch nach wie vor gibt es über die ganze Insel verteilt viele kleine oder auch größere Orte mit individueller Ausstrahlung.

Wirtschaftliches und kulturelles Zentrum Fehmarns ist der Stadtteil **Burg** mit rund 6000 Einwohnern. In den schmucken Gassen des **Heilbads** mit ihren zum Teil dänisch geprägten Häusern findet sich ein großes Angebot an Ge-

Deutschland

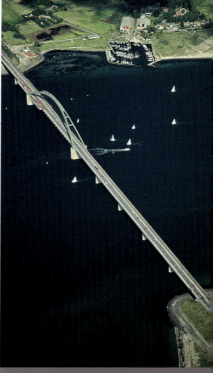

Über die Fehmarnsundbrücke hat die Insel Verbindung zum Festland Schleswig-Holsteins.

Infos und Adressen

ANREISE
Flug: Direktflüge nach Hamburg, weiter mit Mietwagen oder Zug;
Bahn: ab Hamburg Hbf direkt oder über Lübeck mit dem Regionalzug nach Fehmarn-Burg, März–Okt. Direktverbindung aus dem Ruhrgebiet nach Burg; **Auto:** ab Hamburg A 1 Richtung Lübeck, dann Richtung Fehmarn/Puttgarden

SEHENSWERT
Sankt Nikolai, dreischiffige Hallenkirche in Burg, Baubeginn vermutlich um 1230
Steinaltergrab, Nachbau eines steinzeitlichen Langbettgrabes am Wulfener Berg
Fehmarnsundbrücke, 1963 eröffnete Netzwerkbogenbrücke für Autos und Züge, aufgrund ihrer Form auch »Kleiderbügel« genannt

ESSEN UND TRINKEN
Dat ole Aalhus: inseltypische Spezialitäten. Hauptstr. 39a, Landkirchen
Kartoffelscheune: gutbürgerliche Küche mit Fischspezialitäten. Kämmererweg 3a, Petersdorf

ÜBERNACHTEN
Strandhotel Bene: modernes Firstclass-Hotel direkt am Strand. Südstrandpromenade, Burgtiefe, www.bene-fehmarn.de
Margarethenhof: Ferienanlage mit fünf nordischen Doppelhäusern im großen Bauerngarten. Dünenweg 33, Burgtiefe, www.margarethenhof.com

WEITERE INFOS
Tourismus-Service Fehmarn, Mummendorfer Weg 7, Burg, www.fehmarn.de

Persönlicher Tipp

MEERESZENTRUM FEHMARN
Vier Millionen Liter Wasser befinden sich im Meereszentrum Fehmarn (Gertrudenthaler Straße 12, Burg, www.meereszentrum.de), einem der **artenreichsten Aquarien Europas**. Bevölkert sind die Becken, Riffe und **Korallengärten** mit unzähligen tropischen Fischarten wie Clownfischen, die in Schwärmen ihre Runden ziehen. Aber auch nicht ganz so harmlos aussehende Unterwasserbewohner wie Muränen oder Riesenzackenbarsche lassen sich hier beobachten. Im **Rifftunnel** schweben wie große Flugzeuge **Riesenrochen** über die Köpfe der Besucher hinweg. Eine Attraktion der besonderen Art sind aber die **Haiwelten**. In diesem Teil des Meereszentrums wird allerlei Wissenswertes über die »Räuber der Meere«, über ihre Fähigkeit zu riechen und zu hören und über ihr Schicksal als vom Menschen bedrohte Arten vermittelt. Das alles bleibt aber nicht nur Theorie, denn in den riesigen Ozeanbecken schwimmen tatsächlich ausgewachsene Exemplare von Zitronenhaien, Ammenhaien, Schwarzspitzenriffhaien und Sandtigerhaien.

schäften, Cafés und Restaurants. Für Kulturinteressierte präsentiert das **Peter-Wiepert-Museum**, untergebracht im ältesten Haus der Insel, Exponate zur Geschichte Fehmarns. Die **St.-Nikolai-Kirche** mit einer Bronzetaufe von 1391 gehört zu den ältesten Gotteshäusern der Insel.

Die meisten Feriengäste kommen jedoch nicht wegen des beschaulichen Dorf- und Stadtlebens, sondern wegen der Natur und der Strände. Gibt es an der steinigen Ostküste steil ins Meer hin abfallende Kliffe, wartet die Küste im Westen mit den **flachen Natursandstränden** Flügge, Püttsee und Bojendorf auf, die zum Baden, Schnorcheln und Sandburgenbauen animieren. Den weißesten Sand hat der Südstrand bei Burgtiefe, entsprechend belebt ist er. **Kitesurfer** und **Windsurfer** finden im Süden in der Orther Reede und im Norden am Grünen Brink die besten Wasserreviere.

53. Tallinn

Blick auf die mittelalterliche Unterstadt mit den Viru-Toren.

HIGHLIGHTS
- **Domberg,** Wahrzeichen der Stadt mit zahlreichen Sehenswürdigkeiten
- **Stadtmauer,** rund um die Altstadt mit teils begehbaren Wachtürmen
- **Nikolaikirche,** Museum für sakrale Kultur mit dem bedeutendsten Kunstwerk Tallinns, dem Totentanz des Lübecker Meisters Bernt Notke
- **Kunstmuseum KUMU,** die größte Kunstsammlung des Baltikums
- **Schloss Katharinental,** barocke Schlossanlage mit Park im Stadtteil Kadriorg

TALLINN IM FRÜHLING UND SOMMER
- **April:** alle fünf Jahre stattfindendes Sängerfest (nächstes 2014); immaterielles und mündliches UNESCO-Weltkulturerbe
- **Juli:** Mittelalterfest in der Altstadt, zu dem sich die Einheimischen verkleiden
- **Juli:** Bierfestival mit Live-Musik auf dem Gelände des Tallinner Sängerfestes
- **August:** Birgitta-Festival für klassische Musik in der Klosterruine von Pirita
- **September:** internationales Festival der geistlichen Musik, in verschiedenen Kirchen

Die estnische Hauptstadt spiegelt noch heute den Glanz der ehemaligen Hansestadt, des alten Reval, und ist zugleich das moderne Zentrum des baltischen Staates. Mittelalter und Gegenwart sind hier kein Widerspruch.

Mittelalterlicher Stadtkern

Im Herzen der Stadt liegt die umfassend restaurierte Altstadt, die mit ihren Stadtmauern, Kaufmannshäusern und Festungsanlagen auf die mittelalterliche Geschichte der einstigen Hansestadt zurückweist. Seit 1997 gehört sie zum UNESCO-Welterbe. Ein Rundgang durch die **Unterstadt** beginnt am **Rathausplatz**. Das Rathaus selbst stammt aus dem Jahr 1404 und ist eines der wenigen erhaltenen spätgotischen Rathäuser Europas. Die besondere Atmosphäre der Altstadt lässt sich vor allem in den Gassen zwischen der **Katharinenpassage** und **Müürivahe-Straße** mit ihren zahlreichen Cafés und kleine Läden erspüren.

Vom Wohlstand der hanseatischen Kaufleute zeugen die erhaltenen Gildehäuser, z. B. das **Haus der Großen Gilde** und das **Schwarzhäupterhaus.** Am Fuße der Oberstadt, des **Dombergs,** steht die **Nikolaikirche**, heute ein der sakralen

Estland

Kunst gewidmetes Museum. Jahrhundertelang wohnte auf dem Domberg die herrschende Klasse des Landes. Bis in das Jahr 1877 waren die Unterstadt und der Domberg zwei voneinander unabhängige Städte mit eigener Gerichtsbarkeit und Verwaltung. Mit dem Parlament und der Regierung geht auch heute wieder die Staatsgewalt von hier aus. Sitz des estnischen Parlaments ist das **Schloss Katharinas II**. Direkt gegenüber steht die orthodoxe **Alexander-Newski-Kathedrale**, ein wuchtiges Bauwerk aus der Zarenzeit, ganz in der Nähe der spätgotisch geprägte **Dom**. Von der alten Burg ist mit dem **Langen Hermann** ein 48 m hoher Turm erhalten geblieben.

Etwas abseits der Altstadt, im Stadtteil **Kadriorg**, sind zahlreiche aufwendig renovierte Holz- und Steinhäuser des 19. und 20. Jahrhunderts zu sehen. Hier befindet sich auch das barocke **Schloss Katharinenthal**, das Zar Peter der Große zu Ehren seiner Ehefrau und späteren Zarin Katharina I. 1719–25 errichten ließ.

Infos und Adressen

ANREISE
Flug: Direktflüge nach Tallinn von Bremen, Düsseldorf, Hannover, Frankfurt am Main und München

SEHENSWERT
Kunstmuseum KUMU, 2006 eröffnetes estnisches Kunstmuseum im futuristischen Neubau. Weizenbergi 34, www.ekm.ee/eng/kumu.php

ESSEN UND TRINKEN
Olde Hansa: Essen und Trinken wie im Mittelalter bei rustikaler Einrichtung und passender musikalischer Untermalung. Vanaturg 1, www.oldehansa.com
Vanaema jures: gemütliches Kellerrestaurant mit estnischer Küche. Rataskaevu tn 10, Pühavaimu 13/15, www.vonkrahl.ee/en/toit/vanaemajuures

ÜBERNACHTEN
Merchant's House Hotel: gemütliches kleines Hotel in einem Gebäude aus dem 14. Jahrhundert, direkt in der Altstadt. Dunkri 4, www.merchantshousehotel.com
Savoy Boutique Hotel: Luxushotel in der Altstadt, 2006 im Art-déco-Stil renoviert. Suur-Karja 17/19, www.boutiquehotelestonia.com

WEITERE INFOS
Touristeninformation, Niguliste 2/ Kullassepa 4, www.tourism.tallinn.ee

Persönlicher Tipp

TALLINN VON OBEN

Mit ihren Stadtmauern, Kirchtürmen und roten Giebeldächern sowie der Lage direkt am Meer eröffnet Tallinn an verschiedenen Orten fantastische Panoramablicke. Einen Blick auf die mittelalterliche Unterstadt erlauben die **Aussichtsplattformen auf dem Domberg**, etwa am Ende der Kohtu-Straße und von der Patkuli-Plattform. Wer den Domberg selbst in den Blick nehmen möchte, kann dies von den Mauern und Türmen der historischen Befestigungen tun: **Nunna-, Sauna- und Kuldjala-Turm** sind für Besucher zugänglich. Vom Flachdach des Turmes **Dicke Margarethe**, in dem sich heute das Estnische Schifffahrtsmuseum befindet, schaut man auf mittelalterliche Dächer und den Hafen. In den Sommermonaten kann auch der 64 m hohe **Turm des Rathauses** bestiegen werden. Den spektakulärsten Ausblick hat man jedoch vom 314 m hohen **Fernsehturm** am Stadtrand Tallinns. Vom Aussichtsdeck im 21. Stock kann man bei klarer Sicht bis nach Finnland schauen.

Kellnerin im Mittelalter-Restaurant »Olde Hansa«.

54. Nizza – Côte d'Azur

Nizza, die einzige Großstadt an der Côte d'Azur, ist eine faszinierende Mischung aus moderner Metropole, pittoresker, italienisch geprägter Altstadt und mondänem bis trendigem Strandleben. Zudem ist es die Kulturhauptstadt der Côte d'Azur mit bedeutenden Museen.

Die italienischste Küstenstadt Frankreichs

Ein guter Start in den Tag ist das Frühstück im Herzen der **Altstadt** auf der **Cours Saleya** mit Blick auf den **Blumenmarkt**, das frische Gemüse und die Spezialitäten der Region. Der Platz ist umgeben von alten Bauten wie der barocken **Chapelle de la Miséricorde** (1740) mit einer kostbaren, eleganten Innenausstattung. Nicht weit entfernt erhebt sich die prächtige **Cathédrale Ste-Réparate** (16. Jh.) im Renaissance-Stil.

Die gelben und roten Häuser in der Altstadt, die engen Gassen und die über ihnen flatternde Wäsche – kein Zweifel, hier hat sich Nizza, das ab dem 14. Jahrhundert überwiegend von Savoyen beherrscht wurde, das Italienische bewahrt. Zwischen einst glamourösen Stadtpalästen liegen bezaubernde altmodische Läden.

Auf der mondänen Uferstraße **Promenade des Anglais** am Kieselstrand entlang flaniert man an Belle-Époque-Bauten vorbei wie dem legendären, 1913 von gekrönten Häuptern eröffneten **Hotel Negresco**, das fast schon ein Wahrzeichen Nizzas ist. Zunächst die Briten, dann der europäische Hoch-

HIGHLIGHTS
- **Colline du Château,** Hügel über der Altstadt mit Schlossruine, bietet einen weiten Blick über Nizza
- **Kirche St-Nicolas,** eine der schönsten russisch-orthodoxen Kirchen (1903)
- **Eglise St-Jeanne d'Arc,** außergewöhnlich gestaltete Kirche (1913–33), gotische und afrikanische Einflüsse
- **Musée d'Art Moderne et d'Art Contemporain,** aufsehenerregendes Gebäude aus hellem Marmor (1990), zeitgenössische europäische und amerikanische Malerei
- **Palais Lascaris,** Adelssitz (17. Jh.) mit prunkvoller Innenausstattung, u. a. Gobelins nach Rubens-Entwürfen

NIZZA ZU JEDER JAHRESZEIT
- **Februar:** Carneval de Nice, zwei Wochen Umzüge, Schauwagen, Blumenkorsos
- **April:** Internationaler Semi-Marathon in Nizza u. a. entlang der Promenade des Anglais
- **Juli:** Nice Jazz Festival (eine Woche), Place Masséna und Théâtre de Verdure
- **Dezember:** Weihnachtsmarkt auf der Place Masséna und in den Jardins Albert I.

Vom Colline du Château hat man einen schönen Blick über die Altstadt und Bucht von Nizza.

Frankreich

Die Altstadt von Cannes mit altem Hafen und der Kirche Notre Dame de l'Espérance.

Infos und Adressen

ANREISE
Flug: Von allen größeren deutschen Flughäfen Direktflüge zum Aéroport International Nice-Côte d'Azur, weiter mit Bus-Service, Taxi oder Mietwagen in die Stadt

SEHENSWERT
Musée des Beaux Arts, feine Sammlung in Belle-Époque-Villa. Avenue des Baumettes 33, Nizza, www.musee-beaux-arts.nice.org
Chapelle du Rosaire, komplett von Matisse gestaltete moderne Kapelle in Vence. Avenue Henri Matisse 466, Vence

ESSEN UND TRINKEN
Coco Beach: Restaurant mit dem schönsten Blick auf die Baie des Anges, Fisch vom Holzkohlengrill. Avenue Jean-Lorrain 2, Nizza. www.cocobeach.fr
Fenocchio: berühmteste Eisdiele Nizzas. Place Rosetti 2, www.fenocchio.fr

SHOPPING
Alziari, Olivenöl, Lavendelhonig und Seifen in erstklassiger Qualität. Rue Saint-François-de-Paule 14, Nizza

ÜBERNACHTEN
Petit Palais: Hotel der gehobenen Klasse zu moderaten Preisen. Avenue Emile-Bieckert 17, Nizza (Cimiez), www.petitpalaisnice.fr
Villa La Tour: kleines, liebevoll geführtes Hotel in Nizzas Altstadt. Rue de la Tour 4, www.villa-la-tour.com

WEITERE INFOS
Office de Tourisme auf der Promenade des Anglais 5. www.nicetourisme.com

---

adel, schließlich Künstler und Schriftsteller begründeten im 19. Jahrhundert den Ruf der Stadt als angenehmem Ort zum Überwintern. Einige ihrer verspielten Art-déco-Villen säumen die Promenade noch heute.

Berühmte Museen

Auf halber Strecke zum Stadtteil Cimiez nördlich der Altstadt kommt man am **Musée Marc Chagall** mit Werken zu Bibelthemen vorbei. Im **Palais Régina**, das 1897 als Winterresidenz für Queen Victoria erbaut wurde und eine schmucke Türmchenfassade hat, lebte und arbeitete zeitweise Henri Matisse. Das **Musée Matisse** befindet sich in der Villa des Arènes (17. Jh.). Prächtige Residenzen aus dem 19. Jahrhundert stehen ebenfalls in diesem Nobelviertel.

Persönlicher Tipp

BLAUES MEER UND ROTER TEPPICH
Die Küstenstraße von Nizza bis Cannes ist eine wunderschöne Strecke, auf der einen Seite das tiefblaue, glitzernde Meer der **Baie des Anges** (Engelsbucht), auf der anderen Steilhänge. Und neben dem grandiosen Panorama gibt es attraktive Zwischenstopps, z. B. in **Antibes**. Auf der größten Halbinsel der Côte d'Azur gelegen, wartet die Stadt mit dem alten **Château der Grimaldis** (17. Jh.), einer romantischen Altstadt, einem Jachthafen und einem Fort auf. Im Schloss ist das **Picasso-Museum** untergebracht.
Über die Urlaubsorte **Juan-les-Pins** und **Golfe-Juan** mit ihren schönen Stränden geht es weiter nach **Cannes**, die Stadt mit dem legendärsten roten Teppich Europas. Alljährlich im Mai findet hier das Internationale Filmfestival statt. Auf der Strandpromenade **Boulevard de la Croisette** verbreiten Belle-Époque-Bauten mondänen Charme. Die Altstadt **Le Suquet** erinnert eher an eine südfranzösische Kleinstadt.

145

55. Marseille

Die weithin sichtbare Cathédrale de la Major hinter dem Fort St. Jean im Hafenviertel.

HIGHLIGHTS
- **La Joliette,** umgestaltetes altes Hafenviertel mit Museen, Restaurants und Geschäften
- **Abtei St. Victor,** eines der ältesten europäischen Klöster, labyrinthartige Krypta mit Gebeinen christlicher Heiliger
- **Palais Longchamp,** Palast aus dem 19. Jahrhundert mit Musée des Beaux-Arts und Musée d'Histoire Naturelle
- **Vieille Charité,** vierflügeliges ehemaliges Armenhaus, heute Museum für Architektur im Mittelmeerraum und Musée d'Arts Africains, Amerindiens et Océaniens
- **Park und Schloss Borély,** aus dem 18. Jahrhundert, Museum und Gärten im französischen und englischen Stil

MARSEILLE IM FRÜHJAHR UND HERBST
- **Mai–Juni**: Festival de Musiques Sacré, geistliche Musik in verschiedenen Kirchen Marseilles
- **Mitte Oktober**: Fiesta des Suds, Weltmusik-Festival mit Open-Air-Konzerten am Alten Hafen

Die alte Hafenstadt am Mittelmeer, 2013 Europäische Kulturhauptstadt, präsentiert sich mit spektakulären Bauten und neuen Museen, Restaurants und Promenaden als Kultur- wie Erlebnismetropole. Der schöne Alte Hafen zieht nicht zuletzt mit seiner berühmten Bouillabaisse viele Besucher an.

Zwischen alten Forts und hypermodernen Museen

Marseille, um 600 v. Chr. von griechischen Kolonisten gegründet, ist die älteste Stadt Frankreichs. Der Ort der Seefahrer und Händler entwickelte sich rund um den Alten Hafen (Vieux Port), einen Naturhafen, in dem heute Fischerboote, Jachten und Fähren liegen. Den Hafeneingang bewachen **zwei mächtige Forts**: Saint-Jean und Saint-Nicolas.

Das lange vernachlässigte alte Hafenviertel **La Joliette** blüht seit den 1990er Jahren wieder auf: Docks und Speicher werden restauriert, neue Museen und neue Plätze entstehen, und überall eröffnen neue Restaurants und Geschäfte. Das Prestigeprojekt für das Kulturhauptstadtjahr ist das **Museum der europäischen und mediterranen Zivilisationen (MuCEM)**. Es besticht wie das neue **Regionale**

Frankreich

Mittelmeerzentrum (CeReM) mit seiner hypermodernen Architektur und mit seinem Konzept, den Stellenwert des Mittelmeerraums neu zu beleuchten. Es führt die Tradition einer Stadt fort, die seit je dem Meer zugewandt ist, früher Brückenkopf zu den französischen Kolonien in Nordafrika war und viele Emigranten aus Nordafrika aufnahm.

Die Atmosphäre früherer Zeiten haben die engen verwinkelten Straßen und die historischen Bauten im Herzen der **Altstadt** bewahrt. Zwischen dem Alten Hafen und der Vieille Charité, dem ab 1670 erbauten einstigen Armenhaus, stehen das barocke Rathaus und die **Cathédrale de la Major**, ein imposanter Kirchenbau aus dem 19. Jahrhundert im romano-byzantinischen Stil. Am Alten Hafen endet die **Canebière**, die Haupteinkaufsstraße mit Bauten aus dem 18. und 19. Jahrhundert. Hoch über dem Hafen erhebt sich das Wahrzeichen der Stadt: die **Wallfahrtskirche** Notre-Dame-de-la-Garde mit ihrer vergoldeten Marienfigur.

Infos und Adressen

ANREISE
Flug: Direktflüge nach Marseille-Provence von Paris und deutschen Großstädten, weiter mit Bus zum Bahnhof Saint-Charles im Zentrum; **Tipp**: im Stadtgebiet Preisvergünstigungen mit **City Pass**

SEHENSWERT
Musée d'Art Contemporain, zeitgenössische Kunst, Juni–Sept. Di–So 11–18 Uhr, Okt.–Mai Di–So 10–17 Uhr. 69, Avenue d'Haifa
Musée Cantini, moderne Kunst in Stadtpalais aus dem 17. Jahrhundert, Juni–Sept. Di–So 11–18 Uhr, Okt.–Mai Di–So 11–17 Uhr. 19, Rue Grignan
Musée de la Mode, Haute-Couture-Kreationen, Espace Mode, Juni–Sept. Di–So 11–18 Uhr, Okt.–Mai Di–So 10–17 Uhr. 11, La Canebière,

ESSEN UND TRINKEN
Une Table au Sud: mediterrane (Fisch-)Küche, ein Michelin-Stern. 2, Quai du Port, www.unetableausud.com

ÜBERNACHTEN
Le Corbusier: in der von Le Corbusier entworfenen »Wohnstadt« Cité Radieuse. 280, Boulevard Michelet, www.hotellecorbusier.com

WEITERE INFOS
Office de Tourisme, www.marseille-tourisme.com; zum Kulturhauptstadtjahr: www.marseille-provence2013.fr

Persönlicher Tipp

INS GEFÄNGNIS – UNTER QUARANTÄNE

Dass sich im strahlend blauen Meer vor Marseille ein dunkler Kerker befindet, ist seit dem Erscheinen von »Der Graf von Monte Christo« (1845/46) weltweit bekannt. Alexandre Dumas hat zwar eine fiktive Geschichte erzählt, aber das **Château d'If** mit seinen Verliesen existierte wirklich. Jahrhundertelang wurden in der im 16. Jahrhundert errichteten Festung Aufrührer gegen Krone oder Kirche weggesperrt, oft bis an ihr Lebensende, und die Insel war Sperrgebiet. Heute beherbergt das Gefängnis auf der **Ile d'If** ein Museum. Die Ile d'If ist eine der vier Inseln des **Archipels du Frioul**, das sich vor Marseille erstreckt. Aufgrund seiner abgeschlossenen Lage diente es im 18. Jahrhundert auch als Quarantänestation. Heute stehen die Inseln unter **Naturschutz.** Mit ihren hellen Kalksteinfelsen und ihrem klaren Wasser bilden sie ein reizvolles Ausflugsziel, an dem man baden, tauchen oder Vögel beobachten kann. Zu den Inseln setzen **Ausflugsboote** über, die am Vieux Port starten.

Der Alte Hafen mit modernen Jachten, überragt von der Kirche Notre-Dame-de-la-Garde.

56. Elsass

Die französische Region zwischen Oberrhein und Vogesen punktet mit ihrer französisch-deutschen Kultur und der Lage im Zentrum Europas. An der Elsässischen Weinstraße reiht sich ein malerischer Ort mit blumengeschmückten Fachwerkhäusern an den anderen. Das kulinarische Angebot ist überwältigend. Reizvolle schattige Täler führen in die herbe Landschaft der Vogesen.

Romantische Orte an der Weinstraße

Die Route du Vin d'Alsace, die Elsässische Weinstraße, reicht von Marlenheim bei Straßburg bis nach Thann im Süden. Ein schöner Abschnitt führt dicht am Vogesenrand entlang, von Obernai bis Châtenois bei Sélestat. **Obernai** gehört mit der von einer gut erhaltenen Stadtmauer umgebenen Altstadt und der hervorragenden touristischen Infrastruktur zu den meistbesuchten Orten im mittleren Elsass. Die Stadt ist Ausgangspunkt für einen Besuch des 826 m hohen **Odilienbergs**, von dem man auf die Rheinebene und die Vogesen schaut. Das von der heiligen Odilia um 700 gegründete Kloster ist der bedeutendste Wallfahrtsort im Elsass. Schon die Kelten wussten die gute strategische Lage des Odilienbergs zu schätzen. Um den Berg zieht sich die **Heidenmauer**, eine

HIGHLIGHTS
- **Odilienberg,** Aussichtsberg mit Wallfahrtskloster und Heidenmauer
- **Ribeauvillé,** Fachwerkstädtchen, umgeben von drei Burgen
- **Riquewihr,** Weinort mit gut erhaltenem mittelalterlichem Stadtbild
- **Kaysersberg,** idyllische Viertel in der Geburtsstadt Albert Schweitzers
- **Museum Unterlinden,** bedeutendes Museum im Oberelsass mit wertvollen Exponaten, u. a. Isenheimer Altar

ELSASS ZU JEDER JAHRESZEIT
- **April:** Narzissenfest im Münstertal, in Mittlach narzissengeschmückte Festwagen
- **Juli:** Internationales Festival von Colmar
- **August:** Korso mit Festwagen, die mit 500 000 Dahlien geschmückt sind, Sélestat
- **September:** Sauerkrautfest mit Trachtenumzügen, Krautgersheim
- **September:** Pfifferdaj, ältestes Volksfest im Elsass mit mittelalterlicher Musik und Umzügen, Ribeauville
- **Dezember:** Weihnachtsmärkte in Straßburg, Colmar und Kaysersberg

Das von der Lauch umflossene Klein-Venedig ist ein vielbesuchtes Ziel in Colmar.

Frankreich

Kleine Fachwerkhäuser säumen die Sträßchen entlang der Stadtmauer von Eguisheim.

über 10 km lange Schutzmauer. Über **Ottrott** mit seinen guten Restaurants geht es nach **Barr**. Wer einen guten Weißwein probieren möchte, ist dort richtig. Gute Weine kann man auch im idyllischen **Andlau** verkosten. Ein Kleinod der Romanik ist die Abteikirche mit ihrem eindrucksvollen Skulpturenfries. Von Touristen noch wenig besuchte Weinorte sind **Mittelbergheim**, **Itterswiller** und **Dambach**.

Etwas abseits der Weinstraße liegt **Sélestat**. Die Stadt entstand aus einem merowingischen Königsgut. Hier wirkte Anfang des 16. Jahrhunderts der Humanist Beatus Rhenanus, auf den die alte Lateinschule mit der berühmten **Humanistenbibliothek** zurückgeht. Sehenswert sind in der verwinkelten Altstadt auch die romanische Kirche Sainte-Foy, das gotische Münster Saint-Georges und die Metzig, das ehemalige Schlachthaus.

Mittelalterliches Fachwerk auf Schritt und Tritt

Von Sélestat aus Richtung Süden kann man die Weinstraße bei Kintzheim oder Saint-Hippolyte verlassen, um die mächtige **Haut-Koenigsbourg** zu besuchen, mit jährlich etwa 500 000 Besuchern ein Touristenmagnet. Die Burganlage auf einem Buntsandsteinfelsen (727 m), eine staufische Gründung, verdankt ihr heutiges Erscheinungsbild dem deutschen Kaiser Wilhelm II., der die Burg recht behutsam restaurieren ließ. Der Blick von der Aussichtsterrasse reicht bis zum Kaiserstuhl. Nächste Station auf der Weinstraße ist **Ribeauvillé**, überragt von drei Burgen. Teile der Stadtmauer mit dem Metzgerturm sind noch erhalten. Blumengeschmückte Gebäude aus dem 15. und 18. Jahrhundert machen einen Rundgang durch das Städtchen zum Vergnügen. Auf dem Weg nach Riquevihr sollte man sich die Wehrkirche (14. Jh.) von **Hunavihr** nicht entgehen lassen. Hauptanziehungspunkt der Weinstraße ist für viele **Riquewihr**. Das rechteckig angelegte Städtchen hat sein Stadtbild mitsamt den Befestigungsanlagen nahezu unverändert bewahren können.

Der nächste Höhepunkt liegt im Tal der Weiss: Überragt wird das schön gelegene **Kaysersberg** von den Resten einer Stauferburg. Ein Rundgang durch die Altstadt führt an zahlreichen malerischen Winkeln vorbei sowie auch am Geburtshaus von **Albert Schweitzer**; ein **Museum** würdigt das Werk des Friedensnobelpreisträgers.

Persönlicher Tipp

Auf der Route des Crêtes
Über den Westkamm der Vogesen verläuft die ursprünglich als Militärstraße angelegte **Route des Crêtes**. Landschaftlich besonders reizvoll ist der Abschnitt zwischen dem von Kaysersberg aus erreichbaren Pass Col du Bonhommes und dem südlich davon gelegenen Col de la Schlucht. Die Touristenstraße führt an markanten Erhebungen wie dem **Gazon de Faing** (1303 m) vorbei. Auf kurzen Wanderungen kommt man zu vier wunderschön gelegenen Seen, Überreste der letzten Eiszeit. Erste Station ist der **Lac Blanc** in einem Felskessel. Der **Reisberg** mit Aussichtspunkten trennt ihn vom düsteren **Lac Noir**. Der nächste, vielleicht schönste Vogesensee, ist der **Lac du Forlet** oder **Lac des Truites**. Der letzte in der Reihe, der **Lac Vert**, färbt sich im Sommer durch Algenbildung grün. Nach all den Anstrengungen ist eine der zahlreichen **Fermes Auberges** das Richtige. Viele Bergbauernhöfe bieten rustikale Gerichte und manchmal auch Übernachtungsmöglichkeiten an – Ferien auf dem Bauernhof à la française.

Die Auslagen der Geschäfte am Kirchplatz in Kaysersberg laden zum Einkaufen ein.

Persönlicher Tipp

ELSÄSSISCHE METROPOLE
Schon von Weitem sieht man das aus rötlichem Buntsandstein errichtete mächtige gotische **Münster**, das **Straßburg** überragt. Besonders eindrucksvoll sind die prächtige Westfassade mit der großen Fensterrosette und der mehr als 140 m hohe Nordturm. Angeblich hat Goethe bei der Besteigung seine Höhenangst überwunden. Jedenfalls bietet sich von oben ein fantastischer Rundblick über die von zwei Armen der Ill umflossene Altstadt. Der Münsterplatz ist umgeben von Bürgerhäusern aus Stein und Fachwerk, allen voran Haus **Kammerzell** (1589); dort steht auch das barocke fürstbischöfliche **Schloss Rohan**. Wunderschöne Häuser umgeben auch den Stephansplatz, den Ferkelmarkt, den Fischmarkt und den Kléberplatz. Ein großer Anziehungspunkt ist **La Petite France** (»Klein-Frankreich«), das Viertel der Gerber, Fischer und Müller, mit den **Gedeckten Brücken** aus dem 14. Jahrhundert über die Ill. Eines schönes Panorama hat man von der gegenüberliegenden **Vauban-Schleuse**.

Weinberge umgeben Riquewihr mit seinem bestens erhaltenen mittelalterlichen Stadtbild.

Colmar und das Münstertal

Ausgangs- und Endpunkt der dritten Etappe ist – bei etwas mehr Zeit – **Colmar**. Der mittelalterliche Stadtkern mit zahlreichen Fachwerkhäusern bietet eine Fülle von Sehenswürdigkeiten. Hauptkirche ist die gotische Stiftskirche **Sankt Martin** mit wertvoller Ausstattung, darunter eine Silbermannorgel. In der gotischen **Dominikanerkirche** befindet sich das Gemälde »Maria im Rosenhag« von Martin Schongauer. Die größte Kostbarkeit birgt das **Museum Unterlinden** im ehemaligen Dominikanerinnenkloster: den **Isenheimer Flügelaltar**, das Hauptwerk von Matthias Grünewald. Bemerkenswerte Bürgerhäuser sind das **Pfisterhaus**, das **Kopfhaus** und das alte **Kaufhaus**. Der malerischste Winkel ist Klein-Venedig, das Viertel rechts und links der Lauch.

Colmar ist die Eingangspforte ins **Münstertal**. Über den Weinort **Turckheim** geht es entlang der Fecht in die Storchenmetropole **Munster**, die bereits mitten in den Vogesen liegt. Am Ende des Tals weiden die Vogesenrinder, deren Milch die Grundlage für den berühmten Münsterkäse liefert: frisch als Bibalaskas oder im geruchs- und geschmacksintensiven Reifestadium ein Hochgenuss. Auf der Rückfahrt nach Colmar lockt mit **Eguisheim** noch eine mittelalterliche Perle. In der Ortsmitte sieht man noch Reste der achteckigen Stauferpfalz. Entlang der runden Stadtmauer beeindrucken die eng nebeneinander und gegenüber stehenden Traufenhäuser aus dem 16. und 17. Jahrhundert.

Elsass

Infos und Adressen

ANREISE
Flug: Direktflüge zum Flughafen Basel-Mulhouse-Freiburg von großen deutschen Flughäfen, auch über den Baden-Airpark bei Baden-Baden; **Bahn:** ICE- und TGV-Verbindungen nach Straßburg, Regionalverbindungen entlang der Elsässischen Weinstraße und ins Münstertal; **Auto:** über die französische A 35 und die deutsche A 5

SEHENSWERT
Obernai, gut erhaltene, stark befestigte Stadtmauer, schöner Rundblick vom 60 m hohen Belfried, dem Kapellturm, www.obernai.fr
Haut-Koenigsbourg, ursprünglich staufische Burganlage oberhalb von Sélestat, nach Zerstörungen 1900–07 im Auftrag Kaiser Wilhelms II. wiederhergestellt, fantastische Aussicht. www.haut-koenigsbourg.fr
Humanistische Bibliothek, 1452 gegründete Bibliothek mit wertvollen karolingischen Handschriften, Zusammenschluss der Bibliothek der Lateinschule mit der Bibliothek des Beatus Rhenanus, untergebracht in der ehemaligen Markthalle von Sélestat. 1, Rue de la Bibliothèque, www.bh-selestat.fr
Münstertal, breites Vogesental, Heimat des würzigen Münsterkäses, www.vallee-munster.eu
Eguisheim, einer der malerischsten Orte des Oberelsass, mit Ringgassen entlang der fast kreisrunden Stadtmauer. www.ot-eguisheim.fr

ESSEN UND TRINKEN
Au Boeuf Rouge: behagliches Restaurant und Weinstube mit traditioneller und kreativer neuer Küche. 6, Rue du Docteur Stoltz, Andlau, www.andlau-restaurant.com
Winstub Gilg: gute Küche mit traditionellen elsässischen Gerichten und exzellenten Weinen, angeschlossen ein kleines Hotel. Route du Vin, Mittelbergheim, www.hotel-gilg.com
Aux Armes de France: elsässische Küche auf hohem Niveau, aber in gemütlichem Rahmen – auch ohne Michelinsterne, welche die Inhaber aus Kostengründen zurückgegeben haben. 1, Grand Rue, Ammerschwihr, www.aux-armes-de-france.com
La Maison des Têtes: vorzügliche Küche in einem Gebäude, das von innen wie von außen eine Augenweide ist. 19, Rue des Têtes, Colmar, www.la-maison-des-tetes.com.

SHOPPING
Eine gute Gelegenheit, die regionalen Produkte des Elsass kennenzulernen, sind die zahlreichen **Wochenmärkte.** Besonders schön ist derjenige in der Markthalle von Colmar (Di–Sa). Traditionelle Töpferwaren aus Soufflenheim oder Betschdorf, z. B. Formen für den Kugelhopf, werden überall angeboten. In Muttersholtz bei Sélestat wird das typisch elsässische Leintuch mit roten und blauen Karos gewebt. Gern gekauft werden auch Elsässer Wein und Sekt sowie Obstbrände

ÜBERNACHTEN
L'Ami Fritz: Haupthaus mit Zimmern in traditionellem regionalen Stil, modern-rustikale im Nebenhaus. Feines Essen bieten die Restaurants. 8, Rue des Chateaux, Ottrott-Le-Haut, www.amifritz.com
Hotel Arnold: in einem Weinberg gelegen, mit kleiner Weinstube und Terrasse. Route du Vin, Itterswiller. www.hotel-arnold.com
L'Abbaye d'Alspach: ruhig gelegenes Romantikhotel in einem geschmackvoll umgebauten ehemaligen Klarissinnenkloster. 2/4, Rue Foch, Kientzheim, www.hotel-abbaye-alspach.com
Hostellerie Le Marechal: Hotel in einem Fachwerkhaus (1565) auf der Stadtbefestigung von Colmar, mit elegantem Restaurant. 4/6, Place des Six Montagnes Noires, Colmar, www.hotel-le-marechal.com

WEITERE INFOS
Comité Régional du Tourisme d'Alsace, 20 A, Rue Berthe Molly, Colmar, www.tourisme-alsace.com/de

Folklore auf Schritt und Tritt, hier im Winzerstädtchen Turckheim bei Colmar

57. Paris

HIGHLIGHTS
- **Musée d'Orsay,** Kunstmuseum in einem umgebauten Bahnhof
- **Invalidendom,** Gedenkstätte, in deren Krypta der Sarkophag von Napoleon Bonaparte steht
- **Opéra Garnier,** 1875 eröffnetes Theater, das zu den größten der Welt zählt
- **Friedhof Père Lachaise,** größter Friedhof der Stadt mit berühmten Grabstätten, u. a. von Honoré de Balzac, Frédéric Chopin und Jim Morrison
- **Institut der Arabischen Welt,** Gebäude mit moderner Fassade, die den Lichteinfall automatisch reguliert

PARIS IM SOMMER
- **Juni–August:** Fête des Tuileries, der Park am Louvre wird zum großen Rummelplatz.
- **14. Juli:** Feuerwerk am Nationalfeiertag, besonders beeindruckend rund um den Eiffelturm
- **Juli/August:** Paris Plages, die Seine-Ufer werden zu einem Sandstrand verwandelt.

Abends entfaltet die Kathedrale Notre Dame ihren besonderen Reiz.

Im Bewusstsein der meisten Paris-Besucher lebt das Klischee »Stadt der Liebe«. Doch die Stadt ist viel mehr: Sie ist ein Kulturkoloss, der in seiner Vielfalt begeistert. Sie bietet pulsierendes Leben und überrascht auch durch ruhige Momente. In Paris findet jeder etwas, das ihm gefällt.

Vom Louvre zum Triumphbogen

Ganz Paris in wenigen Tagen kennenlernen zu wollen, ist eine Illusion. Selbst an einem verlängerten Wochenende muss das Motto »Weniger ist mehr« lauten. An jeder Ecke des Zentrums finden sich weltberühmte Sehenswürdigkeiten, die bei einem Spaziergang oder durch eine kurze Fahrt mit der **Métro** miteinander verknüpft werden können. Vom Eiffelturm im Westen bis zur Notre Dame im Osten gehört der Stadtkern zum **Weltkulturerbe der UNESCO**.

Der **Louvre** zählt zu den größten Museen der Welt. Selbst wer sich nicht in die Warteschlangen zur **Mona Lisa** einreihen möchte, kann sich von den Dimensionen des Gebäudekomplexes beeindrucken lassen. Im Norden schließt sich der **Palais Royal** aus dem 17. Jahrhundert an. Der von Arkadengängen umschlossene Park ist eine Insel der Ruhe.

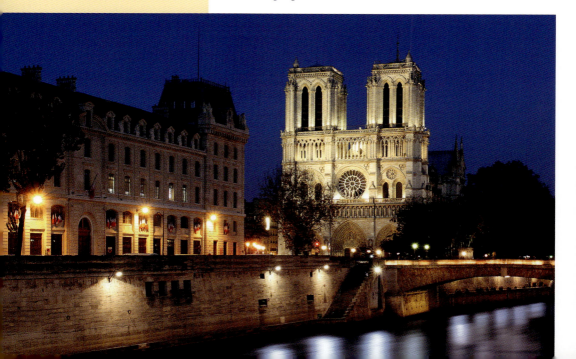

Frankreich

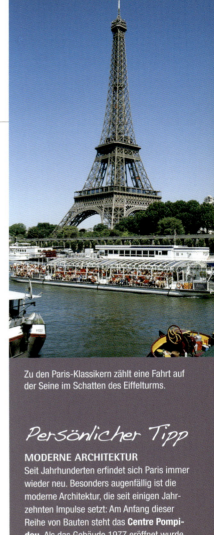

Zu den Paris-Klassikern zählt eine Fahrt auf der Seine im Schatten des Eiffelturms.

Die meisten Besucher zieht es allerdings vom Louvre durch den **Tuileriengarten** zur **Place de la Concorde.** Der dortige Obelisk von Luxor markiert den Beginn der Flaniermeile **Avenue des Champs-Élysées**. Regelmäßig bieten die nahe gelegenen **Grand Palais** und **Petit Palais** Sonderausstellungen von internationaler Bedeutung. Beide Bauten wurden anlässlich der Weltausstellung von 1900 errichtet. Zurück auf den Champs-Élysées bildet der **Triumphbogen** unübersehbar den Endpunkt der fast 2 km langen Sichtachse.

Paris von oben

Es gibt viele Möglichkeiten, einen Blick von oben auf Frankreichs Hauptstadt zu werfen. Die bekannteste ist der **Eiffelturm**, der per Aufzug oder zu Fuß bezwungen werden kann. Wer nach dem Besuch eine Ruhepause einlegen möchte, sollte seine Schritte zum benachbarten **Musée du quai Branly** lenken. Das 2006 eröffnete Haus präsentiert außereuropäische Kunst, überzeugt aber auch durch seinen vom Verkehrslärm abgeschirmten Garten, der kostenlos zugänglich ist.

Behaglich geht es auch zu Füßen von **Sacré Cœur** zu. Die Basilika erstrahlt mit ihrer weißen Fassade über die ganze Stadt. Sie steht auf dem **Montmartre**, dem höchsten Hügel von Paris. Besonders abends finden sich dort die Touristen ein, um die Stimmung hoch über dem Häusermeer zu genießen.

Zentrum Notre Dame

Der historische Kern von Paris liegt auf der Seine-Insel **Île de la Cité**. Dort können u. a. die alte Palastkapelle **Sainte-Chapelle** und die **Conciergerie** besichtigt werden, die während der Französischen Revolution als Gefängnis zu trauriger Berühmtheit gelangte.

Überragt wird das Gebäudeensemble von **Notre Dame**. Die Kathedrale wurde von 1163 bis 1345 erbaut und gehört damit zu den ältesten gotischen Bauwerken Europas. Die beiden 69 m hohen Türme tragen keine Turmhelme und können bestiegen werden. Gläubigen Katholiken ist Notre Dame wichtig, da sie die angebliche Dornenkrone Christi beherbergt, die 1237 aus Konstantinopel nach Paris gelangte.

Rive Droite und Rive Gauche

Die Île de la Cité ist über acht Brücken mit der restlichen Stadt und über eine Brücke mit der kleineren Nachbarinsel Île Saint-Louis verbunden. Ein Spaziergang ans nördliche Ufer, dem so-

Persönlicher Tipp

MODERNE ARCHITEKTUR

Seit Jahrhunderten erfindet sich Paris immer wieder neu. Besonders augenfällig ist die moderne Architektur, die seit einigen Jahrzehnten Impulse setzt: Am Anfang dieser Reihe von Bauten steht das **Centre Pompidou**. Als das Gebäude 1977 eröffnet wurde, galt es vielen Einheimischen als Schandfleck, da die Rohre für die technischen Versorgungen deutlich sichtbar außen an der Fassade verlaufen. Heute gehört »La Raffinerie« längst zu den legendären Wahrzeichen der Stadt. Ähnlich umstritten war die **Glaspyramide**, die seit 1989 den Innenhof des Louvre ziert und heute allgemein bewundert wird. Im selben Jahr wurde **La Grande Arche** im Westen des Zentrums eröffnet. Das gigantische Bürogebäude im Viertel La Défense liegt abseits der Touristenströme und wird von eher wenigen Besuchern wahrgenommen. Ein ähnliches Schicksal hat das neue Gebäude der **Nationalbibliothek**. Seit 1996 erheben sich vier 79 m hohe Türme an den Ecken eines großen Gartens. Mit ihrem rechtwinkligen Grundriss symbolisieren sie aufgeschlagene Bücher.

Krönender Abschluss der Avenue des Champs-Élysées ist der monumentale Triumphbogen.

Persönlicher Tipp

MIT KINDERN UNTERWEGS
Wer Paris als Abenteuerspielplatz und nicht als anstrengende Großstadt versteht, wird auch mit Kindern leichtes Spiel haben. Allein jeder Wechsel von einer Métrolinie zur anderen kann zum Ereignis werden. Und wenn es beim Eiffelturm 704 Stufen zur zweiten Plattform zu überwinden gilt, erscheint Kindern eine Fahrt mit dem Aufzug banal. Drei Ziele üben auf Kinder besondere Reize aus: Das **Naturhistorische Museum** ist nach den vergleichbaren Institutionen in Washington und London das weltweit drittgrößte. Im Zentrum der Ausstellung steht eine bunt zusammengewürfelte Herde ausgestopfter Tiere, die sich scheinbar auf den Weg zur Arche Noah macht. Direkt benachbart findet sich mit der **Ménagerie du Jardin des Plantes** einer der weltweit ältesten Zoos. Kinder, die sich eher für Technik begeistern lassen, kommen in der **Cité des Sciences et de l'Industrie** auf ihre Kosten. Auf dem riesigen Gelände im Parc de la Villette werden technische Wunderwerke von der Optik über die Biotechnologie und Mineralogie bis zur Astronomie präsentiert.

Der Strawinski-Brunnen am Centre Pompidou ist dem Werk des russischen Komponisten gewidmet.

genannten **Rive Droite** oder rechten Ufer, führt am **Rathaus** vorbei zum **Centre Pompidou**, in dem u. a. Kunstwerke der Moderne gezeigt werden. Rund um das Kulturzentrum erstreckt sich eine Fußgängerzone, direkt nebenan zieht der bunt-schrille **Strawinski-Brunnen** die Blicke auf sich.

Wer dem quirligen Treiben entkommen möchte, wendet sich gen Osten. Die schmale **Rue de Rosiers** leitet durch das jüdische Viertel. Vorbei an Restaurants mit kosheren Speisen geht es zur **Place des Vosges**. Der quadratische Platz ist als Park angelegt und wird von mondänen Häusern gerahmt, in denen u. a. Kardinal Richelieu und der Schriftsteller Victor Hugo gewohnt haben.

Das **Rive Gauche** oder linke Ufer wird durch Kultur geprägt. Im dortigen **Quartier Latin** zeigt sich das Leben der Studenten, die an der Universität **Sorbonne** eingeschrieben sind. Zu den herausragenden Sehenswürdigkeiten zählt die Kirche **Saint-Sulpice** – für deutsche Besucher auch interessant, weil dort der Dichter Heinrich Heine heiratete. Aus französischer Sicht wichtiger ist das **Panthéon**, in der bedeutende Persönlichkeiten ihre letzten Ruhestätten gefunden haben. Zu ihnen gehören Marie Curie, Jean-Jacques Rousseau und Voltaire.

Nach so viel Kultur kann man sich im **Jardin du Luxembourg** wunderbar erholen. In dem hervorragend gepflegten Garten treffen sich Einheimische und Besucher, um sich an den Kindern zu erfreuen, die Segelschiffe auf einem Teich auf die Reise schicken.

Paris

Infos und Adressen

ANREISE
Flug: Direktflüge von allen größeren Flughäfen nach Charles de Gaulle oder Orly; **Bahn:** Direktverbindungen u. a. von Köln (Gare du Nord), Frankfurt/Main und München (jeweils Gare de l'Est), **Tipp:** Métrokarten kauft man am besten als Carnet (Zehnerpack) oder als Mehrtagesticket »Paris Visite«, www.ratp.fr

SEHENSWERT
Versailles, Schloss und Park außerhalb der Stadt gehören zum Weltkulturerbe der UNESCO. Anreise mit der Bahn RER C, Öffnungszeiten des Schlosses Di–So 9–18.30 Uhr (Apr.–Okt., sonst bis 17.30 Uhr), www.chateauversailles.fr
Schloss Fontainebleau, Prachtbau auf der UNESCO-Welterbeliste rund 60 km südlich von Paris, Anreise per Bahn vom Bahnhof Gare de Lyon, Mi–Mo 9.30–18 Uhr (Apr.–Sept., sonst bis 17 Uhr), www.musee-chateau-fontainebleau.fr
Place Vendôme, prächtiger und geschichtsträchtiger Platz mit achteckigem Grundriss, in der Mitte eine Säule, auf der eine Statue von Napoleon Bonaparte thront.

ESSEN UND TRINKEN
L'As du Fallafel: hervorragende Falafel im jüdischen Viertel. 34 Rue de Rosiers
La Mascotte: Café und Brasserie in Montmartre mit erschwinglichen Delikatessen. 52 Rue des Abbesses, www.la-mascotte-montmartre.com
Au Tournebièvre: variantenreiche französische Kost mit Blick auf Notre Dame. 65 Quai de la Tournelle, www.letournebievre.com
Le Mauzac: Dutzende von Weinen mit angemessenen Häppchen. 7 Rue de l'Abbé de l'Épée, www.lemauzac.net

AUSGEHEN
Comédie-Française, Freunde des gehobenen Kulturgenusses können dort Aufführungen der Klassiker erleben, allen voran Molière und Shakespeare. Place Colette, www.comedie-francaise.fr
Théâtre de l'Odéon: Wer des Französischen nicht mächtig ist, kann in Paris dennoch Theaterfreuden verspüren: Die Stücke werden in ihren Originalsprachen auf die Bühne gebracht. Place de l'Odéon, www.theatre-odeon.eu
La Cigale: Einst klassische Kabarettbühne, treten dort heute Musiker auf, die ihre Karriere noch vor sich haben. 120 Boulevard de Rochechouart, www.lacigale.fr

SHOPPING
Bercy Village: Wo früher Wein gelagert wurde, stehen heute kleine Boutiquen und Restaurants Seite an Seite, täglich 11–21 Uhr. Direkt an der Métrostation Cour Saint-Émilion, www.bercyvillage.com
Les 4 Temps: Einkaufszentrum auf vier Etagen im Westen des Zentrums, per Métro schnell zu erreichen, Mo–Sa 10–20 Uhr, So 11–19 Uhr, 15 Place de la Défense, www.les4temps.com
Printemps Haussmann: renommiertes Warenhaus in edler Architektur, Mo–Sa 9.35–20 Uhr, (Do bis 22 Uhr). 64 Boulevard Haussmann, www.printemps.com

ÜBERNACHTEN
Hôtel du Cygne: Fachwerkhaus mit entsprechend kleinteiliger Architektur und 20 Zimmern. 3 Rue du Cygne, www.hotelducygne.fr
Hôtel des Grands Hommes: gehobene Preise, dafür von den oberen Zimmern Blick auf das Panthéon. 17, Place du Panthéon, www.hoteldesgrandshommes.com
Hôtel de Nice: Besonders interessant sind einige Zimmer in den oberen Etagen, denn sie haben Balkone mit Blick auf die Place du Bourg Tibourg. 42 Rue de Rivoli, www.hoteldenice.com

WEITERE INFOS
Tourismus- und Kongressbüro, Office du Tourisme et des Congrès de Paris, 25 Rue des Pyramides, Paris, www.parisinfo.com

Sehen und gesehen werden: Einheimische und Touristen schätzen die Cafés der Stadt.

58. Bretagne – der Süden

HIGHLIGHTS
- **Belle-Île,** schönste Insel der Bretagne mit kleinen Örtchen und malerischen Felsküsten
- **Carnac,** mit mehr als 4000 »Hinkelsteinen« größtes Megalithfeld Europas
- **Golf du Morbihan,** Küstenland mit mediterranem Flair rund um das Binnenmeer
- **Quimper,** gut erhaltene Altstadt und eine ehrwürdige Kathedrale
- **Vannes,** bezauberndes Städtchen mit malerischem Jachthafen und Fachwerk-Altstadt

DIE BRETAGNE IM SOMMER
- **Juli:** Festival de Cornouaille, einwöchiges Volksfest in Quimper
- **25./26. Juli:** Ste-Anne-Prozession, größte Prozession der Bretagne, Ste-Anne-d'Auray
- **August:** Festival Interceltique de Lorient, zehntägiges Kulturfestival mit keltischer Folklore und Musik aus aller Welt, Lorient
- **August:** Festival des Filets Bleus, dreitägiges folkloristisches Straßenfest, Concarneau

Das Kap Pointe de Saint-Mathieu (Gemeinde Plougonvelin) mit dem Leuchtturm von 1835.

Lange Sandstrände und eindrucksvolle Felsenküsten sind typisch für die südbretonische Küste an der Halbinsel Quiberon und am Golf von Morbihan. Bei Carnac im Hinterland reihen sich zahlreiche Menhire der Steinzeit aneinander. Von der mittelalterlichen Bedeutung der Region zeugen malerische Städtchen mit schmalen Gassen.

Land am Meer

Im Süden zeigt die Bretagne ein fast mediterranes Gesicht. Hier ist es sonniger und deutlich wärmer als an den anderen bretonischen Küstenabschnitten, und das Land ist flacher und viel sanfter. Hinzu kommt die geschützte Lage am **Golf von Morbihan,** dessen Name auf Bretonisch »kleines Meer« bedeutet. Lang gestreckte Sandstrände an azurblauem Meer wechseln hier mit kleinen, von Felsen gerahmten Buchten. Viele Hundert Inseln und Inselchen ragen aus dem flachen Wasser. In Küstennähe erstreckt sich die sechs Kilometer lange **Île aux Moines,** die »Mönchsinsel«. Sie kann mit einer Fähre erreicht werden. Ein guter Ausgangspunkt für solche

Frankreich

Delikatesse Austern – die Südküste der Bretagne ist für ihre Züchtung bestens geeignet.

Bootsausflüge ist das Städtchen **Vannes**. Der Mittelpunkt des Départements Morbihan ist mit seinen schmucken Fachwerkhäusern in der Altstadt, die sich hinter hohen Festungsmauern verbirgt, eine der schönsten Städte der Bretagne. Von der Place Gambetta am Jachthafen gelangt man durch das Stadttor Port St-Vincent (1704) hinein.

Ein weiteres Badezentrum der südlichen Bretagne erstreckt sich um die **Halbinsel Quiberon**, die kilometerweit ins Meer hineinragt. Die Südspitze nimmt Quiberon mit seinen weitläufigen Stränden ein. Die Badeplätze liegen alle auf der ruhigen Ostseite der Halbinsel. An der Westseite hingegen spürt man den offenen Atlantik. Eine kurvenreiche Küstenstraße folgt Bucht für Bucht den rauen Klippen der **Côte Sauvage** (»wilde Küste«). Eine besonders schöne Aussicht bietet sich von der Landzuge **Pointe du Percho**, wo man bei gutem Wetter bis zu der südlich gelegenen **Belle-Île** sehen kann. Sie ist nicht nur die schönste – wie der Name schon sagt –, sondern mit 17 km Länge auch die größte bretonische Insel. Die Überfahrt von Quiberon dauert 45 Minuten. Vom Ankunftsort Le Palais lässt sich die landschaftlich abwechslungsreiche Insel mit ihren bizarren Felsküsten per Fahrrad erkunden.

Menhire, Strand und Prozessionen

Im Landesinnern, am Fluss Loc'h, liegt das Städtchen **Auray**. Am linken Flussufer erhebt sich die mittelalterliche Oberstadt, am rechten Ufer ziehen sich hinter dem malerischen Hafenviertel Fachwerkhäuser die engen, steilen, kopfsteingepflasterten Gassen den Hügel hinauf. Im nahe gelegenen **Ste-Anne-d'Auray** findet Ende Juli zu Ehren der Schutzpatronin der Bretagne die bedeutendste Prozession der Region statt. Dann zieht es Zehntausende dorthin.

Südlich, auf einer Halbinsel, die den Golf von Morbihan vom Atlantik trennt, befindet sich der Fischereiort **Locmariaquer**. In seinem Umkreis wurden bedeutende Zeugnisse der **Megalithkultur** gefunden, darunter der größte Menhir der Jungsteinzeit, der heute in vier Teile zerbrochen am Boden liegt. Die weitaus meisten »Hinkelsteine« wurden jedoch vor Tausenden von Jahren bei **Carnac** errichtet. So viele Menhire wie dort gibt es sonst nirgendwo: Mehr als 4000 dieser steinernen Zeugnisse der Vorzeit sind in kilometerlangen Steinreihen aufgestellt, in Halbkreisen angeordnet oder liegen einzeln im Heidekraut. Aufgrund des milden Kli-

Persönlicher Tipp

GALETTES, AUSTERN UND MEHR

Einen guten Eindruck von den kulinarischen Spezialitäten der Bretagne geben die **Bauernmärkte**, die in vielen Orten ein- bis zweimal wöchentlich stattfinden. Hier werden alle Produkte der Region angeboten, wie Artischocken, Käse und geräucherte Würste. Besonders die Vielfalt an **Meeresfrüchten** erstaunt. Herz-, Venus- und Jakobsmuscheln sowie Austern sind typisch, daneben gibt's Strandschnecken, Langusten und Garnelen. Viele Spezialitäten kann man auf Märkten probieren, die im Rahmen der zahlreichen Feste in der Bretagne stattfinden. Einen Versuch wert sind etwa der **Far breton**, eine Kuchenspezialität mit Backpflaumen oder Rosinen, und der **Kouign-amann**, ein Butterkuchen. Oder probieren Sie einmal **Soupe de poisson**, Fischsuppe, die mit gerösteten Brotstücken serviert wird! Neben Crêpes werden auch überall **Galettes** frisch gebacken, für die Buchweizenmehl verwendet wird. Sie enthalten eine herzhafte Füllung mit Schinken, Ei oder Käse. Dazu passt ein weiterer Klassiker: bretonischer **Cidre**, Apfelwein, der aus dünnen Trinkschalen aus Ton getrunken wird.

Schloss Turpault bei Quiberon sieht mittelalterlich aus, stammt aber aus dem Jahr 1910.

Persönlicher Tipp

ÎLE DE GAVRINIS

Wer nur wenig Zeit für einen Inselausflug hat, sollte sich für die **Île de Gavrinis** vor der Küste zwischen Locmariaquer und Larmor-Baden entscheiden. Auf der unbewohnten »Ziegeninsel« ist eines der besten Beispiele eines 5000 Jahre alten **Megalithbauwerks** erhalten, das aufgrund seiner Größe schon von Weitem zu sehen ist. Der 8 m hohe, kreisrund angelegte Cairn (Steinhügel) hat einen Durchmesser von etwa 50 m. Er bedeckt einen Dolmen, in dem ein 14 m langer Gang zur etwa sechs Quadratmeter großen Grabkammer führt. Einzigartig an der vorgeschichtlichen Anlage ist die reichhaltige Verzierung der etwa 30 Tragsteine der Gangwände. Die **Gravuren** zeigen unterschiedlichste Motive wie Halbkreise, Schlangen, Beile, Pfeile, aber auch Fischgrät- und Flechtmuster. Auf der Oberseite des Decksteins der Kammer sind Menschen und Tiere zu erkennen.
Die Insel ist nur im Rahmen einer Führung zu besichtigen. Die Fähren legen in Larmor-Baden ab.

mas und des feinen Sandes im Schutz der Halbinsel von Quiberon sind die sanft abfallenden Strände von **Carnac-Plage** sehr beliebt.

Die Küste der Maler

Richtung Westen ist das Gebiet zwischen den Küstenorten Le Pouldu und Pont L'Abbé ein beliebtes Feriengebiet. Einsame Strände und malerische Fischerdörfer verleihen ihr einen ganz besonderen Reiz. Künstler wie Paul Gauguin ließen sich Ende des 19. Jahrhunderts von der Schönheit dieser bretonischen Landschaft inspirieren. Bis heute hält das hübsche Städtchen **Pont-Aven** das Erbe der Künstlerkolonie um Gauguin (»Schule von Pont-Aven«) in Ehren. Im Museum am Rathausplatz werden Gemälde von Gauguin, Émile Bernard und Paul Sérusier gezeigt; zahlreiche Galerien profitieren vom Renommée der Künstler.

Anziehungspunkt der Hafenstadt **Concarneau** ist die Ville Close, die von massiven Mauern umgebene Altstadt. Auf den Stadtmauern, mehr als 1000 Jahre alte Wehrarchitektur, kann man auch fast ganz um die Stadt herumspazieren. Landeinwärts lohnen das mittelalterlich anmutende Städtchen **Locronan** und besonders **Quimper** einen Besuch. Schmucke Fachwerk- und Steinhäuser werden überragt von den Spitztürmen der gotischen **Kathedrale St-Corentin**, einer der bedeutendsten Sakralbauten der Bretagne. Quimper ist auch bekannt für seine dekorativen Fayencen, die hier seit Jahrhunderten in Werkstätten nach alter Tradition von Hand geformt und verziert werden.

Restaurant in einem typischen Steinhaus an der Place au Beurre in Quimper.

Bretagne – der Süden

Infos und Adressen

ANREISE
Flug: Flugverbindungen über Paris nach Rennes oder Quimper; **Bahn:** TGV-Verbindung über Paris, von dort bis Rennes (2 Std.) und bis Quimper (4 Std.). **Auto:** Fahrtzeit ca. 3–4 Std. ab Paris; **Tipp:** Bei Anreise mit dem Flugzeug oder der Bahn sorgt ein **Mietwagen** für die nötige Mobilität vor Ort.

SEHENSWERT
Côte Sauvage, »wilde Küste« der schmalen Halbinsel Presqu'île de Quiberon mit der Landzunge Pointe du Percho
Stadtmauer in Vannes, Promenade an der zwischen dem 13. und 17. Jahrhundert erbauten Stadtmauer in Vannes, vorbei am Wachtturm Tour de Connétable (15. Jh.)
Musée de Pont-Aven, mit Werken von Künstlern wie Paul Gauguin und Émile Bernard, die sich in der Zeit von 1860 bis 1970 von der Bretagne, insbesondere Pont-Aven, inspirieren ließen. Place de l'Hôtel de Ville, Pont-Aven, www.museepontaven.fr
Musée des Beaux-Arts, Kunstmuseum mit Gemälden vom 16. Jahrhundert bis zur Moderne, u. a. Werke von Max Jacob, dem berühmten Sohn der Stadt. 40, Place St-Corentin, Quimper, www.mbaq.fr
Musée des la Faïence, Ausstellung zur Geschichte der Fayencenherstellung. 14, rue Jean-Baptiste Bousquet, Quimper, www.musee-faience-quimper.com
Locmariaquer, bedeutende Megalithfunde im Umkreis des kleinen Ortes, darunter Grand Menhir, der größte bekannte Menhir
Pardons, feierliche Prozessionen zu Ehren der Ortsheiligen, zu denen viele Bretonen in Tracht kommen, von Mai bis Juli in vielen Orten, die größte Ende Juli in Ste-Anne-d'Auray

ESSEN UND TRINKEN
De Roscanvec: exzellente Küche zu moderaten Preisen, im Herzen der Altstadt. 17, rue des Halles, Vannes, roscanvec.com
Crêperie Dan Ewen: leckere Crêpesvariationen in uriger Atmosphäre, in der Altstadt. 5, place du Général de Gaulle, Vannes
Le Vivier: saisonale Gerichte mit Meeresfrüchten, direkt am Meer. Route de la Côte Sauvage, Presqu'île de Quiberon
La Criee: moderne Fischküche in gemütlichem Ambiente, am Hafen. 11 Quai Ocean, Quiberon

SHOPPING
Märkte, regionale Spezialitäten auf dem Wochenmarkt, z. B. Mittwoch und Samstag an der Place des Lices in Vannes und Samstag auf der Place du Varquez in Quiberon
Faïencerie HB-Henriot, 1690 gegründete älteste Fayencen-Manufaktur der Bretagne mit reichhaltigem Verkaufsangebot an Töpferwaren. Rue Haute, Quimper, www.henriot-quimper.com

ÜBERNACHTEN
Villa Kerasy: kleines Hotel mit zwölf Zimmern; exquisite Ausstattung, inspiriert von den Reiseetappen des Seeweges nach Ostindien. 20, avenue Favrel et Lincy, Vannes, www.villakerasy.com
Hotel de France: gemütliches, günstiges Hotel mit 30 Zimmern, in Fußnähe zur Innenstadt. 57, avenue Victor Hugo, Vannes, www.hotelfrance-vannes.com
Sofitel Quiberon Thalassa: Vier-Sterne-Haus mit Thalassotherapiezentrum, Bar und Feinschmeckerrestaurant. Pointe de Goulvars, Quiberon, www.sofitel.com/de/hotel-0557-sofitel-thalassa-quiberon
Bellevue Hotel: Hotel mit freundlich eingerichteten Zimmern und Swimmingpool. Rue De Tiviec, Quiberon, www.bellevuequiberon.com

WEITERE INFOS
Comité Dép. du Tourisme, PIBS – Allée Nicolaos-le Blanc B.P. 408, Vannes, www.morbihan.com

Der Menhir Men-Marz in Pontusval ist mit 80 Tonnen einer der schwersten in der Bretagne.

59. Santorin

HIGHLIGHTS
- **Akrotiri,** bedeutendste Ausgrabungsstätte, seit April 2012 wieder für Besucher zugänglich
- **Thira,** Überreste der antiken Stadt im Osten der Insel
- **Nea Kameni,** Insel mit Vulkankegel in der Mitte der Caldera, mehrere Krater
- **Fira,** größter und malerischster Ort am Rand der Caldera mit Hafen Skala
- **Profitis Ilias,** höchster Berg von Santorin, gleichnamiges Kloster mit kleinem Museum

SANTORIN IM FRÜHLING, SOMMER UND HERBST
Ostern: orthodoxes Osterfest in Pirgos
August: Megaro Gyzi Festival, Konzerte, Theateraufführungen, Ausstellungen im gleichnamigen Kulturzentrum, Fira
August: Vulkanfest, Musik, Volkstänze, Feuerwerk in Fira und auf Nea Kameni
August: Santorini Jazz Festival im Freiluftkino von Kamari
September: International Music Festival of Santorini, vor allem klassische Musik, Fira

Blaue Kuppeln zieren die meisten Kirchen auf Santorin; hier am Rand der Caldera in Oia.

Die spektakulärste Inselgruppe der griechischen Kykladen ist Santorin, bzw. Thera oder Thira, wie der Archipel auch genannt wird. Atemberaubende Ausblicke vom Rand der Caldera, Vulkane, Dörfer mit weißen Häusern und Badestrände mit schwarzem oder rotem Sand bilden ein expressionistisches Gemälde.

Kleinod aus Vulkangestein

Steil steigen die aus dunklem Lavagestein bestehenden Wände der Caldera im Westen der Hauptinsel Santorin aus der tiefblauen Ägäis auf, bekrönt von den strahlend weiß getünchten Häusern der Dörfer, die sich den Kraterrand entlangziehen. Nach Osten fällt die Insel sanft zum Meer hin ab. Hier liegen die Badestrände: grauschwarzer Lavasand mit kleinen weißen Bimssteinen bei **Kameni** und **Perissa**, rötlicher Sand bei **Akrotiri** im Süden. Reizvoller sind jedoch die Orte am Calderarand mit ihren terrassenartig angeordneten würfelförmigen Häusern und Kirchen mit blauen Kuppeldächern. Hauptort und Touristenzentrum ist **Fira** mit vielen kleinen Hotels, belebten Lokalen, Bars und Geschäften. In **Oia** im Norden treffen sich die Touristen bei der alten Windmühle zum schönsten Sonnenuntergang in der Ägäis.

Griechenland

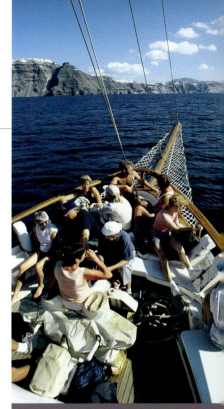

Zu Ausflugsbooten umgebaute Fischerboote, Kaikis, schippern in der Caldera von Santorin.

Infos und Adressen

ANREISE
Flug: Santorini Airport wird von Athen aus regelmäßig angeflogen (Dauer: 30 Min); in der Saison Charterflüge von großen deutschen Flughäfen

SEHENSWERT
Prähistorisches Museum, Funde aus Jungsteinzeit, Kykladen- und minoischer Kultur. Fira
Archäologisches Museum, Exponate von den Ausgrabungen der antiken Stadt Thira. Fira, http://odysseus.culture.gr
Pirgos, höchstgelegener Ort in der Inselmitte, schöne Herrenhäuser unterhalb des venezianischen Kastells

ESSEN UND TRINKEN
Kasteli: regionale Küche und Kraterrandblick von der Terrasse. Oia, www.kasteli-santorini.com
Kapari Taverna: gemütliche Taverne mit bodenständiger Küche. Fira
Francos Bar: Blick auf die Caldera. Fira, www.francos.gr

ÜBERNACHTEN
Homeric Poems: Apartmentanlage mit Swimmingpool am Kraterrand. Firostefani, www.homericpoems.gr
Ario Lito Mansion: Boutiquehotel in einem liebevoll restaurierten Haus. Fira, www.arialito.com
Zannos Melathron: Luxushotel in einem alten Herrenhaus. Pirgos, www.zannos.gr

WEITERE INFOS
Griechische Zentrale für Fremdenverkehr, Neue Mainzer Str. 22, Frankfurt, www.gzf-eot.de; Griechischer Tourismusverband, www.visitgreece.gr

Erst 1967 entdeckte man das vor etwa 3500 Jahren bei einem der verheerendsten Vulkanausbrüche der Menschheitsgeschichte, der die Insel zerriss, unter Lava und Asche begrabene minoische **Akrotiri**, das »Pompeji der Ägäis«. Die Originale der wundervollen Fresken befinden sich im Archäologischen Nationalmuseum in Athen, Reproduktionen sind im **Petros M. Nomikos-Kulturzentrum** in Fira ausgestellt. Sehenswert sind auch die Ausgrabungen der antiken Stadt **Thira** im Osten der Insel.

Auch das Inselinnere hat Interessantes zu bieten. Auf dem **Profitis Ilias** (566 m) locken das gleichnamige Kloster mit Museum, Garten und Bibliothek. Reizvoll sind auch die mittelalterlichen Dörfer **Pirgos**, **Emporio** und **Messaria** mit ihren Kirchen, Herrenhäusern und Weingütern.

Persönlicher Tipp

Bootsfahrt in der Caldera
Jeden Geologieinteressierte zieht es zur Insel **Nea Kameni** in der Mitte der Caldera. Zu Fuß, mit dem Esel oder mit der Seilbahn geht es zuerst nach **Skala**, den alten Hafen von Fira, wo die Boote ablegen. Auf der Vulkaninsel führt ein steiler Weg zum Zwillingskrater. Heiße Schwefelgase treten an manchen Stellen aus. Der letzte größere Ausbruch ereignete sich 1950. Nicht mehr aktiv ist die zweite Vulkaninsel **Paläa Kameni**; in einer kleinen Bucht erwärmt eine Thermalquelle das Meerwasser. Gegenüber der Hauptinsel auf der anderen Seite der Caldera befindet sich die knapp zehn Quadratkilometer große Insel **Thirassia**. In den Dörfern leben gerade einmal 200 Menschen. Im Vergleich zum Trubel in Fira und Oia geht es hier sehr beschaulich zu. Die Ausflugsboote legen in Korfos an. Zu Fuß oder mit dem Esel kommt man zum Hauptort **Manolas**. Der Blick vom Kloster in Koimiseos über die Insel und auf den Calderarand gegenüber ist fantastisch.

60.  Athen

Die Akropolis überragt weithin sichtbar die griechische Hauptstadt.

HIGHLIGHTS
- **Agora,** Ausgrabungsstätte des griechisch-antiken Markt- und Versammlungsplatzes
- **Akropolis,** berühmte antike Tempelanlage, Wahrzeichen Athens
- **Tempel des olympischen Zeus,** Ruine des größten Tempels der griechischen Antike
- **Plaka,** verwinkeltes Altstadtviertel mit zahlreichen Tavernen
- **Lykabettos,** Aussichtsberg mit dem spektakulärsten Blick auf Athen mit der Akropolis

ATHEN IM SOMMER
- **Juni–August:** Epidaurus-Festival mit Aufführungen antiker Dramen im antiken Theater von Epidaurus
- **Juni–September:** Athener Festival mit Theater-, Musik- und Tanzveranstaltungen, im Odeon des Herodes Attikus
- **August:** nächtliche Musik- oder Tanzveranstaltungen mit dem Augustvollmond als Beleuchtung

In keiner anderen Stadt Europas stößt man so geballt auf Spuren der antiken Vergangenheit wie in Athen. Wahrzeichen ist die auf einem 156 Meter hohen Anhöhe errichtete Akropolis. Den Charme der heutigen Großstadt macht das Nebeneinander von Antike und Moderne aus.

Lebendige Antike

Die berühmtesten antiken Sehenswürdigkeiten befinden sich im Stadtzentrum Athens um die markante Erhebung des Akropolisfelsens. Die **Akropolis** selbst war in frühester Zeit Wohnort und Kultstätte; heute ist sie ein besonderes Denkmal, das an die erste Blütezeit der europäischen Kultur erinnert. Zwischen 447 und 406 v. Chr. wurden durch Perikles, unter der Leitung des Bildhauers Phidias, die vier klassischen Bauten errichtet, die Besucher noch heute bewundern: das **Parthenon**, die **Propyläen**, der **Tempel der Nike** und das **Erechtheion**. Der mühevolle Aufstieg auf den steilen Felsen wird mit einer großartigen Panoramaaussicht über die griechische Hauptstadt belohnt.

Griechenland

Während die Akropolis das religiöse Zentrum darstellte, war die **antike Agora** der zentrale Versammlungsplatz der Bürger und der gesellschaftliche Mittelpunkt Athens. Im 6. Jahrhundert v. Chr. begann der planmäßige Ausbau. Das Herzstück der Agora bildet der **Hephaistos-Tempel**, der von dorischen Säulen getragen wird. Die mächtigsten Säulen Athens gehören jedoch zum **Olympieion**, dem Tempel des Olympischen Zeus: Heute stehen nur noch 15 korinthische Säulen, die jedoch durch ihre gewaltige Höhe beeindrucken. Das **Dionysos-Theater** am Südostabhang der Akropolis gilt als Geburtsstätte des europäischen Theaters. Wichtige Werke der bekannten antiken Tragödiendichter Aischylos, Sophokles und Euripides wurden hier uraufgeführt. Die steinernen Sitzreihen des Zuschauerrunds, das heute noch zu sehen ist, entstanden um 330 v. Chr.

Flanieren in historischen Gassen

Kern der Athener Altstadt ist die **Plaka**, die in der Antike das Hauptsiedlungszentrum Athens war. Besonders in den Abendstunden herrscht in den engen Gassen ein buntes Treiben. Die meisten von ihnen sind Fußgängerzonen mit zahllosen Tavernen, Cafés, Boutiquen und Souvenirshops. Zu jeder Tageszeit belebt ist das Viertel um den **Monastirakiplatz**. Einst Kern des türkischen Athen, kann man hier in Sträßchen mit Basarcharakter flanieren und eine geradezu orientalisch-pulsierende Geschäftigkeit erleben. Gleich hinter der **Tzisdaraki-Moschee** liegt die aus römischer Zeit stammende **Hadriansbibliothek**; auch zur **römischen Agora** mit dem markanten **Turm der Winde** ist es nicht weit.

Rund um die **Syntagmaplatz** (»Platz der Verfassung«) zeigt sich Athen mit großen und luxuriösen Hotel- und Bankbauten von seiner repräsentativen Seite. Der im 19. Jahrhundert angelegte Platz ist das politische Zentrum Griechenlands und Schauplatz für politische Aktionen, Staatsbesuche und Demonstrationen. Das im klassizistischen Stil errichtete Alte Schloss dient seit 1935 als Sitz des **Parlaments**. Vor dem Gebäude steht das »Grab des Unbekannten Soldaten«. Hier findet stündlich der **Wachwechsel der Garde** in historischer Tracht statt. An der Alleestraße Vissilissis Sofias, die vom Parlament Richtung Norden führt, sind drei der wichtigsten historischen Sammlungen aus vorchristlicher Zeit in eleganten Bauten untergebracht: das **Benaki-Museum**, das **Goulandris-Museum für kykladische Kunst** und das **Byzantinische**

Persönlicher Tipp

AUSGRABUNGEN VON KERAMEIKOS

Jeder kennt die Akropolis, aber eine der schönsten Ausgrabungsstätten Athens ist relativ unbekannt: **Kerameikos**, der einzige erhaltene antike Friedhof der Stadt. Da nur wenige Touristen den Weg dorthin finden, kann man auf mehreren Hektar Ausgrabung relativ ungestört an alten Grabstelen und Resten der antiken Stadtmauer entlang flanieren. Der Name leitet sich von den Töpferwerkstätten ab, die in der Antike in diesem Stadtviertel zu finden waren. Ab dem 4. und 5. Jahrhundert v. Chr. wurden auf dem Friedhof all jene Verstorbenen beerdigt, die im öffentlichen Leben standen und von gesellschaftlicher Bedeutung waren. Die interessantesten dieser Monumente mit teilweise kunstvoll verzieren Grabstelen befinden sich an der sogenannten **Gräberstraße**.

Das **Karmeikos-Museum** (Ermou Str. 148) auf dem Gelände gibt einen interessanten und umfangreichen Einblick in die antiken Grabsitten und Grabbeigaben.
www.akropol.net/kerameikos/

Statue des antiken griechischen Philosophen Sokrates vor der Akademie von Athen.

Malerisch: der Turm der Agios-Georgios-Kirche auf dem Athener Stadtberg Lykabettos.

Persönlicher Tipp

FISCHGENUSS IN PIRÄUS
Ein Ausflug in die Hafenstadt Piräus 10 km südwestlich des Athener Zentrums sollte bei einem Athenbesuch nicht fehlen. Östlich des Haupthafens liegen die beiden hübschen und weniger überlaufenen **Häfen Zea** und **Mikrolimano**, die sich noch etwas von der ursprünglichen Hafenatmosphäre bewahrt haben. An den Promenaden reihen sich zahlreiche Fischrestaurants aneinander. Bei einem leckeren Fischgericht fällt der Blick auf Kutter, Kähne und elegante Jachten, die im Wasser der Hafenbecken dümpeln. Ebenfalls lohnenswert ist ein Spaziergang durch das Viertel **Kastella**. Malerische Straßen, von hübschen Häusern gesäumt, führen den Hang hinauf bis zur Hügelkuppe, wo sich die Aussicht auf Haupthafen, Zea und Mikrolimano genießen lässt.

Wache vor dem »Grab des Unbekannten Soldaten« am Syntagmaplatz.

Museum. Noch weiter im Norden, jenseits des Omoniaplatzes, befindet sich – ebenfalls in einem klassizistischen Prunkbau – das **Archäologische Nationalmuseum**, das mit seiner umfassenden Sammlung an Kunstschätzen der griechischen Antike zu den bedeutendsten europäischen Museen zählt.

Athen grün und elegant

Eine grüne Oase mitten im Großstadttrubel ist der **Nationalgarten**, der 1836 als romantischer Landschaftsgarten angelegt wurde und Schattenplätze unter hohen Bäumen bietet. Ein halbstündiger Spaziergang führt von hier hinauf auf den 277 Meter hohen **Lykabettos**. Vom Gipfel, den man wahlweise zu Fuß oder mit der Standseilbahn erreichen kann, bietet sich der spektakulärste Ausblick auf Athen. Auch der Sonnenuntergang ist von hier aus ein Erlebnis. Zu Füßen des Lykabettos breitet sich das Stadtviertel **Kolonaki** aus, eines der schicksten städtischen Wohn- und Büroviertel und gleichzeitig ein beliebtes und teures Einkaufs- und Bummelareal. Rund um den Kolonakiplatz gibt es zahlreiche Cafés und schicke Restaurants.

Athen

Infos und Adressen

ANREISE
Flug: Direktflüge von vielen deutschen Flughäfen, im Sommer zahlreiche Charterverbindungen, vom Athener Flughafen weiter mit Metrolinie 3 (alle 30 min.) in die Innenstadt (Fahrzeit: ca. 40 min)

SEHENSWERT
Agora-Museum, in der zweigeschossigen Attalos-Stoa, mit ausgewählten antiken Objekten des Fundortes, darunter Vasen, Grabbeigaben und Statuen. Eingang an der Adrianou Str. 24, www.agathe.gr

Akropolis-Museum, herausragendes Beispiel für einen Museumsneubau des 21. Jahrhunderts (2009 eröffnet). Sammlung mit Skulpturen, Giebeln, Friesen von der Akropolis. Dionisiou Areopagítou Str. 15, www.theacropolismuseum.gr

Archäologisches Nationalmuseum, weltweit größte Sammlung griechisch-antiker Kunstwerke, prähistorische Sammlung, u. a. mit mykenischen und kykladischen Funden, berühmt für seine umfangreiche Skulpturensammlung. Patission Str. 44, www.namuseum.gr

Benaki-Museum, mehr als 30 000 Exponate griechischer Kunst von der Antike bis zur Neuzeit, insbesondere aus der Zeit von 1453 bis um 1900. Koumbari Str. 1, www.benaki.gr

Goulandris-Museum für kykladische Kunst, weltweit bedeutendste Sammlung kykladischer und antiker Kunst, darunter die weltweit schönste Sammlung kykladischer Idole. Neofitou Douka Str. 4, www.cycladic-m.gr

Numismatisches Museum, bedeutende antike Münzsammlung im ehemaligen Wohnhaus des deutschen Archäologen Heinrich Schliemann. Panepistimiou Str. 12

ESSEN UND TRINKEN
Taverna Platanos: traditionsreiche Taverne der Athener Plaka, schmackhafte Küche. Diogenous Str. 4

Kuzina: griechische Küche neu interpretiert, am Fuße der Akropolis. Adrianou Str. 9 (Thissio), www.kuzina.gr

To Kafeneio: kleines Lokal mit typisch griechischen Gerichten, in einer Nebenstraße der Plaka. Epicharmou Str. 1, www.tokafeneio.gr

SHOPPING
Zentralmarkt, größter Lebensmittelmarkt Athens, breites Angebot an Oliven, Gewürzen, Nüssen und Spirituosen. Athinas Str.

Attica, größtes und modernstes Kaufhaus der Stadt mit Café im 6. Stock. Panepistimiou Str. 9

Center of Hellenic Tradition, kleines Einkaufszentrum mit hochwertigem griechischem Kunsthandwerk. Pandrossou 36

AUSGEHEN
Elleniki Lyriki Skini, griechische Nationaloper, auch deutsche Operetten. Akadimias Str. 59, www.nationalopera.gr

Baraonda, exklusiver Nachtclub und Bar, Tsochas Str. 43. www.baraonda.gr

Stoa Athanaton, beliebtes Lokal mit live gespielter Rembetiko-Musik, auch als »griechischer Blues« bezeichnet. Sofokleous Str. 19

Tanztheater Dora Stratou, griechische Volkstanz-Aufführungen in historischen Trachten unter freiem Himmel, von Mai bis September geöffnet. Arakinthou Str. 33, www.grdance.org

ÜBERNACHTEN
Grande Bretagne: traditionsreiches Hotel der Luxusklasse direkt neben dem Parlamentsgebäude. Platia Syntagma, www.grandebretagne.gr

Hotel Omiros: günstige kleine Zimmer, zentral und ruhig gelegen. Apollonos Str. 15, www.omiroshotel.gr

Hotel Adrian: kleines, sauberes Hotel in Zentrumsnähe, Frühstück mit Ausblick auf der Dachterrasse. Adrianou Str. 74

Hotel Plaka: in zentraler Lage, Blick vom Dachgarten auf die Akropolis. Kapnikareas & Mitropoleos Str. 7, ww.plakahotel.gr

WEITERE INFOS
Touristisches Informationsbüro Athen, Amalia Str. 26 www.tourias.de/reisefuehrer/touristeninformation/athen

In den verwinkelten Gassen des Altstadtviertels Plaka gibt es viele gemütliche Tavernen.

61. London

Das Parlamentsgebäude mit Big Ben, vorne die 2002 erweiterte Hungerford-Brücke (1864).

HIGHLIGHTS

- **Houses or Parliament,** neogotisches Parlamentsgebäude aus Sandstein mit Westminster Hall und Uhrturm Big Ben
- **British Museum,** 7 Mio. Exponate aus der Kulturgeschichte, runder Lesesaal, glasüberdachter Great Court
- **St. Paul's Cathedral,** mit der größten Vierungskuppel (170 m) nach dem Petersdom
- **Harrods,** Kaufhausinstitution mit 300 Abteilungen (besonders Foods Halls)
- **Tower Bridge,** zweitürmige Klappbrücke (1894) über die Themse mit Fußgängersteg

LONDON IM SOMMER UND HERBST

- **Juni:** Trooping the Colour, Militärparade zum Geburtstag der Queen
- **Juni–September:** Regent's Park Open Air Theatre
- **Juli–September:** Klassische Abendmusik in Royal Albert Hall (The Proms)
- **August:** karibisch-afrikanischer Notting Hill Carnival
- **September:** Thames Festival, Sport, Theater, Markt und Lichterfest mit Feuerwerk

In London ist die Welt zu Hause. Eine der größten Städte Europas und bereits vor 200 Jahren eine Millionenmetropole, setzt London bis heute Maßstäbe und Trends in Politik, Wirtschaft, Kultur, Architektur und nicht zuletzt in Musik und Mode. Wer hat jemals alle Unterhäuser, U-Bahnen, Nelson-Säulen, Doppeldeckerbusse, Docklands und Malls gezählt?

Weltstadt an der Themse

Jeder hat London schon einmal gesehen, obwohl er vielleicht noch keinen Fuß in die 2000 Jahre alte Stadt an der Themse gesetzt hat. Vermutlich werden Big Ben (eigentlich Uhrturm mit namengebender Glocke) und Tower Bridge von 99 Prozent aller Erdbewohner erkannt. Daher freut sich der Besucher, wenn er die weltbekannten Sehenswürdigkeiten endlich persönlich in Augenschein nehmen darf. Selbstverständlich folgt er dabei ausgetretenen Pfaden, wird aber auch immer wieder überrascht. Und das nicht nur, weil die Metropole bisher jede Gelegenheit genutzt hat, sich neu zu erfinden, etwa nach dem Großen Brand 1666, mit der ersten U-Bahn der Welt 1863, der Neugestaltung der Docklands ab den 1980er-Jahren oder mit den Olympischen Sommerspielen 2012. Beständig erhält die Skyline der kaum eine Quadratmeile gro-

Großbritannien

ßen **City**, historischer Siedlungskern und heute Weltfinanzzentrum mit wenigen Tausend ständigen Bewohnern, neue Konturen, zuletzt durch die »Glasscherbe« (**Shard**, 2012) des italienischen Architekten Renzo Piano gegenüber am Südufer der Themse. Ein 310 m hoher Wolkenkratzer in Pyramidenform genügte nicht, der Bahnhof an der **London Bridge** wurde gleich mit einem Glasdach überbaut.

Schöne Aussichten – gute Unterhaltung

Ein schönes Panorama auf die Bank- und Versicherungspaläste der City, darunter die »Essiggurke« (Gherkin, 2004) von Stararchitekt Lord Norman Foster, hat man von der **Bankside** in **Southwark**, dem historischen Vergnügungsbezirk. Dort gibt es zwar keine »Badehäuser« und Arenen zur Bärenhatz mehr, dafür ist mit dem **Globe Theatre** (1599–1613) das elisabethanische Theater wiedererstanden, in dem Stücke von William Shakespeare erstmals aufgeführt wurden. Mehrere Fliegen mit einer Klappe schlägt, wer sich an **Tate Modern** (2000), einem Tempel der Gegenwartskunst mit großen Installationen, einschifft und die Themse hinauf nach Westminster fährt, um den Fluss am Millbank-Pier wieder zu verlassen. Dort wartet **Tate Britain** u. a. mit dem Werk William Turners. Generell sind Londoner Museen erholsam, da didaktisch und präsentationstechnisch auf hohem Stand, z. B. das **Museum of London**, und, sofern staatlich, kostenlos. Da kein Eintrittsgeld abgearbeitet werden muss, kann man bei einem Kurzbesuch eigene Schwerpunkte setzen und sich etwa in der **National Gallery** auf Raffael und im **British Museum** auf Assyrien konzentrieren.

Eine gute Aussicht auf London hat man auch von der Kuppellaterne der **St. Paul's Cathedral** (1675–1711) aus, dem Meisterwerk des Stadterneuerers Christopher Wren. Besonders schön ist die Kathedrale bei nächtlicher Beleuchtung. London bei Nacht ist wiederum am besten vom Riesenrad (135 m) **London Eye** zu erleben. Am **Trafalgar Square**, mit Nelson-Säule (42 m) und Springbrunnen, wird es nun Zeit, sich ins geschäftige Treiben zu stürzen, allerdings nicht bevor man sich im Café der königlichen Kirche **St. Martin-in-the Fields** (1724) gestärkt hat.

Einkaufen in London ist deshalb beliebt, weil der Käufer auf angenehme Weise umworben und seinem Auge viel geboten wird. Hinzu kommt in **St. James's**, **Mayfair** und **Marylebone** eine große Palette an Geschäften: von altein-

Persönlicher Tipp

DREI ORIGINALE
Sie repräsentieren London und England wie nur wenige. **Samuel Pepys**, ein hoher Regierungsbeamter, hat ein Tagebuch (in Kurzschrift) mit Eintragungen vom 1. Januar 1660 bis zum 31. Mai 1669 hinterlassen, welches das offizielle und private Leben im London Karls II. ungeschminkt schildert, eine historische Quelle erster Qualität. Dem späteren Marinestaatssekretär ist eine Ausstellung gewidmet (17 Fleet Street, Prince Henry's Room).

»We will never surrender!« **Winston Churchill** rief die Briten zum Durchhalten auf. Als Premierminister (1940–45) führte er sein Land in einer unterirdischen Kommandozentrale durch den Zweiten Weltkrieg. Am Originalschauplatz werden der Jahrhundertpolitiker und seine Regierung gewürdigt (Churchill War Rooms, King Charles Street, www.iwm.org.uk).

Arthur Conan Doyle ist der Schöpfer des Detektivs aller Detektive, **Sherlock Holmes**, von dem viele glauben, ihn habe es wirklich gegeben. Jedenfalls wohnte er mit Dr. Watson in der Baker Street 221b (Sherlock Holmes Museum).

Wachablösung: Gardist nahe dem königlichen St. James's-Palast, heute Wohnsitz u. a. des Prinzen von Wales.

Südturm der Tower Bridge, im Hintergrund das Bankenhochhaus 30 St Mary Axe (»Gherkin«).

Persönlicher Tipp

DREIMAL WASSER
Die Themse ist Londons Hauptwasserstraße. Doch wer kennt die **Kanäle**, über die die Einwohner im 19. Jahrhundert mit Lebensnotwendigem, z. B. Kohle oder auch Eis (zum Kühlen), versorgt wurden? Einige, wie den Regent's Canal, gibt es noch heute, auch lebt man wieder (gern) auf Booten. Die Geschichte der Londoner Wasserstraßen erzählt das kleine **Canal Museum** (12–13 New Wharf Road, www.canalmuseum.org.uk). Hinter dem Tower begann einst Londons Seehafen. Die **Docklands** sind längst ein großes Geschäfts-, Wohn- und Freizeitquartier. Im Hintergrund die Hochhäuser der Isle of Dogs, bietet sich ein Schnupper-Rundgang entlang den einstigen **St. Katharine's Docks** an. Nach einer Stärkung im Pub sieht man bei einbrechender Dunkelheit die Tower Bridge leuchten.
Für eine Pause ist der **St. James's Park** genau richtig. Auf dem St. James's Lake leben seit dem Stuart-König Jakob I. (1603–25) Pelikane (täglich Fütterung um 14.30 Uhr). Zu diesen haben sich im Lauf der Zeit andere (Wasser)Vögel gesellt.

Madame Tussaud's Wachsfigurenkabinett (Bild: »Ersatzteillager«) ist ein Touristenmagnet.

gesessenen Fachgeschäften, darunter Hoflieferanten, über Läden, die eine exklusive und geschmackvolle Ausstattung von Kopf bis Fuß erlauben, aber auch (geistige) Nahrung bereithalten, bis zu hervorragend sortierten Kaufhäusern. Namen wie **Oxfordstreet**, die Shoppingmeile schlechthin, Regent Street, Bond Street, Jermyn Street und Wigmore Street sind Musik in den Ohren anspruchsvoller Kunden.

Von der Bücherparade in der **Charing Cross Road** hat man es nicht weit zum Regierungsviertel **Whitehall**. Perfekte Unterhaltung, *very british*, versprechen dort die tägliche Parade der **Horse Guard** und die Wachablösung **(Changing the Guard)** vor dem **Buckingham-Palast** (1825). Zwar sind ein paar der 661 Palasträume öffentlich zugänglich, einen tieferen Einblick in königliches Wohnen und Repräsentieren, aber auch menschliche Abgründe, erhält man aber im **Kensington-Palast**. Im Westminster-Palast, bekannt als **Houses of Parliament** (ab 1840), tagt das englische Parlament seit dem 16. Jahrhundert. Britische Debattenkultur, immer zwei Schwertlängen und ein Fuß zwischen Regierung und Opposition, erlebt man auf der Besuchergalerie im **Unterhaus**. Wem anschließend nach Höherem zumute ist, wohnt in der **Westminster Abbey** dem Evensong (Abendmesse mit Chorgesang) bei und schaut dabei auf zahllose Monumente und königliche Banner. Schließlich bereiten ein, zwei oder auch drei Gläser Ale oder Lager im Pub um die Ecke die Abendunterhaltung in einem Londoner Theater oder Konzertsaal vor.

London

Infos und Adressen

ANREISE

Flug: Direktflüge zu fünf Londoner Flughäfen (am nächsten zur Innenstadt London City Airport), weiter mit Bahn bzw. U-Bahn (Heathrow), Express- oder Shuttle-Bus zu Londoner Bahnhöfen; **Bahn:** Thalys Köln–Brüssel oder TGV Straßburg–Paris, weiter mit Eurostar nach London (St. Pancras).
Tipp: Nutzung öffentlicher Verkehrsmittel mit **Travelcard** (Tageskarte) oder **Oyster cards** (Guthabenkarten); **London Pass** (www.londonpass.com) mit freiem Eintritt zu 55 Attraktionen (teils auf »Schnellspur«); **Hop on- und Hop off-Bus** (www.city-sightseeing.com)

SEHENSWERT

Museum of London, Stadtgeschichte als Erlebnis, tägl. 10–18 Uhr. 150 London Wall, www.museumoflondon.org.uk
Tate Britain, britische Kunst, vor allem Gemälde, vom 16. bis 20. Jahrhundert, Sa–Do 10–18 Uhr, Fr bis 22 Uhr, Millbank. www.tate.org.uk
National Gallery, 2300 Meisterwerke aus ganz Europa (13.–19. Jh.), tägl. 10–18, Fr bis 21 Uhr, direkt daneben **National Portrait Gallery** (auch Fotos und Videos). Trafalgar Square, www.nationalgallery.org.uk
Victoria & Albert Museum, weltgrößte Kunstgewerbekollektion, mit Museumsshop und Gartencafé, 10–17.45, Fr bis 22 Uhr. Cromwell Road, www.vam.ac.uk
Westminster Abbey, ab 1045 Krönungskirche und Grablege der englischen bzw. britischen Monarchen, Mo–Fr 9.30–16.45, Mi bis 19 Uhr, Sa bis 14.45 Uhr (Abweichungen möglich). www.westminster-abbey.org
Kensington Palace, 1689–1760 königliche Privatresidenz, Geburtsort Königin Victorias, einschließlich Außenanlagen frisch renoviert; heute wohnen hier William und Kate nebst einigen Verwandten, tägl. 10–18 Uhr, www.hrp.org.uk

ESSEN UND TRINKEN

Die **Museumscafés und -restaurants** haben ein reichliches Angebot an Erfrischungen und Speisen. Unter den **Pubs** sind vor allem traditionelle und solche mit gemischtem »Feierabend-Publikum« attraktiv. Ihr Charakter variiert nach Stadtviertel: eher gediegen im Westend, eher lebhaft im East End. Neben Getränken bieten Pubs auch kleine, teils deftige Mahlzeiten, z. B. »Market Porter« und »The George Inn« nahe der London Bridge. Umfassende Auswahl an englischen Pubs unter www.beerintheevening.com
Im einstigen Bohème-Viertel **Soho** in und um die Old Compton Street haben sich zahlreiche Restaurants (z. B. Chinatown), Pubs, Bars und Clubs niedergelassen; die Szene wechselt rasch.

SHOPPING

Burberry, Mütze, Mantel, Tasche im klassischen gehobenen Business-Stil. Flagship Store 21–23 New Bond Street, http://de.burberry.com
Foyles, Bücher über Bücher, mit Ray's Jazz Shop. Flagship Store 113–119 Charing Cross Road, www.foyles.co.uk
Fortnum & Mason, stilvoller Luxus (seit 1707), auch zum Afternoon Tea. 181 Piccadilly, www.fortnumandmason.com
Hamleys, schöner spielen für Kinder (seit 1760). 188–196 Regent Street, www.hamleys.com
Covent Garden Market, täglich stöbern und finden in historischen Markthallen, an der »Piazza« das **London Transport Museum** (www.ltmuseum.co.uk) mit den roten Doppeldeckern (Routemaster) und historischen Londoner Taxis

ÜBERNACHTEN

Londoner **Hotels** in allen Kategorien und Preisklassen findet man bequem unter www.hotels-london.co.uk

WEITERE INFOS

Tourist Information Centres, z. B. King's Cross St. Pancras (Euston Road), St. Pauls Churchyard (City of London), www.visitlondon.com
www.london-tourist-information.com/

Piccadilly Circus mit Shaftesbury Memorial Fountain (»Erosbrunnen«); die Skulptur (1893) heißt offiziell »Angel of Christian Charity«.

62. Dublin

HIGHLIGHTS
- **Trinity College,** altehrwürdige Bildungseinrichtung, in viktorianischer **Old Library** das »schönste Buch der Welt«: **»Book of Kells«** (um 800) mit 340 Pergamentseiten
- **St. Patrick's Cathedral,** »Nationalkirche« und Keimzelle des Christentums in Irland, nebenan historische **Marsh's Library**
- **Nationalmuseum** (Archäologie), das Gold der Kelten in künstlerischer Vollendung
- **Temple Bar,** bunte Mischung aus Pubs, Musik und Kultur an kopfsteingepflasterten Gassen
- **Docklands,** neuer Schick in ehemaligen Handels- und Industriehäfen

DUBLIN IM FRÜHLING UND SOMMER
- **März:** St. Patrick's Day and Festival, alle Iren im grünen Ausnahmezustand, Parade (17.3.) als Höhepunkt
- **16. Juni:** Bloomsday, am längsten Tag der Literaturgeschichte (»Ulysses«), beschrieben von James Joyce (1882–1941)
- **August:** The Dublin Horse Show, fünf Tage Reiten, Rennen, Springen

Die Liffey teilt die Dubliner Innenstadt; im Vordergrund die Halfpenny Bridge.

Dublin überrascht mit unterschiedlichsten Facetten auf kleinem Raum. Die irische Hauptstadt gibt sich modern in den Docklands, bodenständig in Smithfield, preisgünstig an der O'Connell Street, elegant südlich der Liffey, erhaben im Trinity College, gesellig in Temple Bar und bunt im South City Market. Die Dubliner sind freundlich, zugleich schlagfertig. Ihre Sprachfreude hat manchen Dichter hervorgebracht.

Traditionsverbunden, aber offen für Neues

Das moderne Dublin begegnet dem Besucher gleich am **Flughafen** mit dem neuen Terminal 2 (2010) und kurze Zeit später auf der Fahrt ins Zentrum beim Blick durchs Busfenster auf die **Docklands**. Aus dem hässlichen Entlein wurde in der Zeit, als der »keltische Tiger« seine Krallen zeigte, ein stolzer Schwan. Auch wenn einige Bauprojekte noch schlummern, ist der Wandel vom heruntergekommenen Hafen- zum Business-, Kultur- und Flanierviertel mit coolen Bars unübersehbar. Internationale Architekten und Designer haben es in Form gebracht und mit der **Samuel Beckett-Drehbrücke** (2009) über den Fluss Liffey auch einen Akzent auf Irisch gesetzt: Die Anordnung von Pylon und Spannseilen geben ihr die Form einer Harfe. **Inner Dock** und

Irland

Ein Bronzedenkmal in der Grafton Street erinnert an die Straßenhändlerin Molly Malone.

Georges Dock (mit Einkaufszentrum chq) verbindet die **Sean O'Casey-Fußgängerbrücke** (2002) mit den südlichen Docklands. Um den altlastenbefreiten **Grand Canal Dock** gruppieren sich Hingucker wie **Millenium Tower**, ein Wohnhaus, und **Grand Canal Square** mit dem **Board Gaís Energy Theatre** von Architekt Daniel Libeskind (2010).

Die **Liffey**, vor nicht langer Zeit noch ein Abfluss, ist wieder ein richtiger Fluss. Auf dem hölzernen **Boardwalk** des Nordufers bleibt der Autoverkehr jenseits der Kaimauer, und man kann den Barkassen bei ihrer Tour unter den bis zu 250 Jahre alten Brücken hindurch nachschauen. Der berühmteste Übergang ist die schmiedeeiserne **Halfpenny Bridge** (1816); ihr Spitzname erinnert an den damaligen Brückenzoll.

Den bekanntesten Dubliner, **James Joyce**, trifft man etwas abseits der O'Connell Street als Statue mit Stock und Hut. Dem durch sein gewaltiges, kaum gelesenes Werk »Ulysses« (1922) zu Ruhm gekommenen Schriftsteller kann man in organisierten Touren durch Straßen und Pubs folgen, in denen er unterwegs war, als er noch erfolglos vor sich hin dichtete. Weitere Poeten trifft man am Tresen oder im **Dublin Writers Museum**. Was hätten Joyce, Flann O'Brien oder Brendan Behan wohl über die 120 m hohe Stahlnadel **Spire** (2003) gesagt, eine Skulptur mehr auf dem ohnehin denkmalreichen Boulevard **O'Connell Street**?

Eine Verschönerungskur erfährt auch das **Smithfield-Viertel** mit seinem traditionellen Pferdemarkt am ersten Sonntag im Monat. Frisch aufbereitete Industriekultur im Zeichen des Whiskey findet man dort in der **Old Jameson Distillery**. Sightseeing durch die Northside ist auch bequem mit der **Niederflurstraßenbahn** Luas möglich; die **Red Line** fährt parallel zur Liffey und schwenkt an der Heuston Station (1846) nach Süden.

Der feine Süden

Der Fluss ist immer noch die Grenze zwischen (eher) proletarischem Norden und (eher) bürgerlichem Süden. Im **Trinity College**, genauer in der **Old Library** mit ihrer 65 m langen, holzgetäfelten **Long Hall**, wird das **»Book of Kells«**, ein Meisterwerk frühmittelalterlicher irischer Buchkunst, ausgestellt. Jeden Tag wird eine neue Seite aufgeschlagen. Woher das Buch kommt, wer den Auftrag gab und wer die farblich brillanten Initialen und originellen Begleitzeichnungen zu den vier Evangelien geschaffen hat, ist unbekannt.

Persönlicher Tipp

FOOTBALL MIT HAND UND FUSS

Ein Blick in die Montagszeitung genügt: Irlands Sportbegeisterung erstreckt sich gleichermaßen auf Fußball, hier Soccer genannt, Golf, Reiten, Cricket, Polo sowie Gaelic Football und Hurling (für Frauen: Camogie), eine Art Hockey mit Werfen. Die Letzteren sind irische Sportarten, die Ende des 19. Jahrhunderts von der **Gaelic Athletic Association** (GAA, www.gaa.ie) wiederbelebt wurden. **Gaelic Football** ist kampfbetonter als Soccer, aber kein Rugby. Der Ball darf mit dem Fuß, der Hand und anderen Körperteilen gespielt werden, zeitlich bzw. in den Bewegungsabläufen begrenzt. »Punkte« gibt's, wenn der Ball über die Torlinie zwischen mindestens 7 m hohen Pfosten fliegt, ein »Tor« unterhalb der Querstange zählt drei Punkte. Das Spiel ist kurzweilig, daher auch für Zuschauer interessant, die die Regeln nicht genau kennen. Es muss nicht gleich das irische Finale im **Croke Park Stadium** (mit GAA-Museum) am vierten Septembersonntag sein. Man kann auch den Freizeitsportlern im **Phoenix Park** (kostenlos) zuschauen oder sich das Warten vorm Rückflug mit einer Fernsehübertragung versüßen.

Pub »The Temple Bar« im gleichnamigen Kneipen-, Club- und Amüsierviertel.

Persönlicher Tipp

IM ZEICHEN DER GOLDENEN HARFE
Dublin ohne Guinness wäre wie London ohne Tower. Natürlich kann man das – durch geröstete, nicht gemalzene Gerste – dunkle Vollbier mit dem unvergleichlich cremig-seidigen Schaum in jedem der 700, vielleicht 1000 Dubliner Pubs genießen. Ein Plätzchen findet sich immer, entweder in der geselligen Temple Bar, im Davy Byrne's, wo James Joyce gerne trank, oder im uralten »Brazen Head« (Live-Musik). Urig-schummrig mit deftigem Pub grub oder schick-gediegen mit leichter und gesunder Kost. Im Gedenken an den bekanntesten Guinness-Werbeslogan »Guinness is good for you« gehört ein Pint, etwa ein halber Liter, immer dazu. Selbst die Dame, die früher vom Herrn getrennt saß, braucht sich nicht mehr mit einem Half-Pint zu begnügen. Wer hinter die Kulissen der Traditionsbrauerei (ab 1759) schauen möchte, ist im **Guinness Storehouse** (St. James's Gate, www.guinness-storehouse.com) gut aufgehoben. Ein magisches Biererlebnis. Sláinte!

Im Malahide Castle, 14 km nördlich von Dublin, wohnte fast 800 Jahre die Familie Talbot.

Die geistlich-historische Mitte Dublins bilden gleich zwei Kathedralen aus dem Mittelalter: **Christ Church Cathedral** (13. Jh., restauriert 1871–78) und **St. Patrick's Cathedral** (ab 1192). Sie gehören heute zur anglikanischen Church of Ireland – die katholische Pro(visorische)-Kathedrale **St. Mary's** (1825) versteckt sich in der Marlborough Street im Norden, zieht aber weitaus mehr Gläubige an.

Häuserzeilen im **georgianischen** (in Anlehnung an die Regierungszeit von George I. bis IV. 1714–1830) und im **viktorianischen Stil** mit stilvollem Entree an breiten Straßen mit großen Eisenlaternen werden durch Parks aufgewertet. **St. Stephens Green** (1663) ist ein englischer Landschaftspark mit vielen Denkmälern und einem Triumphbogen zum Gedenken an Gefallene des Burenkriegs, dem **Dublin Fusilier's Arch** (1899/1900), als Eingangsportal. In dieser Umgebung haben Regierung und Parlament (**Leinster House**, 1745), die beiden **Nationalmuseen**, die **Nationalgalerie** und manches Sternehotel einen angemessenen Standort gefunden.

Der Süden der Innenstadt ist ebenfalls eine gute Adresse, um (fein) zu essen und (fein) einzukaufen. Betriebsame Shoppingmeile ist die **Grafton Street**, durchgehend Fußgängerzone. Dort werben menschliche Werbetafeln für Ziele in den Seitenstraßen Richtung South Great George's Street. Diesen Hinweisen ist Folge zu leisten, will man nicht die Gelegenheit verpassen, in Boutiquen, Galerien, Innenhöfen und überdachten Märkten Schönes zu finden und in Pubs, Cafés und Restaurants Gutes zu genießen.

Dublin

Infos und Adressen

ANREISE
Flug: Direktflüge von zahlreichen deutschen Flughäfen, von Dublin Airport mit Schnellbus ins Zentrum; **Tipp:** Freie Fahrt im Flughafenbus, Ermäßigungen bei Eintritt und Veranstaltungen mit **Dublin Pass** (1–3 Tage, www.dublinpass.ie); Sightseeing mit **Dublin Bus Tour**, 23 Stopps mit beliebig vielen Hop-ons und Hop-offs (www.dublinsightseeing.ie)

SEHENSWERT
General Post Office, klassischer Portikus (1814), nationale Gedenkstätte für den Osteraufstand 1916. O'Connell Street
James Joyce Centre, Museum für den Schriftsteller in georgianischem Palais (1784), mit Café, Di–Sa 10–17 Uhr (So ab 12 Uhr). 35 North Great George's Street, www.jamesjoyce.ie
Dublin Castle, erst Bollwerk, dann Schloss (18. Jh.) für den englischen Statthalter bzw. irischen Vizekönig, Führungen (State Apartments) Mo–Sa 10–16.45 (So ab 12 Uhr), u. a. mit **Chester Beatty Library** (Buchkultur, Weltreligionen). Dame Street, www.dublincastle.ie, www.cbl.ie
Waterways Visitor Centre: interaktive Ausstellung zu den Schifffahrtswegen Irlands in Geschichte und Gegenwart, Apr.–Sept. Mi–So 10–16 Uhr. Grand Canal Quay, www.waterwaysirelandvisitorcentre.org

ESSEN UND TRINKEN
Bewley's Oriental Café: Kaffee und Snack, süß oder herzhaft, während einer Einkaufspause, in historischem Ambiente. 78 Grafton Street, www.bewleys.com
Chapter One: Restaurant (ein Michelin-Stern) im Untergeschoss des Dublin Writers Museum. 18–19 Parnell Square, www.chapteronerestaurant.com

SHOPPING
Powerscourt Centre, glasgedeckter, auf vier Etagen von Galerien umgebener Innenhof eines georgianischen Stadtpalais mit Cafés, Restaurants und Geschäften (Schmuck, Beauty, Mode, Kunst, Accessoires). 59 South William Street, www.powerscourtcentre.com
South City Market, Trödel- und Boutique-Mischmasch von eng bepackten Ständen in viktorianischer Markthalle (1881). George's Street Arcade, www.georgesstreetarcade.ie
Kilkenny Shop, große Kollektion irischen Gebrauchs- und Modedesigns. 6–15 Nassau Street, www.kilkennyshop.com

AUSGEHEN
Abbey Theatre: Drama im irischen Nationaltheater (ab 1904), bahnbrechende Aufführungen von (zeitgenössischen) Klassikern, auf Englisch und Irisch, mit Experimentalbühne. 26 Lower Abbey Street, www.abbeytheatre.ie
The O2, Amphitheater für Konzerte internationaler Popgrößen hinter historischer Fassade), 1a-Akustik. North Wall Quay (Docklands), www.theo2.ie
O'Donoghue's: legendärer Pub (ab 1789) mit Live-Musik irischer Barden. 15 Merrion Row, www.odonoghuesbar.com
Rí Rá Nightclub, Nachtclub-Institution (seit 1993), meist Funk und Soul. Dame Court. www.rira.ie

ÜBERNACHTEN
Hotel Isaacs: preisgünstig und zentral am Busbahnhof (Busárus) und Luas-Haltestelle (Red Line), mit italienischem Restaurant, angeschlossen Isaacs Hostel (Frenchmans Lane). Store Street, http://hotel-isaacs.com
Merrion Hall Hotel: Vier-Sterne-Boutique-Hotel im Botschaftsviertel. 54 Merrion Road, www.merrionhall.com
Clarion Hotel Dublin: modernes Business-Hotel (4 Sterne) mit Liffey-Blick und vielen Annehmlichkeiten. North Wall Quay, www.clarionhotelifsc.com

WEITERE INFOS
Dublin Tourism Office, Information Centre u. a. 14 Upper O'Connell Street, 37 College Green, St. Andrew's Church, www.visitdublin.com

Die schmiedeeiserne Halfpenny Bridge ist die berühmteste Liffey-Brücke; sie wurde 1816 für (zahlende) Fußgänger gebaut.

63. Bozen und Dolomiten

Umgeben von Weinreben: Schloss Maretsch in der Nähe der historischen Altstadt Bozens.

HIGHLIGHTS

- **Waltherplatz,** Denkmal des Minnesängers Walther von der Vogelweide und Paläste der Stadtadeligen
- **Dom,** gotischer Kirchenbau mit hochmittelalterlichen und romanischen Relikten
- **Laubengänge,** Einkaufsarkaden mit Innenhöfen und Schmuckelementen
- **»Ötzi«** im Archäologischen Museum Bozen
- **Weinanbau,** die Trauben des St. Magdalener und Lagrein werden u. a. in umliegenden Orten wie Eppan, St. Pauls und St. Michael angebaut

BOZEN IM FRÜHLING, SOMMER UND HERBST

- **Mai und Oktober** (jeden Sa): Bacchus Urbanus – örtliche Winzer bieten Wanderungen in die Anbaugebiete des St. Magdaleners und Lagreins mit Weinkostung an, Anmeldung im Verkehrsamt Bozen
- **24. August:** Bartholomäusfest, volkstümliches Almfest mit Musikkapellen auf dem Ritten zum Almabtrieb

Inmitten einer der schönsten alpinen Landschaften Europas liegt die Südtiroler Landeshauptstadt Bozen (Bolzano). Durch Gassen und auf Promenadenwegen lässt sich geruhsam bummeln. Ein Tagesausflug ins Hochgebirge führt über die Große Dolomitenstraße zu Gebirgsseen, Pässen und Gletschern.

Stadt der Laubengänge

Ein Denkmal des Minnesängers **Walther von der Vogelweide** erhebt sich auf dem von Palästen der Stadtadeligen gesäumten Waltherplatz. Wie der Turmhelm des **Doms** ist es Erkennungszeichen der Stadt am Fuß der Dolomiten.

Ein Bummel durch die gotischen Arkaden der **Laubengänge** führt zum Obstmarkt, wo regionale Produkte zum Naschen verführen. Parallelgassen wie die **Dr.-Joseph-Streiter-Gasse** mit den Bänken des alten Fischmarktes lassen das Mittelalter lebendig werden – allerdings ohne Lärm, Dreck und Gestank. Das **Troilohaus** mit seinem turmgekrönten Erker verbindet Lauben- und Silbergasse und gewährt »Forschern« einen Blick ins Innere eines Laubengebäudes. Das **Archäologische Museum** hütet einen Schatz: **»Ötzi«**, dessen Geschichte der Forschung viele neue Erkenntnisse

174

Italien

zur Steinzeit in den Alpen vermittelte, aber auch die Öffentlichkeit bewegte. Die konservierte Mumie aus dem 4. Jahrtausend v. Chr. hat hier ihr letztes »Zuhause« gefunden. Mit –6 °C und 98 % Luftfeuchtigkeit werden Bedingungen wie im Gletschereis erzeugt, um den Sensationsfund zu erhalten. Neben dem Sarkophag mit dem »Mann aus dem Eis« gibt es Informationen zu Fundsituation, Lebensumständen und Überführung ins Museum.

Die eintägige Fahrt über die **Große Dolomitenstraße** sollte früh am Tag beginnen. Sie führt durch das Eggental vorbei am **Karer See**, einem der schönsten Gebirgsseen der Dolomiten zu Füßen von **Rosengarten** und **Latemar**. Über eine Passhöhe geht es hinunter ins **Fassatal** nach **Canazei**. Das beinahe 2300 m hohe **Pordoijoch** bildet die Grenze zwischen Trentino und Veneto zwischen Sellagruppe und Marmolatagletscher. Über Arraba führt der Rückweg durch das Grödnertal mit Wolkenstein, St. Christina und St. Ulrich.

Infos und Adressen

ANREISE
Flug: Direktflüge von vielen größeren Städten zum ABD-Aeroporto Bolzano Dolomiti, dann weiter per Bus; **Bahn:** Autoreisezug zum Hbf Bozen; **Auto:** A 7/A 12 Inntal-Autobahn Richtung Innsbruck/Bolzano

SEHENSWERT
Archäologisches Museum Bozen, Museumsstr. 43, Di–So 10–18 Uhr, Juli, Aug., Dez. täglich geöffnet, www.iceman.it
MMM Messner Mountain Museum Schloss Sigmundskron, eine der größten Burganlagen Südtirols zeigt Bergsteigergeschichte, Siegmundskronerstr. 53, oberhalb des Dorfes Frangart, 1. So im März–3. So im Nov. 10–18 Uhr, Do geschl., www.messner-mountain-museum.it

ESSEN UND TRINKEN
Ristorante Oca Bianca (Weiße Gans): Piazza Erbe 24, Bozen, www.ristoranteocabianca.com

ÜBERNACHTEN
Bed & Breakfast Mele d'Oro: Via Castel Greifenstein 6/1, Bozen, www.bed-and-breakfast-italien.com

WEITERE INFOS
Südtirol Marketinggesellschaft, Pfarrplatz 11, Bozen, www.suedtirol.info
Verkehrsamt der Stadt Bozen, Waltherplatz 8, Bozen, www.bolzano-bozen.it

Persönlicher Tipp

ÜBER DEN DÄCHERN UND DURCH DIE STRASSEN

Über die **Oswaldpromenade** gewinnt der Spaziergänger ein wenig Höhe und einen schönen Überblick über die Stadt. Am Ende des Weges belohnt St. Magdalena inmitten von Weinhängen mit der Fernsicht auf den im Herbst rot schimmernden Rosengarten. Mit den **Seilbahnen** auf **Kohler, Ritten** oder nach **Jenesien** (www.kohlererbahn.it, www.ritten.com, www.sii.bz.it) lassen sich in wenigen Minuten Oasen der Ruhe auf ca. 1000 m Höhe erreichen. Die Rittner Seilbahn verbindet z. B. Bozen mit Oberbozen, von dort geht es mit der Schmalspurbahn nach Klobenstein. Inmitten lieblicher Bergwiesen und Bauernhöfe tut sich ein **Dolomitenpanorama** auf, von Jenesien aus ist sogar der Rosengarten zu sehen.

Mit dem **BoBus** (www.bolzano-bozen.it, siehe Führungen und Wanderungen) sind vom 1. April bis zum 31. Oktober mit einem Tagesticket die 24 wichtigsten Sehenswürdigkeiten der Stadt ganz bequem zu erreichen. Start ist am Waltherplatz und Zu- oder Ausstieg sind beliebig.

In der Laubengasse mit vielen Geschäften und Restaurants lässt es sich gut bummeln.

64. Meran

HIGHLIGHTS
- **Kurhaus Meran,** Jugendstilarchitektur mit prunkvollen Räumen
- **Waalwege,** elf Spazierwege (jeweils 2–9 km) entlang der Bewässerungskanäle
- **Schloss Trauttmansdorff,** Schlossanlage mit Botanischem Garten
- **Laubengasse,** zwei Häuserreihen mit niedrigen Laubengängen und verschachtelten Innenhöfen, Geschäften und Cafés
- **Schloss Tirol,** Museum für Kultur- und Landesgeschichte in einem Prunkbau aus dem Hochmittelalter oberhalb Merans inmitten von Weinbergen

MERAN ZU JEDER JAHRESZEIT
- **April:** Galopprennen der Südtiroler Haflinger auf dem Rennplatz in Bozen-Untermais
- **Juni–August:** Gartennächte, Weltmusik auf Schloss Trauttmansdorf
- **Oktober:** Meraner Traubenfest
- **Oktober/Mitte November:** Törggelen – frischer Most, Kastanien und Krapfen werden in Gaststuben, zum Teil direkt beim Bauern, verkostet

Die Wanderwege um Meran, wie hier bei Schenna, bieten herrliche Panoramablicke.

Die historische Kurstadt liegt an der Passer zu Füßen der Texelgruppe. Meran verbindet kultivierten Genuss mit aktivem Naturerlebnis. Eine mediterrane Vegetation trifft auf Weinhänge und Hochgebirgslandschaft.

Jugendstileleganz zwischen Palmen und Gletschern

Das weiße neobarocke **Kurhaus** Merans mit marmornem Mädchenreigen umgeben von Palmen, im Hintergrund die schneebedeckten Berge vor dunkelblauem Südtiroler Himmel, das ist das Wahrzeichen Merans. Mildes Klima, reine Luft und radonhaltige Quellen machten es einst zum beliebten Kurort. Das Jugendstil-Kurhaus mit elegantem Foyer und großem Ballsaal verbreitet auch heute noch eine mondäne Atmosphäre. Allgegenwärtig an den Hängen um die Stadt ist der Weinanbau. Liebhaber des Rebensafts finden kaum einen schöneren Ort zur Verkostung.

Nirgendwo sonst lässt sich das Bergpanorama bequemer genießen als auf der **Kurpromenade** entlang der kühl rauschenden Passer. Der parkähnlich angelegte Tappeinerweg, der von der Passer her zu erreichen ist, bietet viele schöne Blicke auf Meran.

Italien

Merans Wahrzeichen ist die neobarocke Fassade des Kurhauses vor den Berggipfeln.

Infos und Adressen

ANREISE
Flug: Direktflüge nach Bozen, Bergamo, Verona oder Innsbruck, weiter per Bus, www.terravsion.eu;
Bahn: Autoreisezug zum Hbf Bozen; **Auto:** A 7/A 12 Inntal-Autobahn Richtung Innsbruck/Bozen

SEHENSWERT
Kurhaus Meran, Freiheitsstr. 33, Mo–Do 9–12 und 16–18 Uhr, Fr 9–12 Uhr, www.kurhaus.it
Schloss Trauttmannsdorff, St.-Valentin-Str. 51A, Meran, 1.4.–31.10. 9–19 Uhr (Juni–Aug. 9–23 Uhr), www.trauttmannsdorff.it
Frauenmuseum, Meinhardstr. 2, Meran, Mo–Fr 10–17 Uhr, Sa 10–12.30 Uhr, www.museia.it

ESSEN UND TRINKEN
Sterne, Schlösser, Almen: Sterneköche kochen von Mai bis September mit Hüttenwirten. www.sterne-schloesser-almen.com

ÜBERNACHTEN
Mair am Ort: Urlaub für Mensch und Hund. Schlossweg 10, Dorf Tirol, www.mairamort.com

WEITERE INFOS
Südtirol Marketinggesellschaft, Pfarrplatz 11, I-39100 Bozen, www.suedtirol.info
Marketinggesellschaft Meran, Gampenstr. 95, Meran, www.meranerland.com

Persönlicher Tipp

DESIGNER-THERME
Gepflegte Entspannung genießt man in der **Therme Meran** (Piazza Terme 9, www.thermemeran.it), die mit 13 Pools im Innenbereich, mit einer Saunalandschaft und zwölf Außenbecken ausgestattet ist. Von der Glaskubusarchitektur Matteo Thuns aus eröffnet sich dem Badegast ein spektakulärer Blick auf die alpine Bergkulisse.

TOR ZUM PASSEIERTAL
Oberhalb Merans liegt **Schenna** mit seinem malerischen Ortskern und einem imposanten Schloss aus dem 14. Jahrhundert, noch heute im Besitz der Grafen von Meran, Der eher bäuerlich geprägte Ort markiert den Eingang zum Passeiertal.

SONNENTERRASSE
Die Ortschaften Meran, Hafling und Vöran mit ihrem Umland sind als **Meran 2000** (www.hafling-meran2000.eu) als Erlebnisregion für Familien-Ski- und -Wanderurlaub bekannt und beliebt. Ski- und Snowboardpisten sowie Wander-, Kletter- und Mountainbikestrecken sind – je nach Jahreszeit – von Meran-Obermais über Seilbahn, Ski- oder Linienbusse von Falzeben aus zu erreichen.

Waalwege heißen die bequemen und bei jeder Wetterlage zugänglichen Pfade entlang der alten Bewässerungskanäle: Elf Wege umrunden das gesamte Meraner Tal. Sie sind unterschiedlich lang und können ganz oder auch in gemütlichen Teilabschnitten bewandert werden; spektakuläre Ausblicke auf Schlösser, Dörfchen und die Bergwelt sind gewiss. Den Anfang der Meraner Waalrunde macht der Töll, über den Algunder Waalweg geht es in Richtung Dorf Tirol.

Nach Kaiserin Elisabeth von Österreich, dem wohl berühmtesten Kurgast des 19. Jahrhunderts, ist der **Sissi-Spazierweg** benannt; er führt von der Passerpromenade nach **Schloss Trauttmannsdorff**. Das dortige **Touriseums** führt interaktiv in die Geschichte des Südtiroler Fremdenverkehrs ein. Eine wahres Fest der Farben entfaltet der terrassenförmig angelegte 12 ha große **Botanische Garten** mit insgesamt 80 Naturlandschaften.

65. Cinque Terre

Das 1000 Jahre alte Vernazza, im Bild links die Kirche Santa Margherita d'Antiochia.

HIGHLIGHTS
- **Punta Mesco,** vom Aussichtspunkt oberhalb von Bonassola den Panoramablick auf alle Cinque-Terre-Dörfer genießen
- **Via dell'Amore,** auf dem in den Fels geschlagenen Verbindungsweg zwischen Riomaggiore und Manarola, dem »Liebespfad«, spazieren gehen
- **Vernazza,** im Hafen die Ankunft und Abfahrt der Schiffe und Boote beobachten
- **Monterosso,** von einer Bar auf der Piazza das Dorfleben betrachten
- **Corniglia,** sich in der kleinen Bucht westlich unterhalb des Ortes im Meer erfrischen

CINQUE TERRE IM SOMMER
- **24. Juni:** Ortsfeste in Monterosso und Riomaggiore
- **20. Juli:** Ortsfest in Vernazza
- **10. August:** Ortsfest in Manarola;
- **Donnerstags:** Wochenmarkt in Monterosso

Schroff zum tiefblauen Meer der italienischen Riviera hin abfallende Hänge mit Weinterrassen und Olivenhainen, darin eingebettet kleine Dörfer mit verwinkelten Gassen, bunten Häusern und schmalen Buchten – die Cinque Terre (»fünf Länder«), seit 1997 UNESCO-Welterbe, sind wie für Wanderer und Naturliebhaber geschaffen.

Genusswandern in einer Bilderbuchlandschaft

Lange waren die fünf kleinen wie an einer Perlenschnur an der ligurischen Steilküste aufgereihten Fischerdörfer **Monterosso al Mare**, **Vernazza**, **Corniglia**, **Manarola** und **Riomaggiore** nur per Schiff oder zu Fuß erreichbar. Diese **Abgeschiedenheit** ist das große Plus dieser Region, denn nur so konnte sich die Landschaft – und konnten sich mit ihr auch die kleinen Ortschaften – ihre **Ursprünglichkeit** weitgehend bewahren. Obwohl Jahr für Jahr unzählige Urlauber die Gegend besuchen, ist sie doch aufgrund ihrer Unwegsamkeit vom Massentourismus verschont geblieben.

Italien

Eine Bahnlinie verbindet die fünf Orte der Cinque Terre miteinander. Die schönste Art, sich den Dörfern zu nähern, ist aber sicherlich zu Fuß über die **alten Maultierpfade**, die mittlerweile als komfortable Wanderwege ausgebaut worden sind. Neben diesen Hauptrouten gibt es ein ausgedehntes und in der Regel gut **markiertes Wegenetz**, das die gesamte Region durchzieht. Die Wege verlaufen meist mehr oder weniger eben auf halber Höhe der Steilhänge. Nur der lange Abstieg in die Dörfer über Treppenwege erfordert ebenso wie der anschließende Aufstieg ein wenig Kondition.

Der kleine Badeort **Bonassola** mit seinem Bahnanschluss ist ein idealer Ausgangspunkt für Wanderungen in die Cinque Terre. Hier gibt es mehrere Hotels, Restaurants, Bars und kleine Geschäfte. Außerdem besitzt Bonassola einen großen Kiesstrand, sodass auch ein Bad im Meer möglich ist.

Infos und Adressen

ANREISE
Flug: Linien- oder Billigflug nach Pisa oder Genua, weiter mit Mietwagen oder Zug nach Levanto; **Bahn:** EC nach Mailand, weiter nach Genua, dann La Spezia; **Auto:** über den Gotthard, weiter nach Lugano, Como, Mailand u. Genua oder über den Brenner, weiter nach Verona, Modena, Parma u. La Spezia

SEHENSWERT
Wallfahrtskirche Nostra Signora di Montenero, dreischiffige Kirche (14. Jh). Riomaggiore
Museo dello Sciacchetra, Weinmuseum. Manarola
San Giovanni Battista, Kirche mit typischer schwarz-weiß gestreifter Fassade und barockem Hauptaltar und Chorgestühl. Monterosso

ESSEN UND TRINKEN
L'Ancora della Tortuga: ligurische Spezialitäten mit grandioser Aussicht. Salita Capuccini 6, Monterosso
Cappun Magru: familiäres Restaurant oberhalb von Manarola. Via volastra 19, Riomaggiore

ÜBERNACHTEN
Albergo Lungomare: Drei-Sterne-Hotel mit Garten und Restaurant. Via G. Matteotti 2, Bonassola, www.albergolungomare.com
Porto Roca: Hotel in den Klippen mit Panoramaterrasse. Via Corone 1, Monterosso, www.portoroca.it

WEITERE INFOS
Tourismusverband Cinque Terre, Loc. Loreto Parcheggio Multipiano, Monterosso, www.cinqueterre.it

Persönlicher Tipp

MIT DEM BOOT DIE STEILKÜSTE ENTLANG
Einmal müde vom Wandern, lässt sich die malerische Landschaft auch aus einer anderen Perspektive, nämlich vom Boot aus, erkunden. Von April bis Oktober verkehren verschiedene Ausflugsschiffe von den Buchten der Cinque Terre aus bis nach Portovenere oder La Spezia.

SCIACCHETRÀ – EIN BESONDERER WEIN
An der 15 km langen Küste der Cinque Terre wird auf steilen Terrassen hoch über dem Meer seit Jahrhunderten Wein angebaut, der aufgrund des angenehmen Klimas und der exponierten Lage ein ganz besonderes Aroma besitzt. Weil die Pflege der Reben und auch die Weinlese besonders mühsam sind, werden die Weißweine nur in geringen Mengen vermarkt. Zu den Berühmtheiten unter den Weinen gehört der Sciacchetrà, ein süßer Strohwein, der aus den weißen Rebsorten Bosco, Vermentino und Albarola hergestellt wird. Der aromatische Dessertwein kann je nach Qualität stolze Preise erreichen.

Malerischer Blick auf die Küste und das Dorf Corniglia.

Rom

HIGHLIGHTS

- **Galleria Borghese,** Gemäldesammlung, u. a. mit Werken von Leonardo da Vinci, Raffael und Tizian
- **Piazza Venezia,** von Autos umtoster Platz mit dem Koloss des Nationaldenkmals für Viktor Emanuel II.
- **Caracallathermen,** antike Thermen aus dem frühen 2. Jahrhundert, heute im Sommer Spielort für Theateraufführungen und Konzerte
- **Trastevere,** Viertel im Tiberknie, in dem es noch etwas ruhiger zugeht als auf der anderen Seite des Flusses
- **Il Gesù,** Mutterkirche des Jesuitenordens, Barock pur

ROM IM FRÜHLING, SOMMER UND HERBST

- **21. April:** Stadtgeburtstag mit Konzerten und Feuerwerk
- **Juni–September:** Während des »Estate Romana« wird ganz Rom zur Bühne mit klassischem Theater und Freilichtkino
- **November:** Kleiner als die Konkurrenz aus Venedig, doch ebenfalls sehenswert ist das Internationale Filmfest im Herbst.

Der südliche Brunnen auf dem Petersplatz wurde 1675 von Carlo Fontana geschaffen.

Ein geflügeltes Wort besagt, dass alle Wege nach Rom führen. Jeder, dessen Weg bislang nicht die »ewige Stadt« gekreuzt hat, sollte sich aufmachen. Am Ziel wartet ein Feuerwerk aus Geschichte, Kultur und purer südländischer Lebenslust.

Die Antike lebt

Roms Ruf als eines der bedeutendsten kulturhistorischen Zentren Europas gründet zu großen Teilen auf seinen Resten aus der **Antike**. Viele Kolossalbauten sind erhalten geblieben oder lassen zumindest ihre ursprünglichen Dimensionen erahnen. Als geschlossenes Ensemble gehört die Altstadt von Rom seit 1980 zum **Weltkulturerbe der UNESCO**.

Das markanteste Bauwerk aus Roms ältester Architekturepoche ist die Ruine des **Kolosseums**, die sich wie eine Insel in der Verkehrsflut auf der **Via dei Fori Imperiali** erhebt. Das Amphitheater wurde im Jahr 80 n. Chr. eingeweiht und gelangte durch die hier aufgeführten Gladiatorenkämpfe und andere Spektakel zu einem legendären Ruf. Nordwestlich liegt das **Forum Romanum**, das sich ab dem 5. Jahrhundert v. Chr. zum Zentrum der noch jungen Stadt entwickelte. Einen guten Überblick auf die heutige Ausgrabungsstätte bietet das **Kapitol**, einer der sieben Hügel Roms.

Jenseits dieses Ensembles sind zwei Gebäude bei Touristen auf den Spuren der Antike besonders begehrt: Das **Pan-**

Italien

In der Galerie der Landkarten der Vatikanischen Museen fasziniert die Deckengestaltung.

theon ist ein Rundbau aus dem frühen 2. Jahrhundert. Markant ist das im Durchmesser fast 9 m messende kreisrunde Loch in seiner Kuppel. Dort hat u. a. der Maler Raffael seine letzte Ruhestätte gefunden. Noch gewaltiger erscheint die **Engelsburg** am Tiberufer. Ursprünglich 139 n. Chr. als Mausoleum für Kaiser Hadrian und seine Nachfolger vollendet, wurde sie später zur Fluchtburg der Päpste und gehört heute als Museum zum Vatikan.

Vatikan: Staat in der Stadt

Besonders gläubigen Katholiken gilt der **Vatikan** als das hervorragende Ziel in Rom. Mit einer Fläche von weniger als 0,5 km² und einer Bevölkerung von nicht einmal 1000 Einwohnern ist er unter der Macht des **Papstes** der kleinste souveräne Staat der Erde. Gemeinsam mit der römischen Altstadt zählt auch er zum Weltkulturerbe.

Im Zentrum des Vatikans erhebt sich der **Petersdom**, dessen Kuppel die Skyline Roms dominiert. In seinem Inneren haben 20 000 Menschen Platz. Erbaut wurde die Kirche über dem **Grabmal des Apostels Petrus**, auch 23 Päpste sind in ihrer Krypta bestattet.

Für das Publikum sind nur einige Bereiche des Vatikan zugänglich, darunter die **Vatikanischen Museen**, durch die auch die **Sixtinische Kapelle** mit den meisterhaften Decken- und Wandfresken von **Michelangelo** betreten werden kann.

Zum Vatikan gehören ebenso die weit vom Petersdom entfernten Kirchen **San Paolo fuori le Mura** mit dem Grab des Apostels Paulus, **Santa Maria Maggiore** und **San Giovanni in Laterano**, in denen bedeutende Reliquien der Christenheit aufbewahrt werden, u. a. in Santa Maria Maggiore Teile der Krippe aus Bethlehem, in der Jesus gelegen haben soll.

Von Piazza zu Piazza

Flaneuren wird es in Rom leicht gemacht. Selbst wenn man ohne Stadtplan unterwegs ist, wird man fast automatisch auf vier bemerkenswerte Plätze treffen, die auf einem Spaziergang miteinander verbunden werden können: Startpunkt ist die **Piazza Minerva** an der Basilika **Santa Maria sopra Minerva**. Wie ein Wächter steht vor der Kirche eine Elefantenstatue, die von einem Obelisken gekrönt wird. Wenige Schritte nördlich liegt die **Piazza Rotonda**. Zwar gibt es hier ebenfalls einen Obelisken, doch ist das antike Pantheon die Hauptattraktion.

Persönlicher Tipp

PRUNKVOLLE PALÄSTE
Nicht nur die Antike war eine wichtige Epoche für Rom. Auch die Renaissance und der Barock haben ihre Spuren in der Architektur hinterlassen. Manche der Villen und Paläste können besichtigt werden. Wie prachtvoll die adeligen Herrschaften residiert haben, lässt sich am besten in den hallenartigen Prunkräumen der **Galleria di Palazzo Colonna** nahe der Piazza Venezia erleben. Warum die **Villa Farnesina** im Viertel Trastevere nicht von Kunstkennern überrannt wird, ist ein Rätsel: Ausgeschmückt wurde sie mit Fresken von Raffaels Hand. Von einem riesigen Park umgeben ist, ebenfalls auf der westlichen Seite des Tiber, die **Villa Doria Pamphili**. Hier hängen u. a. Werke der Barockmeister Caravaggio und Velázquez. Einen passenden Rahmen für die Sammlungen der italienischen Nationalgalerie antiker Kunst bietet der **Palazzo Barberini**, an dessen Gestaltung die beiden renommiertesten Barockarchitekten der Stadt, Bernini und Borromini, beteiligt waren.

Wie Schauspieler vor einer gigantischen Kulisse wirken die Besucher des Trevibrunnens.

Persönlicher Tipp

ROM ZU FÜSSEN

Auf sieben Hügeln wurde das antike Rom erbaut: Quirinal, Viminal, Kapitol, Esquilin, Palatin, Aventin und Caelius. Einige von ihnen bieten eine schöne Aussicht auf Teile der Stadt. Die besten gibt's allerdings jenseits der klassischen Erhebungen: Oberhalb der **Piazza del Popolo** ist es der **Pincio**, der Einheimische und Besucher nach oben lockt. Im Schatten hoher Bäume lässt sich vom Trubel ein wenig ausruhen. Abseits der Touristenströme liegt am westlichen Ufer des Tiber der 82 m hohe **Gianicolo**. Wer den Vatikan besucht, kann danach leicht einen Abstecher dorthin machen. Nicht nur Fotografen sollten dabei Tageszeit und **Lichtverhältnisse** berücksichtigen. Vom Pincio blickt man nach Südwesten, hat bei Sonnenaufgang also das Licht von hinten und bei Sonnenuntergang von vorn. Beim Gianicolo ist es genau anders herum.

Zu den begehrtesten Plätzen für eine Pause zählen die Restaurants der Piazza Navona.

Wer nun denkt, dass es prächtiger nicht mehr werden kann, wird von der westlich gelegenen **Piazza Navona** eines Besseren belehrt. Ihr ovaler Grundriss orientiert sich an einem Stadion, das sich während der Antike dort befand. Der Augenschmaus ist heute allerdings der **Vierströmebrunnen** des Barockarchitekten Gian Lorenzo Bernini. Als Flussgötter dargestellt sind die damals als weltweit wichtigste Ströme geltenden Donau, Ganges, Río de la Plata und Nil.

Wer bis hierhin noch keine Pause für ein Eis oder einen Espresso eingelegt hat, kann sich auch noch ein wenig länger gedulden und dies am Endpunkt des Spaziergangs tun: Richtung Süden geht es zum **Campo de' Fiori**, auf dem es durch den werktäglichen Markt recht rustikal zugeht. Eine Statue erinnert an den Dominikanermönch **Giordano Bruno**, der dort 1600 als Ketzer verbrannt wurde.

Links und rechts der Via del Corso

Sehen und gesehen werden. Für dieses Konzept ist die **Via del Corso** wie geschaffen. Besonders abends schreitet man dort gerne entlang. Eine Seitenstraße des Boulevards ist die **Via Condotti**, in der eine Reihe von Nobelboutiquen auf zahlungskräftige Kunden wartet. Sie führt direkt zur **Spanischen Treppe**. In Filmen über Rom ist sie als Kulisse nicht wegzudenken. Ob hinaufschreitend oder sitzend, auf ihren Stufen kann jeder sein Quantum Romgefühl genießen.

Weiter Richtung Süden darf man keinesfalls den **Trevibrunnen** verpassen. Die gigantische Anlage zieht zahlreiche Besucher an. Wer mit links eine Münze über die rechte Schulter ins Wasser wirft, der soll nach Rom zurückkehren – so die Legende. Das freut die Caritas, an die das Geld gespendet wird.

Rom

Infos und Adressen

ANREISE

Flug: Direktflüge von allen großen deutschen Flughäfen zu den Flughäfen Fiumicino oder Ciampino. Von dort Transfer in die Innenstadt per Bahn (Leonardo Express von Fiumicino) oder Bus (Firmen Cotral, Atral oder Schiaffini von Ciampino); **Bahn:** Direktverbindung mit City Night Line von München (12 Std.)

SEHENSWERT

Ostia, im Südwesten von Rom: antikes Ausgrabungsgelände, Mündung des Tiber in das Tyrrhenische Meer mit Lido di Ostia.
Via Appia Antica, im Südosten Roms können Reste der antiken Straße von Rom nach Brindisi bewundert werden, teilweise noch mit Originalpflaster.

ESSEN UND TRINKEN

Osteria Gusto: frische Pasta in der Nähe der Via del Corso. Via della Frezza 16, www.gusto.it
Taverna Lucifero: Nach einem Spaziergang über den nahen Campo de' Fiori lässt es sich hier vortrefflich speisen. Via dei Cappellari 28, www.tavernalucifero.it
Pizzeria Ai Marmi: Lokal auf der »anderen« Seite des Tiber mit besonders leckeren Pizzen. Viale Trastevere 53
Gelateria Giolitti: Hier gibt´s seit 1900 Dutzende Sorten Eis. Via Uffici del Vicario 40, www.giolitti.it

AUSGEHEN

Casa del Jazz, Konzerte internationaler Jazzvirtuosen. Viale di Porta Ardeatina 55, www.casajazz.it
Teatro dell'Opera, Opern, Konzerte und Ballettaufführungen, im Sommer auch in den Caracallathermen. Piazza Beniamino Gigli 1, www.operaroma.it
Forte Prenestino, Treffpunkt der Avantgarde-Kultur mit Konzerten, Ausstellungen und Kinovorführungen. Via Federico Delpino, www.forteprenestino.net

SHOPPING

Galleria Alberto Sordi, renovierte, 100 Jahre alte glanzvolle Einkaufspassage mit rund 20 Boutiquen, Mo–Do 8.30–21 Uhr, Fr, Sa 8.30–22 Uhr, So 9.30–21 Uhr. Ecke Via del Corso/Via del Tritone, www.galleriaalbertosordi.it
Volpetti, Delikatessengeschäft mit den klassischen italienischen Gaumenfreuden, Mo–Sa 8.30–14 Uhr, 17–20.15 Uhr. Via Marmorata 47, www.volpetti.com
Rinascente, Filiale der größten Warenhauskette Italiens. Mo–Sa 9.30–21 Uhr, So 10–21 Uhr, Piazza Fiume, www.rinascente.it

ÜBERNACHTEN

Colors Hotel: nahe Vatikan, moderate Preise. Via Boezio 31, www.colorshotel.com

Rom hat viele Kirchen, doch die Kuppel des Petersdoms dominiert die Stadtsilhouette.

Residenza Paolo VI.: Die Nähe zum Petersdom hat ihren Preis, doch den macht die Aussicht wett. Via Paolo VI. 29, www.residenzapaolovi.com
Albergo del Sole: Haus mit einer 600-jährigen Tradition und Dachterrasse. Via del Biscione 76, www.solealbiscione.it

WEITERE INFOS

Tourismusinformation, Punto Informativo Turistico, über die Stadt verteilt, z. B. Piazza dei Cinquecento (vor dem Bahnhof Termini), Rom, www.turismoroma.it

67. Venedig

HIGHLIGHTS
- **Canal Grande,** Hauptverkehrsader mit prächtigen Palästen und Rialtobrücke (16. Jh.)
- **Markusplatz,** mit Regierungsgebäuden (Prokuratien), Markusdom, Glockenturm und Uhrenturm
- **Dogenpalast,** erbaut im 15. und 16. Jahrhundert, einst politisches Zentrum der Seerepublik Venedig, gegenüber die Markusbibliothek
- **Accademia**-Museum, wertvolle Werke aus Malerakademie, Kirchen und Klöstern
- **Lido,** vorgelagerte Strandinsel mit Hotels und Villen

VENEDIG ZU JEDER JAHRESZEIT
- **Januar/Februar:** Carnevale di Venezia mit Masken der Commedia dell'arte
- **Mai:** Vogalonga, Regatta muskelbetriebener Bootsklassen mit Start/Ziel Markusplatz
- **Juni–September:** Biennale, internationale Ausstellung moderner Kunst mit Länderpavillons auf dem Gelände der öffentlichen Gärten und im Arsenal
- **August/September:** Internationale Filmfestspiele auf dem Lido

Gondolieri gönnen sich am Canal Grande vor der Kulisse des Campanile eine Pause.

Bereits die Einfahrt nach Venedig, vorbei an der barocken Salute-Kirche, ist atemberaubend. Der Canal Grande mit seinen Palazzi und Gondeln bringt Reisende aus aller Welt direkt ins Herz der »Serenissima«. Auf Wasserwegen oder zu Fuß sind viele Sehenswürdigkeiten schnell erreicht.

Dolce far niente am Markusplatz

Wer zum ersten Mal nach Venedig kommt, sollte in einem Café unter schattigen Arkaden die überwältigende Atmosphäre des **Markusplatzes**, der einzigen Piazza Venedigs, auf sich wirken lassen. Namensgeber des Platzes ist der **Markusdom** mit seiner prachtvollen Fassade und den fünf byzantinisch anmutenden Kuppeln – Pate stand das 1000-jährige Konstantinopel. Einen ersten Überblick über die Stadt verschafft ein Blick vom frei stehenden Campanile (Glockenturm) des Doms.

Unweit zeugt der **Dogenpalast**, außen mit doppelten Säulenreihen und im Senatssaal mit Gemälden von Tintoretto und Tiepolo geschmückt, von der Macht der ehemaligen Seerepublik. Die **Seufzerbrücke** verbindet den Dogenpalast mit Gefängnissen aus dem 16./17. Jahrhundert. Die **Rialtobrücke**, die einzige feste Verbindung über den Canal

Italien

Die Masken auf dem Carnevale di Venezia sind aufwendig gestaltet und oft kostbar.

Infos und Adressen

ANREISE
Flug: Direktflüge nach Venedig-Marco Polo VCE; **Bahn:** bis Bf S. Lucia, Transfer mit Wasserbus; **Auto:** A 4 Richtung Venedig, über Ponte della Libertà, Parkplatz Piazzale Roma oder Parkinsel Tronchetto

SEHENSWERT
Dogenpalast, Piazza S. Marco 1, 1. Apr.–31. Okt.: 8.30–19 Uhr, 1. Nov.–31. März 8.30–17.30 Uhr, www.palazzoducale.visitmuve.it
Biennale/Länderpavillons, Viale Trieste, tägl. (außer Mo) 10–18 Uhr, www.labiennale.org
Museo del Vetro, Geschichte der Glasherstellung auf der Insel Murano, im Palazzo Giustinian. www.visitmuve.it
Markusdom und Campanile, tägl. 9.30–16.30 Uhr

ESSEN UND TRINKEN
Caffè Florian: ältestes Café Italiens (1720) am Markusplatz. Piazza S. Marco, www.caffeflorian.com

AUSGEHEN
Teatro La Fenice, größtes Opernhaus Venedigs, Campo S. Fantin 1965, www.teatrolafenice.it

ÜBERNACHTEN
Hotel Danieli: Luxushotel in ehemaligem Adelspalast. Riva degli Schiavoni 4196, www.danielihotelvenezia.com

WEITERE INFOS
Tourismusbüro Venedig, San Marco 2637, www.turismovenezia.it
Fahrplan **Wasserbuslinie** (Vaporetti), www.actv.it

Grande, überquert ihn an seiner schmalsten Stelle. In Venedig mit seinen mehr als 170 Kanälen und mehr als 100 Inseln ist das Boot das Hauptfortbewegungsmittel – und eine Bootsrundfahrt um die ganze Stadt und in die Lagune vermittelt ein wenig venezianisches Lebensgefühl. Vorbei am geflügelten Löwen der einst größten Werft der Welt, **Il Arsenale,** hält das Vaporetto (Wasserbus) Kurs auf die Laguneninseln: **Murano** ist seit jeher für die bis heute an Reinheit und Farbenpracht unübertroffenen Produkte der Glasbläserkunst berühmt.

Burano gilt mit seinen schlichten, bunten Häusern als ruhigeres Klein-Venedig; hier hat die Spitzenstickerei Tradition. Die langen Sandstrände des **Lido,** traditionsreiche Luxushotels wie das mondäne Grandhotel Des Bains und geschmackvolle Badehäuschen sorgen seit Generationen für Badevergnügen mit Stil.

Persönlicher Tipp

PEGGYS PALAZZO
Direkt am Canal Grande, im Palazzo Venier dei Leoni, 704 Dorsoduro (www.guggenheim-venice.it) der exzentrischen amerikanischen Mäzenin **Peggy Guggenheim** haben bedeutende Kunstwerke des 20. Jahrhunderts einen stimmungsvollen Ausstellungsort gefunden. Die Collezione Peggy Guggenheim vereint Werke von Künstlern wie Constantin Brancusi, Piet Mondrian oder Pablo Picasso.

VENEZIANISCHER ALLTAG
Der ruhigere **Campo Santo Margherita** in Dorsoduro ist noch nicht so sehr der Hektik des touristischen Treibens unterworfen und mutet wie eine italienische Kleinstadt an. Hier wird man bei einem Markt- oder Barbesuch Teil des venezianischen Alltags. Zahlreiche Häuser stammen noch aus dem Spätmittelalter.

GELATERIA MIT LAGUNENBLICK
Das Eis der Gelateria Nico (www.gelaterianico.com) auf der Sonnenpromenade Zattere in Dorsoduro gilt als das beste Venedigs – der Blick auf die Lagune und die Insel Giudecca mögen zu dieser Einschätzung beigetragen haben.

185

68. Florenz

Die Domkuppel und der Campanile prägen die Silhouette von Florenz.

HIGHLIGHTS
- **Palazzo Strozzi,** international bedeutende Wechselausstellungen
- **Museo Nazionale del Bargello,** Sammlung von Skulpturen, die in Italien ihresgleichen sucht
- **Palazzo Pitti,** riesiger Gebäudekomplex auf der südlichen Seite des Arno, sehenswerte Innenausstattung und Gemäldegalerie
- **Piazza della Repubblica,** monumentaler Platz, viele Cafés garantieren eine hohe Aufenthaltsqualität.
- **Fiesole,** Städtchen in 8 km Entfernung, grandioser Blick auf Florenz

FLORENZ IM FRÜHLING/SOMMER
- **März/April:** Scoppio del Carro, mit einem großen Spektakel auf der Piazza del Duomo wird am Ostersonntag der Auferstehung Christi gedacht.
- **Mai/Juni:** Maggio Musicale Fiorentino, beim renommierten Musikfestival sind internationale Künstler zu bewundern, u. a. bei Open-Air-Konzerten auf der Piazza della Signoria.

Ob Leonardo da Vinci, Michelangelo oder Galileo Galilei, viele Größen der Renaissance haben in Florenz gewirkt und ihre Spuren hinterlassen. Aufgrund dieses goldenen Zeitalters vom 15. bis zum 17. Jahrhundert gebührt der Stadt ein einmaliger Status in der Kunst- und Kulturgeschichte Europas.

Die Stadt der Renaissance

Florenz ist mit Hinterlassenschaften der Kunstgeschichte gesegnet und daher eines der begehrtesten Ziele für Touristen aus aller Welt. Da sich die Museen, Gebäude und Plätze auf einer vergleichsweise kleinen Fläche ballen, herrscht rund um das Jahr Hochbetrieb in den ursprünglich beschaulichen Gassen der Altstadt.

Der Florentiner **Dom Santa Maria del Fiore** zählt zu den fünf mächtigsten Kirchenbauten des Kontinents. Seine **Kuppel** von Filippo Brunelleschi war zu ihrer Fertigstellung 1436 ein Meilenstein der Baugeschichte. Niemals zuvor hatte ein Baumeister ein solches Monument gewagt. Nach einem Aufstieg über 463 Stufen kann sich jeder selbst von ihrer Einmaligkeit überzeugen. Noch beeindruckender ist der Blick vom benachbarten **Campanile**, dessen Aussichts-

Italien

plattform nur 414 Stufen über dem Erdboden liegt und von dem die Domkuppel zum Greifen nah scheint.

Ergänzt wird das Ensemble der beiden Bauwerke auf der **Piazza del Duomo** durch das **Baptisterium**. Das östliche seiner drei Bronzeportale, die sogenannte **Paradiespforte**, stammt aus der Hand von Lorenzo Ghiberti, der von 1425 bis 1452 alttestamentarische Szenen in Flachreliefs festhielt. Viele weitere Kunstwerke aus Dom, Campanile und Baptisterium müssen aus konservatorischen Gründen besonders gesichert untergebracht werden. Im **Dommuseum** an der Ostseite des Platzes werden sie angemessen präsentiert.

Höhepunkte der Museumslandschaft

Die Altstadt gleicht einem Freilichtmuseum. Die wegweisende Architektur und Entwicklung in der Kunst der Renaissance haben die UNESCO 1982 dazu veranlasst, den historischen Kern in die Liste des Weltkulturerbes aufzunehmen.

Um sich von der Vielfalt und Pracht der Kunst aus dieser einmaligen Epoche zu überzeugen, ist ein Besuch der Uffizien unumgänglich. Um keine Zeit in der stets langen Warteschlange zu vergeuden, ist es empfehlenswert, die Eintrittskarten im Vorverkauf zu erwerben. Dann kann man entspannt eine der weltweit bedeutendsten Gemäldesammlungen entdecken, in der u. a. Meisterwerke von **Sandro Botticelli** (1445–1510), **Leonardo da Vinci** (1452–1519), **Michelangelo** (1475–1564) und **Raffael** (1483–1520) hängen.

Der Vorverkauf empfiehlt sich auch für die **Galleria dell'Accademia**, deren umschwärmtestes Werk die über 5 m hohe Statue »David« von Michelangelo ist.

Von der Piazza della Signoria zum Ponte Vecchio

Der prächtigste Platz in Florenz ist die **Piazza della Signoria**. Dank dem 94 m hohen Turm des **Palazzo Vecchio** an der Südostseite ist der Platz nicht zu verfehlen. Nicht nur der Palast beherbergt eine Fülle von Kunstwerken, auch in der **Loggia dei Lanzi** werden bedeutende Skulpturen der Renaissance zur Schau gestellt. Wer aufgrund des Andrangs in der Galleria dell'Accademia keinen Blick auf »David« werfen möchte, kann sich auf der Piazza mit der Kopie trösten. Der Weg zum **Fluss Arno** führt vorbei an den Säulengängen des Hofes der Uffizien. In die Fassade integriert sind zahlrei-

---

Persönlicher Tipp

NAHES WELTKULTURERBE

So schön Florenz auch ist, gerade an einem verlängerten Wochenende tut es gut, der oft überfüllten Stadt für einen Tag den Rücken zu kehren. Vom Bahnhof aus sind leicht zwei Städte in der Nähe zu erreichen, die ihre eigenen Reize haben.

Wer mit dem Flugzeug über **Pisa** angereist ist, kennt bereits die Bahnstrecke zwischen den beiden Städten. Das Ziel, das etwas abseits vom Bahnhof liegt, aber jeder Besucher gesehen haben möchte, ist der Campanile – besser bekannt als der **Schiefe Turm von Pisa**. Wegen seiner Neigung ist er auf der ganzen Welt berühmt. Gemeinsam mit der Kathedrale, dem Baptisterium und dem Friedhof rund um die **Piazza del Duomo** gehört er zum UNESCO-Welterbe.

Die gleiche Auszeichnung trägt die Altstadt von **Siena**, die oberhalb des Bahnhofs erklommen werden will. Wer in sie eintaucht, wird automatisch ihr Herzstück erreichen: Die **Piazza del Campo** mit dem 102 m hohen **Torre del Mangia** gilt vielen als einer der weltweit schönsten Stadtplätze. Auf der Liste der Sehenswürdigkeiten ganz oben steht auch der gotische Dom.

Fast 100 m überragt der wuchtige Turm des Palazzo Vecchio die Piazza della Signoria.

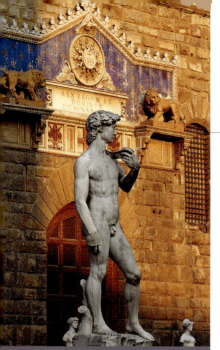

Michelangelos »David«: Unter freiem Himmel steht eine Kopie des Meisterwerks.

Persönlicher Tipp

FLORENZ VON OBEN

Die Vollkommenheit der Skyline von Florenz zeigt sich am besten von oben. Die beiden besten Aussichtspunkte auf der südlichen Seite des Arno sind gut zu Fuß zu erreichen. Im Sommer sollte man darauf achten, sich nicht in der Mittagshitze auf den Weg zu machen.

Das klassische Panorama bietet sich vom **Piazzale Michelangelo**. Startpunkt der Route kann die Kirche Santa Croce sein. Von dort führt der Weg über den Ponte alle Grazie. Belohnt wird die Anstrengung mit einem Ausblick, der von der Kuppel des Doms beherrscht wird. Besonders morgens und am Abend reizt das spektakuläre Licht die Fotografen. Der Höhepunkt ist damit allerdings noch nicht erreicht. Oberhalb des Platzes steht das Kirchlein **San Miniato al Monte**. Nicht zu verachten sind seine kunsthistorische Bedeutung und der kühlende Schatten im Inneren. Ein ähnliches Panorama ist vom **Giardino di Boboli** zu genießen. Der Vorteil: Der Garten lädt zusätzlich zum Flanieren ein. Der Nachteil: Er kostet Eintritt und wird spätestens um 19.30 Uhr geschlossen.

Die Uffizien zeigen neben Bildern auch Skulpturen – wie hier im Saal der Niobe.

che Skulpturen der Meister, durch die Florenz seine Berühmtheit erlangte, darunter der Dichter Dante Alighieri und der Astronom Galileo Galilei. Tritt man aus dem Hof, fällt der Blick rechts auf den mit kleinen Häusern bebauten **Ponte Vecchio**, eine der berühmtesten Brücken der Welt. Seit Jahrhunderten wird sie von Ladengeschäften gesäumt. Ursprünglich waren dort Metzgereien und Gerbereien untergebracht, die ihre Abfälle im Arno entsorgen konnten. Seit dem 16. Jahrhundert genießen ausschließlich **Goldschmiede** das Privileg, auf der Brücke ihre Geschäfte zu betreiben.

San Lorenzo und Santa Croce

Neben dem Dom fällt im Panorama von Florenz eine zweite Kuppel auf. Sie gehört zu **San Lorenzo**. Wie viele andere Bauten und Kunstwerke ist die Kirche der Dynastie der **Medici** zu verdanken, die sie im 15. Jahrhundert in Auftrag gab. Sehenswert sind vor allem die **Laurenzianische Bibliothek** sowie die **Alte und die Neue Sakristei** mit den Grabmälern einiger Medici. Über einen separaten Eingang ist die **Fürstenkapelle** zu erreichen, in der sechs Fürsten der Medici ihre letzten Ruhestätten fanden. Einen gleichrangigen Stellenwert als Grablege hat **Santa Croce**. In der weltweit größten Franziskanerkirche kann man die Grufte von Michelangelo, Galileo Galilei, Niccolò Machiavelli und Gioacchino Rossini besichtigen.

188

Florenz

Infos und Adressen

ANREISE
Flug: Direktflüge von Frankfurt/Main und München zum Flughafen Amerigo Vespucci; größere Flugauswahl zum Flughafen Galileo Galilei von Pisa, von dort bequeme Bahnverbindung zum Hbf Florenz (ca. 1 Std.); **Bahn:** direkte Verbindung mit City Night Line von München (ca. 9 Std.).

SEHENSWERT
Uffizien, umfassendes Museum von internationalem Rang, das man einmal im Leben besucht haben sollte;
Dom Santa Maria del Fiore, an der Kuppel kommt niemand vorbei, der Ausblick lohnt den mühevollen Weg nach oben;
Piazza della Signoria, Zenrum des quirligen Lebens in der Altstadt;
Ponte Vecchio, einmalige, mit Häusern bestandene Brücke über den Arno;
San Lorenzo, Kirche mit Grabmälern der Medici

ESSEN UND TRINKEN
Pizzeria Antica Porta: bei Einheimischen und Besuchern gleichermaßen beliebt.
Via Senese 23 r,
www.pizzeria-anticaporta.com
Trattoria Zà Zà: variantenreiche einheimische Gerichte.
Piazza del Mercato Centrale 26, www.trattoriazaza.it
Trattoria Mario: Seit 1953 ist der kleine Familienbetrieb bei seinen Stammgästen beliebt. Geöffnet ist nur an Werktagen zur Mittagszeit. Via Rosina 2 r, http://trattoriamario.com
Osteria Santo Spirito: An der Südwestecke eines idyllischen Platzes lässt es sich angenehm speisen. Piazza Santo Spirito 16 r, www.osteriasantospirito.it

AUSGEHEN
Teatro Verdi, internationale Tanzshows, Revuevorführungen und Musik-Events. Via Ghibellina 101, www.teatroverdionline.it
Teatro Comunale, Spielort für klassische Musik, Ballett und Opern, im Mai und Juni Hauptspielstätte des Musikfestivals Maggio Musicale Fiorentino. Corso Italia 16, www.maggiofiorentino.it
Teatro della Pergola, Kein anderes Theater des Landes kann auf eine Tradition zurückblicken wie die seit Mitte des 17. Jahrhunderts bespielte Bühne. Via della Pergola 12/32, www.fondazioneteatrodellapergola.it

SHOPPING
Rinascente, Niederlassung der bekanntesten Warenhauskette Italiens mit exquisiter Modeabteilung und einem Restaurant auf der Dachterrasse, Mo–Sa 9–20 Uhr, So 10.30–20 Uhr. Piazza della Repubblica 1 r, www.rinascente.it
Mercato Centrale: Neben frischen Nahrungsmitteln auf zwei Etagen gibt es Einblicke in italienisches Alltagsleben gratis. Mo–Sa 7–14 Uhr, Piazza del Mercato Centrale
Pegna: Was das Feinschmeckerherz an toskanischen Finessen begehrt, wird es hier finden. Mo–Sa 9.30–19.30 Uhr, So 11–19 Uhr,
Via dello Studio 8,
www.pegnafirenze.com

ÜBERNACHTEN
Hotel Brunelleschi: Haus in Domnähe mit 96 Zimmern und Dachterrasse. Piazza S. Elisabetta 3,
www.hotelbrunelleschi.it
Hotel Casci: 25-Zimmer-Hotel im ehemaligen Wohnhaus des Opernkomponisten Gioacchino Rossini. Via Cavour 13, www.hotelcasci.com
Hotel Crocini: recht kleines Hotel mit 20 Zimmern, Vier- und Fünfbettzimmern für Familien oder Gruppen, begrünter Innenhof.
Corso Italia 28,
www.hotelcrocini.com

WEITERE INFOS
Tourismusbüro, Agenzia per il Turismo di Firenze,
Via Manzoni 16,
Florenz,
www.firenzeturismo.it

Wer die Wahl hat, hat die Qual: Genießer haben es in den Feinkostläden nicht leicht.

69. Gardasee – die Ostseite

Malerisch ziehen sich die Häuser Malcésines vom Hafen den Hang hinauf zur Burg.

HIGHLIGHTS
- **Ölmuseum von Cisano**, Wissenswertes und Schmackhaftes zur Olive, Cisano di Bardolino
- **Marmitte dei Giganti** (Riesentöpfe), Gletscherhöhlen an der Straße zwischen Tórbole und Nago
- **Santo Stefano**, barocke Pfarrkirche in Malcésine mit sehenswerter Innenausstattung
- **Uferpromenade in Garda** mit Badezonen sowie vielen Cafés, Kneipen und Restaurants
- **Santa Anna**, Kapelle aus dem 14. Jahrhundert innerhalb des Kastells in Sirmione

GARDASEE ZU JEDER JAHRESZEIT
- **März:** Festa dell'Oliva, Torri del Benaco
- **Juni:** Regatta delle Bisse, Bootsrennen, Garda
- **Juli/August:** Sirmione in Scena, Theaterfestival
- **September:** Carnevale Settembrino, Sommerkarneval mit Umzug, Torri del Benaco
- **September/Oktober:** Autunno d'Oro, Jazz und Schlemmen, Garda
- **Mitte Dezember–Anfang Januar:** Weihnachtskrippe im alten Hafen, Desenzano del Garda

Gleich hinter den Alpen in Oberitalien geht die Natur eine wunderschöne Symbiose ein: Zu Füßen einer imposanten alpinen Berglandschaft breitet sich der tiefblaue Gardasee aus. Strände, Palmen, Olivenhaine, mittelalterliche Städtchen, bunte Segel auf dem See und eine Küche für Genießer – der Gardasee ist ein besonderer Ort.

Der König der norditalienischen Seen

Am 12. September 1786 machte Johann Wolfgang von Goethe einen ungeplanten Zwischenstopp am Gardasee, genauer gesagt in **Tórbole** – und sah sich für seinen Umweg »herrlich belohnt«. Der kleine Ort im Norden des Sees ist gleichsam das Tor zur Ostseite, leider auch mit der einzigen Straße, sodass es in der Hauptsaison häufig zu Staus kommt. Mittelpunkt der Altstadt von Tórbole ist die **Piazza Vittorio**, von der eine Gasse hinauf zur Burgruine führt. Vom 1210 erstmals erwähnten **Castel Penede** aus bietet sich ein großartiger Blick auf den See sowie die Segler und Surfer, die zu Tórbole gehören wie die Fallwinde. Ein Großteil des Strandes ist für die Wassersportler reserviert. Ihre tollkühnen Manöver kann man auch vom **Hafen** mit der alten **Zollstation** oder von der **Seepromenade** aus verfolgen.

Italien

Tórbole, wo der Wind meist kräftig bläst, ist wie der gesamte Gardasee wie für Segler und Surfer geschaffen. Nur wenige Schritte vom See entfernt kommen Kulturinteressierte und Genießer auf ihre Kosten, etwa weiter südlich in **Malcésine** am Fuß des mächtigen **Monte Baldo**. Auf einem Hügel über der Stadt thront das **Castello Scaligero** (13./14. Jh.), ein weitläufiger Festungskomplex mit drei Innenhöfen. Auf den 70 m hohen, zinnenbewehrten Bergfried führen teils abenteuerliche Aufgänge. Von oben hat man eine gute Sicht über Malcésine, den See und auf den Monte Baldo. Durch die kopfsteingepflasterten Gassen, die durch die Altstadt mit ihren kleinen Läden, Eisdielen, Restaurants, Cafés und beschaulichen Plätzen führen, landet man irgendwann am **alten Hafen**. Der Innenhof des **Palazzo dei Capitani**, 1405–1797 zeitweilig Sitz des venezianischen Statthalters, ist mit Palmen und Blumen dekoriert. Renaissance-Fenster und Balkone zieren die Gebäudefassade, die zum Dach mit Zinnen abschließt.

Beschaulich und mondän

Fährt man auf der **Gardesana**, der einzigen Straße um den See, das Ostufer weiter nach Süden, stößt man auf den kleinen Ort **Torri del Benaco**, ein beschauliches Festungsstädtchen langobardischen Ursprungs auf einer breiten Halbinsel. Neben dem kleinen, von Olivenbäumen eingerahmten Hafen erhebt sich die **Skaliger-Festung** (13./14. Jh.) mit Türmen und Wehrgängen. Das **Museo del Castello Scaligero** macht mit dem Leben der Fischer, Bootsbauer und Zitronen- und Olivenbauern am See vertraut. Die Kirche **Santissima Trinità** am Hafen überrascht im Innern mit restaurierten Fresken (14. Jh.). Nach einem Bummel durch die Hauptgasse der Altstadt mit ihren Boutiquen und Trattorien gelangt man zur Barockkirche **Santi Pietro e Paolo**. Sie hat eine klangvolle Orgel (18. Jh.) und intarsienverzierte Marmoraltäre. Torri del Benaco ist ein Schmuckstück.

Garda ist als Namensgeberin die »Königin« des Gardasees. Hier öffen sich die Berge sich zu einer grünen Ebene, der See gleicht einem Meer. Garda hat eine stimmungsvolle, venezianische Altstadt mit prunkvollen Palazzi und wartet mit einer großen, dekorativ bepflanzten **Uferpromenade** auf. Dort lassen sich atemberaubende Sonnenuntergänge genießen – der Sundowner in einem der zahlreichen Cafés oder Restaurants gehört zu den schönen Pflichten eines Wochenendes.

Persönlicher Tipp

MIT DER SEILBAHN AUF DEN MONTE BALDO

Der Hausberg Malcésines, der mehr als 2000 m hohe Monte Baldo, ist mit 37 km Länge und 11 km Breite das größte Bergmassiv am Gardasee und ein Naturraum mit vielen Pflanzen, die nur dort vorkommen. Ihn zu Fuß zu bezwingen ist vor allem im Sommer beschwerlich. Gut, dass es die Seilbahn gibt. Sie startet in Malcésine.
Der Weg auf den Berg ist in zwei Abschnitte geteilt. Die erste Seilbahn fährt nach San Michele, wo man umsteigt. Der zweite Abschnitt hält eine Besonderheit bereit: Während der Fahrt dreht sich die Kabine um die eigene Achse, sodass sich den Passagieren ein grandioser Rundumblick bietet. Auf 1760 m in Tratto Spino ist Endstation.
In Tratto Spino folgt man am besten dem **Panoramaweg**. In der Blockhütte »La Capannina« genießt man Sonne, Sicht und einen Imbiss bequem im Liegestuhl, bis es wieder mit der Seilbahn abwärts geht.
Für den Ausflug auf den Monte Baldo sollte man einen klaren Tag wählen, ansonsten ist von oben nicht einmal der See zu sehen.

Die Seilbahn zum Monte Baldo mit 360 °-Panorama ist eine der modernsten der Welt.

Bummel durch die schönen Gassen von Sirmione – am angenehmsten in der Nebensaison.

Persönlicher Tipp

GARDASEE KULINARISCH

Am Gardasee ist **Fisch** der Star. 40 Arten sollen es einmal gewesen sein. Inzwischen werden die meisten um den See herum gezüchtet. Lecker sind sie alle. Der Carpione ist ein bis zu 40 cm großer forellenartiger Lachsfisch mit weißem Fleisch. Die Trotta Salmonata (Lachsforelle) hat rosafarbenes, zartes Fleisch. Kenner sind auch von der Sarda di Lago (Seesardine) begeistert. Zubereitet wird der Fisch häufig mit **Öl** aus erntefrischen Oliven. Das Öl von den Olivenhainen auf der östlichen Seeseite hat ein besonders mildes Aroma. Gourmets schätzen auch die hiesigen **Trüffel** – am Monte Baldo liegt eines der drei Trüffelgebiete der Region. Bekannt ist der Gardasee auch für seine **Eisdielen**. Großen Genuss verspricht z. B. das Eis der Agrigelateria sull' Aia in **Desenzano del Garda** am Westufer (www.cortefenilazzo.it). Dort werden erlesene Zutaten der Region zu Eisspezialitäten verarbeitet, auch lactosefreies Bioeis und Halbgefrorenes sind im Angebot.

Tórbole, das Tor zum Gardasee. Der Ort im Norden des Sees begeisterte schon Goethe.

Malerische Kulisse und Besuchermagnet

Sirmione auf einer fast 4 km in den See hineinragenden, schmalen Landzunge ganz im Süden gehört zu den meistbesuchten Ausflugszielen am Gardasee. Am besten nähert man sich der Stadt mit dem Boot. Dann tauchen ganz zart die Silhouette der **Skaliger-Burg** (1250), eine der größten und besterhaltenen Burgen der Region, die Grotten des Catull mit weißen Kalksteinterrassen davor und der grüne Hügel des ehrwürdigen Palazzo **Villa Cortine** (19. Jh) aus dem hier grünen Seewasser auf.

Von der **Piazza Carducci**, dem Mittelpunkt des alten Zentrums, geht die **Via Vittorio Emanuele** ab, Sirmiones Hauptflaniermeile mit zahlreichen Geschäften. Dem meist quirligen Straßentreiben entflieht man durch den nach Maria Callas benannten **Stadtpark** auf den San-Pietro-Hügel mit der kleinen Kirche **San Pietro in Mavino** (765); sie ist umgeben von Zypressen, Oliven und Oleanderbüschen. Das Innere birgt manch kunsthistorischen Schatz, etwa die Fresken aus byzantinischer Zeit in den drei Apsiden mit Darstellungen des Jüngsten Gerichts, einer thronenden Madonna und der Kreuzigung.

Die **Grotten des Catull**, Ruinen aus der römischen Kaiserzeit (2. Jh.), verraten bis heute nicht, wozu sie dienten. Wer auch immer sie errichten ließ, wollte offenbar den heißen Quellen nahe sein, die 300 m weiter im See entspringen. Gefunden hat man antike Rohre zur Boiolaquelle, durch die das Wasser in Thermen geleitet wurde.

Gardasee

Infos und Adressen

ANREISE
Flug: Direktflüge nach Verona oder Bergamo, von dort Direkt-Shuttle-Service von Hotels, Campingplätzen und privat zum Gardasee, alternativ Shuttle-Service zum Bahnhof Verona Porta Nuova und weiter mit dem Zug nach Trento oder Rovereto; **Bahn:** gute Verbindungen nach Rovereto und Verona; **Auto:** über Innsbruck und Brennerpass nach Rovereto und weiter ans Nordende des Gardasees

SEHENSWERT
Prähistorische Felszeichnungen, bis in die Bronzezeit zurückgehend, am Monte Luppia (416 m) im Norden der Bucht von Garda; die Wanderwege dorthin sind gut ausgeschildert
Limonaia (1760, Zitronengewächshaus), an der Skaliger-Burg in Torri del Benaco, typisches Gewächshaus für Zitronen mit jahrhundertealten Zitrusbäumen

ESSEN UND TRINKEN
Vecchia Malcésine: raffinierte Küche (vor allem Fisch) in einem alten Steinhaus mit Garten am oberen Rand von Malcésine. Via Pisort 6, Malcésine. www.vecchiamalcesine.com
Gardesana: Restaurant im gleichnamigen Hotel, erlesene Küche (Fisch und regionale Spezialitäten). Piazza Calderini 20, Torri del Benaco. www.gardesana.eu/index.cfm

Trattoria agli Olivi: regionale Küche, Seeterrasse. Via Valmagra 7, oberhalb von Torri del Benaco auf dem Weg nach Albisano. www.agliolivi.com

AUSGEHEN
Tanzen unter freiem Himmel, Sommer-Tanzabende mit unterschiedlichen Musikrichtungen. Località Busatte, www.gardasee.com
Konzerte unterm Zeltdach, klassische oder Rock- und Popkonzerte unter einem Zeltdach am Fuß der Skaliger-Festung von Malcésine. Tickets im Ufficio Informazioni im Palazzo del Capitano del Lago, Via Capitanato 6
Oper in Verona, Opernaufführungen und Konzerte (auch Pop) unter freiem Himmel in der römischen Arena di Verona, Ende Juni bis September. Tickets unter www.arena-verona.de

SHOPPING
Mode und Schuhe, italienische und internationale Hersteller in Boutiquen und Läden u. a. in Sirmione und Malcesine
Consorzio Olivcoltori, Olivenöl »Olio extra vergine Gardesano« direkt vom Erzeuger. Via Navene 21, Malcésine, www.oliomalcesine.com
Enoteca Malcésine, Weinhandlung, italienische und regionale Weine. Viale Roma 15 b, Malcésine, www.enotecamalcesine.it

ÜBERNACHTEN
Park Hotel Il Vigneto: ruhiges, relativ neues Hotel, 10 min mit dem Auto zum Nordende des Gardasees, guter Service, moderater Preis. Viale Rovereto 56, Arco, www.parkhotelilvigneto.com
Piccolo Mondo: komfortables Hotel am Ortsrand mit Garten, Wellnesszentrum und Restaurant, italienische und regionale Küche. Via Matteotti 108, Torbole. www.hotelpiccolomondotorbole.it
Bellevue San Lorenzo: Wellnesshotel mit Restaurant direkt am Seeufer, auch vegetarische Küche. Via Gardesana 164, Malcésine. www.bellevue-sanlorenzo.it

WEITERE INFOS
Fremdenverkehrsamt Malcésine, Via Capitanato 6. www.malcesinepiu.it

Im Hafen von Malcésine legen auch die Ausflugsboote an, die andere Orte am Gardasee anfahren – angenehmer und schneller als per Auto.

70. Istrien von Pula bis Rovinj

Der Campanile der Basilika Sveta Eufemija thront über der Altstadt von Rovinj.

HIGHLIGHTS

- **Amphitheater,** gut erhaltenes Zeugnis römischer Monumentalbaukunst aus der Zeit Kaiser Vespasians, Pula
- **Augustustempel,** säulengeschmückter Tempel auf dem ehemaligen Forum von Pula
- **Nationalpark Brijuni/Veli Brijun,** Archipel aus 14 Inseln mit Steineichen-, Lobeer- und Nadelholzwäldern, aber auch Hotels und Golfplatz
- **Fažana,** Fischerdorf inmitten von Olivenhainen und Obstplantagen
- **Altstadt von Rovinj,** kirchengekrönter Altstadthügel mit Blick auf zwei Hafenanlagen

ISTRIENS KÜSTE IM SOMMER

- **Juni:** PULA SUPERIORVM, Tage der Antike in Pula mit »Gladiatorenkämpfen«, Theater, alter Handwerkskunst
- **August:** Kunst unter freiem Himmel in Rovinj hinter der Basilika.

Keine zwei Flugstunden, und es werden Urlaubsträume war: ein piniengesäumtes türkisblaues Meer, stille grüne Inseln und romantische Hafenstädtchen ... Bade-, Natur- und Kulturfreunde kommen an der istrischen Adria zwischen Pula und Rovinj voll auf ihre Kosten.

Kleinode an der oberen Adria

In einer Lagune liegt **Pula**, das kulturelle Zentrum Istriens mit dem ganzen Charme einer mediterranen Küstenstadt. Griechen, Römer, Venezianer und Habsburger haben ein reiches Erbe hinterlassen, das bis heute Teil des öffentlichen Lebens ist. So finden Großveranstaltungen im monumentalen **Amphitheater** aus der Zeit Kaiser Vespasians (9–79 n. Chr.) statt – wenn auch keine Gladiatorenkämpfe mehr. Der einst Augustus (63 v. Chr.–14 n. Chr.) gewidmete **Tempel** mit seinen eleganten Säulen konnte so gut rekonstruiert werden, dass er noch nach seiner Bestimmung genutzt zu werden scheint. Tatsächlich in Gebrauch ist die filigran wirkende Eisen-Glas-Konstruktion der Jugendstil-**Markthalle** aus dem Jahr 1903.

Kroatien

Der Fažana vorgelagerte **Nationalpark Brijuni** (italienisch Brioni) besteht aus 14 traumhaft schönen kleinen Inseln. Nur die autofreie Hauptinsel **Veli Brijun** ist für Tagesgäste im Rahmen geführter Besichtigungen zugänglich; von **Fažana** gelangt man per Boot zum Hafen von Brijun. Römische Kaiser und spätere Herrscher sowie Politprominenz hatten die Insel zum Refugium erkoren: Überreste einer römischen Sommerresidenz, eines venezianischen Kastells und einer byzantinischen Wehranlage lassen das Ausmaß einstiger Pracht erahnen. In der ausgedehnten Parklandschaft mit üppiger Fauna und Flora fühlen sich Besucher wie im Paradies.

Die Küstenstraße führt vorbei an den Olivenhainen des Fischerortes Fažana zu einer Perle der Adria: Die ehemalige venezianische Hafenstadt **Rovinj** wird gern als »Klein-Venedig« bezeichnet. Der Glockenturm der Barockbasilika **Sveta Eufemija** überragt die mittelalterlichen Altstadtgassen, in der Galerien und Ateliers ihre Pforten öffnen.

Infos und Adressen

ANREISE
Flüge von vielen größeren Städten zum Flughafen Pula; von dort mit Taxi oder Bus zum etwa 6 km entfernten Stadtzentrum

SEHENSWERT
Goldenes Tor oder Triumphbogen der Familie Sergei:
Den Goldverzierungen des einstigen Stadttores verdankt der Triumphbogen seinen Namen. Er wurde 29–27 v. Chr. von einer hohen Beamtenfamilie in Pula beauftragt. Portarata trg, www.pulinfo.hr

Sardellenfest in Fažana:
Alljährlich im August messen sich die Fischer in Schauwettkämpfen wie Rudern oder Fischtonnenstemmen – und allerorts werden natürlich frisch zubereitete Sardellen angeboten. www.infofazana.hr

ESSEN UND TRINKEN
Ribarska Koliba, Verudela 3, Pula, www.ribarska-kolib.hr

ÜBERNACHTEN
Park Plaza Histria, Verudela 17, auf der Halbinsel Punta Verudela nahe zur Adriaküste und zum historischen Stadtkern Pulas. www.arenaturist.com

WEITERE INFOS
Kroatische Zentrale für Tourismus, Iblerov trg 10/IV, Zagreb, www.croatia.hr

Persönlicher Tipp

WILDROMANTISCHE FJORDLANDSCHAFT
Nördlich von Rovinj wähnt man sich in Skandinavien: Der mehr als 10 km lange **Limski-Fjord** bildet einen Einschnitt in die wildromantische Karstlandschaft. Am Fjordende werden in Restaurants Gerichte mit Fisch, Muscheln und Austern gereicht, die im sauerstoffreichen Wasser so gut gedeihen.

GRIECHISCHE SKANDALGESCHICHTE AUF RÖMISCHEM MOSAIK
In den Überresten eines römischen Wohnhauses aus dem 3. Jahrhundert neben der Kapelle der Hl. Maria Formosa in der Maksimilijanova ul. wurde ein Bodenmosaik mit floralen und geometrischen Schmuckelementen freigelegt. Im Zentrum stellt eine Szene die Bestrafung der Dirke dar, der Ehefrau des Königs Lykos, die als Sühne für einen Mordversuch von einem Stier zu Tode geschleift werden soll.

Das monumentale Amphitheater von Pula gilt als sechstgrößte römische Arena der Welt.

71. Dubrovnik

HIGHLIGHTS

- **Stadtmauer von Dubrovnik,** mit einzigartiger Aussicht auf Stadt und Meer
- **Kathedrale Velika Gospa,** mit zahlreichen Altären, u. a. dem Nepomuk-Altar aus violettem Marmor, Schatzhaus mit rund 140 Reliquienkästchen aus Gold und Silber
- **Fort Sveti Ivan,** monumentaler Festungsbau am alten Stadthafen, mit Schifffahrtsmuseum
- **Synagoge,** aus dem 15. Jahrhundert, eine der ältesten Europas
- **Insel Lokrum,** mit Botanischem Garten und Benediktinerkloster

DUBROVNIK IM WINTER UND SOMMER

- **Februar:** Fest des heiligen Blasius, seit 972 feiern die Einwohner von Dubrovnik alljährlich ihren Schutzpatron mit historischen Aufführungen und Prozessionen.
- **Juli/August:** Sommerfestspiele Dubrovnik, fünf Wochen Theater-, Konzert- und Tanzveranstaltungen auf verschiedenen Freilichtbühnen.

Der Blick von oben auf Hafen und Altstadt zeigt das Ausmaß der Festungsanlagen.

Das »Paradies auf Erden« nannte der Dichter George Bernard Shaw die Stadt an der Adria. Das von einer mittelalterlichen Stadtmauer umgebende historische Zentrum erstreckt sich zu Füßen des Berges Srd. Der Charme der Altstadt zieht jeden Besucher in seinen Bann, zu Recht steht sie seit 1979 auf der Liste des UNESCO-Weltkulturerbes.

Die Perle der Adria

Ein Spaziergang durch die Altstadt beginnt am **Pile-Tor**, dem westlichen Zugang. Das 1537 errichtete Stadttor birgt in einer Nische eine Statue des heiligen Blasius, Stadtpatron von Dubrovnik. Durch das Tor führt der Weg zur **Placa** (auch **Stradun**), der autofreien Flaniermeile. Rechter Hand fällt der Blick auf den **Onofrio-Brunnen**. Der 1438 errichtete Brunnen ist Teil eines ausgeklügelten Wassersystems, das das Wasser aus einer 12 km entfernt liegenden Quelle in die Stadt brachte. Linker Hand der Placa gehört die **Sveti Spas** zu den wenigen Gebäuden, die das Erdbeben von 1667 unbeschadet überstanden haben – die Votivkirche des heiligen Salvador stammt aus dem Jahr 1528. Daneben erhebt sich das **Franziskanerkloster** mit seinem romanischen

Kroatien

Das Pile-Tor am Eingang der Stadt wird bis heute bewacht.

Infos und Adressen

ANREISE
Flug: Direktflüge von Frankfurt am Main, Köln-Bonn, Hannover, Berlin und Düsseldorf zum Flughafen Čilipi, dann per Bus von Croatia Airlines ins Zentrum

SEHENSWERT
Museum im Dominikanerkloster, mit Gemälden der bedeutendsten Künstler Dubrovniks aus dem 15. und 16. Jahrhundert, tägl. 9–17 Uhr, im Sommer bis 18 Uhr. Ulica Svetog Dominika 4
Museum für moderne Kunst, zeitgenössische Werke kroatischer Künstler. Di–So 10–19 Uhr. Frana Supila 23

ESSEN UND TRINKEN
Proto: Seit 1886 werden hier frischer Fisch und Meeresfrüchte serviert. Široka 1, www.esculaprestaurants.com
Orhan: Meeresfrüchte genießen mit Blick auf die Bucht. Od Tabakarije 1, www.restaurant-orhan.com

ÜBERNACHTEN
Hotel Sumratin: Gebäude aus dem 19. Jahrhundert, mit schattigem Garten. Šetalište Kralja Zvonimira 27, http://hotels-sumratin.com
Pucić Palace: Luxushotel in Palast aus dem 17. Jahrhundert. od Puča 1, www.thepucicpalace.com

WEITERE INFOS
Tourismusverband der Stadt Dubrovnik, Brsalje 5, Dubrovnik, www.tzdubrovnik.hr/deu

Persönlicher Tipp

AUSFLUG ZUR INSEL MLJET
Wer dem Treiben der Dubrovniker Altstadt entfliehen möchte, findet auf der Insel Mljet ein ruhiges Refugium. Die westliche Hälfte der bewaldeten Insel steht als Nationalpark unter Schutz. Dort liegen die beiden Seen Malo Jezero und Veliko Jezero. **Malo Jezero,** den kleineren von ihnen, kann man gemütlich zu Fuß umrunden. Beim größeren See **Veliko Jezero** verhindert das ein Kanal, der den See mit dem Meer verbindet. Dafür steht sich auf einer Insel mitten im See ein Benediktinerkloster aus dem 12. Jahrhundert. In **Polače** bezeugen Ruinen aus dem 1. bis 6. Jahrhundert die lange Besiedlungsgeschichte. Am schönsten sind die Reste eines römischen Palastes aus dem 5. Jahrhundert. Zu erreichen ist Mljet mit einem organisierten Tagesausflug von Dubrovnik oder in Eigenregie mit der Fähre von Dubrovnik nach Sobra im Osten der Insel. Von dort gibt es Busverbindungen in den westlichen Teil.

Kreuzgang. Das Kloster birgt eine der ältesten Apotheken Europas – seit 1391 werden hier Arzneimittel verkauft.

Das Flanieren über die Placa ist schon eine Attraktion für sich. Kurz vor ihrem Ende erweitert sich der Boulevard zum **Luža-Platz,** dessen Ostseite von dem markanten **Uhrturm** beherrscht wird. Daneben bildet der **Kleine Onofrio-Brunnen** das Pendant zu seinem großen Bruder am Pile-Tor. Die **Orlando-Säule** mit einer Rolandfigur war im Mittelalter Sinnbild einer freien Handelsstadt und hatte auch praktische Funktionen: Die Elle des Ritters misst 51,2 cm und diente lange Zeit als offizielles Maß. Auf der Südseite des Platzes führt eine Freitreppe zur Barockkirche **Sveti Vlaho** mit ihrer reich verzierten Fassade. In ihrem Inneren hält eine vergoldete Statue des heiligen Blasius ein maßstabsgetreues Stadtmodell in den Händen, das die Stadt vor dem Erdbeben von 1667 zeigt.

72. Riga

Blick auf das Schwarzhäupterhaus, im Hintergrund der Turm der Petrikirche.

HIGHLIGHTS
- **Jugendstilhäuser,** rund 800 Gebäude der Stilrichtung sind vor allem in der Neustadt erhalten.
- **Schwarzhäupterhaus,** im gotischen Stil errichtetes Haus, diente früher Kaufleuten für Zusammenkünfte
- **Dom Sankt Marien,** gewaltiger Kirchenbau mit berühmter Orgel aus dem 19. Jahrhundert
- **Zentralmarkt der Stadt,** größter Lebensmittelmarkt Lettlands, in fünf Zeppelin-Hangars
- **Schloss,** 1330–50 als Residenz des Ordensmeisters erbaut, heute Sitz des Präsidenten

RIGA IM FRÜHLING UND SOMMER
- **April:** Baltisches Ballettfestival mit internationalen Ensembles
- **Juni:** Internationales Opernfestival
- **Juli:** Lettisches Sänger- und Tanzfest, findet alle fünf Jahre statt (nächstes 2013)
- **Juli:** Festival der Alten Musik
- **Juli:** Internationales Orgelfestival, Hauptveranstaltungsort ist der Dom

Das pulsierende Zentrum Lettlands präsentiert sich mondän: mit einer schönen Lage am breiten Fluss Daugava, mit hohen Mietshäusern, breiten Boulevards und Parks und einer herausgeputzten Altstadt. Berühmt ist Riga für seine restaurierten Jugendstilhäuser.

Die Metropole im Baltikum

Riga ist eine Stadt mit bewegter Vergangenheit, die überall gegenwärtig ist. An die Zeit der Stadtgründung erinnert der **Backsteindom Sankt Marien**, der von dem Stadtgründer Bischof Albert 1211 gestiftet wurde. Aus dieser Zeit stammt auch die höchste Kirche Rigas, die **Petrikirche**, die das Stadtbild der Innenstadt prägt. Von der Aussichtsplattform im Turm bietet sich ein fantastischer Blick auf die Stadt an der Daugava. In der Altstadt sind Zeugnisse der hanseatischen Macht erhalten. Das älteste Wohnhaus wurde im 15. Jahrhundert errichtet und ist eines der **Drei Brüder** genannten Giebelhäuser. Das **Schwarzhäupterhaus**, ein gotischer Prachtbau, sowie die Häuser der **Großen und Kleinen Gilde** dienten den Kaufleuten als Versammlungsort. 1997 wurde das historischen Stadtzentrum als UNESCO-Welterbe anerkannt.

Lettland

Nachdem die Stadtbefestigungen Mitte des 19. Jahrhunderts abgetragen worden waren, entstanden östlich der Altstadt Parks und breite Boulevards. In dem Grünstreifen, durch den sich der Stadtkanal zieht, fanden **Oper** und **Nationaltheater** ihren Platz. Das Viertel hinter dem Parkgürtel steht ganz im Zeichen des Jugendstils. Im Viertel um die Alberta Iela befinden sich besonders schöne Beispiele für die in Riga besonders gut und zahlreich erhaltenen **Jugendstilgebäude** mit ihrem typisch verspielten Fassadenschmuck.

An den langen Freiheitskampf der Letten erinnert das 1935 erbaute **Freiheitsdenkmal**, eine 42 m hoch aufragende Bronzestatue. In den 1980er Jahren war es Treffpunkt der Unabhängigkeitsbewegung. Auch heute noch stehen hier tagsüber Ehrenwachen, um die Würde des Ortes zu schützen. In einem Gebäude aus dem 1970er Jahren, volkstümlich »schwarzer Sarg« genannt, befindet sich das **Okkupationsmuseum**, das die erschütternde Geschichte der deutschen und sowjetischen Besatzung Lettlands im 20. Jahrhundert zeigt.

Infos und Adressen

ANREISE
Flug: Direktflüge nach Riga von Berlin, Düsseldorf, Hamburg, Frankfurt am Main

ESSEN UND TRINKEN
Salve: schmackhafte lettische Küche, zentral am Rathausplatz gelegen. Ratslaukums 5, www.salverestaurant.lv
Domini Canes: zentral gelegen, mit kleiner feiner Karte, Skarnu 18/20, www.nexusidejas.lv/en/domini_canes

AUSGEHEN
Skyline Bar, im 26. Stock des Radisson Blu Hotel Latvija, mit beeindruckendem Blick auf die Stadt, Elizabetes 55

Cetri balti krekli, Live-Club, in dem häufig lettische Rock- und Folkbands spielen. Vecpilsetas 12

ÜBERNACHTEN
Radisson Blu Hotel Latvija, zentral gelegenes Hotel, bietet auf 26 Stockwerken Zimmer mit schönem Ausblick, Elizabetes 55, www.radissonblu.com/latvijahotel-riga
Hotel Bergs: gehobenes, modernes Hotel in ruhiger Lage, Elizabetes 83/85, www.hotelbergs.lv

WEITERE INFOS
Touristeninformationszentrum: Ratslaukums 6, www.liveriga.com

Persönlicher Tipp

SEEBAD JŪRMALA

Das größte Seebad des Baltikums liegt nur etwa 20 km von Riga entfernt an der Ostseeküste und ist mit dem Regionalzug gut erreichbar. Bereits seit dem 19. Jahrhundert war Jūrmala als Badeort vor allem bei den besseren Schichten aus Riga beliebt. Aus dieser Zeit haben sich zahlreiche **Holzhäuser** erhalten, darunter beeindruckende Villen mit Fassaden- und Dachschnitzereien. Größter Anziehungspunkt ist nach wie vor der feinsandige weiße Strand, der sich über 32 km entlang der Küste zieht. Doch auch als **Kurort** für die medizinische Wirkung von schwefelhaltigem Heilschlamm und Mineralquellen machte sich Jūrmala einen Namen. Die Fußgängerzone im Hauptort **Majori** ist tagsüber Flaniermeile und abends Partyzone. Die Ausstellung im **Stadtmuseum** berichtet über die Geschichte des Strandortes und verfügt über eine große Sammlung historischer Badekostüme.

Astronomische Uhr am Schwarzhäupterhaus.

73. Luxemburg

HIGHLIGHTS
- **Bock-Kasematten,** in das Labyrinth der 23 km langen unterirdischen Galerien gelangt man über die Archäologische Krypta.
- **Großherzogliches Palais,** Stadtresidenz der Großherzöge mitten in der Altstadt
- **Viadukt,** 290 m lange und 45 m hohe Brücke mit 24 Bögen über das Pétrusse-Tal
- **Paradeplatz,** beliebte Flaniermeile mit zahlreichen Straßencafés
- **Corniche,** als »schönster Balkon Europas« bezeichneter Weg auf den alten Wallanlagen

LUXEMBURG ZU JEDER JAHRESZEIT
- **März–Mai:** Printemps Musical, Klassik, Pop und Jazz
- **Ostermontag:** Éimaischen oder Emmausfest, Volksfest in der Altstadt, zu dem die Peckvillchen, kleine Tonpfeifen in Vogelform, verkauft werden
- **Juni–September:** Summer in the City, musikalische Open-Air-Veranstaltungen
- **November:** Live at Vauban, Pop und Jazz
- **Oktober–März:** Mittagskonzerte, klassische Musik zur Mittagszeit

Die Abtei Neumünster im Stadtteil Grund wurde von 1867 bis 1980 als Gefängnis genutzt.

Die Hauptstadt des Großherzogtums Luxemburg ist nicht nur ein bedeutender Finanzplatz und einer der Verwaltungssitze der Europäischen Union. Die ehemalige Festungsstadt, das »Gibraltar des Nordens«, besticht durch ihre imposante Lage in und oberhalb der tief eingeschnittenen Täler von Alzette und Pétrusse.

Zwischen Oberstadt und Unterstadt

Der **Wenzel-Rundweg**, benannt nach Herzog Wenzel II., der einen Teil der Festungsmauern errichten ließ, bietet die beste Möglichkeit, die wichtigsten Sehenswürdigkeiten der Residenzstadt kennenzulernen. Er verbindet auf einem zweieinhalbstündigen Spaziergang die Oberstadt, das eigentliche Stadtzentrum, mit der Unterstadt und bietet eine herrliche Aussicht auf die wuchtigen Festungsanlagen, Brücken und Viadukte. Ausgangspunkt ist der **Bockfelsen**, in den die **Bock-Kasematten**, einst die längsten Kasematten der Welt, eingehauen wurden. Der Weg führt über die aus rotem Sandstein erbaute **Schlossbrücke** zur **Corniche** genannten Wallanlage mit einem spektakulären Blick ins Alzettetal und den Stadtteil **Grund** in der Unterstadt. Die anschließende **Wenzelsmauer** schloss auch die Unterstadt mit ein. Dort liegen auf dem **Rham-Plateau** die im 17. Jahr-

Luxemburg

Auf ein Glas am Place de Clairefontaine im Herzen der Stadt.

Infos und Adressen

ANREISE
Flug: Direktflüge von zahlreichen deutschen Flughäfen; **Bahn:** ICE von Trier, Köln und Koblenz; **Tipp:** freie Fahrt im ÖPNV und ermäßigter Eintritt mit **LuxembourgCard**

SEHENSWERT
Nationalmuseum für Geschichte und Kunst, Fischmarkt, www.mnha.public.lu
Drei Eicheln, Wissenswertes über die Festung. 5, Park Dräi Eechelen, www.m3e.public.lu

ESSEN UND TRINKEN
Am Tiirmschen: bekannt für bodenständige Regionalküche. 32, Rue de l'Eau, www.amtiirmschen.lu
Clairefontaine: Topadresse für Gourmets. 9, Place Clairefontaine, www.restaurantclairefontaine.lu

AUSGEHEN
Rives de Clausen, Clubs, Bars und Bistros auf ehemaligem Brauereigelände, Unterstadt

SHOPPING
Confiserie Namur, für Liebhaber des Süßen. 27 Rue des Capucins, www.namur.lu
Kaempff-Kohler, Köstlichkeiten, auch zum Mitnehmen. 18, Place Guillaume, www.kaempff.lu

ÜBERNACHTEN
Albert Premier: zentral, aber ruhig, gut ausgestattet. 2a Rue Albert Premier, www.hotelalbertpremier.lu
Le Chatelet: kleines Hotel in ruhigem Villenviertel. Bd. de la Petrusse 2, www.chatelet.lu

WEITERE INFOS
Tourist-Information, 30, place Guillaume II, Luxemburg, www.lcto.lu

Persönlicher Tipp

EUROPA AUF DEM KIRCHBERG
Das seit 1966 auf dem Kirchbergplateau entstandene europäische Viertel ist etwas für Liebhaber zeitgenössischer Architektur. Dorthin gelangt man vom **Robert-Schumann-Monument** aus über die das Alzettetal überspannende Brücke. Neben zahlreichen Bauten des Europazentrums, u. a. dem **Europäischen Parlament** und dem **Europäischen Gerichtshof**, entstanden hier auch Neubauten nationaler und internationaler Banken, entworfen von weltbekannten Architekten wie Gottfried Böhm oder Richard Meier und bewacht von der Skulptur des **Langen Bankers**. Bemerkenswert ist z. B. das liegende Hochhaus der **Europäischen Investitionsbank**. Auch spektakuläre Neubauten für die Kultur sind auf dem Kirchberg entstanden. 1997–2005 wurde auf dem Europaplatz die von 823 weißen Säulen flankierte neue **Philharmonie** errichtet und 1999–2006 das **MUDAM** (Museum für moderne Kunst) nach einem Entwurf von Ieoh Ming Pei, der auch den Pariser Louvre umgestaltet hat (3, Park Dräi Eechelen, www.mudam.lu)

---

hundert gebauten Kasernen und an der Alzette die ehemalige Benediktinerabtei **Neumünster**, heute ein Kulturtreff. Mit dem Aufzug geht es zurück auf das Heilig-Geist-Plateau in der Oberstadt mit dem modernen **Justizviertel**.

Von der Corniche ist es nur ein Katzensprung in die Altstadt von Luxemburg mit dem im Stil der flämischen Renaissance errichteten **Großherzoglichen Palais** nahe dem alten **Fischmarkt**. Zentrale Plätze der Stadt sind der **Wilhelmsplatz**, auf Letzebuergisch »Knuedler«, auf dem Märkte und Feste stattfinden, und der **Paradeplatz** mit seinen vielen malerischen Straßencafés. Die spätgotische **Kathedrale Notre-Dame** schließt die Altstadt im Süden ab.

74. De Hoge Veluwe – Arnheim

»Monsieur Jacques« (1956) von L. O. Wenckebach im Garten des Kröller-Müller-Kunstmuseums.

HIGHLIGHTS
- **Wildbeobachtung,** von einem der Beobachtungspunkte Rothirsche, Rehe, Mufflons und Wildschweine aus nächster Nähe erleben
- **Skulpturengarten,** im 25 ha großen Park des Kröller-Müller-Museums Meisterwerke entdecken
- **Heidelandschaft,** auf dem weißen Fahrrad durch den großen Naturpark fahren
- **Burgers' Zoo,** über hölzerne Brücken sich auf Safari in die ostafrikanische Savanne begeben
- **Arnheim,** vom Straßencafé aus das bunte Treiben in der Innenstadt verfolgen

DE HOGE VELUWE UND ARNHEIM IM SOMMER UND HERBST
- **Juli/August:** lange, fachkundig geführte Abendwanderungen im Naturpark
- **September:** World Statues-Festival, Festival und Wettbewerb der lebenden Straßenstatuen in Arnheim
- **Oktober:** De Hoge Veluwe Loop und De Hoge Veluwe Wandeldag, Laufwettbewerbe und Wandertag im Naturpark

Wald, Heide, Grasland und Flugsandfelder mit bizarr geformten Bäumen – die Weite im Natur- und Wildpark De Hoge Veluwe, dem größten Nationalpark der Niederlande, scheint unendlich. Und mittendrin steht ein renommiertes Museum.

Kunst und Natur in perfekter Einheit

Am Anfang stand eine Vision: Der Industrielle Anton Kröller-Müller, ein ambitionierter Jäger, und seine Ehefrau Helene, eine begeisterte Kunstsammlerin, wollten beide Leidenschaften zusammenbringen und schufen dafür Anfang des 20. Jahrhunderts einen Park, in dem sie zugleich wohnten und ihre Kunstwerke unterbrachten. So entstand der mehr als 5000 ha große **Naturpark De Hoge Veluwe** und das **Kröller-Müller-Kunstmuseum**, die heute dem niederländischen Staat gehören bzw. von einer Stiftung verwaltet werden.

Der Park, mit seinen vielfältigen, weiten Landschaften ein Dorado für Naturliebhaber, Wanderer und Radler, ist über die drei Eingänge **Hoenderloo**, **Schaarsbergen** und **Otterloo** erreichbar. Eine schmale Pkw-Fahrspur führt durch den Park, viel schöner ist es allerdings, auf eines der **1700 weißen Fahrräder** zu steigen, die an allen drei Eingängen, am **Besucherzentrum** und am Museum bereitstehen. Ein über 40 km

Niederlande

langes Netz an Radwegen führt ebenso wie die gut beschilderten Wanderwege in alle Ecken des Naturschutzgebiets.

Neben dem weltberühmten **Kröller-Müller-Museum**, das u. a. Werke von van Gogh, Picasso und Mondrian zeigt, lässt sich auch das **Jachthuis Sint Hubertus**, der einstige Wohnsitz der Gründer, im Rahmen einer Führung besichtigen. Im Besucherzentrum beschäftigt sich das unterirdische Museum **Museonder** – der Eintritt ist kostenlos – vor allem mit dem Leben unter der Erdoberfläche.

Im nur wenige Kilometer vom Eingang Schaarsbergen entfernten **Arnheim** warten Geschäfte und Restaurants sowie der 1924 gegründeten **Burgers' Zoo**, ein Traditionszoo mit perfekt nachgebauten Ökosystemen und Biotopen.

Infos und Adressen

ANREISE
Flug: Direktflüge zum Flughafen Arnheim. **Bahn:** IC/EC-Verbindungen bis Arnheim, weiter mit ÖPNV; **Auto:** A 1, A 50 und A 12, den Schildern »Park Hoge Veluwe« folgen

SEHENSWERT
Museum Kröller-Müller, Öffnungszeiten Di–So 10–17 Uhr, im Naturpark De Hoge Veluwe (Nov.–März 9–18 Uhr, Apr. 8–20 Uhr, Mai–Aug. 8–21 Uhr, Sept. 9–20 Uhr, Okt. 9–19 Uhr). www.kmm.nl
Nederlands Openluchtmuseum, Freilichtmuseum zur niederländischen Alltagskultur, Apr.–Okt. 10–17 Uhr. Schelmseweg 89, Arnheim, www.openluchtmuseum.nl
Burgers Zoo, März–Okt. 9–19 Uhr, Nov.–Febr. 9–17 Uhr. Antoon van Hooffplein 1, Arnheim, www.burgerszoo.nl

ESSEN UND TRINKEN
Pannenkoekenhuis Den Strooper: Koningsweg 18, Arnheim-Schaarsbergen

AUSGEHEN
Korenmarkt, Restaurants, Bars und Straßencafés rund um den Korenmarkt, Arnheim

ÜBERNACHTEN
't Witte Hoes: Hotel in historischer Villa nahe dem Kröller-Müller-Museum. Dorpstraat 35, Otterlo, www.wittehoes.nl
Hotel Papendal: modernes Hotel in Zentrumsnähe. Papendallaan 3, Arnheim, www.papendal.nl

WEITERE INFOS
VVV Arnhem, Stationsplein 13, Arnheim, www.vvvarnhemnijmegen.nl
www.hogeveluwe.nl/de/15

Persönlicher Tipp

HET LOO – KÖNIGLICHES JUWEL
Nur wenige Kilometer vom Naturpark De Hoge Veluwe entfernt in Richtung Norden liegt am Rand der Stadt Apeldoorn das **Schloss Het Loo** (www.paleishetloo.nl), das dem **Herrschergeschlecht der Oranier** rund 300 Jahre lang als Adelssitz diente. Nach einer gründlichen Restaurierung wurde der königliche Palast mit seinen großzügigen **Barockgärten** 1984 auch für Nichtblaublütige zur Besichtigung freigegeben. Angefangen bei Wilhelm III. und seiner Gemahlin Maria II. sind die prunkvollen Räume des Schlosses den verschiedenen Statthaltern der Oranier gewidmet. Das im Ostflügel untergebrachte **Museum der Kanzlei** beherbergt eine große Sammlung an Orden, Urkunden, Porträts und Ordenskleidern. Auch wenn die streng symmetrisch angelegten Gärten dem Vergleich mit Versailles nicht ganz standhalten, sind sie mit ihrer Blumen- und Pflanzenchoreografie, ihren Wasserspielen und göttlichen Statuen bei sonnigem Wetter ein besonderer Höhepunkt.

Natur und Kunst gehen im Nationalpark De Hoge Veluwe eine reizvolle Mischung ein.

75. Walcheren

HIGHLIGHTS
- **De Manteling,** Wanderungen durch die an Oostkapelle grenzende geschützte Dünen- und Waldlandschaft
- **Grachtenrundfahrt,** Fahrt in offenen Booten durch die historischen Grachten von Middelburg
- **Terra Maris,** ein Museum, das seine Besucher auf eine Entdeckungsreise durch die Geschichte der seeländischen Landschaft schickt
- **Kitesurfen,** Kurse für Anfänger und Fortgeschrittene am Strand in Vrouwenpolder
- **Fahrradtouren,** auf dem gut beschilderten Radroutennetz die Halbinsel erkunden

WALCHEREN ZU JEDER JAHRESZEIT
- **1. Freitag im August:** Midsommernachtsmarkt in Vlissingen
- **Juni–September, montags:** Touristenmarkt in Domburg
- **September:** Jazz by the Sea, Jazz-Festival in verschiedenen Orten auf Walcheren
- **Donnerstags:** Wochenmarkt in Middelburg

Anstatt Hotel: Die bunten kleinen Ferienhäuschen stehen direkt am Meer.

Sand und Meer, so weit das Auge reicht! Auch wenn sich zur Ferienzeit die Urlauber in den Cafés und Speiselokalen der kleinen Ortschaften tummeln, findet sich an den weiten Stränden noch immer genügend Platz.

Im Land der Polder und Priele

Walcheren, bis 1871 eine Insel, liegt auf dem südlichsten Zipfel der Niederlande in der Provinz Seeland. Die ausgedehnte Küste gehört zu den schönsten des Landes und zieht daher das ganze Jahr über viele Feriengäste an. Geruhsam per Fahrrad oder zu Fuß lässt sich die typisch seeländische Landschaft mit ihren Poldern, Prielen und Landhäusern am besten entdecken. Hauptorte sind die lebendige **Hafenstadt Vlissingen** an der Mündung der Westerschelde, die mit ihrer Strandpromenade und den vorbeifahrenden großen Seeschiffen viel Flair versprüht, und die alte Hafenstadt **Middelburg** mit ihren historischen Gassen und jahrhundertealten Gebäuden wie dem **gotischen Rathaus** und der im 12. Jahrhundert gegründeten **Abtei**.

Domburg direkt an der Küste ist der älteste Badeort. Er konnte sich mit seinem eindrucksvollen **Badpavillon** aus dem

Niederlande

Infos und Adressen

ANREISE
Flug: nach Amsterdam, Weiterreise mit Bahn oder Pkw, **Bahn:** IC/ICE bis Amsterdam, weiter nach Middelburg/Vlissingen; **Auto:** von Osten ab Venlo A 67 Richtung Eindhoven, A 58 Richtung Breda/Roosendaal/Vlissingen, von Süden ab Aachen A 4/A 76/E 314/E 313 Richtung Antwerpen, A 12 Richtung Bergen op Zoom, A 4 und A 58 Richtung Goes/Vlissingen

SEHENSWERT
De Lange Jan, höchster Aussichtsturm auf Walcheren. Apr.–Juni und Sept.–Okt. 10–16 Uhr, Juli und Aug. 10–17 Uhr, Onder de Toren 1, Middelburg
Terra Maris, Museum für Natur und Landschaft. Mai–Okt. 10–17 Uhr, Nov.–Apr. Mi–So 12–17 Uhr, Duinvlietweg 6, Oostkapelle, www.terramaris.nl

ESSEN UND TRINKEN
Restaurant Zeestijl: gehobene regionale Küche. Herrenstraat 24, 4357 Domburg, www.bommelje.nl
De Piraat: Strandpavillon mit Fischspezialitäten und typisch holländischen Snacks wie Frikandel oder Kroketten. Strand von Oostkapelle, www.strandpaviljoedepiraat.nl

ÜBERNACHTEN
Hotel Bosch en Zee: Familienhotel am Strand. Nehalenniaweg 8, Domburg, www.hotelboschenzee.nl

WEITERE INFOS
VVV Walcheren & Noord-Beveland, www.zeelandvakantie.nl, www.ferienzeeland.com
http://zoutelande.info/de/walcheren.php
http://oud.vvvzeeland.nl/de/

Die reiche Handelsstadt Middelburg leistete sich ein prächtiges Rathaus (15./16. Jh.).

Persönlicher Tipp

SCHLAFEN AM STRAND
Morgens aufwachen mit dem Meer direkt vor den Füßen, abends zusehen, wie die Sonne im Wasser versinkt, und nachts zum Geräusch der Wellen einschlafen – die kleinen Feriendomizile am Strand bei Domburg (www.slaapzand.nl, www.slapenopstrand.nl) machen es möglich. Die im Sand **direkt vor den Dünen** von April bis Oktober aufgereihten Häuschen bieten Platz für 4–6 Personen und sind mit allem notwendigen Komfort, also auch einer Küche, einem Bad und einer Terrasse ausgestattet. Die Kinder lieben den weitläufigen Strand, der ihnen viel Freiraum verschafft.

AUSFLUG IN DIE WASSERWELT
Ebenfalls ein Erlebnis für die ganze Familie ist der **Deltapark Neeltje Jans**, der sich nördlich von Walcheren auf der künstlichen Insel Neeltje Jans befindet. Diese Arbeitsinsel wurde zum Aufbau des Oosterschelde-Sperrwerks genutzt, das die Provinz Seeland vor Hochwasser schützen soll. Der Deltapark (www.neeltjejans.nl) präsentiert das Thema Wasser in allen Facetten: vom **Wasserspielplatz** über eine Bootstour durch die Oosterschelde bis zu **Seehundshow** und **Walwelt**.

---

vorletzten Jahrhundert und den prächtigen Villen viel von seinem einstigen mondänen Charme bewahren. Wahrzeichen von Domburg ist der 1933 errichtete 28,50 m hohe **Wasserturm**. Östlich und westlich von Domburg liegen die Ferienörtchen **Vrouwenpolder**, **Oostkapelle** und **Westkapelle**, die sich vor allem dem Familienurlaub verschrieben haben.

Einst bedeutender Umschlagsplatz für Wolle und Tuch, wirkt die kleine Stadt **Veere** am Veersemeer mit ihren **Renaissance-Giebelhäusern** heute wie ein Freilichtmuseum. Zu den Schmuckstücken gehören die **Große Kerk** von 1479 und das etwa gleichalte **Rathaus**. In den Gassen finden sich Läden, die außergewöhnliche Waren wie traditionelle Süßigkeiten anbieten.

76. Amsterdam

Bei einer Grachtenrundfahrt lernt man Amsterdam bequem vom Wasser aus kennen.

HIGHLIGHTS
- **Historisch Museum:** Ausstellung zur Stadtgeschichte
- **Concertgebouw,** Sonntagskonzerte mit anschließendem Brunch im neuen Foyer
- **Herengracht,** prächtige Kaufmannshäuser, Haus Nr. 605 (**Museum Willet Holthuysen**) zu besichtigen
- **Magere Brug,** berühmteste Zugbrücke Amsterdams
- **Het Schip,** im Stil der Amsterdamer Schule gestalteter Wohnblock (1913–1921)

AMSTERDAM IM FRÜHLING UND SOMMER
- **30. April:** Königinnentag, volkstümliches Fest zum Geburtstag der Königin
- **Juni:** Holland Festival, größtes Theater-, Opern-, Musik- und Tanzfestival des Landes
- **Juni bis August:** Vondelpark Openluchttheater (Freilichttheater)
- **Juli:** 5daysoff, internationales Festival elektronischer Musik
- **August:** Grachtenfestival, klassische Konzerte, auch auf Booten

Die netten Häuser und Häuschen entlang den zahllosen Grachten, die schmalen, verwinkelten Gassen, die behaglichen Cafés, die bunten Märkte – kein Zweifel, Amsterdam ist eine der gemütlichsten Metropolen Europas. Die Menschen geben sich offen und tolerant. Amsterdam wirkt sympathisch und liberal.

Repräsentative Architektur ...

Das **Oude Centrum** (Altstadt) war die Keimzelle Amsterdams und weist die meisten Sehenswürdigkeiten der Stadt auf. Der imposante **Bahnhof** (1889), dessen Fassade mit Reliefs verziert ist, blickt auf die Hauptachse des Zentrums, die Boulevards **Damrak** und **Rokin**. Am Damrak steht auch die nahezu schlicht wirkende **Beurs van Berlage** (Börse, 1898–1903), ein Beispiel der Amsterdamer Schule, die die Abkehr vom historisierenden Architekturstil propagierte. Am Platz zwischen Damrak und Rokin, dem **Dam**, erhebt sich der klassizistische **Koninklijk Paleis**, das prunkvolle, auch als königlicher Palast genutzte Rathaus (1655). Die **Nieuwe Kerk** gleich daneben, in der äußeren Gestaltung gotisch, innen unverkennbar barock, ist inzwischen ebenso wie die gotische **Oude Kerk** vielbesuchter Ausstellungsort. Organisten aus dem ganzen Land zieht es zudem in die Oude Kerk, um auf ihrer einmaligen Orgel (1724)

Niederlande

zu spielen. An der Einkaufsmeile **Kalverstraat** besticht vor allem das elegante Einkaufszentrum **Kalvertoren**, das von seinem Café im obersten Stock aus eine weite Sicht über das dicht bebaute Zentrum mit seinen engen Gassen bietet.

... und behagliche Huisjes und Hofjes

Abseits der Hauptverkehrsadern des Zentrums findet man nette, kleine Häuschen und beschauliche Höfe an kleinen Sträßchen wie den **Begijnenhof**, eine Wohnanlage aus dem 14. Jahrhundert zunächst für ledige Frauen. Die Damen lebten in religiöser Gemeinschaft zusammen und waren wohltätig, ohne Nonnen zu sein. Um den mittelalterlich anmutenden Hof mit seinem Garten herum gruppieren sich 47 charmante Wohnhäuser aus dem 17./18. Jahrhundert. Man fühlt sich in eine dörfliche Wohnanlage abseits der Alltagshektik versetzt – eine Idylle inmitten der Großstadt, heute immer noch überwiegend von älteren und sehr jungen Mieterinnen bewohnt.

Schmelztiegel der Kulturen

Anfang des 20. Jahrhunderts kamen Seeleute aus China nach Amsterdam und blieben. Der Einfluss aus Fernost ist unverkennbar im **Chinesenviertel** in der Altstadt. Rund um den **Nieuwmarkt** lebten bis zum Zweiten Weltkrieg ärmere, in der angrenzenden **Plantagebuurt** (Plantageviertel) wohlhabende Juden. Dass jüdisches Leben in Amsterdam wieder existiert, beweist u. a. die **Portugese Synagoge** (1675, 1993 restauriert) am Visserplein, ein dem Jerusalemer Salomontempel nachempfundenes, gigantisches Gotteshaus. Das **Joods Historisch Museum** ist in vier aschkenasischen Synagogen (17./18. Jh.) untergebracht, die eine moderne Stahlkonstruktion verbindet. An die Geschichte der Juden erinnert auch das **Anne Frank Huis** in der Prinsengracht 263, in dessen Hinterhaus Anne Frank mit ihrer Familie zwei Jahre lang vor den Deutschen versteckt lebte, bevor alle entdeckt, abtransportiert und ermordet wurden.

Ein kulturelles Highlight im Judenviertel ist das **Rembrandthuis**, in dem der Maler 1639–1658 wohnte und arbeitete. Die Räume sind so gut restauriert, dass man meint, Rembrandt habe eben noch hier gesessen. Die Plantagebuurt war im 19. Jahrhundert als Erholungsviertel geplant, breite Alleen mit Stadtvillen zwischen weiten Grünflächen zeugen davon. Hier befindet sich auch der **Hortus Botanicus** mit mehr als 6000 exotischen Pflanzen.

Persönlicher Tipp

UNGEWÖHNLICHE SICHT AUF DIE STADT

Platz ist in Amsterdam Mangelware, die Mieten in bevorzugten Wohnlagen sind häufig unerschwinglich. Daher kamen die Amsterdamer schon früh auf die Idee, ihre Wohnungen auf das Wasser der zahlreichen **Grachten** zu verlegen. Inzwischen können auch Reisende auf diese unkonventionelle Art in Amsterdam übernachten, man kann **Hausboote** mieten oder Zimmer in schwimmenden Hotels buchen.

Diese Art der Unterbringung hat viele Vorteile: Man ist in der Regel nah dran an den Museen, Geschäften, Cafés und Galerien, man findet häufig ganz ungewöhnliche Zimmer an Bord vor und – besonders schön – man kann den Morgenkaffee oder den Sundowner an Deck direkt am Wasser genießen. Und nach einem langen Tag voller neuer Eindrücke schaukelt einen das Wasser in den Grachten sanft in den Schlaf.

Wer Gefallen hat an der neuen, anderen Perspektive auf die Stadt vom Wasser aus, für den ist eine **Grachtenrundfahrt** das Richtige. Es gibt auch ausgefallene Rundfahrten, z. B. bei Kerzenlicht oder mit Vier-Gänge-Menü.

Fietsen mit Tulpen aus Amsterdam: So wird das Sightseeing per Fahrrad stilecht.

Das wohl bekannteste Werk von Rembrandt, »Die Nachtwache« (1642), hängt im Rijksmuseum.

Persönlicher Tipp

SIGHTSEEING PER FIETS

Das Fiets (Fahrrad) ist im engen Zentrum Amsterdams mit seinen schmalen Gassen das bequemste und schnellste Fortbewegungsmittel. Da liegt es nahe, die Stadt auch als Tourist mit dem Fiets zu entdecken. Guides bieten die unterschiedlichsten Fiets-Routen durch die Stadt an, von der Erkundung der **Altstadt** bis hin zu einer Tour der **Architektur**. Bei Letzterer sieht man die typischen **Backsteinbauten der Amsterdamer Schule**, z. B. am Spaarndammerplantsoen die drei Wohnkomplexe, die aussehen wie ein Schiff mit Masten, Ausguck und Kommandobrücke (**Het Schip**). Auch die städtebaulich kühnen Highlights des **östlichen Hafengebiets** werden passiert. Auf den Halbinseln **Java**, **KNSM**- und **Borneoeiland** im östlichen Hafen entstanden außergewöhnliche Wohnkomplexe wie Grachtenhäuser mit kleinen Brücken oder eine Reihenhaussiedlung, bei der jedes Haus von einem anderen Architekten gestaltet wurde. Auch die **knallrote Stahlrohrbrücke** zwischen Sporenburg und Borneo ist ein Hingucker. Die Guides wissen Interessantes und die eine oder andere Anekdote zu erzählen, meist auch nach der Tour, in der Kneipe ...

Neogotisches Gebäude der Centraal Station auf drei künstlichen Inseln im IJ mit Hafen.

Der **Jordaan**, jenes so typische Amsterdamer Viertel, vereint ein buntes Völkchen aus Selbstständigen, Familien, Studenten und anderen Individualisten. Das ehemalige Arbeiterviertel im Westen der Stadt zeichnet sich aus durch eine heimelige Atmosphäre mit einer Vielzahl kleiner Lädchen in den Gassen, angesagten Kneipen und Cafés sowie malerischen Innenhöfen.

Multikulturell nimmt sich dagegen **De Pijp** im Amsterdamer Süden aus. Etwa 180 Nationalitäten leben in der Stadt, in De Pijp sieht man die meisten von ihnen. Legendär ist der riesige **Albert Cuypmarkt** mit seinem ebenso vielseitigen wie exotischen Warenangebot.

Kunst der Extraklasse

Nur wenig entfernt vom **Leidseplein**, dem Vergnügungszentrum der Stadt, befinden sich die musealen Höhepunke Amsterdams: **Rijks-**, **Van Gogh** und **Stedelijk Museum**. Der monumentale Renaissance-Bau des Rijksmuseum, dessen berühmtestes Exponat **Rembrandts »Nachtwache«** ist, gilt als größtes Museum für Kunst und Geschichte der Niederlande. Das nüchterne Gebäude des Van Gogh Museums (1973), für das der De-Stijl-Architekt Gerrit Rietveld verantwortlich zeichnet, besitzt die weltgrößte Sammlung von Werken dieses Malers. Neben dem Van Gogh Museum zieht der Neorenaissance-Bau (1895) des Stedelijk Museum die Blicke auf sich, erweitert um einen spektakulären Neubau. Die umfangreiche Kollektion der Exponate umfasst den Zeitraum von 1850 bis in die Gegenwart, darunter Werke von Pablo Picasso, Piet Mondriaan, Henri Matisse und Andy Warhol.

Amsterdam

Infos und Adressen

ANREISE

Flug: von allen größeren deutschen Flughäfen nach Schiphol, von da aus weiter mit dem Zug zum Hauptbahnhof; **Bahn:** gute Anbindung ans deutsche IC-/ICE-/EC-Netz, ans österreichische und Schweizer Bahnnetz; **Auto:** gute Autobahnanbindung, aber es gibt in Amsterdam kaum Parkmöglichkeiten; **Tipp:** mit der **I amsterdam City Card** Vergünstigungen für Kultur, Museen, Freizeit

SEHENSWERT

Grachtengärten, an Wochenenden im Mai und Juni öffnen private Gärten z. B. an der Herengracht ihre Pforten für die Öffentlichkeit, parkähnliche Anlagen mit Kieswegen, Wasserbecken und Pavillons, www.grachtenmusea.nl/engels/open_tuinen_dagen.php
Grachtenspaziergang, an Heren-, Keizers- und Prinsengracht fühlt man sich ins »Goldene Zeitalter« Amsterdams (2. Hälfte 17. Jh.) versetzt
Tuschinski Theater, traditionsreiches Kino von 1921, Mischung aus Art déco und Amsterdamer Schule, Bei Premieren ist sogar die Königin oft zu Gast. Reguliersbreestraat 26–28, www.tuschinski.nl
De Neegen Straatjes, dreimal drei Sträßchen zwischen Rathuisstraat und Leidsegracht, zahlreiche kleine Läden mit Designermode, Secondhand-Kleidung, Schuhen, Schmuck, Geschirr, handgefertigten Möbeln, Käse und Pralinen
Wissenschaftsmuseum NEMO, modernes Technikmuseum mit zahlreichen interaktiven Exponaten in einem schiffsförmigen Bau, Themenschwerpunkte Energie, Kommunikation und Mensch, vor allem für Kinder attraktiv. Oosterdok 2. www.e-nemo.nl

ESSEN UND TRINKEN

Lucius: gehobenes Fischrestaurant, maritimes Ambiente. Spuitstraat 247, www.lucius.nl
De Kas: exzellente Sterneküche aus frischen Biozutaten in 8 m hohem Gewächshaus, Kamerlingh Onneslaan 3. www.restaurantdekas.nl
De Waaghals: vegetarisches Restaurant, weitgehend Biozutaten und -getränke, jeden Monat von einem anderen Land inspiriert. Frans Halsstraat 29, www.waaghals.nl
De Taart van m'n Tant: bonbon-buntes Café mit fantasievollen Tortenkreationen. Ferdinand Bolstraat 10, www.detaart.com

AUSGEHEN

Muziekgebouw aan't IJ, kühn gestaltetes Konzerthaus (2005), alle Arten von Musik von Klassik bis Weltmusik. Piet Heinkade 1, www.muziekgebouw.nl
Paradiso, Club in ehemaliger Kirche, Konzerte, Filme, Lesungen, Jazz, Pop, Hip-Hop, Club Nights usw. Weteringschans 6–8. www.paradiso.nl
Koninklijk Theater Carré, Konzerte, Musicals, Performances, Tanz. Amstel 115–125. www.carre.nl

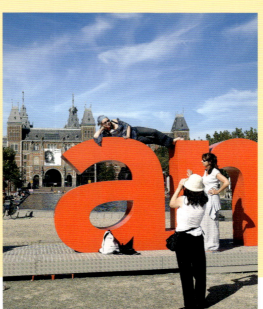

Bourbon Street: kleiner, populärer Blues- und Jazzclub mit Live-Musik hochkarätiger Interpreten. Leidsekruisstraat 6–8, www.bourbonstreet.nl

SHOPPING

De Drie Fleschjes, feine Kornbrände, Probierstube mit Atmosphäre des 17. Jahrhunderts. Gravenstraat 18, www.dedriefleschjes.nl
Wella Warenhaus, Erzeugnisse niederländischer Designer. Keizersgracht 300
Magna Plaza, Luxus-Ladengalerie in neogotischem Bau und spanisch-maurischem Interieur. Voorburgwal 182, www.magnaplaza.nl

ÜBERNACHTEN

Lloyd Hotel: 117 Ein- bis Fünf-Sterne-Zimmer, jedes individuell gestaltet. Ostelijke Handelskade 34, http://lloydhotelamsterdam.com
Hotel Apple Inn: freundliches Familienhotel. Koniginneweg 93, www.apple-inn.nl

WEITERE INFOS

VVV-Informationsbüro, Noord-Zuid Hollands Koffiehuis, Stationsplein 10, www.iamsterdam.com

Der Museumplein vor dem Rijksmuseum wird für Veranstaltungen genutzt.

77. Oslo

Parkanlage an der Karl Johans gate mit Blick auf das traditionsreiche Grand Hotel (1874).

HIGHLIGHTS
- **Rathaus,** backsteinverkleideter Bau (1931–50) mit zwei Türmen, Wahrzeichen der Stadt
- **Festung Akershus,** Keimzelle der Stadt, mit Renaissance-Schloss
- **Wikingerschiffsmuseum,** drei ausgegrabene Drachenboote (9. Jh.), Halbinsel Bygdøy
- **Munch-Museum,** die weltgrößte Werkschau des norwegischen Malers Edvard Munch (1863–1944), im Sommer Führungen auf Englisch, sein bekanntestes Werk, »Der Schrei«, befindet sich im Nationalmuseum für Kunst, Architektur und Design.
- **Vigelandpark,** auch Frognerpark, Anlage mit rund 200 Stein- und Bronzeskulpturen des Bildhauers Gustav Vigeland (1869–1943), darunter der 17 m hohe Monolith

OSLO IM SOMMER
- **August:** internationales Jazzfestival und Kammermusik-Festival, alle Richtungen, alle Epochen, nicht nur im Saal
- **August:** Øyafestival, Rockfestival im Mittelalterpark

Oslo ist Norwegen wie im Brennglas. Auf Straßen, Plätzen und in Museen werden dem Besucher die kulturellen Leistungen des Landes nahegebracht. Ein Rahmen aus grünen Hügeln, weitläufige Parks und die Lage am Nordende des Oslofjords tragen zum besonderen Charme der norwegischen Hauptstadt bei.

Grüne Metropole am Fjord

Wer sich Oslo mit dem Schiff nähert, dessen Blick wendet sich fast automatisch dem **Rathaus** mit seinen Doppeltürmen zu. Der Bau beherrscht die Hafenseite, seine Monumentalität wird aber geschickt durch die von Fenstern durchbrochene Backsteinfassade gemildert. Fast bescheiden wirkt dagegen die **Festung Akershus** auf einer Landzunge im Fjord. Auf den grünen Wallanlagen lässt sich entspannt die Erkundung von Oslo planen. Auf der anderen Seite der Bucht hat sich Oslo mit dem ehemaligen Werftgelände **Aker Brygge** die Kaikante zurückgeholt: Die Uferpromenade säumen zahllose Restaurants und Bars, bei guten Wetter sitzt man draußen. Neuester Blickfang ist der Neubau für das **Astrup-Fearnley Museum** für Moderne Kunst von Stararchitekt Renzo Piano.

Norwegen

Eine hohe Dichte an Museen und Galerien weist auch das historische Zentrum unterhalb von Akershus auf, aufgrund seines rechtwinkligen Straßennetzes **Kvadraturen** genannt. Gern hat Oslo seinen Königen, Künstlern und Wissenschaftlern Denkmäler gesetzt, wie ein Gang über die **Karl Johans gate** und die Plätze und Parks beweist. Die Straße zwischen Hauptbahnhof und Königlichem Schloss ist die Lebensader Oslos, zum Einkaufen und Kaffeetrinken, Schlendern und Feiern, aber auch zum Trauern, so auf dem **Stortorget** vor dem **Dom** nach den Terrorakten vom 22. Juli 2011.

Nationalen Stolz spürt man besonders auf der Halbinsel **Bygdøy**. Wikingerschiffen, aus dem Schlamm des Oslofjords geborgen, Fridtjof Nansens Polarschiff Fram und den Booten von Thor Heyerdahl wurden eigene Hallen errichtet.

Infos und Adressen

ANREISE
Flug: Direktflüge von etwa zehn deutschen Flughäfen, vom Flughafen Gardermoen mit Schnellbahn »Flytoget« (20 Min.) ins Zentrum; **Tipp:** kostenlos Nahverkehr nutzen, freier Eintritt und Ermäßigungen mit der **Oslo Card** (24–72 Std.)

SEHENSWERT
Kon-Tiki-Museum, Balsafloss (1947) und Papyrusboot Ra II (1970) von legendären Expeditionen Thor Heyerdahls, tägl. 10–16/17 Uhr (Juni–Aug. 9–18 Uhr). Bygdøynesveien 36, www.kon-tiki.no

ESSEN UND TRINKEN
Grønland: ehemaliges Arbeiterviertel östlich des Zentrums mit Kneipen, Bars (häufig Live-Musik) und günstigen Restaurants in multikultureller Atmosphäre

AUSGEHEN
Norwegische Oper und Ballett: Musiktheater im Opernhaus aus weißem Marmor (2008), Führungen Juli/Aug. Stadtteil Bjørvika, Kirsten Flagstads plass 1, www.operaen.no

ÜBERNACHTEN
Rica Hotel: Haus der Rica-Gruppe, nahe Vigeland-Park, historisches Ambiente. Stadtteil Frogner, Bygdøy allé 53, www.rica.no/bygdoey

WEITERE INFOS
Tourist-Information, Fridtjof Nansens plass 5 (am Rathaus), oder Jernbanetorget 1 (am Hauptbahnhof), Oslo, www.visitoslo.com/de

Persönlicher Tipp

HOLMENKOLLEN

Im Winter lebt der Norweger auf, kann er doch endlich ausgiebig Ski fahren. Auf den schneesicheren Hängen der Oslomark gibt es dann viele Kilometer vorgespurte Loipen, einige Strecken sind sogar abends beleuchtet. Die Saison ist angefüllt mit organisierten Aktivitäten, besonders am Holmenkollen (http://holmenkollen.com). Aber auch im Sommer ist das Waldgebiet, kaum eine halbe Stunde mit der Bahn vom Stadtzentrum entfernt, einen Ausflug wert. Weithin sichtbar war schon die alte **Holmenkollen-Sprungschanze**; die neue und erste ganz aus Stahl, 2010 eröffnet, scheint nun ganz frei über dem Berg zu schweben. Mit dem Fahrstuhl geht's dorthin, wo die Profis in die Tiefe rauschen. Den Nicht-ganz-Schwindelfreien empfiehlt sich zuvor eine Stärkung im **Schanzen-Café**. Im **Skimuseum** kann man über Uralt-Ski staunen und sich fragen, wie es Roald Amundsen geschafft hat, damit den Südpol zu erobern.

Brunnen am Hafen von Oslo. Die norwegische Hauptstadt ist reich an Wasserspielen.

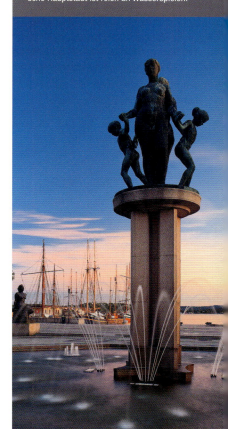

78. Wörthersee

HIGHLIGHTS
- **Wassersport am Wörthersee,** ideale Bedingungen für Segler, Surfer & Co.
- **Burg Landskron,** mächtige Burgruine, angegliederter Greifvogelzoo mit Flugschau
- **Altstadt in Klagenfurt,** mit Altem Rathaus, Landhaus und Dom St. Peter und Paul
- **Maria Wörth,** mit Wallfahrtskirche
- **Pyramidenkogel,** beste Aussichten auf den Wörthersee vom 851 m hohen Berg

DER WÖRTHERSEE IM FRÜHLING UND SOMMER
- **April:** Wörthersee Sommeropening, mehrtägiges Seefest zum Saisonauftakt
- **Juli:** Internationales Straßenkunstfestival, Gaukler & Co., Villach
- **Juli:** Fête Blanche, weiße Partynacht, Velden und Pörtschach
- **Juli/August:** Festival Carinthischer Sommer, Ossiach und Villach
- **15. August:** Schiffsprozession zu Mariä Himmelfahrt, Klagenfurt
- **August:** Kunsthandwerksmarkt Ossiach, viertägiges Marktspektakel

Schloss Velden am Westufer des Wörthersees wird seit 120 Jahren als Hotel genutzt.

Der Alpensee ist mit seinen sommerlichen Wassertemperaturen von 24–26 °C und den Badeorten Velden und Pörtschach das touristische Zentrum Kärntens. Eingebettet in die hügelige Seenlandschaft liegen noch andere Badeseen. Einer ist der malerisch gelegene Faaker See. Für einen Stadtbummel empfehlen sich die Landeshauptstadt Klagenfurt und Villach.

In der Sonnenstube Österreichs

Die sonnenreiche Region um Kärntens größten Badesee, den **Wörthersee**, ist mit ihren lebhaften Badeorten ein Ferienziel mit Tradition. Bereits Ende des 19. Jahrhunderts fanden sich der Adel und das gehobene Bürgertum zur Sommerfrische ein. In **Velden** und **Pörtschach** sind aus jener Zeit noch einige Jugendstilvillen der sogenannten Wörthersee-Architektur erhalten. Beide Orte sind im Sommer gut besucht. Nach einem Tag am See trifft man sich abends in den zahlreichen Restaurants, Bars und Diskotheken. Beschaulicher geht es an den umliegenden kleineren Seen wie dem **Faaker See** und dem **Ossiacher See** zu, die ebenfalls mit türkisblauem und bis zu 26 °C warmem Wasser aufwar-

Österreich

Maria Wörth mit spätgotischer Wallfahrtskirche auf einer Halbinsel am Südufer.

Infos und Adressen

ANREISE

Flug: Direktflüge nach Klagenfurt ab Köln-Bonn und via Wien ab Berlin, Frankfurt am Main und Hamburg; **Bahn:** gute Bahnverbindungen mit dem EC nach Klagenfurt über München; **Auto:** E 55 Salzburg–Villach

ESSEN UND TRINKEN

Bierhaus Zum Augustin: österreichische Küche. Pfarrhofgasse 2, Klagenfurt
Seespitz: Gourmettreffpunkt direkt am See. Schlosspark 1, Velden, www.seespitz-velden.at/

AUSGEHEN

Casino Velden, im Sommer auch Spiel unter freiem Himmel. Am Corso 17, Velden
Club Le Cabaret, beliebte Partylocation. Am Corso 17, Velden, www.lecabaret.at

ÜBERNACHTEN

Werzers Hotel Velden: modernes kleines Hotel in schöner Seelage. Seecorso 64, Velden www.werzers.at/de-werzers-hotel-velden.htm
Hotel Schloss Leonstain: stilvoll wohnen in 600 Jahre alten Schlossmauern. Leonstainerstr. 1, Pörtschach, www.leonstain.at

WEITERE INFOS

Wörtersee Tourismus, Villacher Straße 19, Velden
www.woerthersee.com
www.hotels-am-woerthersee.com

Persönlicher Tipp

SEELUFT SCHNUPPERN

Was liegt näher, als einen See und seine Umgebung vom Wasser aus zu erkunden? Für eine Tour rund um den Wörthersee bietet sich eine Fahrt mit den Ausflugsschiffen der **Wörthersee-Flotte** an, die von Mitte April bis Ende Oktober regelmäßig verkehren. Rund eineinhalb Stunden dauert die Fahrt über den 17 km langen See nach oder von Velden aus. Inmitten der Hügellandschaft tauchen typische Häuser der **Wörthersee-Architektur**, ein Turm oder eine Burg auf. Der Kapitän nutzt die Zeit, um Wissenswertes über die Bauwerke am Ufer zu erzählen, garniert mit Anekdoten über die Prominenz von einst und jetzt. Unterwegs darf man aussteigen, sooft man möchte, und kann sich so einen **individuellen Sightseeing-Tag** zusammenstellen. So lässt sich eine Besichtigung in Maria Wörth mit einer ausgiebigen Badepause in Pörtschach und einem Bummel in Velden verbinden.

---

ten. Eine beachtliche Anzahl internationaler Veranstaltungen reihen sich in der Urlaubssaison aneinander, vom **Bikerfestival** im Mai über die **Fête Blanche** im Juli bis zu den **Wörtherseefestspielen** im August. Dreimal wöchentlich bringt die **Klangwelle Velden** mit einer Choreografie von Laser und Musik den Wörthersee zum Schwingen.

Am Südufer des Wörthersees ist die barocke Wallfahrtskirche **Maria Wörth** auf der in den See hineinragenden Halbinsel ein fotogenes Ausflugsziel. Hoch über dem Ossiacher See thront auf einem Berghügel die **Burg Landskron**.

Weitere kulturhistorisch interessante Anziehungspunkte sind das Schloss in **Rosegg**, die **Stiftskirche in Ossiach** und die **Burgruine Finkenstein** südlich des Faaker Sees. Kulturmetropolen sind die Landeshauptstadt **Klagenfurt**, deren malerische Altstadt mehr als einen Hauch Süden verströmt, sowie die charmante Kurstadt **Villach**.

79. Tannheimer Tal

Eine Gondelbahn führt auf das Ski- und Wandergebiet Füssener Jöchle bei Grän.

HIGHLIGHTS
- **Wannenjoch,** Aussichtsberg und Ausgangspunkt für den Schmugglersteig
- **Schattwald/Zöblen,** das beliebte Skigebiet des Tannheimer Tals
- **Nesselwängle**, 3,5 km lange Sommerrodelbahn
- **Haldensee,** Bergsee mit Badebetrieb und Bootsverleih
- **Vilsalpsee,** idyllisch gelegener Bergsee in einem Natur- und Vogelschutzgebiet

TANNHEIMER TAL ZU JEDER JAHRESZEIT
Januar: Internationales Ballonfestival mit Ballonglühen
Juni: Herz-Jesu-Feuer, Berge in Flammen, aus einer Protestaktion gegen die Truppen Napoleons entstanden
August: Kräuter- und Handwerkermarkt in Jungholz, mit regionalen Produkten
September: Talfeiertag mit Prozession, Musik und Tanz
September: Almabtriebe in den Talgemeinden

Zwischen Oberjoch und Weißenbach am Lech liegt in den Allgäuer Alpen auf etwa 1100 m das Tannheimer Tal. Benannt ist das Wander- und Skiparadies, das zu Tirol gehört, nach seinem Hauptort Tannheim. Besonders reizvoll ist das obere Tal mit dem Vilsalpsee.

Entspannung pur im Hochtal

Sommers wie winters ist das Wander-und Skigebiet gleichermaßen beliebt. Der 1178 m hohe Oberjochpass verbindet das noch in Bayern gelegene **Ostrachtal** mit dem Tannheimer Tal. Im Norden und Osten begrenzen die Tannheimer Berge das Hochtal, im Süden die Vilsalpseeberge. Der erste Ort am westlichen Taleingang ist **Schattwald**. Der gut 1800 m hohe Aussichtsberg **Wannenjoch** ist mit einem Sessellift erreichbar. Spannend ist der gut ausgeschilderte **Schmugglersteig,** der entlang einem ehemaligen Schmugglerpfad vom Wannenjoch zum **Iseler** auf deutscher Seite führt. Mit der Iselerbahn und dem Wanderbus geht es wieder zurück nach Schattwald.

 Zusammen mit Schattwald veranstaltet das kleine **Zöblen** den größten Skizirkus der Talschaft. Zahlreiche Freizeiteinrichtungen, etwa eine Kletter- und Eislaufhalle, bietet der Hauptort **Tannheim.** Sehenswert sind das Heimatmuseum

Österreich

im Ortsteil **Kienzen** und das **Felixé-Minis-Haus**, ein 150 Jahre altes Bauernhaus. Badevergnügen verspricht die Gemeinde **Grän/Haldensee** im Freibad am kühlen Haldensee. Das malerische Bergdorf **Nesselwängle**, beliebtes Skigebiet und Wanderdorado, bildet den Abschluss im Osten.

Ein Kuriosum ist der nur von Bayern aus zugängliche Ort **Jungholz**, von den Einheimischen als »Tiroler Perle im Allgäu« bezeichnet. Die kleine Bergsiedlung abseits des Durchgangsverkehrs hat sich mit ihrem dorfeigenen Kräutergarten als Kräuterdorf einen Namen gemacht. Vermieter und Gastwirte laden die Gäste zu Kräuterschnupperkursen ein. Noch ein Kuriosum: Dank der Lage als deutsches Zollanschlussgebiet weist Jungholz mit drei Geldinstituten für 300 Einwohner die größte Bankendichte Österreichs auf.

Infos und Adressen

ANREISE
Flug: Flughäfen Stuttgart und München in einer Entfernung von zwei Autostunden; **Bahn:** Nächstgelegener Bahnhof in Deutschland ist Sonthofen im Allgäu; **Auto:** von Norden über A 7, über die A 96 und Bundesstraßen aus Richtung München

ESSEN UND TRINKEN
Tannheimer Stube: Feinschmeckerlokal im Hotel Hohenfels mit kreativer regionaler und saisonaler Küche. Kreuzgasse 8, Tannheim, Tirol, www.hohenfels.at
Jungholzer Kräuterwirt: feine Kräuterküche im Landhotel Alpenhof. Jungholz 23, Tirol, www.landhotel-alpenhof.com
Alpengasthof zur Post: gemütliche Wirtshausstuben mit Tiroler Küche und schönem Gastgarten. Schattwald 21, Tirol, www.gz-post.at

ÜBERNACHTEN
Der Engel: traditionsreiches Wellnesshotel mit vielfältigem Angebot und guten Restaurants. Dorfstr. 35, Grän, Tirol, www.engel-tirol.com
Jungbrunn: Wellnesshotel, das alpenländische Tradition mit modernem Design verbindet. Oberhöfen 25, Tannheim, Tirol, www.jungbrunn.at
… liebes Rot-Flüh: Wellness-Luxushotel, das keine Wünsche offen lässt, mehrere Themenrestaurants. Seestr. 26, Grän/Haldensee, Tirol, www.rotflueh.com

WEITERE INFOS
Tourismusverband Tannheimer Tal, Oberhöfen 110, Tannheim, www.tannheimertal.com

---

Persönlicher Tipp
RUNDUM WOHLFÜHLEN

Das Tannheimer Tal hat sich ganz der **Wellness** verschrieben. Aktuell locken 14 Vier-Sterne-Hotels und ein Fünf-Sterne-Hotel mit Angeboten – eine einzigartige Hoteldichte in Österreich. Alle verfügen sie über Schwimmbäder und/oder Saunalandschaften. Immer mit einbezogen in die Wellnessprogramme für Familien, Paare oder Singles sind Aktivitäten draußen in der herrlichen Bergwelt.

VILSALPSEE

Einer der schönsten Ausflüge im Tannheimer Tal führt zum malerischen Vilsalpsee, der von schroffen Berggipfeln umgeben ist. Auf einem Rundweg lässt sich das Natur- und Vogelschutzgebiet leicht erwandern. Zum See selbst gelangt man von Tannheim aus zu Fuß, mit dem Rad, der Bimmelbahn »Alpenexpress«, der Pferdekutsche oder auch dem Bus. Weitere Wanderwege führen zur bewirtschafteten **Vilsalpe**, zum **Wasserfall Berggaicht** und zum noch 500 m höher gelegenen **Traualpsee**. Naturkundlich Interessierte können an einer geführten Wanderung durch das Naturschutzgebiet teilnehmen.

Von Nesselwängle aus erreicht man die 1730 m hoch gelegene Tannheimer Hütte.

80. Graz

HIGHLIGHTS
- **Dom,** spätgotische Kirche (15. Jh.), 1786 zum Dom erhoben
- **Landeszeughaus,** mit 32 000 Exponaten (historische Waffen und Kriegsgerät) die am besten erhaltene Rüstkammer
- **Landhaus,** repräsentatives Renaissance-Bauwerk (16. Jh.), Sitz des Landtags
- **Mausoleum,** Grabmal von Kaiser Ferdinand II., 1614–38 im Stil des österreichischen Manierismus errichtet
- **Kunsthaus,** Museum für internationale Gegenwartskunst, in futuristischem Gebäude mit biomorpher Formgebung, 2003 eröffnet

GRAZ ZU JEDER JAHRESZEIT
- **März:** Diagonale, Filmfestival des österreichischen Filmschaffens
- **Juni/Juli:** Styriarte, mehrwöchiges Festival für klassische und alte Musik
- **Juli/August:** Jazz-Sommer Graz, mehrwöchiges Jazzfestival am Schlossberg
- **September:** Aufsteirern, steirisches Volkskulturfest
- **September/Oktober:** steirischer Herbst, internationales Festival für zeitgenössische Kunst

Repräsentative Bürgerhäuser prägen den Hauptplatz in der Altstadt.

Das besondere Flair der Stadt wird durch die Lage an den Ufern der Mur und die gut erhaltene Altstadt geprägt, die mit ihren historischen Gebäuden zum Weltkulturerbe zählt. Eine schöne Sicht auf die ziegelroten Dächer bietet sich vom Grazer Schlossberg. Moderne Akzente setzen die Insel in der Mur und das futuristische Kunsthaus.

Eine Altstadt wie aus dem Bilderbuch

Graz erstreckt sich an den Ufern der Mur. Wahrzeichen der Stadt ist der 473 m hohe Schlossberg mit dem **Uhrturm**. Das Zentrum der Altstadt bildet der **Hauptplatz**, der von alten Bürgerhäusern aus verschiedenen Bauzeiten umgeben ist. Ein besonders schöner Blickfang ist das **Haus Luegg**, ein Eckhaus mit reichem barocken Stuck. Die Südseite des Platzes nimmt das repräsentative **Rathaus** aus dem 19. Jahrhundert mit Kuppel, Uhr und Ecktürmchen ein; es ist der Amtssitz des Bürgermeisters und der Stadtregierung. Der Landtag tagt im nahe gelegenen **Landhaus**: Der Renaissance-Bau aus dem 16. Jahrhundert fasziniert mit seinen luftigen Laubengängen und dem dreigeschossigen Arkadenhof. Im selben Gebäude ist das **Landeszeughaus** untergebracht. Seit Mitte des 18. Jahrhunderts ist die weltweit größte historische

Österreich

Infos und Adressen

ANREISE
Flug: ab Berlin, Düsseldorf, Frankfurt a. M., München, Stuttgart; **Bahn:** über Klagenfurt, Linz oder Wien; **Auto:** über Salzburg, Villach (A 10), Klagenfurt (A 2), oder Passau, Wels (A 9)

SEHENSWERT
Schloss Eggenberg, barockes Gesamtkunstwerk mit Landschaftspark, Eggenberger Allee 90, www.museum-joanneum.at

ESSEN UND TRINKEN
Stainzerbauer: gehobene regionale Küche, Renaissance-Innenhof. Bürgergasse 4, www.stainzerbauer.at
Der Steirer: steirische Küche, Belgiergasse 1, www.der-steirer.at
Schlossberg: regionale Speisen, grandioser Blick. www.schlossberggraz.at

SHOPPING
Bauernmärkte, frische Spezialitäten aus der Region am Kaiser-Josef-Markt und am Lendplatz

ÜBERNACHTEN
Hotel Süd: modernes kostengünstiges Hotel, ruhige Stadtrandlage. Stemmerweg 10, www.hotel-sued.com
Augartenhotel Art & Design: modernes Designhotel, 15 Fußminuten von der Innenstadt. Schonaugasse 53, www.augartenhotel.at
Hotel Daniel: preisgünstiges Designhotel in Bahnhofsnähe, Innenausstattung in frischen Farben. Europaplatz 1, Graz, www.hoteldaniel.com/de/graz.html

WEITERE INFOS
Graz Tourismus Information, Herrengasse 16, Graz, www.graztourismus.at

Innenhof im Barockpalais des Hotels Erzherzog Johann.

Persönlicher Tipp

RUND UM GRAZ
Außerhalb der Grazer Innenstadt eignet sich der **Hilmteich** im Stadtteil Maria Trost für einen Spaziergang im Grünen. Im Westen grenzt Graz an ein bewaldetes, naturbelassenes Naherholungsgebiet, den **Plabutsch**. Die **Aussichtswarte Fürstenstand** auf dem Plabutsch ist mit 763 m der höchste Punkt von Graz und bietet einen einmaligen Blick auf die Landeshauptstadt. Von der einstigen **Burg Gösting** sind die Burgkapelle Heilige Anna, der mauerumgürtete Fünfeckturm und der Bergfried erhalten. Wer den halbstündigen steilen Aufstieg zur Burgruine wagt, wird mit einem weiten Blick über das Grazer Becken und das oststeirische Hügelland belohnt.
Weitere Ausflugsziele rund um Graz sind der **Thaler See**, die **Wallfahrtskirche Maria Straßengel** in Judendorf-Straßengel, die **Floriankirche** in Straßgang und die **Bründlteiche**.

Waffenkammer ein Museum. Weitere Baujuwele prägen die »Grazer Stadtkrone«: der gotische **Dom**, der bedeutende manieristische Bau des **Mausoleums** (17. Jh.), die alte **Jesuiten-Universität** und die **Grazer Burg**.

Die modernen Highlights befinden sich am Fuß des Schlossbergs entlang den Ufern der Mur. Das 2003 anlässlich des Kulturhauptstadtjahres eröffnete **Kunsthaus** gilt mit seiner innovativen Formgebung als neues Wahrzeichen der Stadt. Die **Insel in der Mur**, ein Bauwerk in Muschelform, wurde ebenfalls 2003 geschaffen und dient als Café und Bühne; sie ist von beiden Uferseiten zugänglich.

Nicht zu vergessen ist, dass Graz nicht umsonst als »Genusshauptstadt Österreichs« gilt und mit zahlreichen kulinarischen Highlights aufwartet.

81. Innsbruck

Herzog-Friedrichstraße mit Arkaden und alten Wirtshausschildern im Herzen der Altstadt.

HIGHLIGHTS
- **Goldenes Dachl,** gotischer Prunkerker und Museum im Neuhof, das an Kaiser Maximilian I. und sein Wirken in Innsbruck erinnert
- **Kaiserliche Hofburg,** barockes Residenzschloss der Habsburger mit Repräsentationsräumen (Riesensaal) und Kaiserappartements
- **Dom St. Jakob,** barocke Kirche gotischen Ursprungs mit Innenausstattung von den Brüdern Asam und Gnadenbild Mariahilf von Lucas Cranach d. Ä.
- **Bergisel** mit Tirol Panorama (Riesenrundgemälde) und Olympiastadion
- **Alpenzoo,** auf 750 m Höhe gelegener Zoo mit ca. 2000 in den Alpen heimischen Tieren

INNSBRUCK IM AUGUST
- **Hoffest** Kaiser Maximilian I., jeden Donnerstag Aufführung der alten Hoffeste mit Festtafel und Vorführungen von Gauklern, Tänzern und Akrobaten
- **Festwochen der Alten Musik,** Konzerte und Opern mit Musik aus Renaissance und Barock

Kulturschätze und Sportstätten vor Alpenpanorama – die Landeshauptstadt von Tirol vereint Kunst, Sport und Natur. Die Spuren der einstigen Herrscher, der Habsburger, sind in der Stadt am Inn noch allenthalben anzutreffen, während die umliegenden Berge zu ausgedehnten Wanderungen und zum Skilaufen einladen.

Stadt der Habsburger und Olympischen Winterspiele

Gotische Erkerhäuser und barocke Paläste, quirlige Geschäftsstraßen und idyllische Laubengänge prägen die Altstadt von Innsbruck. Entstanden an einer Brücke über den Inn, begann der Aufschwung der Stadt, als die Tiroler Habsburger sie 1420 zu ihrer Residenz erhoben.

Als Wahrzeichen Innsbrucks gilt das **Goldene Dachl**, ein prunkvoller Erker mit vergoldeten Kupferschindeln im Herzen der Altstadt. Kaiser Maximilian I. ließ ihn 1494–96 als Loge vor dem Neuhof, der damaligen Residenz, errichten, um von dort Hoffesten und Turnieren zuzusehen. An den kunstsinnigen Kaiser erinnert sein Grabdenkmal mit 28 Bronzestandbildern in der **Hofkirche**. Einblicke in höfisches Leben gewährt die **Hofburg**, die neue größere Residenz, die

Österreich

im 18. Jahrhundert unter Kaiserin Maria Theresia zu einem repräsentativen Barockschloss umgebaut wurde.

Im Süden der Stadt erhebt sich der **Bergisel**, ein geschichtsträchtiger Ort für Innsbruck wie Tirol. 1809 fanden hier heftige Kämpfe zwischen den mit den Franzosen verbündeten Bayern und den Tiroler Freiheitskämpfern unter Andreas Hofer statt. Szenen des Freiheitskampfes hält ein 1000 m² großes Riesenrundgemälde im **Museum Tirol Panorama** fest. Im Bergisel-Stadion brannte 1964 und 1976 während der Winterspiele das Olympische Feuer. Die Sprungschanze wurde 2002 von der renommierten Architektin Zaha Hadid neu errichtet.

Wer mehr Zeit hat, den laden **alpinen Erholungsgebiete** rund um Innsbruck zum Wandern, Skifahren oder Sonnen ein. Zum Hafelekar (2334 m) und auf den Patscherkofel (2246 m) fährt jeweils eine Seilbahn hinauf.

Persönlicher Tipp

SCHLOSS AMBRAS
Die Geschichte von Ambras ist eng mit Erzherzog Ferdinand II. (1529–95) verknüpft. Nachdem er unstandesgemäß die bürgerliche Kaufmannstochter Philippine Welser geheiratet hatte, wählte er die mittelalterliche Burg oberhalb von Innsbruck als Wohnsitz für seine Familie und ließ sie zum prächtigen **Renaissance-Schloss** umbauen. Es besteht aus Unterschloss, Spanischem Saal und Hochschloss. Das Unterschloss wurde als eine Art frühes Museum eigens für die Sammlungen des kunstsinnigen Fürsten errichtet, die schon zu seinen Lebzeiten berühmt waren. Die **Kunst- und Wunderkammer** zeigt für die damalige Zeit ungewöhnliche Objekte wie Arbeiten aus Elfenbein, Perlmutt und Alabaster. Der frei stehende **Spanische Saal** diente als Festsaal und wird heute für Konzerte genutzt. Im Hochschloss lagen die Räume der Fürstenfamilie. Eine **Galerie** zeigt Porträts von mehr als 200 Habsburgern, gemalt u. a. von Tizian und Lucas Cranach.

Das Goldene Dachl, ein reich verzierter, den Habsburgern als Loge dienender Erker.

Infos und Adressen

ANREISE
Flug: Direktflüge von Frankfurt am Main und Rostock, von Innsbruck Flughafen weiter mit Buslinie F ins Zentrum;
Auto: A 12 oder B 177

SEHENSWERT
Hofkirche mit Grabdenkmal für Kaiser Maximilian I., Mo–Sa 9–17 Uhr, So u. Feiertag 12.30–17 Uhr. Universitätsstr., www.tiroler-landesmuseum.at
Tiroler Volkskunstmuseum, im ehemaligen Franziskanerkloster, Sammlungen zu Tiroler Volkskunde, Stuben von der Spätgotik bis ins 19. Jh., tägl. 9–17 Uhr. Universitätsstr., www.tiroler-landesmuseum.at
Maria-Theresien-Str., barocke Flanier- und Einkaufsmeile

ESSEN UND TRINKEN
Goldener Adler: ältestes Gasthaus Innsbrucks mit Tiroler Spezialitäten. Herzog-Friedrich-Str. 6, www.goldeneradler.com
Lichtblick und **Bar 360** oben im neuen Rathaus mit Blick auf Stadt und Berge. Maria-Theresien-Str. 18, www.restaurant-lichtblick.at

ÜBERNACHTEN
Weisses Kreuz: moderner Komfort in traditionsreichem Haus, in dem schon Mozart logierte, Herzog-Friedrich-Str. 31, www.weisseskreuz.at

WEITERE INFOS
Innsbruck Tourismus, Burggraben 3, Innsbruck, www.innsbruck.info

82. Wien

HIGHLIGHTS
- **Kunsthistorisches Museum,** hier sind alle Künstler vertreten, die in der europäischen Malerei Rang und Namen haben
- **Schatzkammer,** u. a. mit der Reichskrone des Heiligen Römischen Reichs Deutscher Nation
- **Schloss Belvedere,** Oberes Belvedere mit Kunstwerken vom Mittelalter bis ins 20. Jahrhundert, Unteres Belvedere mit Prunkräumen und Sonderausstellungen
- **Prater,** Vergnügungspark für Groß und Klein an der Donau, mit berühmtem Riesenrad
- **Hundertwasserhaus,** farbenfrohe Wohnhausanlage des Wiener Künstlers

WIEN IM FRÜHLING, SOMMER UND HERBST
- **Mai/Juni:** Wiener Festwochen, Konzerte, Theater, Oper, Gastspiele, Ausstellungen, Filmretrospektiven
- **Juni:** Donauinselfest, eines der größten Open-Air-Festivals Europas mit nationalen und internationalen Musikgrößen (freier Eintritt)
- **Oktober/November:** Viennale, internationales Filmfestival

Eine Fahrt mit einem Fiaker, hier vor der Hofburg, ist ein besonderes Erlebnis.

Glanz und Gloria haben in der Donaumetropole ihre Spuren hinterlassen, das Flair der Habsburger und die Wiener Klassik ist überall präsent. Wien ist ein Gesamtkunstwerk, in dem weltbekannte Kunstsammlungen, Kaffeehauskultur und die sprichwörtliche Wiener Gemütlichkeit zu einer modernen Metropole verschmelzen.

Die Welt unter dem Steffl

Mittelpunkt der Altstadt ist der **Stephansdom**. Für die Wiener ist der Südturm, der Steffl, die Spitze der Welt. 343 Stufen führen zur Aussichtsgalerie, die einen Rundumblick auf die Altstadt bietet. Das wichtigste gotische Bauwerk Österreichs wurde jedoch nie vollendet, der Nordturm kam nicht über seinen Sockel hinaus. Vollendet wurde dagegen das spätromanische Westwerk mit dem Riesentor und den beiden Heidentürmen. Das Innere der Kirche beindruckt durch seine Größe – 28 m hoch ist das Langschiff. Zu den glanzvollsten Kunstwerken zählt die Kanzel, ein Meisterstück spätgotischer Bildhauerei aus Sandstein.

Den **Stephansplatz** in seiner jetzigen Form gibt es erst seit 1792 – bis dahin diente der Bereich als Friedhof. Nach einer Pestepidemie wurden der Friedhof und die umliegenden

Österreich

20. Jahrhundert trifft Barock: Skulptur von Henry Moore vor der Karlskirche.

Häuser abgerissen und der weitläufige Platz geschaffen, auf dem sich heute Menschen aus aller Welt einfinden. Flanieren lässt es sich auch auf dem **Graben**, einem der schönsten Barockplätze Wiens, in dessen Mitte seit 1679 eine monumentale Pestsäule steht. Rund um den Graben locken Nobelgeschäfte kauffreudige Kunden.

Die **Peterskirche** ist ein hochbarockes Gesamtkunstwerk, dessen Größe sich am besten vom Graben aus ermessen lässt. Der überkuppelte Zentralbau mit den schräg gestellten Türmen bildet seit Anfang des 18. Jahrhundert das barocke Gegenstück zum Stephansdom. Im Inneren beeindruckt der Johannes-Nepomuk-Altar, der den Tod des Märtyrers dramatisch darstellt.

Über die Kärntner Straße zur Karlskirche

Der Bereich um Stephansdom, Graben und Peterskirche liegt heute fest in der Hand der Fußgänger. Nach Süden schließt sich die **Kärntner Straße** als weitere Shoppingmeile an. Im Mittelalter war die Straße Ausgangspunkt des Fernhandels nach Triest. Später entstanden hier bedeutende Bürgerhäuser. Eines der wenigen erhaltenen Gebäude dieser Zeit ist das **Palais Esterházy**. Dort, wo die Kärntner Straße den Opernring kreuzt, befindet sich eines der ehrwürdigsten Opernhäuser der Welt: die **Wiener Staatsoper**. Der monumentale Bau aus der Gründerzeit bietet Platz für 2200 Zuschauer.

Die **Karlskirche** am Karlsplatz ist ein weiteres Wahrzeichen Wiens. Kaiser Karl VI. ließ die monumentale Kirche ab 1714 als Dank für das Ende der Pestepidemie errichten. Die »Hagia Sophia Wiens« ist ein Meisterwerk habsburgischer Reichskunst. Vor der wuchtigen Kuppelrotunde steht ein Säulenbau in Form eines griechischen Tempels. Das Säulenpaar zu beiden Seiten des Eingangs erinnert an die Trajanssäule in Rom. Das Kuppelfresko im Inneren lässt sich mithilfe eines Aufzugs aus nächster Nähe betrachten.

Leben und Tod der Habsburger

In kaum einem anderen Gebäudekomplex demonstrierten die Habsburger ihre Macht so sehr wie in der **Hofburg**. Die Anlage hat nicht weniger als 18 Trakte und 19 Höfe. Rund 600 Jahre wurde an dem Schloss gebaut. Kernstück ist der **Schweizerhof** aus dem Jahr 1275. Ihm folgten die **Stallburg** und die **Amalienburg**. Im Barock wurden der **Leopol-**

Persönlicher Tipp

HEURIGE BEIM HEURIGEN
Am Stadtrand von Wien wird der Wein der Region in **Straußenwirtschaften** ausgeschenkt, die hier Heurige heißen. Der Wein der letzten Lese, der ebenfalls als Heuriger bezeichnet wird, erfreut sich bei den Wienern besonderer Beliebtheit. Nur bis zum 11. November darf der junge Wein so heißen, dann wird er zum »alten Wein«. Der spritzige Heurige hat einen Alkoholgehalt von maximal 12,5 %. Neben dem Schankwein »Marke Eigenbau« gibt es in den Heurigen kalte Speisen und hausgemachte Mehlspeisen – bedienen muss man sich jedoch selbst. Typisch sind Brotaufstriche wie der »rote Liptauer«, der aus Butter, Frischkäse, Paprikapulver, Zwiebeln, Kapern und Gurken hergestellt wird. In **Weinorten** wie Grinzing, Heiligenstadt, Nussdorf, Neustift und Sievering zeigen Tafeln, welche Buschenschenken gerade den beliebten Wein ausschenken. Die meisten von ihnen öffnen erst ab 15 oder 16 Uhr. Ob ein Lokal geöffnet ist, erkennt man an einer Tafel mit der Aufschrift »Ausg'steckt«.

Friedensreich Hundertwasser erbaute in den 1980er-Jahren das nach ihm benannte Wohnhaus.

Persönlicher Tipp

DONAUTURM – WIEN VON OBEN

Einen schönen Ausblick auf Wien und Umgebung bietet der Donauturm (www.donauturm.at). Der 252 m hohe Turm wurde 1964 anlässlich der Wiener Internationalen Gartenschau im **Donaupark** errichtet. In weniger als 40 Sekunden fährt der Aufzug bis zur Aussichtsterrasse in 150 m Höhe. Im Kaffeehaus lässt sich das Panorama bei einer Melange genießen – das Café und das darüber liegende Restaurant drehen sich um den Turm. Der Blick schweift über die Skyline von Wien mit dem Turm des Stephansdoms, dem **Millennium Tower** und dem Riesenrad im Prater. Zum Greifen nah erscheint ein futuristischer Gebäudekomplex zu Füßen des Donauturms. Die **UNO-City** ist seit 1979 Sitz verschiedener UNO-Einrichtungen wie der Internationalen Atomenergie-Organisation (IAEO) und der Organisation der Vereinten Nationen für industrielle Entwicklung (UNIDO). Die UNO-City lässt sich im Rahmen von Führungen besichtigen (www.unis.unvienna.org).

Blick über den Schlossgarten auf das Palmenhaus von Schloss Schönbrunn.

dinische **Trakt** und der **Reichskanzleitrakt** hinzugefügt. Ende des 19. Jahrhunderts entstanden der **Michaelertrakt** und schließlich die **Neue Hofburg**. Die Hofburg ist der Sitz der berühmten **Spanischen Hofreitschule**, in der einzigartige Dressurvorführungen gezeigt werden.

Ihre letzte Ruhestätte fanden die Habsburger in der **Kaisergruft der Kapuzinerkirche**. Die Metallsarkophage sind reich verziert. So schmücken lorbeerumwundene Totenköpfe den Sarkophag Leopolds I. Zentrum der Gruft ist der gigantische Doppelsarkophag des Kaiserpaars Maria Theresia und Franz I. Vor dem schlichten Grab der Kaiserin Elisabeth von Österreich, bekannt als »Sisi«, legen Verehrer bis heute Blumen und Briefe ab.

Auf den Spuren der Wiener Klassiker

Nach Wien zog es Musiker und Komponisten seit je. Wer Spuren der Wiener Klassiker Joseph Haydn, Wolfgang Amadeus Mozart und Ludwig van Beethoven sucht, wird an vielen Ecken fündig. Besichtigen lässt sich beispielsweise das **Pasqualatihaus**, in dem Beethoven acht Jahre lang lebte. Auch die **Wohnungen von Haydn und Mozart** und das **Geburtshaus von Franz Schubert** stehen dem Besucher offen. Auf dem Zentralfriedhof sind Beethoven, Schubert, Johannes Brahms und Johann Strauß begraben. Mozart fand seine letzte Ruhestätte auf dem Sankt Marxer Friedhof. Wer ihr unsterbliche Musik hören möchte, hat an Wien seine Freude: Die **Staatsoper** und die **Philharmoniker** nehmen die Werke der Klassiker immer wieder in ihr Programm auf.

Gemütlich geht es in den **Kaffeehäusern** zu, in denen vom »Braunen« über die »Melange« bis zum »Einspänner« alles serviert wird, was das Herz des Kaffeeliebhabers erfreut. Seit 2011 gehört die Wiener Kaffeehauskultur zum immateriellen Kulturerbe der UNESCO.

Infos und Adressen

ANREISE
Flug: Direktflüge von allen größeren Flughäfen, mit dem City Airport Train (CAT) nonstop in die City; **Bahn:** City Night Line; **Tipp:** im Stadtgebiet Preisvergünstigungen mit der **Wien-Karte**, www.wienkarte.at

SEHENSWERT
Albertina, Museumskomplex mit Meisterwerken der Moderne, Sonderausstellungen internationaler Künstler, tägl. 10–18 Uhr, Mi 10–21 Uhr. Albertinaplatz 1, www.albertina.at
Museum Leopold, moderner Museumskomplex, der sich der Wiener Secession widmet, Schwerpunkt Egon Schiele und Gustav Klimt, Mi–Mo 10–18 Uhr, Do bis 21 Uhr. Museums-Quartier, Museumsplatz 1, www.mqw.at
Schloss Schönbrunn, Barock pur: Die Schlossanlage war einst Sommerresidenz von Maria Theresia und ist heute Weltkulturerbe, tägl. 8.30–17.30 Uhr, Juli/August bis 18.30 Uhr. Schönbrunner Schlossstr., www.schoenbrunn.at
Naturhistorisches Museum, umfangreiche Sammlung an Fossilien, Mineralien und Tieren, darunter Dinosaurier, Do–Mo 9–18.30 Uhr, Mi 9–21 Uhr. Maria-Theresien-Platz (Eingang), www.nhm-wien.ac.at
Museum für Völkerkunde, Schätze alter Stammeskulturen, ein Schwerpunkt ist die Brasiliensammlung, Mi–Mo 10–18 Uhr. Neue Burg, Heldenplatz, www.ethno-museum.ac.at

ESSEN UND TRINKEN
Plachutta Wollzeile: Tafelspitz und andere Wiener Küchenklassiker. Wollzeile 38, www.plachutta.at
Café Prückel: Wiener Kaffeehaus mit über 100-jähriger Tradition. Stubenring 24, www.prueckel.at
Da Capo: Geheimtipp für Liebhaber der italienischen Küche, mit hausgemachter Pasta. Schulerstr. 13, www.dacapo.co.at
Naschmarkt: Der wohl schönste Markt der Stadt bietet neben Lebensmitteln aus der Region und aller Welt zahlreiche Gastronomiestände. Zwischen linker und rechter Wienzeile ab Getreidemarkt

AUSGEHEN
Burgtheater, eine der bekanntesten deutschsprachigen Bühnen. Dr.-Karl-Lueger-Ring 2, www.burgtheater.at
Staatsoper, nirgendwo ist Oper schöner als in Wien. Opernring 2, www.wiener-staatsoper.at
Donauinsel, am Ufer der neuen Donau an der Reichsbrücke haben von Mai bis September zahlreiche Bars und Restaurants geöffnet

SHOPPING
Sacher Confiserie, In der Confiserie des Hotels Sacher gibt es die wohl berühmteste Torte der Welt zum Mitnehmen und Verschicken. Philharmonikerstr. 4, www.sacher.com
Mannershop, Neapolitaner Waffeln kommen in Wirklichkeit aus Wien, das Kultgebäck mit der rosa Verpackung gibt es am Stephandom. Stephansplatz 7, www.manner.com
Konditorei Demel, Laden des »Hofzuckerbäckers« Demel, feinstes Naschwerk wie Demeltorte, Annatorte und Lebkuchenfiguren. Kohlmarkt 14, www.demel.at
Tostmann Trachten, alles für Trachtenliebhaber, vom Alltags- bis zum Hochzeitsdirndl. Schottengasse 3a, www.tostmann.at

ÜBERNACHTEN
Am Schubertring: kleines, aber feines Vier-Sterne-Boutique-Hotel in zentraler Lage an der Ringstraße. Schubertring 11, www.schubertring.at
Hotel Wandl: Traditionshaus mit 138 Zimmern im Schatten der Peterskirche. Petersplatz 9, www.hotel-wandl.com
Pertschy: 55 stilvolle Zimmer in familiengeführtem Hotel garni in einem Barockpalast der Altstadt. Habsburgergasse 5, www.pertschy.com

WEITERE INFOS
Wien-Tourismus, Albertinaplatz/Maysedergasse, Wien, www.wien.info

Wiener Gemütlichkeit und Kaffeehauskultur lassen sich im Café Central genießen.

83. Am Neusiedler See

HIGHLIGHTS
- **Nationalpark Neusiedler See – Seewinkel,** wunderschöne Landschaft um den einzigen Steppensee Mitteleuropas
- **Rust,** malerische Altstadt, unter anderem mit gut erhaltenen Barock- und Renaissance-Fassaden
- **Schloss Esterházy,** Barockschloss in Eisenstadt mit prachtvoll ausgestattetem Haydn-Saal
- **Podersdorf,** beliebtester Badeort mit freiem Zugang zum See
- **Kellergassen,** gut erhaltene Weinbaukelleranlagen in Purbach und Breitenbrunn

NEUSIEDLER SEE IM SOMMER
- **Juni–August:** Opernfestspiele St. Margarethen im Römersteinbruch St. Margarethen
- **Juli/August:** Seefestspiele Mörbisch, Operetten-Festival in Mörbisch am See
- **September:** Haydn-Festspiele in Eisenstadt

Blick über das Dorf Rust. Den Neusiedler See umgeben Schilfgürtel und sumpfige Wiesen.

Der Neusiedler See im österreichischen Burgenland zählt zu den faszinierendsten Naturräumen Europas. In den romantischen Ortschaften der Umgebung erwartet Besucher im Sommer aber auch ein erstklassiges Kulturprogramm mit spektakulären Open-Air-Aufführungen.

Schnattern im Schilf – Kultur bei Hofe

Der Neusiedler See ist der ganze Stolz des Burgenlands. Der **Steppensee** hat bis auf die Wulka keine natürlichen Zu- oder Abflüsse, sodass der Wasserstand je nach Verdunstung und Niederschlag stark schwankt. Die Ufer sind fast vollständig von einem bis zu fünf Kilometer breiten Schilfgürtel umgeben, der Lebensraum für zahlreiche Tiere bietet. So fühlen sich rund **300 Vogelarten** in dem weitläufigen Gebiet aus Schilf, salzhaltigen Lacken und Feuchtwiesen wohl. 1993 wurde der **Nationalpark Neusiedler See – Seewinkel** gegründet, der mit seinem dichten Wegenetz gute Möglichkeiten bietet, die Fauna kennenzulernen und zu beobachten. Anlaufstelle für naturinteressierte Besucher ist das ganzjährig geöffnete **Nationalpark-Informationszentrum**

Österreich

Die Altstadt von Rust mit historischen Bürgerhäusern gehört zum UNESCO-Welterbe.

Infos und Adressen

ANREISE
Flug: Direktflüge nach Wien ab Düsseldorf, Frankfurt am Main, Hamburg, Hannover, München; ab Wien Bustransfer nach Neusiedl am See; **Bahn:** Schnellbahn stündlich von Wien-West über Wien-Süd nach Neusiedl am See; **Auto:** über Wien A 3 (Eisenstadt) oder A 4 (Neusiedl am See)

SEHENSWERT
Haydn-Haus, Eisenstadt, Mo–So 9–17 Uhr, www.haydn-haus.at/
Basilika in Frauenkirchen, mit einem der schönsten barockern Kirchenräume des Burgenlandes

ESSEN UND TRINKEN
Mole West: modernes Speiserestaurant, gefragteste Adresse, da direkt am See gelegen. Seegelände 9, Neusiedl am See, www.mole-west.at
Landgasthaus am Nyikospark: gemütlicher Gasthof mit gehobener österreichischer Küche. Untere Hauptstr. 59, Neusiedl am See, www.nyikospark.at

ÜBERNACHTEN
Hotel Wende: familiäres Hotel in ruhiger Lage. Seestr. 40–50, Neusiedl am See, www.hotel-wende.at
Al Faro Lodge: familiär geführtes Haus mit Seeblick. An der Promenade, Podersdorf am See, www.alfaro.at

WEITERE INFOS
Information Neusiedl am See, Untere Hauptstr. 7, Neusiedl am See, www.neusiedlersee.com/
Informationszentrum Nationalpark Neusiedler See – Seewinkel, Hauswiese, Illmitz, www.nationalpark-neusiedler see-seewinkel.at

Persönlicher Tipp

MIT DEM FAHRRAD UNTERWEGS
Der Radwanderweg rund um den Neusiedler See bietet eine ideale Möglichkeit, die Natur des Steppensees zu bewundern und zu genießen. Die meist asphaltierte Strecke führt entlang dem Schilfgürtel, durch Weingärten, Feuchtwiesen und Salzlacken. Immer wieder eröffnen sich wunderschöne Ausblicke auf den weitläufigen See; Zugang zum Ufer gibt es allerdings nur gelegentlich. Interessant gestaltete Rastplätze am Wegesrand laden zu einer Pause ein. Die gesamte Strecke beträgt auf österreichischer Seite rund 80 km, aber man kann auch abkürzen. Dabei helfen die Fahrradfähren. Sie bringen die Radler zwischen Illmitz und Mörbisch oder Podersdorf und Breitenbrunn bequem über den See.

in Illmitz. **Neusiedl am See** und **Podersdorf** sind die Wassersportzentren der Region.

Rund um den See gibt es viele romantische Dörfer zu entdecken. Der kleine Ort **Mörbisch** mit seinen Laubenhäusern und malerischen Hofgassen ist auch für seine Seefestspiele und für seinen Weinbau bekannt. Die Ortschaft **Rust** am Westufer besitzt noch zahlreiche gut erhaltene Bürgerhäuser aus Renaissance und Barock. Ebenso sehenswert sind **Eisenstadt** mit dem barocken **Schloss Esterházy** und **Purbach**: Dort lohnen nicht nur eine Wehrmauer mit vier wuchtigen Toren (17. Jh.), sondern v. a. die um 1850 entstandenen Weinkeller, die zu einer einzigartigen Kellergasse mit Weinstuben und Restaurants aneinandergereiht sind.

84. Salzburg und Salzkammergut

Alle Herrlichkeiten auf einen Blick: Festung Hohensalzburg, Dom und Franziskanerkirche.

HIGHLIGHTS
- **Geburtshaus Mozarts,** 1747–1773 lebte im dritten Stock die Familie Mozart, Museum mit historischen Instrumenten und Gemälden
- **Salzburger Dom,** frühbarocker geistlicher Mittelpunkt Salzburgs
- **Alte Residenz,** fürsterzbischöfliche Palastanlage
- **Schloss Mirabell** und **Park Mirabell**, einst Sommersitz des Fürsterzbischofs
- **Großes Festspielhaus,** Spielstätte der Salzburger Festspiele mit Reliefs, Gobelins und Marmorportal

SALZBURG ZU JEDER JAHRESZEIT
- **Januar/Februar:** Mozartwoche
- **Juni:** Gaisberg-Oldtimerrennen für Motorräder und Autos
- **Juli/September:** Salzburger Festspiele mit Opernhighlights, Schauspiel und Konzerten
- **Oktober/November:** Jazz-Herbst
- **November/Dezember:** Weihnachtsmärkte

Die Stadt ist ein Gesamtkunstwerk. Schon der Name klingt wie Musik: Salzburg, Geburtsort Mozarts und Heimstatt der Salzburger Festspiele, verwöhnt aber nicht nur akustisch, sondern mit barocker Pracht auch optisch – und, last but not least, kulinarisch. Die Salzachmetropole ist wegen ihres elegant-mediterranen Charmes ein wahres »Wochenend-Schmankerl«.

Fürstlicher Eindruck

Zwar trennt die Salzach die östliche Altstadt vom westlichen und ursprünglichen Kern Salzburgs, die Highlights beider Seiten lassen sich aber bequem zu Fuß oder mit dem Fiaker erobern. Beim Flanieren stößt man in der Getreidegasse, der Einkaufsstraße Salzburgs mit Zunftzeichen und aufwendig gestalteten Innenhöfen, auf das **Geburtshaus** des allgegenwärtigen **Wolfgang Amadeus Mozart**. Sein Wohnhaus befindet sich auf der anderen Salzachseite am Makartplatz. Unweit des Geburtshauses, auf dem zentralen **Alten Markt** mit Florianibrunnen, ist heute noch vor der Kulisse mittelalterlicher Bürgerhäuser Wochenmarkt.

Österreich

In der ehemaligen fürsterzbischöflichen Palastanlage der **Alten Residenz** aus dem 12. Jahrhundert mit vier Innenhöfen und zahllosen Prunkräumen hatte Mozart 1775 sein »Violinkonzert in A Dur« (KV219) uraufgeführt. Die **Neue Residenz** ist ungleich jünger (16. Jh.), aber mit Spiegelgewölben und Stuck nicht weniger prunkvoll; im heutigen Salzburg-Museum ist das Sattler-Panorama, ein Rundgemälde Salzburgs, zu bestaunen. Ein Denkmal des großen Sohnes der Stadt ziert den Mozartplatz in der Nachbarschaft. Dom und Residenzen begrenzen den **Residenzplatz** mit dem wasserspeienden Tritonbrunnen.

Vorhang auf für festlichen Kulturgenuss

Weithin sichtbar sind die achteckigen Türme des **Salzburger Doms** auf der westlichen Altstadtseite, dessen Vorgängerbau im 8. Jahrhundert von Bischof Virgil errichtet wurde. Auf den Domtreppen des ersten frühbarocken Kirchenbaus nördlich der Alpen finden seit fast 100 Jahren alljährlich die Aufführungen des »Jedermann« statt. Die Hauptrollen des Jedermann und der Buhlschaft sind stets prominent besetzt.

Die Salzburger Festspiele, 1920 von Hugo von Hofmannsthal, Max Reinhardt und Richard Strauß begründet, fanden 1926 erstmals im umgebauten **Kleinen Festspielhaus** statt. Auf dem Areal des nach Plänen des Baumeisters J. B. Fischer von Erlach Ende des 17. Jahrhunderts errichteten Hofmarstalls entstand 1956 das **Große Festspielhaus**. Mit Herbert von Karajan, dem ersten Popstar der Klassik, wurde eine neue Ära eingeleitet – auch heute nimmt einen die quirlig-künstlerische Atmosphäre des Festspielbereichs sofort gefangen, überall erklingt Musik. An der **Marstallschwemme** seitlich davon zieht die Statue eines sich aufbäumenden Lipizzaners die Blicke auf sich. Auch die **Felsenreitschule** mit ihren den Wänden des Mönchsbergs vorgesetzten 96 Bogengängen dient als stimmungsvolle Festspielbühne für fesselnde Aufführungen in nächtlichem Ambiente.

Grandiose Panoramablicke

Auf der rechten Altstadtseite leuchtet **Schloss Mirabell**, das Erzbischof Wolf Dietrich von Raitenau zu Beginn des 17. Jahrhunderts für seine Geliebte erbauen ließ. Die Wirkung von Marmorsaal und Marmortreppe verblasst fast vor der barocken Gartenanlage mit einem Meer aus Blumen, darin

---

Persönlicher Tipp

WEISSES GOLD

Salz hat die gesamte Region wohlhabend gemacht und scheint in vielen Namensgebungen wie Salzburg oder Hallein (Hall = Salz), Salzkammergut oder Hallstatt auf. Von Hallein, einst Hauptstadt des Salzhandels, führt der Weg zum **Salzbergwerk** in Bad Dürrnberg. Die Führungen unter Tage machen vor allem Kindern Spaß, geht es doch über Parallelrutschen und mit dem Grubenhund in die Tiefe. Daneben befindet sich ein rekonstruiertes Keltendorf. Das **Keltenmuseum** von Hallein (www.keltenmuseum.at) mit seiner modernen Architektur ist eines der größten in Europa und bereitet die keltische Geschichte lebendig auf, z. B. durch die lebensgroße Rekonstruktion eines detailreichen Streitwagengespanns mit Lenker, der originalgetreuen Nachbildung einer Ausgrabungsstätte und einer echten Grabkammer aus Holz. Hallein selbst hat ein gut erhaltenes mittelalterliches Stadtbild.

Im Geburtshaus Mozarts in der Getreidegasse herrscht der Geist des Musikgenies.

Von der Terrasse des legendären Hotels Schloss Fuschl überblickt man den Fuschlsee.

Persönlicher Tipp

SEENLANDSCHAFT UND WASSERSPIELE

Bei einem verlängerten Wochenendaufenthalt bietet sich ein Ausflug zu den schönsten Seen des Salzkammerguts an, etwa zum Hallstätter See und Fuschlsee. Die Alpinregion Hallstatt-Dachstein/Salzkammergut ist UNESCO-Welterbe, nicht zuletzt wegen des idyllischen Örtchens Hallstatt am fjordartigen See unterhalb des Dachsteins. Der schönste Panoramablick erschließt sich auf einer Bootsfahrt über den **Hallstätter See** vorbei an den dicht bewaldeten steilen Berghängen zwischen Bad Goisern und Obertraun. Die **Rieseneishöhlen** mit fantastischen Eisformationen und die **Mammuthöhle** sind bequem über die Dachstein-Welterbe-Seilbahnen zu erreichen. Über **Fuschl** am gleichnamigen See, einem eleganten, ruhigen Badeort, gewährt der Hausberg Schober einen herrlichen Blick. Schloss Fuschl bildet mit dem tiefgrünen, kristallklaren See eine märchenhafte Kulisse.
Im Juli und August verzaubern die illuminierten **Wasserspiele von Schloss Hellbrunn** (Fürstenweg 37, www.hellbrunn.at) den Park des fürstbischöflichen Renaissance-Landsitzes. Im Rahmen von Abendführungen tauchen Besucher ein in eine Welt aus Wasser, Licht und Farben.

Im prächtigen Garten von Schloss Mirabell gelingt die Einstimmung auf Salzburg leicht.

der Pegasusbrunnen, umgeben von vier Figurengruppen, die die Elemente darstellen.

Die **Festung Hohensalzburg** hoch über der Stadt auf dem Festungsberg der westlichen Salzachseite gilt als größte vollständig erhaltene Burganlage Mitteleuropas. Hinauf zur Burg, in der sich ein Museum und die ornamentreiche Goldene Stube befinden, geht es per Standseilbahn oder zu Fuß.

Auf einem Felsen des **Mönchsbergs** 60 m über der Altstadt präsentiert das **Museum der Moderne** Kunst des 20. und 21. Jahrhunderts. Der Kreis schließt sich hier, das Thema der Musik spiegelt sich in der Architektur wider: Vertikale Fugen in der Außengestaltung symbolisieren das Notensystem aus Mozarts Oper »Don Giovanni«.

K. u. k Zuckerbäckerei

Für alle, die satt vom Schauen und Flanieren sind, winkt eine Belohnung der Extraklasse. Und dabei hat man die Qual der Wahl u. a. zwischen dem **Café Fürst**, Erfinder der wahren Mozartkugel, oder einer Institution: Im **Café Tomaselli**, Alter Markt 9, wird eine Auswahl der Konditorkunst von der Servierdame auf einem Silbertablett an den Tisch gereicht. Die Wiener Melange mundet exquisit in den Salons mit Blick auf den Markt.

Salzburg und Salzkammergut

Infos und Adressen

ANREISE
Flug: Direktflüge von vielen größeren Städten zum Salzburg Airport W. A. Mozart, weiter mit öffentlichen Bussen, vom Flughafen München mit Airport-Shuttle; **Bahn:** IC, EC und ICE nach Salzburg Hbf; **Auto:** A 8 München–Salzburg oder A 1 Wien–Salzburg. **Tipp:** im Vorfeld der Festspiele pauschale Buchung von Hotel, Eintrittskarten und Salzburg Card (freie Fahrt mit ÖPNV)

SEHENSWERT
Geburtshaus Mozarts, Getreidegasse 9, tägl. 9–17.30 Uhr, www.mozarteum.at
Salzburger Dom, Domplatz, 8–18, So 13–17 Uhr, www.salzburger-dom.at
Alte Residenz, Residenzplatz, 10–17 Uhr, www.salzburg-burgen.at
Schloss Mirabell, Mirabellplatz 4, Mo, Di, Do 8–16, Di und Fr 13–16 Uhr, www.salzburg.rundgang
Festung Hohensalzburg, Mönchsberg 34, tägl. 9.30–17 Uhr, www.salzburg-burgen.at
Museum der Moderne, Mönchsberg 32, Di–So 10–18, Mi 10–20 Uhr, www.museumdermoderne.at
Franziskanerkirche, die älteste Kirche der Salzburger Altstadt birgt Meisterwerke wie die gotische Marienglocke, der Flügelaltar von J. B. Fischer von Erlach und die »Madonna mit dem Kind« von Michael Pacher. Franziskanergasse 5, tägl. 6.30–19.30 Uhr, www.franziskaner-salzburg.at

ESSEN UND TRINKEN
m32: Restaurant, Café und Bar im Museum der Moderne auf dem Mönchsberg, erreichbar mit dem Mönchsbergaufzug, Talstation Gstättengasse 13, phänomenaler Blick von der Panoramaterrasse über Salzburg. Das Design stammt von Matteo Thun – nackter Beton, Hirschgeweihe an der Decke und knallige Farben.
Kastner's Schenke: Salzburgs kleinste Brauerei mit Biergarten, ein schnörkelloses, uriges Lokal mit einheimischen Stammgästen und bodenständigen Gerichten abseits der Touristenpfade. Schallmoser Haupstr. 27, www.kastnersschenke.at
Hangar 7: Am Salzburger Flughafen im Restaurant Ikarus, international renommierte Gastköche; nach dem Essen hebt man ab zur Mayday-Bar mit Glasboden unter der Hallenkuppel. Wilhelm-Sapazier-Str. 7A, www.hangar-7.com
St. Peter Stiftskeller: ein »Klassiker« nahe dem Dom, 803 erstmalig urkundlich erwähnt. St. Peter Bezirk 1/4, www.stpeter-stiftskeller.at
Café Dallmann: Mehlspeisen, feinste Confiserie, Lebkuchen und Mozarts Reisetorte. Mozartplatz 2A in St. Gilgen, www.dallmann.at

SHOPPING
Café Fürst, Paul Fürst erfand 1890 die Original Salzburger Mozartkugel, erkennbar am blau-silbernen Papier. Brodgasse 13, www.original.mozartkugel.com.
Klassikfachgeschäft Katholnigg, Geheimtipp für Musikfreunde, führt Tonträger und Literatur, seit 1874 in der Altstadt. Sigmund-Haffner-Gasse 16, www.salzburg-cd.com

ÜBERNACHTEN
Hotel Sacher: Traditionshotel der Luxusklasse mit Café, in dem es die berühmte Sachertorte gibt, am Ufer der Salzach

Die Salzburger Altstadt vom Mönchsberg aus, der einem Benediktinerkloster seinen Namen verdankt.

mit Blick auf die Altstadt und Festung Hohensalzburg. Schwarzstr. 5–7, www.sacher.com
arthotel blaue gans: 660 Jahre altes Patrizierhaus mit Gewölben und Stuckdecken, von Salzburger Künstlern eingerichtet. Getreidegasse 41–43, www.hotel-blaue-gans-salzburg.at
Hotel Elefant: mitten in der Altstadt, nur wenige Schritte zu Mozarts Geburtshaus und zum Café Tomaselli. Sigmund-Haffner-Gasse 4, www.elefant.at

WEITERE INFOS
Salzburg-Information, Mozartplatz 5 und Auerspergstr. 7, www.salzburg.info
Salzburger Land Tourismus, Postfach 1, Hallwang, www.salzburgerland.com

85. Krakau

Am Hauptmarkt mit den Tuchhallen, unter deren Arkaden man in Souvenirläden stöbern kann

HIGHLIGHTS
- **Neuer Jüdischer Friedhof,** einer der wenigen, der die Nazi-Zeit überdauert hat
- **Marienkirche,** Höhepunkt: der vom Nürnberger Veit Stoß geschaffene Schnitzaltar
- **Museum Fabrik Oskar Schindler,** ehemalige Emailwarenfabrik, in der jüdische Zwangsarbeiter beschäftigt waren, die dank Schindler den Zweiten Weltkrieg überlebten
- **Collegium Maius,** ältestes Gebäude der zweitältesten Universität Mitteleuropas, berühmtester Student: Nikolaus Kopernikus
- **Galeria Krakowska,** modernes Einkaufszentrum neben dem Hauptbahnhof

KRAKAU IM FRÜHLING/SOMMER
- **Mai/Juni:** Lajkonik, folkloristischer Umzug acht Tage nach Fronleichnam
- **Juni/Juli:** Jüdisches Kulturfestival, seit 1988 feste Institution in Kazimierz

Wer bei einem Aufenthalt in Polen Krakau nicht gesehen hat, der hat die Seele des Landes verpasst, so heißt es. Obwohl seit dem 17. Jahrhundert Polens Geschicke von Warschau aus gelenkt werden, gilt die Metropole im Süden bis heute als heimliche Hauptstadt.

Eine original historische Stadt

Mancher Besucher, der zum ersten Mal die Altstadt von Krakau sieht, fühlt sich eher nach Italien versetzt: Harmonisch reihen sich Fassaden aus **Renaissance** und **Barock** aneinander, an fast jeder Ecke reckt sich ein Kirchturm dem Himmel entgegen. Das katholische Zentrum war Wirkungsstätte von Karol Wojtyła, bevor er 1978 als **Johannes Paul II.** zum Papst gewählt wurde. Im selben Jahr gelangte die Altstadt auf die Liste des UNESCO-Welterbes.

Das Beste am Krakauer Architektur-Ensemble: Es ist die originale Bausubstanz, die erhalten geblieben ist und in mühevoller Detailarbeit immer wieder herausgeputzt wird.

Polen

Damit ist Krakau in Polen einzigartig. Seine Pracht entfaltet sich besonders am **Rynek Główny**, einem der größten Stadtplätze Europas. In seiner Mitte stehen die **Tuchhallen**, Renaissance pur. Schon lange wird in ihnen kein Tuch mehr umgeschlagen. Heute sind es Touristen, die dort flanieren und in den unzähligen Lädchen nach Souvenirs suchen. Nur wenige Schritte entfernt steht die **Marienkirche**, von deren Nordturm jede Stunde ein Trompeter in alle vier Himmelsrichtungen eine Melodie spielt.

Nach Süden gelangt man zum **Wawel**, dem Schlossberg, der nicht nur für polnische Schulklassen zum Pflichtprogramm gehört. In der **Kathedrale** haben polnische Könige und Nationalhelden ihre letzte Ruhestätte gefunden. Nur einen Steinwurf entfernt liegt das Viertel Kazimierz, das an das dunkelste Kapitel der Stadtgeschichte gemahnt. Bis zum Zweiten Weltkrieg war es jüdisch geprägt. Geblieben sind Synagogen und Grabsteine. Nach Jahrzehnten des Niedergangs pulsiert Kazimierz heute als Szeneviertel, in dem sich eine Kneipe an die andere reiht.

Infos und Adressen

ANREISE
Flug Direktflüge von Frankfurt/Main, Düsseldorf u. München, Berlin, Hamburg u. Stuttgart; **Bahn:** tägl. Direktverbindung ab Berlin (Fahrtzeit 9 Std.); Auto: ab Berlin über E 36 u. E 40

SEHENSWERT
Czartoryski-Museum: ältestes Museum Polens, Wiedereröffnung 2013.
ul. Świętego Jana 19,
www.muzeum.krakow.pl

ESSEN UND TRINKEN
Wierzynek: hochwertiges historisches Restaurant.
Rynek Główny 15,
www.wierzynek.com.pl

Chłopskie Jadło: Restaurantkette mit traditionellen polnischen Gerichten, schmackhaft und preiswert. Drei Filialen: ul. Grodzka 9, ul. Świętego Jana 3, ul. Świętej Agnieszki 1, www.chlopskiejadlo.pl

ÜBERNACHTEN
Spatz Aparthotel,
28-Zimmer-Haus mitten in Kazimierz. ul. Miodowa 11,
http://de.spatz.pl/home

WEITERE INFOS
Touristen-/Stadtinformation, Info Kraków,
ul. Świętego Jana 2,
31018 Kraków,
www.krakau.travel

Persönlicher Tipp

KONTRASTPROGRAMM NOWA HUTA

Von jeher galt Krakau als Stadt der Intellektuellen, des Katholizismus und des Bürgertums. Nach dem Zweiten Weltkrieg brachen die sozialistischen Machthaber mit dieser Tradition. Im Osten errichteten sie ab 1949 ein **Eisenhütten-Kombinat** und eine **Planstadt** nach dem Muster des sozialistischen Städtebaus: Von einem zentralen Platz gingen breite Magistralen ab, eine führte direkt zum Werk. Flankiert wurde das Ganze von einer Lenin-Statue. Bis auf Lenin hat sich die Struktur von Nowa Huta erhalten. Heute leben in dem sehr lebendigen Stadtteil über 200 000 Menschen. Von der Altstadt aus gelangt man problemlos mit der Straßenbahn in den Osten und kann auf eigene Faust typisch Polnisches jenseits der Hochkultur erkunden. Von den Stationen Stradom oder Starowiślna fährt die Linie 22 direkt zum **Plac Centralny** und weiter zum Kombinat. Es gibt geführte Touren, bei denen u. a. auch die erste Kirche Nowa Hutas auf dem Programm steht, die erst 1977 errichtete **Kirche der Mutter Gottes, der Königin von Polen**.

Die Marienkirche am Hauptmarkt, eine römisch-katholische Basilika, gehört zu den Wahrzeichen Krakaus.

86. Danzig

HIGHLIGHTS
- **Marienkirche,** eine der weltweit größten Backsteinkirchen (1343–1502)
- **Krantor,** Danzigs rekonstruiertes Wahrzeichen aus dem 15. Jahrhundert
- **Westerplatte,** durch den Beschuss eines deutschen Schiffes steht die Landzunge für den Beginn des Zweiten Weltkriegs.
- **Werft Danzig,** in der ehemaligen Leninwerft begann 1980 der Streik der Arbeiter, mit dem der Niedergang der sozialistischen Staaten Europas seinen Anfang nahm.
- **Oliva,** Entspannungsoase mit Park, Dom und Äbtepalast, rund 7 km vom Zentrum

DANZIG IM SOMMER
- **Juni/Juli:** Sail Gdańsk, internationale Segelveranstaltung mit Schiffen jeder Größe und Bauart, Teil der Veranstaltungsreihe Baltic Sail, die in mehreren Ostseestädten stattfindet
- **Juli/August:** Jahrmarkt des Heiligen Dominik, ältestes und größtes Fest der Stadt

Die Altstadt von Danzig am Ufer der Mottlau mit dem berühmten Krantor.

Die einstige Hansestadt ist eine der historisch bedeutsamsten Städte Polens, aber auch Schauplatz von Ereignissen der jüngeren Geschichte. Nach dem Zweiten Weltkrieg lag Danzig in Schutt und Asche. 1980 erblickte hier die unabhängige Gewerkschaft Solidarność die Welt.

Ostseestadt mit Königsweg

Die **Danziger Bucht** kann mit zwei Besonderheiten punkten: der **Halbinsel Hel** und der **Frischen Nehrung**. Dazwischen liegt Danzig. Die Einwohner schätzen die beiden lang gestreckten Anhäufungen aus Sand als Strandparadiese der Ostsee. Für Besucher können sie Anlass für ein verlängertes Wochenende sein.

Danzig blickt auf eine lange Geschichte zurück, in der sie u. a. Mitglied der **Hanse** (1361–1669) und **Freie Stadt** (1920–1939) war. Seit dem Ende des Zweiten Weltkriegs ist Danzig als Gdańsk polnisch. In der deutschen Gegenwartsliteratur genießt Danzig besondere Aufmerksamkeit, denn Literaturnobelpreisträger Günter Grass versteht sich in seinem Werk als Chronist seiner Heimatstadt.

Polen

Die Häuserfronten am Langen Markt gehören zu den schönsten von Danzigs Altstadt.

Infos und Adressen

ANREISE
Flug: Direktflüge von Frankfurt a. Main, Frankfurt/Hahn, München, Lübeck, Dortmund, Köln/Bonn, Berlin, Bremen und Hamburg.
Bahn: tägliche Direktverbindung von Berlin (ca. 7 Std.); **Auto:** von Berlin über E 28

SEHENSWERT
Zentrales Meeresmuseum, Ausstellung u. a. in drei ehemaligen Kornspeichern, Höhepunkt: Frachtschiff »Sołdek«, Öffnungszeiten: Di–So 10–16 Uhr. ul. Ołowianka 9–13, www.cmm.pl

ESSEN UND TRINKEN
Pod Łososiem: Traditionshaus von 1598. ul. Szeroka 52/54, www.podlososiem.com.pl

Pierogarnia U Dzik: für Freunde bezahlbarer polnischer Küche. ul. Piwna 59/60, www.pierogarniaudzika.com

ÜBERNACHTEN
Hotel Królewski Danzig: 30-Zimmer-Haus in einem umgebauten Speicher auf der Ołowianka-Insel in der Mottlau. ul. Ołowianka 1, www.hotelkrolewski.pl

WEITERE INFOS
Touristeninformationszentrum, ul. Długi Targ 28/29, Gdańsk, www.gdansk4u.pl
www.tourismus-polen.de/Polen/Stadt_Danzig.htm;
www.danzig.info/stadtinfo.html

Auf dem Königsweg

Danzigs historisches Herz schlägt in der ehemals deutschen **Rechtstadt**. Wer die dortige Pracht aus Backsteingotik und Patrizierhäusern bewundert, sollte nicht vergessen: Das wenigste ist original. Nach den Zerstörungen des Zweiten Weltkriegs sieht man sich einem Meisterwerk der Restaurierung gegenüber.

Der **Königsweg** führt durch das **Goldene Tor** über die **Langgasse** und den **Langen Markt** bis zum **Grünen Tor**, hinter dem das Wasser der Mottlau funkelt. Bis zu 25 000 Menschen haben in der **Marienkirche**, einer dreischiffigen gotischen Hallenkirche, Platz. Der Kauf eines Bernsteinsouvenirs in der **Frauengasse** ist angenehme Pflicht.

In einer Hafenstadt bietet sich natürlich eine Schifffahrt an. Die klassische Route beginnt im Schatten des **Krantors**, führt vorbei an der **Festung Weichselmündung** und endet auf der Landzunge **Westerplatte**.

Persönlicher Tipp

SEEBAD ZOPPOT
Danzig, Gdingen (Gdynia) und Zoppot (Sopot) sind als Trójmiasto (»Dreistadt«) bekannt. Gdingen ist eine quirlige Hafenstadt, Zoppot hingegen ein eher beschauliches Seebad. Bereits zu preußischer Zeit entstand dort in den 1820er-Jahren ein Strandbad mit Kurbetrieb, das sich um die Jahrhundertwende zu einem der mondänsten Seebäder des Deutschen Reichs entwickelte.
Nach Jahrzehnten des sozialistischen Charmes erhielt Zoppot 1999 den Status eines **Kurorts** und kann sich heute wieder mit Fug und Recht »Perle der Ostsee« nennen. Vom Danziger Hauptbahnhof ist das Städtchen über Oliva in weniger als einer halben Stunde mit der S-Bahn zu erreichen. Zoppot selbst kann am besten zu Fuß erkundet werden.
Pulsader ist die rund 600 m lange **Flaniermeile Ulica Bohateróv Monte Cassino**, auf der sich Restaurants und Geschäfte aneinanderreihen. Die hölzerne **Seebrücke** ragt einen halben Kilometer in die Ostsee. Wer mag, kann dort auch den Sandstrand genießen.

87. Lissabon

Der zweistöckige Kreuzgang des Hieronymus-Klosters weist aufwendig verzierte Bögen auf.

HIGHLIGHTS
- **Elevador de Santa Justa,** seit über 100 Jahren verbindet der Aufzug die Unter- mit der Oberstadt
- **Alfama,** arabisches Viertel mit verwinkelten Gassen
- **Casa de Fado,** melancholischer Gesang zu schwermütigen Melodien, in denen der *saudade*, der Weltschmerz der Portugiesen, zum Ausdruck kommt
- **Hieronymus-Kloster,** aus der Zeit der portugiesischen Entdeckungsfahrten
- **Kaffeehaus,** seit dem 18. Jahrhundert Treff von Künstlern und Intellektuellen

LISSABON IM FRÜHLING, SOMMER UND HERBST
- **Mai/Juni:** Rock in Rio Lisboa, eines der weltweit größten Musikfestivals
- **Juni:** Antonio-Fest, mit farbenfrohem Festzug auf der Avenida da Liberdade
- **Juli:** Gulbenkian Música, Jazzfestival mit nationalen und internationalen Künstlern
- **Oktober:** doclisboa, internationales Dokumentarfilmfestival

Über sieben Hügel breitet sich ein buntes Häusermeer am Tejo aus. Altstadtgässchen aus der maurischen Zeit treffen auf Prachtboulevards. Die portugiesische Hauptstadt ist eine moderne Metropole, die auch für Nachtschwärmer ein reichhaltiges Angebot bereithält.

Maurisches Erbe

Der Ursprung von Lissabon liegt auf dem Burghügel, wo die Phönizier vor 3000 Jahren den Ort Olisipo gründeten. Ab dem 13. Jahrhundert entstand die mittelalterliche Burganlage **Castelo de São Jorge**, die beim großen Erdbeben von 1755 zerstört wurde. Die heutigen Bauten sind eine Rekonstruktion aus dem Jahr 1940. Das tut dem grandiosen Ausblick auf die Stadt und die Hängebrücke **Ponte 25 de Abril** keinen Abbruch.

Zu Füßen des Kastells erstreckt sich die **Alfama**, das arabische Viertel. Als die Christen die Stadt im 12. Jahrhundert zurückerobert hatten, mussten sich die Mauren in das enge Stadtviertel zurückziehen. Jeder noch so kleine Flecken am Hang wurde bebaut, und es entstand jenes undurchdringliche Häusergewirr, das die Alfama noch heute kennzeichnet. Am Rand der Alfama erhebt sich Lissabons einziges Zeugnis der romanischen Epoche, die Kathedrale **Sé Patriarcal** mit ih-

Portugal

ren zinnenbewehrten Türmen. Mit den Reliquien des heiligen Vinzenz war sie lange Zeit ein populäres Wallfahrtsziel.

Baixa, Chiado und Bairro Alto

Die zentrale Unterstadt, die **Baixa**, hat einen schachbrettartigen Grundriss. Die Baixa wurde nach dem Erdbeben 1755 neu aufgebaut. Heute warten hier Traditionsgeschäfte und Kaffeehäuser auf ihre Kunden. Im Süden schließt die Baixa mit dem klassizistischen Triumphbogen ab, der zur **Praça do Comércio** überleitet. Wo bis zum Erdbeben das königliche Schloss stand, erhebt sich heute auf einem der größten Plätze Europas ein Reiterstandbild von König Joseph I., der zwar sein Schloss verlor, das Erdbeben aber überlebte. Im Norden öffnet sich die Baxia zu der **Praça Dom Pedro IV.**, die in Lissabon als **Rossio** bekannt ist. Der 200 mal 90 m große Platz war im Laufe seiner Geschichte Schauplatz von Volksfesten, Stierkämpfen und den Schauprozessen der Inquisition. Die Nordseite wird von dem klassizistischen Bau des **Nationaltheaters Dona Maria II.** eingenommen.

Von Weitem sichtbar ist der 45 m hohe Aufzug **Elevador de Santa Justa**. Mesnier du Ponsard, ein Schüler Gustave Eiffels, errichtete die Stahlkonstruktion im Jahr 1902. Bis heute verbindet das Wahrzeichen von Lissabon die Unterstadt Baxia mit der Oberstadt Chiado. Von der oberen Plattform bietet sich ein herrlicher Blick auf die Altstadt und den Tejo.

Der **Chiado** mit seinen Patrizierhäusern, Theatern und Modeboutiquen erinnert ein wenig an Paris. Von der Karmeliterkirche aus dem 12. Jahrhundert steht seit dem Erdbeben 1755 nur noch das Gerippe – ein Mahnmal für die unbezwingbare Macht der Natur. Gleich hinter dem Chiado beginnt das **Bairro Alto**. Hier mischen sich Reich und Arm, angesagte Bars haben Tante-Emma-Läden als Nachbarn. Die Jesuitenkirche **Igreja de São Roque** wirkt von außen schlicht, gehört aber mit ihrer Innenausstattung zu den prunkvollsten Kirchen des Landes. Die ganze Pracht zeigt sich in der vierten Kapelle von links, die Johannes dem Täufer geweiht ist. Verwendet wurden edelste Materialien wie Marmor, Gold und Silber, Lapislazuli, Jade und Alabaster. Das Innere der Kapelle entstand Mitte des 18. Jahrhunderts in fünfjähriger Arbeit in Rom, wurde anschließend zerlegt und auf drei Schiffen nach Lissabon gebracht, wo es in weiteren fünf Jahren wieder zusammengefügt wurde.

Persönlicher Tipp

PARQUE DAS NAÇÕES

Im Rahmen der **Weltausstellung Expo 98** entstand direkt am Rio Tejo der neue Stadtteil Parque das Nações. Schon von Weitem sichtbar ist der 140 m hohe **Torre Vasco da Gama**, von dessen Füßen eine Gondelbahn über das Ausstellungsgelände startet. Viele Pavillons sind weiterhin zugänglich. Ein großes Einkaufszentrum, zahlreiche Bars und Restaurants sowie Spazier- und Radwege entlang dem Tejo machen das Viertel zu einem beliebten Ausflugsziel. Unumstrittener Höhepunkt ist das **Oceanário**, eines der weltweit größten Aquarien. Es steht stellvertretend für das Motto der damaligen Expo »Ozeane, ein Erbe für die Zukunft«. Bei der Ankunft im Parque das Nações am **Gare Oriente** (rote Linie der U-Bahn) beeindruckt das futuristische Bahnhofsgebäude des spanischen Architekten Santiago Calatrava. Zehn Künstler aus aller Welt, darunter Friedensreich Hundertwasser, haben die U-Bahn-Station Oriente mit großformatigen Kachelbildern ausgeschmückt.

Vor der Kulisse eines Straßenlokals erhebt sich im Hintergrund das Castelo de São Jorge.

Eine Fahrt mit der Straßenbahn durch die Gassen von Lissabon ist ein unvergessliches Erlebnis.

Persönlicher Tipp

LINIE 28
Eine ganz besondere Art, Lissabon kennenzulernen, ist eine Fahrt mit der Straßenbahnlinie 28. Die gelbe Bahn fährt seit 1901 durch die Stadt – ganz so alt sind die Waggons aber nicht. Dennoch kommt die Fahrt durch die Altstadtgassen einem Abenteuer gleich, liegen doch oftmals nur wenige Millimeter zwischen der Bahn und den Hauswänden. Anfangs waren es fast nur Herren, die eine Fahrt mit dem schnellen Fahrzeug wagten. Das hat sich heute zwar geändert, gut festhalten sollte man sich aber trotzdem. Die Fahrt über die Hügel beginnt am Largo Martin Moniz, von wo es quer durch die Viertel Graça, Alfama, Baixa und den Chiado geht. Aussteigen kann man jederzeit – oder man fährt die 90 Minuten bis zum westlichen Ende am Friedhof Prazeres. Wer ungewöhnliche Verkehrsmittel mag, sollte auch eine Fahrt in einer der drei **Standseilbahnen** (Glória, Bica und Lavra) nicht verpassen.

Der Torre de Belém zählt zu den überragenden Zeugnissen des manuelinischen Stils.

Das Goldene Zeitalter Portugals

Erinnerungen an die portugiesische Entdeckungszeit weckt Belém im Westen der Stadt. Das **Hieronymus-Kloster** ist ein Meisterwerk des manuelinischen Stils, des prunkvollen portugiesischen Architekturstils des frühen 16. Jahrhunderts. Die über 90 m lange Hallenkirche Santa Maria birgt die Grabmale des Seefahrers Vasco da Gama (1469–1524), der Dichter Luis de Camões (1524/25–1579/80) und Fernando Pessoa (1888–1935) sowie des Königs Manuel I. (1469–1521), dem der manuelinische Stil seinen Namen verdankt. Ein weiteres Prachtstück aus dieser Zeit ist der **Torre de Belém**, der als Wachturm für den Hafen errichtet wurde. Kloster und Turm zählen seit 1983 zum **Weltkulturerbe der UNESCO**. Seit 1960, dem 500. Todestag von Heinrich dem Seefahrer, erinnert das Entdeckerdenkmal **Padrão dos Descobrimentos** an Portugals glorreichste Zeit. Das Monument in Form eines Schiffes wird von 33 Figuren bedeutender Seefahrer flankiert.

Lissabon

Infos und Adressen

ANREISE
Flug: Direktflüge von Berlin, Hamburg, Frankfurt am Main, München, Düsseldorf und Köln zum Aeroporto de Lisboa, von dort mit dem Aero-Bus ins Zentrum; **Tipp:** Fahrscheine für öffentliche Verkehrsmittel und Preisvergünstigungen in vielen Museen mit der **Lisboa Card**

SEHENSWERT
Museu Nacional do Azulejo, in den Gemäuern des ehemaligen Klosters Madre de Deus wird die Entwicklung der typischen portugiesischen Kacheln anschaulich vermittelt, mit 23 m langer Stadtansicht aus dem Jahr 1700, Mi–So 10–18 Uhr. Largo da Madre de Deus 4, http://mnazulejo.imc-ip.pt
Museu Nacional de Arte Antiga, bedeutende Sammlung alter Kunst, mit dem Triptychon »Die Versuchung des Heiligen Antonius« von Hieronymus Bosch, Mi 14–18 Uhr, Do–So 10–18 Uhr. Rua das Janelas Verdes, Morada, www.mnarteantiga-ipmuseus.pt
Fundação Calouste Gulbenkian, Sammlung von Gemälden und Kunstgewerbe aus dem orientalischen, asiatischen und europäischen Kunstraum, Mi–So 10–17.45 Uhr. Av. de Berna 45A, www.museu.gulbenkian.pt

ESSEN UND TRINKEN
Restaurante 100 Maneiras: Leckerbissen wie Lachs-Carpaccio und Ravioli aus Ente, Pilzen und Erdnüssen. Rua do Teixeira 35, www.restaurante100maneiras.com
Cervejaria Trindade: eine der ältesten Brauhäuser Portugals im Speisesaal eines ehemaligen Klosters. Rua Nova da Trindade 20, www.cervejariatrindade.pt
Café A Brasileira: Traditionscafé, mit Messingleuchten und großen Wandspiegeln und einer Statue von Fernando Pessoa auf der Terrasse. Rua Garrett 120–122

AUSGEHEN
Clube de Fado: klassisches Fado-Lokal in der Nähe der Kathedrale, Restaurant und Bar. Rua S. Joao da Praca 86–94, www.clube-de-fado.com/pt
Speakeasy: Jazzclub mit Live-Musik in kleinem Lagerhaus direkt am Tajo. Cais das Oficinas, Armazém 115, Rocha Conde d'Óbidos, www.speakeasy-bar.com
Teatro Camões: Das 1998 eröffnete Haus ist Heimstätte der Companhia Nacional de Bailado, klassisches Ballett und zeitgenössische Inszenierungen. Passeio do Neptuno, Parque das Nações 1990–93, www.cnb.pt

SHOPPING
Fábrica Sant' Anna: Kachelmanufaktur seit 1741, große Auswahl an handbemalten Azulejos mit klassischen und modernen Motiven. Rua do Alecrim 95, www.santanna.com.pt
A Arte da Terra: Kunsthandwerk von Schnitzereien über Tonfiguren bis zu bestickten Decken. Rua Agusto Rosa 40, www.aartedaterra.pt
Chapelaria Azevedo Rua: seit 120 Jahren familiengeführter Hutladen, große Auswahl, Maßanfertigungen für Damen und Herren. Praça Dom Pedro IV 73, http://chapelariaazevedorua.pai.pt

ÜBERNACHTEN
Lapa Palace: 109 luxuriöse Zimmer im klassizistischen Palast des Grafen von Valença, mit großem Wellnessbereich inkl. türkischem Bad. Rua do Pau de Bandeira 4, www.olissippohotels.com
Hotel do Chiado: in dem Vier-Sterne-Haus vermischen sich Einflüsse aus dem Orient, der Moderne und dem portugiesischen Kolonialstil. Rua Nova do Almada 114, www.lisboaregencychiado.com
Evidência Tejo: Modern gestyltes Hotel in saniertem Traditionshaus in der Baixa. Rua Condes de Monsanto 2, www.evidenciatejohotel-lisbon.com

WEITERE INFOS
Turismo de Lisboa, Rua do Arsenal 23, Lissabon, www.visitlisboa.com

Der Elevador de Santa Justa ist seit über einem Jahrhundert in Betrieb.

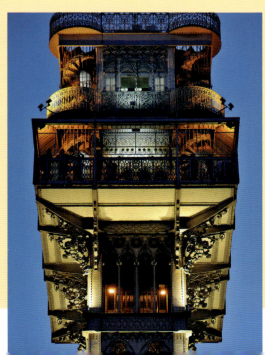

237

88. Stockholm

Die »schwimmende« Hauptstadt Schwedens: Das Stadtgebiet Stockholms erstreckt sich über 14 Inseln.

HIGHLIGHTS
- **Königliches Schloss,** Repräsentationsräume, Rüstkammer, Schatzkammer etc.
- **Schloss Drottningholm,** barocke Schlossanlage mit **Drottningholm-Theater,** eines der besterhaltenen Barocktheater Europas
- **Riddarhuset** (1641–74), einer der schönsten Barockbauten Stockholms
- **Nobelmuseum,** Wissenswertes rund um den Dynamit-Erfinder und den Nobelpreis
- **T-Bahn,** 70 von 100 Stationen der U-Bahn sind von zeitgenössischen Künstler gestaltet

STOCKHOLM IM JAHRESVERLAUF
- **30. April:** Walpurgisnacht, mit Feuer und Böllerschüssen zum Frühlingsbeginn
- **am 24. Juni:** Mittsommernacht
- **Juli–Oktober:** Stockholm Jazzfestival, Jazz, Blues, Soul und Funk
- **August:** Kulturfestival, Stadtfest mit Kulturevents (freier Eintritt)
- **13. Dezember:** Fest der hl. Lucia, Umzug mit Kerzen, Musik, Lussekatter und Glögg (Gebäck und süßer Wein)

Stockholm, die »schwimmende Stadt«, ist eine einzigartige Mischung aus Wasser, Natur und Kultur. Die Stockholmer sind bekannt für ihre Gelassenheit und ihre Unternehmungslust, die ein vielfältiges Unterhaltungsangebot hervorbrachte. Die nordische Metropole zeigt sich offen und locker.

Paradies für »Sachensucher«

Über 14 Inseln erstreckt sich die schwedische Hauptstadt zwischen dem **Mälarsee** mit Süßwasser und der salzigen **Ostsee,** sieht man einmal ab von den 24 000 Schäreninseln, die auch noch zur Stadt gehören. In der Altstad **Gamla stan** auf den Inseln **Stadts-, Helgeands-** und **Riddarholmen** hat das mittelalterliche Stockholm überlebt: schmale, kopfsteingepflasterte, teils recht steile Gassen – die schmalste ist stellenweise nur 90 cm breit –, gesäumt von hohen Kaufmannshäusern, Speichern, Adelspalästen und Kirchen. Die warmen Rot- und Ockertöne der Häuser tauchen Gamla stan besonders bei Sonnenuntergang in ein bezauberndes Licht. An den Hauptflaniermeilen der autofreien Altstadt, der **Västerlånggatan** und der **Österlånggatan,** machen Cafés, kleine Restaurants und jede Menge originelle und indi-

Schweden

viduelle Lädchen für »Sachensucher«, wie Pippi Langstrumpf sagen würde, den Reiz der Altstadt aus.

Über ihr thront das wuchtige **Königliche Schloss** im Barock- und Renaissance-Stil (1695–1754), mit seinen mehr als 600 Räumen eines der weltgrößten. In der **Storkyrkan**, Stockholms Dom und Krönungskirche (1306–1740), mit ihrer barocken Innenausstattung besticht die **Skulptur St. Georgs mit dem Drachen**, die Bernhard Notker 1471 schuf. Straßenkünstler und Musiker unterhalten die Touristen aus aller Herren Länder in den Gassen der Altstadt und auf dem zentralen Platz, dem **Stortorget**. Er ist umgeben von Giebelhäusern (17. Jh.) und der alten **Börse** (1778), in der die Schwedische Akademie alljährlich die **Nobelpreisträger** kürt.

Einige Straßen um **St. Gertrud**, die Tyska kyrkan (Deutsche Kirche, 17. Jh.), sind deutsch geprägt – die ersten Deutschen kamen im 13. Jahrhundert, Hanse-Kaufleute und Handwerker, die deutsche Gemeinde existiert immer noch. Vom 105 m hohen Backsteinturm des **Stadshus** (Rathaus, 1923 im Stil der Nationalromantik) auf **Kungsholmen** hat man einen fantastischen Blick auf Gamla stan.

Die vielen Gesichter Stockholms

In **Norrmalm**, nordwestlich von Gamla stan, zeigt Stockholm ein ganz anderes Gesicht. Das Großstadtzentrum aus Beton und Glas (Mitte 20. Jh.), Bürotürmen und Einkaufszentren strahlt, von schnurgeraden breiten Straßen durchzogen, kühle Modernität aus. Das klassizistische **Konzerthaus** (1926) am **Hötorget** (Heumarkt) hebt sich wohltuend ab.

Östermalm östlich davon präsentiert sich »bourgeois« – kein Wunder, Paris stand bei der Planung im 19. Jahrhundert Pate. Großbürgerliche Häuer mit imposanten Neorenaissance-Fassaden, exklusive Boutiquen und Boulevards, von denen der **Strandvägen** als prächtigster gilt. In der backsteinernen Markthalle Östermalms (**Saluhall**, 1888), einem noblen Gourmet- und Einkaufstempel, kauft auch Schwedens Königin öfter mal ein.

Das ehemalige Schmuddelviertel **Södermalm**, stilgerecht restauriert, ist quicklebendig, kreativ, multikulturell und feierwütig. Der Szenetreff mit Clubs, (Musik-)Kneipen, Theatern, Kabarett und viel Atmosphäre ist allerdings von der High Snobiety entdeckt worden. Söder, wie es auch genannt wird, ist der ideale Standort für das **Abba-Museum**, das den vier wohl berühmtesten Schweden der Pop-Geschichte

Persönlicher Tipp

ÜBER DEN DÄCHERN VON STOCKHOLM

Die Klettergurte sachkundig anlegen, Karabiner einhaken, Helm auf, und hinauf, nämlich auf das Dach des alten Parlamentsgebäudes auf der Insel **Riddarholmen**. In 43 m Höhe liegt einem Stockholm, speziell die Altstadt Gamla stan zu Füßen. Über luftige Laufstege, schräge Leitern, immer gesichert an Drahtseilen und im Vertrauen darauf, dass diese auch halten, »tanzt« man auf den Dächern Stockholms. Das Wissen der Guides ist unerschöpflich, Geschichte und Geschichten, architektonische Details über große und kleine Gebäude, Kirchen und Schlösser, Straßen und Plätze – von hier oben ist alles sehr anschaulich. Sofern man schwindelfrei (und nicht herzkrank!) ist, bereichert die außergewöhnliche Stadtführung (www.upplevmer.se) ungemein. Nach etwa einer Stunde werden die Dachwanderer durch eine Luke wieder auf den sicheren Boden herabgelassen. Ein einzigartiges Erlebnis ist die Dächertour übrigens im besonderen Licht der hellen Sommernächte.

Freundliche Wache vor dem Königlichen Palast; die Wachablösung ist ein Touristenspektakel.

Nicht nur im Sommer ein Highlight: die Altstadt Gamla stan, hier auf der Insel Riddarholmen.

Persönlicher Tipp

STOCKHOLM VOM WASSER AUS
30 Prozent der Fläche Stockholms sind von Wasser bedeckt, auf den Stadtinseln ist man nie weit vom Wasser entfernt. Es liegt also auf der Hand, die Stadt vom Boot aus zu entdecken. Dazu werden unterschiedlichste Touren angeboten: rund um die Hauptinseln, unter den 53 Brücken hindurch, in die Ostsee hinein zu den Schären oder auch in den **Mälarsee**, wo beispielsweise **Schloss Gripsholm** im kleinen Ort Mariefred, die bedeutende Wikingersiedlung **Birka** und das unglaublich schöne Barockschloss **Drottningholm** mit seinen Parks im englischen Stil und den Rokokogärten in erreichbarer Nähe liegen. Das barocke **Schlosstheater** ist das älteste noch bespielte Theater der Welt. Viele Veranstalter bieten »Hop on-Hop off« an jeder beliebigen Haltestelle an, sodass man die Stadt nach Lust und Laune und sehr flexibel erobern kann.

Das 1628 gesunkene königliche Flaggschiff »Vasa« – Publikumsmagnet des Vasamuseums.

gewidmet ist. Und Söder liegt auf einem Felsen, der vom Ufer aus ziemlich hoch ansteigt. So hat man von nahezu jeder Stelle aus eine herrliche Sicht auf Stockholm.

Nordöstlich von Söder grünt **Djurgården** (Tiergarten), das ehemals königliche Jagdrevier mit zum Teil uraltem Baumbestand. Djurgården ist Teil des Nationalparks Ekoparken. Neben Erholungs- hat es aber als Museumsinsel auch kulturellen Wert. Im **Vasamuseum** (1990), dessen Bau einem Schiff nachempfunden ist, liegt nun »Vasa« vor Anker. 1628 kenterte des königliche Flaggschiff nach wenigen Hundert Metern auf der Jungfernfahrt, sank und wurde erst nach 333 Jahren aus dem Ostseeschlick geborgen. Bis zu den filigranen Schnitzereien ist die Vasa zu 95 Prozent aus Originalteilen rekonstruiert worden.

Das weltweit erste Freilichtmuseum **Skansen** (1891 eröffnet) zeigt 150 Häuser und Gehöfte aus ganz Schweden, und man kann Handwerkern bei ihrer traditionellen Arbeit über die Schulter schauen. Jede Menge Spaß verspricht **Gröna Lund**, Stockholms Tivoli auf Djurgården, mit Achterbahn und Kettenkarussells, Nervenkitzel und Herzklopfen.

Stockholm

Infos und Adressen

ANREISE

Flug: von vielen größeren Flughäfen nach Stockholm-Arlanda, weiter mit dem Bus oder der Bahnlinie »ArlandaExpress« ins Stadtzentrum. Billigflieger landen auch in Stockholm Skavsta 100 km südlich, von da weiter mit dem Bus;

Tipp: Die **Stockholmkortet** bietet freie Fahrt im ÖPNV, freien Eintritt in viele der 75 Museen, freie Sightseeing-Bootstour sowie Rabatte bei Dampferfahrten. Mit **Stockholm à la Carte** ähnliche Vergünstigungen plus Hotel

SEHENSWERT

Millesgården, einer der ansprechendsten Skulpturengärten Europas auf Lidingö. Herserudsvägen 32, www.millesgarden.se

Sturebadet (1885), schönstes Bad Stockholms, Hamam, Wellness, Gymnastik. Sturegallerian 36, www.sturebadet.se

Kungsträdgården, einst königlicher Küchengarten, heute Treffpunkt mit Eisbahn im Winter, Schach, Streetball, Tennis und Events im Sommer. Kungsträdgårdsgatan 12, www.kungstradgarden.se

Moderne Museet, größte Austellung moderner Kunst in Schweden,

Architekturmuseum im gleichen Haus. Skeppsholmen, www.modernamuseet.se

Katarinahissen, Aufzug von 1935 an der Schleuse, führt zu einem der besten Aussichtspunkte der Stadt. Slussen, Södermalm.

ESSEN UND TRINKEN

Gondolen: Restaurant auf der oberen Liftstation von Katarinahissen. Stadsgården 6, www.eriks.se

Operakällaren: französische Sterneküche unter Rokokodecken und Kronleuchtern. Karl XII:s torg, www.operakallaren.se

Spisa hos Helena: schwedische Küche, fernöstlich und mediterran beeinflusst. Scheelegatan 18, www.spisahoshelena.se

Opera Backficka: »Hinterzimmer« des Operakällaren mit preisgünstiger schwedischer Hausmannskost. Karl XII:s torg, www.operakallaren.se

SHOPPING

Designtorget, zeitgenössisches Design, pfiffig und praktisch, vom Möbel bis zum Schmuck. Sergels torg. Kulturhuset oder Västermalmsgallerian, Sankt Eriksgatan 45, www.designtorget.se

Norrmalsmstorg/Biblioteksgatan, Designermode und teure Boutiquen

Bonde-, Åsö- und Skånegatan, originelle junge Designermode, auch Secondhand

NK, Nobelkaufhaus. Hamngatan 18–20, www.nk.se

blås und knåda, Keramik und Glas von einer Künstlerkooperative. Hornsgatan 26, www.blasknada.com

AUSGEHEN

F12 Terrassen, Club und Bar unter freiem Himmel, täglich wechselndes Programm, internationale DJs, internationales Publikum. Fredsgatan 12, http://terrassen.f12.se

Mosebacke, Tanzpalast von 1896, Standardtänze, aber auch Restaurants, Clubs (DJs) und Bars, im Sommer Tanz auf der Terrasse mit Sicht auf Stockholm. Mosebacke torg 1–3, www.mosebacke.se

Fasching, legendärer Jazzclub mit täglicher Live-Musik skandinavischer und internationaler Stars. Kungsgatan 63, www.fasching.se

Absolut Icebar, Drink bei –5 °C, von der Theke bis zu den Gläsern alles aus Eis, im Nordic Sea Hotel. Vasaplan, www.nordicseahotel.se

ÜBERNACHTEN

STF Vandrarhem »af Chapman«: berühmte Jugendherberge auf einem ehemaligen Schulschiff (rechtzeitig reservieren)

Clarion Hotel Sign: kühles Design der gehobenen Klasse, Spa-Bereich und Pool auf dem Dach. Ringvägen 98, www.clarionstockholm.com

WEITERE INFOS

Tourist Information, Vasagatan 14, **Stockholm Tourist Centre,** Sverigehuset, Hamngatan 27, www.visitstockholm.com

Auf dem Stortorget, dem zentralen Platz in Stockholms Altstadt, ist immer Bewegung.

89. Luzern mit Vierwaldstätter See

Kapellbrücke über die Reuss mit Wasserturm, im Hintergrund die Jesuitenkirche.

HIGHLIGHTS
- **Kultur- und Kongresszentrum,** Konzertsäle der Extraklasse, Dachterrasse, Restaurant und Seebar aus Glas
- **Seepromenade,** Schweizerhof-, National- und Spittelerquai, Luxushotels, noble Läden und ein Park
- **Wagner-Museum,** im einstigen Wohnhaus Richard Wagners
- **Verkehrshaus der Schweiz,** vielseitiges Verkehrs-und Kommunikationsmuseum, besonders für Kinder attraktiv
- **Gletschergarten,** Naturdenkmal, Museum, Landschaftsreliefs, Garten und Spiegellabyrinth

LUZERN IM SOMMER
- **Juli:** Blue Balls Festival, Event um das Luzerner Seebecken mit Jazz-, Soul-, Funk-, World-, Rock- und Pop-Konzerten, Fotografie und Filmen
- **August:** Seenachtsfest mit Feuerwerk in der Luzerner Bucht
- **August/September:** Luzern Festival, renommiertes Fest für klassische Musik

Mitten im Herzen der Schweiz liegt der Vierwaldstätter See mit angenehm mildem Klima und alpinem Panorama. Luzern, die größte Stadt am Seeufer, bezaubert mit historischen Bauten in engen Gassen und einer mediterran anmutenden Atmosphäre.

Mittelalterliche Pracht

Wahrzeichen von Luzern sind seine überdachten Holzbrücken (14. Jh.), die Teil der Stadtbefestigung waren. Die **Kapellbrücke** (1333) mit ihrem achteckigen Wasserturm und die **Spreuerbrücke**, die ältesten überdachten Holzbrücken Europas, führen über die Reuss, die den Vierwaldstättersee speist und bei Luzern den See am Nordende verlässt.

In der **Altstadt**, auch Großstadt genannt, ziehen meist mit Fresken versehene Fassaden stattlicher Bürger- und Patrizierhäuser die Blicke auf sich. So wirkt die Altstadt wie eine riesige Gemäldegalerie. Zwischen den Gassen liegen häufig mit Brunnen geschmückte, beschauliche Plätze wie der **Weinmarkt**. Das Renaissance-**Rathaus** (1604) auf dem **Kornmarkt** ist italienisch inspiriert und hat einen Turm aus dem 14. Jahrhundert. Über eine Länge von 870 m schließt

Schweiz

die 1408 fertiggestellte **Museggmauer** mit ihren neun Türmen die mittelalterliche Altstadt Luzerns ab.

Weithin sichtbar sind die beiden Türme der **Jesuitenkirche** (1667) auf der linken Seite der Reuss. Sie ist der erste sakrale Barockbau der Schweiz mit einer reichen Rokoko-Innenausstattung (1750) – ein Fest der Sinne. Die **Hof- und Stiftskirche** (1634) am rechten Seeufer wurde im Stil der Spätrenaissance errichtet, die Türme (1525) stammen aus der gotischen Epoche. Die Pfeilerbasilika birgt zahlreiche Kunstschätze aus dem 16. und 17. Jahrhundert.

Zwischen Rathaus- und Kapellbrücke zieht sich am Ufer der Reuss der **Rathausquai** entlang. Dort sitzen Einheimische und Reisende aus aller Welt in gemütlichen Straßencafés und lauschen Straßenmusikanten, oder sie bummeln durch die italienisch anmutenden Säulengänge.

Infos und Adressen

ANREISE
Flug: Direktflüge von einigen größeren Flughäfen nach Zürich oder Basel, von dort per Bahn nach Luzern; **Bahn:** IC nach Basel oder Zürich, IR nach Luzern

ESSEN UND TRINKEN
Restaurant Old Swiss House: gediegene Atmosphäre, Schweizer Küche mit 15 Gault-Millau-Punkten. Löwenplatz 4, www.oldswisshouse.ch
Café Parterre: Bistro und preisgünstiges alternatives Restaurant. Mythenstr. 7, www.parterre.ch

AUSGEHEN
Kultur- und Kongresszentrum Luzern, erste Adresse für klassische Musik, Tipp: Tickets vorbestellen. Europaplatz 1, www.kkl-luzern.ch

Penthouse Roof Top Bar, im Hotel Astoria, elegante Bar mit Blick über die Stadt. Pilatusstr. 29, www.astoria-luzern.ch
Kleintheater Luzern, Theater, Kabarett, Musik, Literatur, Tanz. Bundesplatz 14, www.kleintheater.ch

ÜBERNACHTEN
Hotel Krone: moderne Design-Zimmer in renoviertem Altstadthaus. Weinmarkt 12, www.krone-luzern.ch
The Bed and Breakfast Luzern: preisgünstig, ruhige Lage, 15 min zum Zentrum. Taubenhausstr. 34

WEITERE INFOS
Luzern Tourist Info, Zentralstr. 5, www.swiss.city-tourist.de

Persönlicher Tipp
GOLDENE RUNDFAHRT
Der Hausberg Luzerns, der 2132 m hohe **Pilatus**, ist das Hauptziel der Goldenen Rundfahrt. So heißt die Bezwingung des Bergs mit »technischen« Hilfsmitteln – natürlich kommt man auf den Pilatus auch zu Fuß. Los geht es am Bahnhof in Luzern mit dem **Schiff** nach Alpnachstad. Dort bringt die steilste **Zahnradbahn** der Welt die Reisenden vorbei an Bachläufen und saftigen Wiesen hinauf zur Bergstation Pilatus Kulm. Nur noch ein paar Treppenstufen, und man kann ein atemberaubendes Panorama genießen. Von Kulm aus fährt die **Luftseilbahn** hinab nach Fräkmüntegg. Sportliche machen dort einen Abstecher zur Sommerrodelbahn. Weniger Wagemutige nehmen gleich die **Panorama-Gondel**. Die Aussicht auf dem Weg hinab nach Luzern-Kriens sucht Ihresgleichen. Von dort aus nimmt man wieder den Bus zum Bahnhof.

Von Luzern aus kann man nicht nur zur Goldenen Rundfahrt aufbrechen, sondern auch **Dampferfahrten** auf dem Vierwaldstätter See machen, entweder in einem der historischen Raddampfer oder einem modernen Motor-Salonschiff.

Kunstvoll bemalte Fassade des Restaurants Fritschi, auch das Fastnachts-Haus genannt.

90. Rhätische Bahn

HIGHLIGHTS
- **St. Moritz,** mondäner Wintersport- und Kurort im Engadin zu Füßen der Bernina-Gruppe
- **Zermatt,** autofreier Bergort der Walliser Alpen mit Blick auf Monte-Rosa-Massiv und Matterhorn
- **Gornergrat,** Gipfel zwischen Gornergletscher und Findelgletscher mit einem der berühmtesten Panoramablicke
- **Ospizio Bernina,** Station der Bernina-Strecke und höchste Eisenbahnstation Europas
- **Alp Grüm,** Siedlung der Gemeinde Poschiavo mit Bahnstation (2091 m) und Buffet

SÜDOSTSCHWEIZ IM WINTER UND SOMMER
- **Januar:** Der St. Moritz Polo World Cup on Snow auf dem Eis des St. Moritzer Sees
- **Juli:** Der Zermatt Marathon führt als einer der anspruchsvollsten Marathonläufe Europas vom tiefsten Tal der Schweiz auf den Riffelberg am Gornergrat.

Im Sommer wie im Winter fährt der Glacier-Express durch die Schweizer Bergwelt.

Durch Alpenwiesen in die Gletscherwelt gleitet der Reisende und erlebt im Glacier- und Bernina-Express ein Gefühl absoluter Freiheit – auf beliebigen Strecken und auch in Kombination mit individuellen Wandertouren. Die Rhätische Bahn in der Kulturlandschaft Albula/Bernina, Teil des UNESCO Welterbes, macht es möglich, die Schweiz auf die schönste Art zu entdecken.

Der »langsamste Schnellzug der Welt«

Wer mit der legendären Schweizer Gebirgsbahn **Glacier-Express** auf einer insgesamt achtstündigen Fahrt von St. Moritz nach Zermatt 291 km durch die Schweizer Alpen reist, reiht unzählige Höhepunkte aneinander.

Aus dem mondänen **St. Moritz** geht es über Davos, Thusis, Chur, die Oberalppasshöhe (2044 m), Andermatt und Brig nach Zermatt. In Thusis etwa bietet sich ein Abstecher zur zerklüfteten Via-Mala-Schlucht an. Von Reichenau aus ist die wilde Schönheit der Rheinschlucht nicht weit, und in Disentis lockt das prachtvolle Barockkloster. In **Zermatt**

Schweiz

Wagen des Glacier-Express überqueren in schwindelerregender Höhe die Landwasserschlucht.

Infos und Adressen

ANREISE
Flug: Direktflüge von vielen größeren Städten zum Flughafen Zürich;
Bahn: IC/ICE bis Hbf Zürich, weiter nach St. Moritz (Fahrtzeit 3 Std.)

SEHENSWERT
Gornergrat, oberhalb Zermatts, ganzjährig.
www.gornergratbahn.ch
Benediktinerabtei Disentis, Via Claustra, Disentis/Mustér, Juni–Okt. Di, Do, Sa 14–17 Uhr, Weihnachten–Ostern Mi 14–17 Uhr, www.kloster-disentis.ch
Albergo Ristorante Alp Grüm, Alp Grüm, 13. Mai–2. Nov., 7–18 Uhr, www.alpgruem.ch
Segantini-Museum, Via Somplaz 30, St. Moritz, 20. Mai–20. Okt., 10. Dez.–20. Apr., Di–So 10–12 und 14–18 Uhr

ESSEN UND TRINKEN
Café Hanselmann: Traditionskonditorei. Via Maistra 8, St. Moritz,
www.hanselmann.ch
Restaurant Engiadina am Innfall: echtes Schweizer Fondue. Via Dimlej 1, St. Moritz,
www.restaurant-engiadina.ch

ÜBERNACHTEN
Hotel Post, Via Runchet 4, Sils-Maria,
www.hotelpostsils.ch

WEITERE INFOS
Schweiz Tourismus, Tödistr. 7, Zürich,
www.myswitzerland.com
Rhätische Bahn AG, Bahnhofstr. 25, Chur,
www.rhb.ch

scheinen nach einer Zahnradbahnfahrt zum **Gornergrat** das Matterhorn, der »Berg der Berge«, und weitere 29 Viertausender zum Greifen nah.

Auf der kurvenreichen UNESCO-Welterbe-Strecke – mit einer Steigung bis zu sieben Prozent eine der steilsten Europas für Züge ohne Zahnrad – überquert der **Bernina-Express** von St. Moritz spektakulär durch 55 Tunnel und über 196 Brücken die Alpen. Dreitausender wie Piz Rosegg oder Piz Palü säumen den Weg durch das Oberengadin.

An der Station **Ospizio Bernina** heißt es, die Wanderschuhe schnüren: Vorbei am ewigen Eis des Berninamassivs und den türkisfarbenen Lago Bianco entlang führt der Weg auf die Sonnenterrasse der **Alp Grüm**, wo das Stück Engadiner Nusstorte beim Blick ins Cavaglia-Hochtal noch einmal so gut schmeckt. Unbedingt mitnehmen: den Blick von der Bahnstation Alp Grüm auf den Palü-Gletscher!

Persönlicher Tipp

EINMAL LOKFÜHRER SEIN
Die **Albulastrecke** gilt zu Recht als eine der schönsten Bahnstrecken der Welt. Auf ihrer Fahrt überwindet die Bahn auf der Strecke zwischen Bergün und Preda einen Höhenunterschied von über 400 m. Der Clou: Nach Anmeldung ist es sogar möglich, einmal im Führerstand mitzufahren. Auf der 63 km langen und spektakulären Strecke von Chur nach St. Moritz ist der Viadukt über die wilde Landwasserschlucht mit seinen drei mächtigen Pfeilern eine architektonische Meisterleistung.

BERG UND KUNST
Viele Künstler und Literaten hatten das Engadin zumindest zeitweise zur Heimat erkoren. Ein kleines Juwel ist das **Segantini-Museum** (www.segantini-museum.ch) oberhalb von St. Moritz: Im 1908 errichteten kleinen Rundbau ist allein das bewegende Tryptichon »Werden – Sein – Vergehen« des Schweizer Ausnahmekünstlers Giovanni Segantini zu sehen.

91. Zürich

Blick auf Zürich an der Limmat: links das Grossmünster, rechts das Fraumünster, im Hintergrund der Zürichsee.

HIGHLIGHTS
- **Kunsthaus,** eines der bedeutendsten Museen Europas, Werke vom Spätmittelalter bis zur Klassischen Moderne, große Giacometti- und Munch-Sammlungen
- **Fraumünster,** ehemalige Stiftskirche mit farbigen Glasfenstern von Marc Chagall
- **Museum Rietberg,** Sammlung außereuropäischer Kunst in der Villa Wesendonck
- **Zürichhorn,** Parkanlage an der rechten Seeseite mit Chinagarten und Skulpturen
- **Bahnhofstraße,** elegante Einkaufsstraße, Jugendstilbauten in einheitlicher Bauhöhe

ZÜRICH IM FRÜHLING UND SOMMER
- **April:** Sechseläuten, Frühlingsfest der Zürcher Zünfte mit Umzügen in Trachten und Verbrennung des Bööggs, eines Symbols für den Winter
- **Juli:** Open-Air-Kino am Zürichsee
- **August:** Zürcher Theater Spektakel, europäisches Festival freier Theater-, Tanz- und Performancetruppen

Die »heimliche Hauptstadt« der Schweiz ist eine Kultur- und Bankenmetropole sowie attraktive Einkaufsstadt. Zur hohen Lebensqualität Zürichs trägt aber auch ihre idyllische Lage am Zürichsee inmitten grüner Hügel bei.

Kirchen und Banken

Das Zentrum Zürichs bildet die **Altstadt**, die sich mit ihren verwinkelten Gassen und lauschigen Plätzen links und rechts der Limmat vom Bahnhof bis zum See erstreckt. Zunfthäuser und Kirchen sowie unzählige Geschäfte und Restaurants stehen auf kleinem Raum nebeneinander und haben der Stadt, die als Finanzstandort in der oberen Liga spielt, ein idyllisches Flair erhalten.

Das Wahrzeichen von Zürich ist das östlich der Limmat gelegene doppeltürmige **Grossmünster**. Der Legende nach erhebt es sich an der Stelle, an der die Stadtheiligen Felix und Regula begraben liegen. Ab 1519 wirkte der Reformator Ulrich (Huldrych) Zwingli in der im Jahre 1107 geweihten Kirche und verbreitete von hier aus die Reformation in der Schweiz. Der Theologe berief sich in seinem Reformprogramm, das er zusammen mit dem Rat der Stadt umsetzte, strikt auf die Bi-

Schweiz

bel und lehnte alle kirchlichen Zeremonien ab, die sich nicht direkt aus der Heiligen Schrift herleiten lassen. Das Bronzeportal an der Limmatseite des Grossmünsters zeigt Szenen aus dem Leben Zwinglis und aus der Reformationsgeschichte.

Gegenüber, auf der anderen Seite der Limmat, erhebt sich das **Fraumünster**, eine romanisch-gotische Kirche mit schlankem, hohem Turm. Ihre Hauptattraktion sind fünf farbige Glasfenster, die **Marc Chagall** 1970 gestaltete und die Szenen aus dem Alten und Neuen Testament zeigen, sowie seine acht Jahre später geschaffene Rosette im südlichen Querschiff. Das Fraumünster gehörte ursprünglich zu einem adligen Damenstift, dessen Äbtissinnen bis zur Reformation eine bedeutende Rolle in der Stadt spielten.

Vor dem Fraumünster erstreckt sich der **Münsterhof**, einst ein bedeutender Marktplatz. Er ist von **Zunfthäusern** im Renaissance- und Barockstil umgeben, die, wie das Zunfthaus zur Waag und das Zunfthaus zur Meisen, vom jahrhundertelangen Einfluss und Reichtum der Zünfte künden.

1877 wurde die Börse gegründet, die Zürichs Aufstieg zum Weltfinanzplatz einleitete. Die großen **Bankhäuser** haben wie Hotels, Warenhäuser im Jugendstil und Boutiquen mit Nobelmarken ihren Sitz in der Bahnhofstraße, die zu den teuersten und luxuriösesten Meilen Europas gehört. Als repräsentativstes Bankgebäude Zürichs gilt das 1875 vollendete **Haus der Credit Suisse** am Paradeplatz. Als Folge des Online-Bankings wandelte sie ihre Schalterhalle im Erdgeschoss in eine Ladenpassage mit Lichthof um. Einkaufs-Dorado ist jedoch die gesamte **Zürcher Altstadt** mit ihren exquisiten und originellen Läden, die typische Schweizer Produkte wie Uhren und Schokolade, Mode und Antiquitäten anbieten.

Liberale Kulturstadt

Das reiche Zürich ist auch reich an Kunst und Kultur. Das 1910 eröffnete **Kunsthaus** lädt zu einem Rundgang durch die abendländische Kunst seit dem Mittelalter ein. Es besitzt die größte Sammlung mit Werken des Schweizer Bildhauers **Alberto Giacometti** (1901–66), der durch seine schmalen überlangen Figuren berühmt wurde, sowie zahlreiche Gemälde des norwegischen Künstlers Edvard Munch.

In unmittelbarer Nähe steht das Zürcher **Schauspielhaus**, eine der renommiertesten deutschsprachigen Bühnen. In den 1930er- und 1940er-Jahren wurden dort Dramen gezeigt, die in Hitler-Deutschland nicht gespielt werden durf-

Persönlicher Tipp

HIMALAYA ÜBERM SEE

Der **Zoo** auf dem Zürichberg ist berühmt für sein modernes Naturschutzkonzept: Seine rund 4000 Tiere leben in naturnah gestalteten Anlagen, die weitgehend der natürlichen Umgebung ihrer Herkunftsländer entsprechen. Indische Löwen durchstreifen ein von Laubbäumen, Wasserläufen und Lavafelsen durchzogenes Gehege, für Sibirische Tiger ist die Himalaya-Anlage bestimmt, für Brillen- und Nasenbären ein Bergnebelwald. 2003 wurde die **Masoala-Regenwaldhalle** eröffnet, eine originalgetreue Nachbildung der Tier- und Pflanzenwelt von Madagaskar. Verschlungene Wege führen durch die Halle, in der sich u. a. Chamäleons, Geckos und Flughunde in einem Dickicht aus Lianen und Palmen frei bewegen können und oft nur zu erkennen sind, wenn man genau hinschaut. Direkten Kontakt mit einheimischen Nutz- und Haustieren hingegen erlaubt ein **Streichelzoo**. Der ca. 680 m hohe **Zürichberg** eröffnet zudem einen weiten Blick über Zürich und den Zürichsee.

Nicht nur für Bankkunden: Der Lichthof der Credit Suisse bietet wunderschöne Architektur mit Ladenpassagen.

Ein Bummel durch die Augustinergasse in der Altstadt lohnt immer.

Persönlicher Tipp

SCHLOSS UND ROSENGÄRTEN

Am anderen Ende des Zürichsees liegt das Städtchen **Rapperswil** mit Pfarrkirche aus dem 13. und Rathaus aus dem 15. Jahrhundert. Über der mittelalterlichen Altstadt erhebt sich ein Schloss, das Rudolf von Rapperswil um 1200 erbauen ließ. Nach unterschiedlicher Nutzung richteten polnische Emigranten im 19. Jahrhundert in der Anlage ein **Polenmuseum** ein.
Als Wahrzeichen von Rapperswil gelten seine Rosengärten. In drei öffentlichen Gärten blühen den ganzen Sommer über **600 verschiedene Rosensorten**. Im Duftrosengarten für Sehbehinderte sind die erläuternden Schilder auch in Blindenschrift abgefasst.
Seit 2001 führt von Rapperswil nach **Hurden** wieder eine Brücke, die ein Teilstück des Jakobswegs nach Santiago de Compostela bildet. Auf der kleinen **Insel Ufenau** im See vor Rapperswil befindet sich die letzte Ruhestätte des Humanisten Ulrich von Hutten.

Entspannt und gut essen in einem der vielen Lokale der Altstadt.

ten, u. a. Stücke von Bertolt Brecht. Später brachte die Bühne viele Werke der Schweizer Dramatiker Max Frisch (1911-1991) und Friedrich Dürrenmatt (1921-90) zur Uraufführung. Seit 2001 besitzt das Haus eine Dependance in **Zürich-West**, einem einstigen Industrieareal, das zum Ort alternativer Kultur und angesagter Clubs geworden ist. Im **Schiffbau**, einer ehemaligen Montagehalle, zeigt das Schauspielhaus experimentelles Theater.

Eng mit Zürich verbunden ist auch einer der bedeutendsten Schweizer Schriftsteller des 19. Jahrhunderts: **Gottfried Keller**, der in den »Züricher Novellen« und dem Roman »Der grüne Heinrich« seiner Heimatstadt ein literarisches Denkmal setzte. Er wurde 1819 in der Altstadt rechts der Limmat im **Haus »Zum goldenen Winkel«**, Neumarkt 27, geboren, besuchte das Landesknabeninstitut in der Marktgasse und war Stammgast in der Weinstube Öpfelchammer am Rindermarkt.

1916 erlebte Zürich die Geburtsstunde des **Dadaismus**, als Hugo Ball in der Spiegelgasse 1 das **»Cabaret Voltaire«** eröffnete. Heute befinden sich in dem legendären Cabaret eine Cafébar, ein Dada-Shop und ein Aktionsraum. Das liberale Zürich hat immer wieder Flüchtlinge aus ganz Europa angezogen. Zu den Exilanten aus dem nationalsozialistischen Deutschland gehörte **Thomas Mann**, der 1933 bis 1938 mit seiner Familie in Küsnacht bei Zürich wohnte und seine letzten Lebensjahre in Kilchberg verbrachte. Sein Arbeitszimmer sowie Dokumente zu Leben und Werk sind im **Thomas-Mann-Archiv** in der Universität Zürich zu besichtigen.

Zürich

Infos und Adressen

ANREISE
Flug: Direktflüge von allen größeren Flughäfen nach Kloten, weiter per Bahn bis Zürich Hbf;
Bahn: ICE/EC von größeren Bahnhöfen bis Zürich Hbf;
Tipp: Preisvergünstigungen für Verkehrsbetriebe und Museen mit der **ZürichCard**

SEHENSWERT
Bahnhof Stadelhofen, moderner Stahl- und Beton-Bahnhofsbau von Santiago Calatrava, der ein spätklassizistisches Stationsgebäude integriert. Stadelhofer Str.
Friedhof Fluntern, Ruhestätte, auf der namhafte zeitweise in Zürich lebende Künstler, wie James Joyce, Elias Canetti und Therese Giehse, begraben liegen. Zürichbergstr. 189
Grossmünster, Wirkstätte von Zwingli mit Doppelturmfassade und Museum zur Geschichte der Kirche und der Reformation, Mitte März–Okt. 9–18 Uhr, Nov.–Mitte März 10–17 Uhr. Grossmünsterplatz
Haus Konstruktiv, Museum für konstruktive und konzeptuelle Kunst in ehemaligem Elektrizitätswerk, Di, Do, Fr 12–18 Uhr, Mi 12–20 Uhr, Sa, So 11–18 Uhr. Selnaustr. 25, www.hauskonstruktiv.ch
Schweizerisches Landesmuseum, Museum zur Geschichte und Alltagskultur der Schweiz mit Originalräumen, Di–So 10–17 Uhr, Do 10–19 Uhr, Museumstr. 2, www.musee-suisse.ch
St.-Peter-Kirche, älteste Kirche der Stadt mit Turmuhr, deren Zifferblätter die größten Europas sind, Mo–Fr 8–18 Uhr, Sa 9–16 Uhr. St. Peterhofstatt
Uhrenmuseum Beyer, Uhren aus dem 16. bis 20. Jh. im Untergeschoss des Fachgeschäfts, Mo–Fr 14–18 Uhr. Bahnhofstr. 31
Zunfthaus zur Meisen, 1757 erbautes Zunfthaus der Weinbauern mit barocker Einrichtung und Porzellansammlung, Do–So 11–16 Uhr. Münsterhof 20

ESSEN UND TRINKEN
Café Sprüngli: traditionsreiches Café mit angeschlossener Confiserie der Schokoladendynastie. Bahnhofstr. 21
Kronenhalle: Schweizer Küche unter Originalkunstwerken. Rämistr. 4, www.kronenhalle.com
Reithalle: Restaurant in ehemaligen Reitställen, internationale, auch vegetarische Küche. Gessnerallee 5, www.restaurant-reithalle.ch
Zunfthaus zur Waag: französische und Zürcher Gerichte im Zunftlokal im Biedermeierstil. Münsterhof 8, www.zunfthaus-zur-waag.ch

AUSGEHEN
Barfussbar im Frauenbad, im Sommer abends zur Bar für beide Geschlechter umfunktioniertes Frauenbad mit Kultur- und Tanzprogramm. Stadthausquai, www.barfussbar.ch
Platins, Klub im Areal von Sihlcity mit renommierten DJs. Kalanderplatz 7
Theater am Hechtplatz, großes Kleintheater. Hechtplatz 7, www.theateramhechtplatz.ch

SHOPPING
Einzigart, junges Design für jeden Zweck und jeden Geldbeutel. Josefstr. 36, www.einzigart.ch
Schweizer Heimatwerk, traditionelles und modernes Kunsthandwerk. Bahnhofstr. 2 und Uraniastr. 1, www.heimatwerk.ch

ÜBERNACHTEN
Haus zur Stauffacherin: Hotel in Bahnhofsnähe nur für Frauen. Kanzleistr. 19
Hotel Altstadt: zentral mit künstlerisch gestalteten Zimmern. Kirchgasse 4, www.hotel-altstadt.ch
Hotel zum Storchen: einziges Hotel direkt an der Limmat, gediegen und traditionsreich. Weinplatz 2, www.storchen.ch

WEITERE INFOS
Zürich Tourismus/Tourist Service, bietet auch thematische Stadtrundgänge an, www.zuerich.com

Für süße Mitbringsel: erlesene Köstlichkeiten von Sprüngli.

92. Bratislava

Hauptplatz mit Maximiliansbrunnen und Altem Rathaus im Hintergrund.

HIGHLIGHTS
- **Burg,** Vierflügelanlage (15.–18. Jh.) über der Donau, Repräsentationsräume, Historisches Museum
- **Dom St. Martin,** 1563–1830 Krönungskirche der (habsburgischen) ungarischen Könige
- **Hauptplatz** (Hlavné námestie), ehemaliger Altstadtmarkt, zahlreiche Cafés
- **Altes Rathaus** (Stará radnica), Anlage am Hauptplatz aus mehreren Bürgerhäusern, Barockturm, Stadtmuseum
- **Nationalgalerie,** Sammlung slowakischer Kunst aus acht Jahrhunderten

BRATISLAVA IM SOMMER UND HERBST
- **Juni–September:** Kultursommer mit Veranstaltungen in der ganzen Stadt, mit nachgestellter Krönungszeremonie
- **September:** Bratislavské hudobné slávnosti (BHS), Festival klassischer und traditioneller Musik u. a. in der Philharmonie, mit Nachwuchswettbewerb
- **Oktober:** (inter)nationale Jazz-Tage (BJD), Stars und Newcomer

Aus der 1100 Jahre alten Stadt an der Donau, nur 60 km von Wien entfernt, lugt noch »Alt-Europa« hervor, in dem viele Nationalitäten auf engem Raum zusammen oder nebeneinander lebten, und das 1918, spätestens aber 1945 unterging. Das österreichisch-ungarische Preßburg ist heute als Bratislava die lebhaft-junge Metropole des 1993 geborenen slowakischen Nationalstaats.

Erbe des alten Europa

Alle Namen haben ihre Berechtigung: Pozsony (ungarisch), Preßburg (deutsch), Prešporok und Bratislava (slowakisch). Sie kennzeichnen das jeweils sprachlich, kulturell oder auch politisch vorherrschende Element. 1000 Jahre unter ungarischer Herrschaft, wurde die Stadt ab Mitte des 19. Jahrhunderts immer »slowakischer«, obwohl kurz vor dem Zweiten Weltkrieg noch etwa die Hälfte der Einwohner Deutsch als Muttersprache hatte. Dennoch war Bratislava bis zur Vertreibung der Deutschen nie auf einen einheitlichen »nationalen« Nenner zu bringen. Fast ein Vierteljahrhundert nach dem Fall des Eisernen Vorhangs befindet sich die Stadt wieder mitten in Europa. Die Altstadt ist restauriert und in ihrer

Slowakei

geschlossenen Schönheit wiedererstanden. Die Oper im **Slowakischen Nationaltheater** und der **Kultursommer** locken sogar, wie früher, die verwöhnten Wiener an, während die junge Szene fröhlich und ohne historischen Ballast im Gepäck mit Rockmusik und Jazz experimentiert. An Preßburg als Perle jüdischer Kultur erinnern das **Jüdische Museum** in der Judengasse (Židovská), ein **Holocaust-Mahnmal** und das **Mausoleum** für den großen Gelehrten **Chatam Sofer** (1762–1832) mit Überresten des 2002 restaurierten jüdischen Friedhofs. Die slowakischen Juden hatte Hitlers Vasallenstaat in die Vernichtungslager geschickt.

Auf der Burg

Wahrzeichen Bratislavas ist die **Burg** (Bratislavský hrad), eine mächtige Vierflügelanlage, in der zeitweise die ungarischen Krönungsinsignien verwahrt wurden, 85 m über der Donau. Als Königin von Ungarn hielt sich Maria Theresia gern in Preßburg auf und ließ die Burg als Barockresidenz umgestalten. In den Napoleonischen Kriegen abgebrannt, wurde die Burg in den 1950/60er-Jahren wiederaufgebaut. Das Parlament der Republik, das gleich nebenan in einem neueren Gebäude tagt, und der Staatspräsident, der weiter nördlich im feinen **Grasalkovič-Palais** (1760, Garten öffentlich zugänglich) seinen Amtssitz hat, nutzen einige Räume der Burg für Empfänge. Seit 4500 Jahren haben sich Menschen auf dem Burgberg niedergelassen. Kaiser Barbarossa machte hier Station auf dem Weg ins Heilige Land, sein Kreuzfahrerheer lagerte auf den Wiesen der Donauauen. Von der Burgterrasse (mit Café) aus sieht man heute auf dem rechten Donauufer hinter dem **Stadtpark** (Sad Janka Kráľa), eine der ersten öffentlichen Parkanlagen Europas, die Hochhäuser der in sozialistischer Zeit für 150 000 Menschen erbauten Trabantenstadt **Petržalka**. Dorthin führt die **Neue Brücke** (1972) mit einem »Ufo« auf dem Pfeiler. In die Altstadt herab steigt man durch das gotische **Sigismundtor**.

Eine Perle des Barock und Klassizismus

Der mehrfach umgebaute **Dom St. Martin**, die größte der ein Dutzend Kirchen im Stadtzentrum, war die Krönungskirche der ungarischen Monarchen – darauf verweist, statt Wetterhahn oder Kreuz, die Turmspitze mit der goldenen Stephanskrone auf einem Paradekissen. Glanzstücke aus der Barockzeit sind die sehr lebendig wirkende **Reiterstatue**

Persönlicher Tipp

BURGRUINE DEVÍN
Was dem Deutschen die Wartburg, ist dem Slowaken die 1809 zerstörte Burg Devín nur wenige Kilometer von Bratislava donauaufwärts über der Mündung der March (Morava). Bereits die Römer sollen auf dem markanten Felsen Wache gestanden haben, auch machten Archäologen Funde aus der Zeit des Großmährischen Reichs (9. Jh.). Die Ruinen inspirierten die slowakische Nationalbewegung um den Romantiker L'udovit Štúr. Der Begründer der slowakischen Schriftsprache machte am 24. April 1836 mit seinen Anhängern einen wirkungsmächtigen Ausflug dorthin. Besonders romantisch wirkt der einsame **Jungfrauenturm** am Steilhang. In der teilweise wiederaufgebauten Burganlage, ein **Nationaldenkmal**, befindet sich ein Museum (www.muzeum.bratislava.sk). Im Kalten Krieg war das Gebiet streng bewacht, dennoch versuchten einige, den Eisernen Vorhang zu überwinden. Den meisten gelang es nicht – ein Denkmal an der March erinnert an die Flüchtlinge. Zur Burgruine Devín kommt man mit dem Stadtbus, es gibt auch einen Wanderweg.

Felsen mit der Burgruine Devín (deutsch: Theben) am Zusammenfluss von Donau und March.

Die Altstadt von Bratislava mit ihren engen Gassen ist vorbildlich restauriert.

Persönlicher Tipp

WEINSTRASSE DER KLEINEN KARPATEN

Gleich in der Altstadt kann man sich im **Appónyi-Palais** einstimmen: mit einer Weinprobe im Innenhof und einer Ausstellung zum traditionsreichen Weinanbau (Múzeum vinárstva) an den südlichen Berghängen der Kleinen Karpaten, dessen Anfänge weit in die vorrömische Zeit reichen. Die **Weinstraße** (www.mvc.sk) beginnt in den nördlichen Außenbezirken von Bratislava (Rača) und führt bis Smolenice. Zentrum des regionalen Weinanbaus und ein besonders malerischer Ort ist **Pezinok** – dorthin kommt man auch mit der Bahn. In den Schlosskellern des Národný salón vín (Nationaler Weinsalon) kann man seine Geschmackskenntnisse anhand der Top 100 aus der Slowakei vertiefen. Regionale Weine lernt man am »Tag der offenen Weinkeller« im November persönlich kennen. Darüber hinaus folgt im September ein Weinfest auf das andere. Bei dieser Gelegenheit kann auch der erste Tropfen der Saison, burčiak (Federweißer), verkostet werden – schmeckt wie Saft, hat's aber in sich.

Die Burg in neuer alter Schönheit (vorne Neue Brücke). 150 Jahre lang war sie eine Ruine.

des hl. Martin (1735) sowie die **Elomosynarius-Kapelle** (1732) mit dem Grab des Erzbischofs, beides Werke des österreichischen Bildhauers Georg Raphael Donner.

Für die Tour durch die Altstadt, etwa entlang dem einstigen **Krönungsweg** (mit Plaketten gekennzeichnet), muss der Besucher vor allem eines mitbringen: Zeit – um die herrlichen Bürgerhäuser und Palais, vor allem aus dem 18. Jahrhundert, angemessen würdigen zu können. Wer aufmerksam ist, wird auch freche Skulpturen wie den »Glotzer« (Čumil), einen neugierigen »Kanalarbeiter«, entdecken.

Besonders lebhaft geht es in der **Michalská ulica** zu, die auf das einzig erhaltene der vier Stadttore, das **Michaelertor**, zuläuft, in der Rybárska brána (Fischertor) und auf dem **Hauptplatz** mit **Altem Rathaus**, steinerner **Roland-Statue** und **Maximiliansbrunnen** (1572). Für eine Pause bestens geeignet sind die Cafés der Altstadt, nicht nur auf dem Hauptplatz, sowie Bistros und Weinstuben. Auf dem **Hviezdoslav-Platz** kann man sich unter schattigen Bäumen und am Ganymed-Brunnen schon einmal das Abendprogramm zusammenstellen. Eine italienische Oper im **Nationaltheater** gleich gegenüber, Live-Musik in einem Club oder den Straßenmusikern lauschen?

Bratislava

Infos und Adressen

ANREISE

Flug: über Flughafen Wien-Schwechat, von dort weiter mit Bus-Shuttle zum Busbahnhof Bratislava; **Bahn:** Über Wien-Südbahnhof oder direkt von Berlin Hbf und Dresden Hbf (Euronight/EC)

SEHENSWERT

Michaelertor (Michalská brána), einzig erhaltenes Stadt-tor, Barockhelm (1513), mit Ausstellung historischer Waf-fen, Di–So 10–17 Uhr, Sa/So 11–18 Uhr. Michalská 22, www.muzeum.bratislava.sk
Städtische Gemäldegalerie (Galéria Mesta Bratislavy) im **Mirbach-Palais (**Františkánske námestie 11), **Pálffy-Palais** (Panská ul. 19) und **Primatial-Palais** (sechs englische Wandtapeten, um 1630/40), einem klassizisti-schen Prachtbau (1781), heute Sitz des Bürgermeisters (Pri-maciálne námestie 1). www.gmb.sk
Bibiana (Medzinárodný dom umenia pre deti), Kunst für Kin-der, Veranstalter der internatio-nalen Biennale für Illustration (BIB), Panská ul. 41, www.bibiana.sk
Jüdisches Museum (Múzeum židovskej kultúry na Slo-vensku), So–Fr 11–17 Uhr. Židovská ul. 12, www.snm.sk
Karpatendeutsches Museum (Múzeum kultúry karpatských Nemcov), Di–So 10–16.30 Uhr.

Žižkova 14, www.snm.sk/?uvodna-stranka-de
Blaue Kirche (Modrý kostolík), eigentlich Elisabeth-Kirche (1913), Jugendstilkirche mit blauen Kacheln und Ziegeln. Bezručova ulica 4

ESSEN UND TRINKEN

Beer Palace: rustikal essen, gutes Bier trinken, Live-Musik genießen. Gorkého 5, www.beerpalace.sk
Slovenská reštaurácia: echte und gute slowakische Küche. Hviezdoslovovo námestie 20, www.slovrest.com
Traja mušketieri: Gleich rau-schen d'Artagnan und seine Gefährten um die Ecke, franzö-sische Gerichte und guter Wein im Gewölbekeller. Sládkovičova 7, www.trajamusketieri.sk
Kaffee Mayer und **Café und Restaurant Roland:** zwei tradi-tionsreiche Kaffeehäuser im

Wiener Stil. Hlavné námestie, www.kaffeemayer.sk und www.rolandcaffe.sk
Čokoládovňa pod Michalom: Die beste heiße Schokolade der Stadt. Hurbanovo námestie 1

SHOPPING

ÚĽUV, Galerien, Design-Studios und Handwerkerhof des staatli-chen Instituts zur Unterstützung des nationalen Kunsthand-werks, breites Spektrum und beste Qualität zum Staunen und Kaufen. Di– Fr 12– 18 Uhr, Sa 10– 14 Uhr. Obchodná 64, www.uluv.sk
Antikvariát Steiner: älteste Buchhandlung Bratislavas, Werke in den Sprachen des al-ten Preßburg. Ventúrska ul. 20

AUSGEHEN

Nationaltheater (Slovenské národné divadlo), Oper, Ballett und Schauspiel in historischem Bau (Neorenaissance, 1886)

und Neubau (2007). Pribinova 17, www.snd.sk
Jazz Café, bekanntester Jazz-Club mit Live-Auftritten (Di–Sa). Ventúrska 5
Nu Spirit Bar, Live-Musik (Soul, Funk, Jazz) und DJs. Medená 16, www.nuspirit.sk

ÜBERNACHTEN

Radisson Blu Carlton: Luxus-herberge an der Stelle des his-torischen Hotels Carlton, Hviez-doslavovo námestie 3, www.radissonblu.com/hotel-bratislava
No. 16: kleines Boutique-Hotel (vier Sterne). Partizánska 16a, www.hotelno16.sk
Devín: vier Sterne am Donau-ufer, frisch renoviert, Riečna 4, www.hoteldevin.sk
Film Hotel: 13 Zimmer, jeweils einem Filmstar gewidmet. Vysoká 27, www.filmhotel.sk
Botel Marina: Hotelschiff an der Donau-Uferpromenade un-ter dem Burgberg. Nábrežie arm. gen. L. Svobodu, www.botelmarina.sk

WEITERE INFOS

Touristeninformationszen-trum, Klobučnícka 2 (gegen-über Primatial-Palais), 81515 Bratislava, www.visit.bratislava.sk/de

Wache vor dem Grasalkovič-Palais, Amtssitz des Präsiden-ten der Slowakischen Republik.

93. Ljubljana

Die weiße Dreierbrücke des Architekten Jože Plečnik ist das Wahrzeichen Ljubljanas.

HIGHLIGHTS
- **Dreierbrücke (Tromostovje),** balustradengeschmückte dreiteilige Brücke über die Ljubljanica
- **St. Nikolaus** (Stolnica svetega Nikolaja), Barockdom nach Entwürfen des Jesuiten, Malers und Architekten Andrea Pozzo (1642–1709)
- **Burg von Ljubljana (Ljubljanski Grad),** bereits im 12. Jahrhundert erwähnte Burg auf dem Schlossberg mit Aussichtsturm
- **Križanke,** ehedem Klosteranlage der Kreuzritter, nach Plänen Plečniks umgebaut und heute Veranstaltungsort
- **Tivoli Park,** weitläufiger Stadtpark und Waldlandschaft mit Ausflugsgastronomie und Grafikzentrum

LJUBLJANA IM SOMMER UND HERBST
- **Juni–September:** Ljubljana-Festival, klassische Musik, Musical, Tanztheater der internationalen Spitzenklasse
- **Oktober:** Auf dem Ljubljana-Marathon, Halbmarathon oder 10-km-Lauf wird die Stadt im Laufschritt erobert.

Mit heiterem Charme empfängt die Hauptstadt Sloweniens ihre Gäste. Ljubljana vereint die besten Eigenschaften des mitteleuropäischen Landes: die herrliche Lage an der Ljubljanica, strahlende Architektur und viel Grün. Außerdem ist das ehemalige Laibach ein guter Ausgangspunkt für Ausflüge.

Sonnige Stadt der Brücken

Mittelalter, Barock und Jugendstil gehen in der freundlichen Metropole eine harmonische Symbiose ein; der geniale Stadtplaner Jože Plečnik (1872–1957) hat zu Beginn des 20. Jahrhunderts das Gesicht Ljubljanas einfühlsam erneuert. Unter den mehr als zehn Brücken über die Ljubljanica ist sie die markanteste: Die drei Wege von Plečniks **Dreierbrücke (Tromostovje)** vereinen sich auf der gegenüberliegenden Altstadtseite. Kolonnaden leiten zum Marktplatz, hinter dem der barocke Dom **St. Nikolaus (Stolnica svetega Nikolaja)** mit eindrucksvollen Fresken und Bronzetüren liegt. Vom Krekov-Platz aus erobert man mit der Standseilbahn die **Burg (Ljubljanski Grad)** auf dem Schlossberg und genießt vom Erasmus-Turm einen Überblick über die Stadt bis hin zu den Alpen.

Slowenien

In den Altstadtgassen unterhalb des Burghügels lässt es sich gut bummeln und einkaufen, auch Architekturliebhaber kommen auf ihre Kosten: Die Plätze **Mestni trg**, **Stari trg** und **Gornji trg** prunken mit Barockfassaden. Entspannt und fröhlich geht es zu in der Universitätsstadt, in der alle gern und gut ausgehen und Sommertage im Freien wie etwa auf den Ljubljanica-Terrassen genießen. Aus einer Ordensritter-Klosteranlage aus dem 13. Jahrhundert schuf Jože Plečnik **Križanke**, ein beliebtes Kulturzentrum und Freilichttheater.

Bis in die Stadt hinein reichen die weitläufigen Park- und Waldlandschaften des **Tivoli Park**: Ein Promenadenweg führt zum neoklassizistischen Parkschloss Tivolski grad, das im 17. Jahrhundert von den Jesuiten erbaut worden war, nach Auflösung des Ordens als Sommersitz des Bischofs diente und Mitte des 19. Jahrhunderts von Feldmarschall Radetzky übernommen wurde, der ihm sein heutiges Aussehen verlieh. Inzwischen ist das Schloss Sitz des Internationalen Grafikzentrums (Mednarodni Grafični Center).

Infos und Adressen

ANREISE
Flug: Direktflüge von vielen größeren Städten zum Aerodrom Ljubljana/Letališče Jožeta Pučnika Ljubljana (LJU), von dort stündlich Busverbindungen Richtung Innenstadt

SEHENSWERT
Burg von Ljubljana (Ljubljanski Grad), Schlossberg, 1. Apr.–30. Sept. 9–21 Uhr, 1. Okt.–31. März 10–19 Uhr, www.ljubljanksigrad.si
Nationalbibliothek NUK (Narodna knjižnica), der außen und innen bis ins Detail gestaltete Gebäudekubus ist ein architektonisches Gesamtkunstwerk Plečniks, Führungen möglich. Turjaška 1, www.nuk.uni-lj.si

ESSEN UND TRINKEN
Vodnikov Hram, (nicht nur) traditionelle slowenische Küche und Weine. Vodnikov trg 2, www.vodnikov-hram.si

ÜBERNACHTEN
Antique Palace Hotel & Spa Ljubljana: Vegova 5a/ Gosposca u. 10, www.antiqpalace.com

WEITERE INFOS
Touristeninformation Ljubljana, Stritarjeva 2 und Krekov trg 10, www.visitljubljana.si

Persönlicher Tipp

TIEFES UND HOHES SLOWENIEN

Ljubljana ist der ideale Ausgangspunkt, um noch ein wenig mehr von Slowenien zu sehen. Die fast 21 km lange **Adelsberger Grotte (Postojnska jama)** in Postojna, die größte Tropfsteinhöhle Europas, ist von der Hauptstadt bequem mit dem Auto oder der Bahn zu erreichen (ca. 1 Std.). Mit einem Mini-Zug geht es im Stundentakt in die atemberaubende Karsthöhle mit riesigen Hallen und Galerien voller glitzernder Tropfsteingebilde, die in Größe und Schönheit ihresgleichen suchen und von kundigen Führern erläutert werden. Die Besichtigungen sind gut organisiert und mehrsprachig, im Besucherzentrum gibt es ein großes gastronomisches Angebot. Warme Kleidung mitnehmen, denn in der Höhle herrscht lediglich eine Temperatur von ca. 8 °C (www.postojna-jama.eu)!
Knapp 50 km nordwestlich am Rand des Triglav Nationalparks liegt am malerischen **Veldeser See (Blejsko jezero)** zu Füßen der Julischen Alpen der Kurort **Bled**. Weiß leuchtet die Barockkirche auf der Marieninsel, im Hintergrund erhebt sich eine trutzige Burg (Bleijski grad) aus dem 11. Jahrhundert über die Uferwälder.

Delfine und Wassermänner am Robba-Brunnen symbolisieren Save, Krka und Ljubljanica.

94. Madrid

HIGHLIGHTS
- **Museo Nacional del Prado,** umfangreiche Sammlung europäischer Malerei, u. a. große Skulpturensammlung
- **Plaza Mayor,** Hauptplatz der Altstadt, schöner Platz für eine Kaffeepause
- **Gran Vía,** schicker Einkaufs- und Kulturboulevard
- **Parque de Retiro,** die grüne Lunge der Stadt, mit einem künstlichen See um monumentalen Säulengang mit Reiterstandbild von Alfons XII., Kunstausstellungen im Kristallpalast
- **Plaza de Santa Ana,** Treffpunkt der Nachtschwärmer

MADRID IM FRÜHLING UND SOMMER
- **März/April:** Madrid en Danza: dreiwöchiges Tanzfestival, moderner Tanz und Tanztheater
- **Mai:** Fiesta de San Isidro, Stadtfest zu Ehren des Stadtpatrons, vielfältiges Kulturangebot
- **Mai/Juni:** Suma Flamenco, eines der größten Flamenco-Festivals Spaniens
- **Juni/Juli:** Photo España, Fotoausstellungen in ganz Madrid

Seit 1619 bildet die Plaza Mayor das Herz des Madrid der Habsburger.

Mit ihrer abwechslungsreichen Museumslandschaft zählt die spanische Hauptstadt in Europa zu den Top-Adressen für Kunstinteressierte. Nach dem Museumsbesuch lässt sich bei einem Cafe de leche auf der Plaza Mayor die Großartigkeit der Architektur der Habsburger bewundern.

Die prächtige Mitte Spaniens

Das Herz von Madrid schlägt auf dem Platz **Puerta del Sol**. Hier treffen sich die Madrileños zum Einkaufen und Ausgehen, und hier feiern sie zusammen Silvester – indem sie zu den Glockenschlägen des Uhrturms auf dem ehemaligen Postgebäude **Real Casa de Correos** zwölf Weintrauben verspeisen. Vor dem Gebäude ist der **Kilometer Null** im Bürgersteig eingelassen – von der Puerta del Sol führen strahlenförmig Straßen in alle Regionen des Landes. Auch die Fußgängerzone rund um die **Calle de Preciados** beginnt an der Puerta del Sol.

Die Habsburger

Die **Plaza Mayor** gilt als einer der schönsten Plätze Spanien. Die Ausmaße sind beeindruckend: rund 120 mal 100 m misst der Platz, der von unzähligen Arkadenbögen und Balkonen umrahmt wird. In der Mitte erhebt sich das Reiterstandbild von Philipp III. (1578 –1621), unter dem die Anlage vollendet wurde. Die Plaza Mayor war im Laufe ihrer

Spanien

Geschichte Schauplatz von Stierkämpfen, Theateraufführungen und Heiligsprechungen. Sie bildet das Zentrum jenes Viertels, das als das Vermächtnis der spanischen Habsburger gilt, die 1516 bis 1700 die spanische Krone innehatten. Im Westen führt ein Durchgang zur Plaza de San Miguel mit der gusseisernen Markthalle **Mercado de San Miguel**. Statt Fisch und Gemüse wird in der wohl schönsten Markthalle Madrids heute Feinkost verkauft.

Auch die **Plaza de la Villa**, der Rathausplatz, steht im Zeichen der Habsburger Architektur. Das **Rathaus** wurde Mitte des 17. Jahrhunderts im Herrera-Stil errichtet und gilt als ältestes Verwaltungsgebäude der Stadt. Gegenüber befindet sich mit der **Casa de los Lujanes** das älteste Wohnhaus. Neben dem Rathaus steht die **Casa de Cisneros**, die zur Calle del Saramiento ein schönes spätgotisches Portal aufweist. Das Kloster **Real Monasterio de la Encarnación** auf der Plaza de la Encarnación leitete Anfang des 17. Jahrhunderts den Madrider Frühbarock ein. Auch das Kloster **Las Descalzas Reales** wird dieser Zeit zugeordnet. Im ehemaligen Schlafsaal des Klosters befindet sich heute eine Pinakothek mit Gemälden von Tizian, Zurbarán und Murillo.

Rund um den Palacio Real

Der Königspalast **Palacio Real** im Westen der Altstadt ist eine große Vierflügelanlage, die 1734 bis 1764 nach dem Vorbild von Versailles entstand. Bis zur Vertreibung von Alfons XIII. im Jahr 1931 war er Wohnsitz der spanischen Monarchen. Der heutige König Juan Carlos I. besucht das Schloss nur noch zu besonderen Anlässen – er und seine Familie wohnen im Palacio de la Zarzuela außerhalb des Stadtzentrums. Die Hauptfassade des Palacio Real ist nach Süden zur Plaza de la Armería ausgerichtet. Südlich dieses Platzes befindet sich die **Kathedrale Santa María la Real de la Almudena**. Der Bau des Gotteshauses begann 1870 und wurde erst 1993 abgeschlossen. Im Jahr 2004 heiratete hier Kronprinz Felipe die Bürgerliche Letizia. Westlich des Schlosses erstreckt sich der große Park **Campo del Moro**, im Osten die **Plaza de Oriente** mit dem Reiterdenkmal Philipps IV. und dem **Teatro Real**, der Oper von Madrid.

Anfang des 20. Jahrhunderts wünschte man sich in Madrid einen Prachtboulevard nach Pariser Vorbild. So entstand zwischen 1910 und 1927 die **Gran Vía** als Straßendurchbruch durch die engen Gassen der Innenstadt. Bis

Der Brunnen auf der Plaza de Cibeles ist der Göttin Kybele gewidmet.

Persönlicher Tipp

AUSFLUG NACH TOLEDO

Wer etwas mehr Zeit mitbringt, sollte einen Tagesausflug nach Toledo unternehmen (Anreise mit Bus oder Auto über A 42, ca. 1 Std.). Die Stadt am Tajo war fünf Jahrhunderte lang Hauptstadt des spanischen Königreichs, bis Philipp II. den Hof 1561 nach Madrid verlegte. Die UNESCO nahm die Altstadt von Toledo 1986 in die **Liste des Weltkulturerbes** auf. Die **Catedral de Santa María de la Asunción de Toledo** zählt zu den schönsten gotischen Kirchen Spaniens. Die Festung des **Alcázar** wurde 1537 im Herrera-Stil der Spätrenaissance errichtet. Die beiden **Synagogen El Tránsito** und **Santa María la Blanca** zeugen von jener Zeit, als Christen, Muslime und Juden weitgehend friedlich nebeneinander lebten. Toledo war auch die Stadt des Hofmalers **El Greco**. Als eines seiner Hauptwerke gilt »Das Begräbnis der Grafen Orgaz«, das in einer Kapelle der Kirche Santo Tomé zu finden ist. Im **Museo de Santa Cruz** in einem ehemaligen Krankenhaus befinden sich zahlreiche weitere Bilder des Malers.

Der Corral de la Moreria zählt zu den bekanntesten Flamencolokalen Madrids.

Persönlicher Tipp

SANTIAGO-BERNABÉU-STADION

Das Heimstadion von Real Madrid lässt das Herz eingefleischter Fußballfans schneller schlagen. Mit über 85.000 Plätzen zählt das Fußballstadion im Stadtbezirk Chamartín zu den größten Fußball-Kathedralen der Welt. 1947 wurde das Stadion als Nuevo Estadio Chamartín mit 75.000 Plätzen eröffnet und seitdem mehrfach umgebaut und erweitert, zuletzt 2011. Aus deutscher Sicht gibt es eine bittere Erinnerung: Die Nationalmannschaft unterlag hier 1982 beim Endspiel der Fußballweltmeisterschaft der italienischen Elf. Ein Heimspiel der »Königlichen« zu sehen, ist ein ganz besonderes Erlebnis. Spielt die Topmannschaft gerade nicht, lässt sich während einer Stadionführung trotzdem etwas königliche Fußballluft schnuppern. Dabei geht es durch die Umkleidekabinen der Kicker, am Spielfeld vorbei und zum Museum, wo zahlreiche Trophäen und Fotos die Erfolgsgeschichte des Fußballclubs erzählen.

Die Madrileños feiern die Fiesta de San Isidro in ihrer traditionellen Tracht.

heute wird der Boulevard von den schönen Fassaden des frühen 20. Jahrhunderts flankiert. Eine bauliche Meisterleistung war damals das **Gebäude der Telefongesellschaft Telefónica** mit seinem 89 m hohen Turm. Die Gran Vía beginnt an dem markanten **Metropolis-Haus** an der Calle de Alcalá und endet an der **Plaza de España**. Dort erinnert ein Denkmal an den spanischen Nationaldichter Miguel de Cervantes. Auch hier beeindruckt ein ungewöhnliches Hochhaus. Das 117 m hohe **Edificio España** mit seinen rund 30 Aufzügen war bei seiner Einweihung 1953 eines der höchsten Gebäude Europas.

Das Madrid der Museen

Die spanische Hauptstadt besitzt zahlreiche hochkarätige Museen. Die meisten befinden sich am Paseo del Prado. Das **Museo Nacional del Prado** mit seiner umfangreichen Sammlung von Gemälden aus der Zeit des 16. bis 19. Jahrhunderts und seinen unzähligen Grafiken, Zeichnungen und Skulpturen zählt zu den bedeutendsten Museen der Welt. Meisterwerke der modernen spanischen Malerei sind dagegen im **Museo Nacional Centro de Arte Reina Sofia** zu finden. Einen außergewöhnlichen Querschnitt der europäischen Malerei zeigt das **Museo Thyssen-Bornemisza**. Es umfasst eine der weltweit bedeutendsten Privatsammlungen mit fast 800 Werken vom 13. bis 20. Jahrhundert. Das jüngste Kind der Kulturlandschaft Madrids ist das Centro Centro, das seit 2011 im **Palacio de Cibeles** an der Plaza de Cibeles untergebracht ist. Die ehemalige Postverwaltung von Madrid mit dem Spitznamen »Catedral de las Comunicaciones« weist eine üppig dekorierte Fassade im Zuckerbäckerstil auf. Vom Turm im achten Stock aus bietet sich eine schöne Rundumsicht auf das Zentrum vom Madrid.

Madrid

Infos und Adressen

ANREISE
Flug: Direktflüge von allen größeren Flughäfen nach Barajas, der Bus Airport Express fährt zur Plaza de Cibeles, die Metrolinie 8 zur Station »Nuevos Ministerios«

SEHENSWERT
Museo Nacional Centro de Arte Reina Sofia, zeitgenössische Malerei und Kunst des 20. Jahrhunderts, mit dem Gemälde »Guernica« von Pablo Picasso, Mo–Sa 10–21 Uhr, So 10–19 Uhr. Calle Santa Isabel 52, www.museoreinasofia.es

Museo Thyssen-Bornemisza, Kunst vom 13. bis späten 20. Jahrhundert. Palacio de Villahermosa, Di–So 10–19 Uhr. Paseo del Prado 8, www.museothyssen.org

Caixa Forum, Gesellschafts- und Kulturzentrum mit Ausstellungen antiker, moderner und zeitgenössischer Kunst, Musik- und Poesiefestivals, Multimediakunst, tägl. 10–20 Uhr. Paseo del Prado 36

Real Academia de Bellas Artes, die kleine Alternative zum Prado, Werke von Zurbarán, Murillo und Velásquez, Di–Sa 9–15 Uhr, So und feiertags 9–14.30 Uhr. Calle Alcalá 13, http://rabasf.insde.es

Museo de América, spanische Kolonialgeschichte von 1492 bis zum 19. Jahrhundert, Mo–Sa 9.30–15 Uhr, So u. feiertags 10–15 Uhr. Avenida Reyes Católicos 6, museodeamerica.mcu.es

ESSEN UND TRINKEN
Restaurante Botín: laut Guinnessbuch der Rekorde die älteste Taverne der Welt, seit 1725 gibt es hier traditionelle Küche. Calle de los Cuchilleros 17, www.botin.es

En Estado Puro: eine der besten Tapas-Bars der Stadt, auf modern getrimmte traditionelle Tapas. Cánovas del Castillo 4, www.tapasenestadopuro.com

Lhardy: gehobene Kochkünste in gediegenem Ambiente unter Kronleuchtern, seit 1839. Carrera de San Jerónimo 8, www.lhardy.com

El Granero de Lavapiés: Wer es fleischlos mag, ist hier gut aufgehoben. Calle de Argumosa 10

AUSGEHEN
Cervecería Alemana, Traditionsbar aus dem 19. Jahrhundert, die Kellner servieren im Frack, Nachtschwärmer treffen sich in der Bar und vor der Tür, Plaza de Santa Ana 6

Café Central, seit 30 Jahren täglich Jazz live, hier treten auch die ganz Großen auf. Plaza del Ángel 10, www.cafecentralmadrid.com

Cardamodo, in dem Tablao flamenco gibt es täglich um 22 Uhr eine Flamencoshow. Calle de Echegaray 15, www.cardamomo.es

Corral de la Moreira, bekanntes Flamencorestaurant, Calle Moreria 17, www.corraldelamoreria.com

SHOPPING
Casa de Diego, handgemachte Fächer in allen Größen und Farben. Puerta del Sol 12, www.casadediego.com

El Patrimonio Comunal Olivarero, bestes Olivenöl aus ganz Spanien. Calle Mejía Lequerica 1, www.pco.es

Rastro-Flohmarkt, der größte Trödelmarkt Madrids, jeden Sonntagvormittag rund um die Ribera de Curtidores. Metro-Station »La Latina«

ÜBERNACHTEN
ME Madrid Hotel: ehemaliges Grand Hotel Reina Victoria, Luxushotel, in dem einst Toreros und Schauspieler wohnten, heute Gäste mit dickem Portmonnaie, Terrassenbar. Plaza de Santa Ana 14, www.memadrid.com

Petit Palace Londres: Drei-Sterne-Haus mit 76 Zimmern in der Fußgängerzone ganz nah zur Puerta del Sol. Calle Galdo 2, www.hthoteles.com

WEITERE INFOS
Oficina de Turismo de la Comunidad de Madrid, Estación de Atocha (Bahnhof Atocha), Madrid, www.turismomadrid.es; Tourismusportal: www.esmadrid.com

Das Einkaufszentrum Plaza Norte 2 in San Sebastián de los Reyes ist das größte seiner Art in Spanien.

95. Mallorca

HIGHLIGHTS
- **Museu Palau March,** Skulpturen u. a. von Auguste Rodin, Henry Moore und Miguel Berrocal, neapolitanische Weihnachtskrippe (18. Jh.)
- **Passeig per l'Artesania** in Palmas Handwerkerviertel Gerreria, Werkstätten für mallorquinische Gläser, Keramiken, Körbe, Papier- und Textilarbeiten
- **Xocolateria Ca'n Joan de S'Aigo,** traditionsreiches Café und Künstlertreff in Palma
- **Castell de Bellver,** Burg mit vier Wachtürmen (1309), Panoramablick über Palma

MALLORCA IM FRÜHLING UND SOMMER
- **Karwoche:** Prozessionen der Bruderschaften in Palma
- **Festa del Corpus (Fronleichnam):** Prozession in Palma, Konzerte in den dann geöffneten Innenhöfen vieler Herrenhäuser
- **29. Juni:** Schiffsprozession und Feuerwerk in Palma und anderen Hafenstädten zu Ehren des lokalen Schutzheiligen
- **16. Juli:** Mare de Déu del Carme, Schiffsprozession, teils auch Feuerwerk in den Hafenstädten zu Ehren der Schutzheiligen der Fischer

Das Wahrzeichen Palmas: Kathedrale Sa Seu mit dem Königspalast Palau s'Almudaina davor.

Mallorca bezaubert jeden. Jenseits von Ballermann und Massentourismus bietet die Insel traumhafte Strände, wild zerklüftete Küsten, die schroffe Bergwelt der Tramuntana, urtümliche Dörfer und Landschaften sowie ein unvergleichliches Licht. Zudem ist die Hauptstadt Palma eine der elegantesten Metropolen des Mittelmeerraums.

Eine Insel zum Träumen

Spätestens wenn der Besucher sich vom Flughafen per Auto der Hauptstadt Mallorcas nähert, ist es um ihn geschehen. Die mit Palmen gesäumte **Küstenpromenade Passeig Marítim**, die Silhouette der Stadt, gekrönt von der Kathedrale **Sa Seu**, das Mastengewirr im **Jachthafen**, die Sicht auf das Mittelmeer, der zu jeder Tageszeit unvergleichlich blaue Himmel und die frische Brise – Palma ist eine Stadt zum Verlieben.

Wenn die Stadt morgens erwacht, dringt aus den Cafés der Duft von frischem Espresso und Ensaimadas, dem typischen Hefegebäck. Auch wenn das Treiben dann tagsüber lebendiger wird, in Palma ist immer eine Gelassenheit zu spüren, die den Aufenthalt dort so angenehm macht.

Einen Rundgang durch Palma kann man gut an der imposanten **Kathedrale Sa Seu** (1230–1587) beginnen, einem Meisterwerk der gotischen Architektur aus hell strahlendem

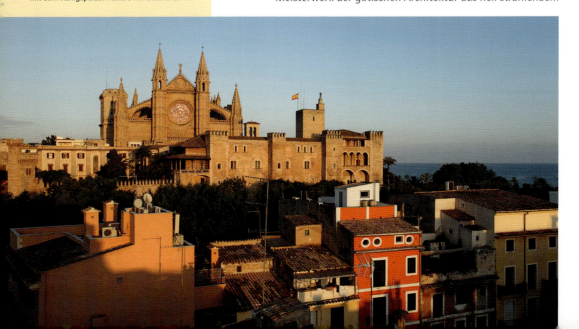

Spanien

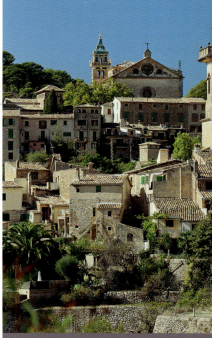

Über Valldemossa thront das Kloster, in dem George Sand und Frédéric Chopin überwinterten.

Sandstein, das sein heutiges Gesicht 1904 vom berühmten **Baumeister Antoni Gaudí** erhielt. Die Fassade mit Streben und Stützpfeilern, Türmen und Türmchen, Fensterrosetten und Figurenschmuck macht Sa Seu zu einer der schönsten Kirchen weltweit. Der licht und hell wirkende, 109 m lange, 39 m breite und 43 m hohe Innenraum ruht auf schlanken Säulen. Den Baldachin über dem Hauptaltar schuf Gaudí, die Seitenkapelle Sant Pere ziert eine Keramikarbeit des Gegenwartskünstlers **Miquel Barceló**.

Gleich gegenüber von Sa Seu befindet sich die offizielle Residenz der spanischen Königsfamilie auf Mallorca, der **Palau s'Almudaina**. Die einstige arabische Zitadelle wurde im 13./14. Jahrhundert komplett umgebaut und ist heute zu besichtigen. In dem rechteckigen Palast mit seinen 14 Wachtürmen beeindruckt besonders der prächtige **Thronsaal** mit den gotischen Spitzbögen.

Um Kathedrale und Palast herum erstreckt sich der historische Kern Palmas mit einem Labyrinth aus schmalen Gassen, zahlreichen Sehenswürdigkeiten wie den **Banys Arab**, den arabischen Bädern, altehrwürdigen **Herrenhäusern** sowie unzähligen Kneipen und Restaurants.

Shopping und Kunstgenuss

Die angrenzende **Vila Dalt** entstand im 16. bis 18. Jahrhundert. Das Herz dieses Stadtviertels ist die **Plaça Major** (19. Jh.), ein großer von Arkadengängen und mehrstöckigen Häusern umgebener Platz mit Straßencafés, Musikgruppen, Artisten, Porträtzeichnern und Pantomimen. Die großen **Boulevards** und Hauptflaniermeilen in Palma begeistern mit gut restaurierter Jugendstilarchitektur. Dort findet man Nobelboutiquen aller namhaften Designer neben individuellen Schmuckläden oder Delikatessgeschäften mit einheimischen Spezialitäten. Ein Cortado in einem der vielen Straßencafés teils mit bezaubernden Innenhöfen macht den Einkaufsbummel besonders kurzweilig. In den Hallen des **Mercat Olivar** sind alle Zutaten für die Speisekarte Mallorcas erhältlich – und das superfrisch.

An der Küstenstraße liegt die alte Festung **Bastió de Sant Pere**, in der **Es Baluard**, das Museum für zeitgenössische Kunst, untergebracht ist. Es präsentiert u. a. Werke von Pablo Picasso, René Magritte, Joan Miró und Anselm Kiefer. Von der Terrasse vor dem Museum aus genießt man einen fantastischen Blick über den Jachthafen.

Persönlicher Tipp

MIT DEM »ROTEN BLITZ« NACH SOLLÉR

Nein, damit ist kein Rennwagen gemeint, der an den Schönheiten der Insel vorbeirasen würde. Mehr als 30 km/h bringt der »Rote Blitz« nicht auf die Schienen. Doch bei seiner Inbetriebnahme 1912 war er damit schneller als Pferdefuhrwerke. Ursprünglich als **Transportmittel für die Zitrusfrüchte** aus dem fruchtbaren Tal von Sollér in die Inselhauptstadt genutzt, ist der Zug »Roter Blitz« heute eine Touristenattraktion. An der Plaça d'Espanya in Palma geht es los. Die von einer **Siemens-Lokomotive** gezogenen alten holzverkleideten Waggons fahren durch Felder, Obst- und Olivenhaine Richtung Norden. Ab Bunyola geht es aufwärts in die 500 m hohe **Serra de Alfàbia**. Kehre um Kehre schnauft der »Rote Blitz« hinauf. Er durchfährt 13 Tunnel und überquert zahlreiche Brücken. Dabei eröffnen sich atemberaubende Blicke in die Bergwelt und später auf das **Tal von Sollér**. Nach einer Stunde endet die Fahrt am Jugendstilbahnhof in Sollér. Wer will, kann die historische (seit 1913) Tramvía (Straßenbahn) ins 5 km entfernte Hafenstädtchen Port de Sollér nehmen.

Blick auf den schlafenden Drachen: die Insel Sa Dragonera vor Mallorcas Südwestküste.

Persönlicher Tipp

WEIN UND TAPAS

Wein und Tapas, jene kleinen abwechslungsreichen Vorspeisen, in Perfektion findet man in Palma. Im **Stadtviertel Llonja** hält das Wineing etwa 50 Weine zur Kostprobe bereit. Die Flaschen mit bis zu 300 € teuren Tropfen aus Mallorca, dem spanischen Festland und aus aller Welt befinden sich in Behältern, die sie optimal temperieren. Eine Kreditkarte wird in den Schlitz an diesen Behältern eingeführt, und schon fließt die gewünschte Füllmenge Wein durch einen Hahn ins Glas. So kann jeder sich seine **individuelle Weinprobe** zusammenstellen.

Die besten Tapas der Insel gibt es Kennern zufolge im **La Boveda** in Palmas Altstadt. Da dies inzwischen bekannt ist, sollte man rechtzeitig einen Tisch reservieren. Ständig verlassen appetitlich angerichtete Häppchen wie Datteln im Speckmantel, grillte Austernpilze in Roquefort oder grillte Sepia die kleine Küche. Dazu gibt es ausgezeichnete Weine. Und als Dessert sollte man sich den warmen Schokoladen-Brownie mit karamellisierten Walnussstückchen und Sahnehäubchen nicht entgehen lassen.

Genuss pur: Pause auf der Terrasse des Museu Es Baluard mit Blick auf Palmas Hafen.

Lust auf Strand?

Natürlich findet man am ausgedehnten Stadtstrand von Palma immer ein Plätzchen. Der schönste Strand der Insel liegt jedoch woanders, und zwar im Süden Mallorcas, etwa eine halbe Autostunde von Palma entfernt. **Es Trenc**, wie der legendäre Sandstrand heißt, ist am besten von **Colonia de Sant Jordi** aus zu erreichen. Bislang wurden glücklicherweise alle Versuche, den kilometerlangen Naturstrand mit Hotels oder Appartements zu bebauen, abgewehrt.

Frédéric Chopin und George Sand

Die Route von **Andratx** (etwa 45 Autominuten von Palma entfernt) bis nach **Valldemossa** gehört zu den schönsten auf Mallorca. Sie folgt der kurvenreichen Küstenstraße entlang der Steilküste im Westen der Insel. Rechts erhebt sich die **Serra de Tramuntana** mit mehreren über 1000 m hohen Gipfeln und **Bergdörfer** wie **Estellencs**. Links nimmt einen der Anblick der zerklüfteten Küste und des türkisfarbenen bis tiefblauen Meeres weit unten gefangen. Immer wieder gibt es Aussichtspunkte zum Pausieren und Genießen.

    Valldemossa, eines der beliebtesten Ausflugsziele auf Mallorca, begeistert mit seinen malerischen Gassen und blumengeschmückten Steinhäusern. Berühmtheit erlangte der Ort durch den regenreichen Winter 1838/39, den der Komponist Frédéric Chopin mit seiner Geliebten, der Schriftstellerin George Sand, in der **Kartause** von Valldemossa verbrachte. Das Kloster, zuvor Königspalast, an einem Hang über der Stadt ist das Ziel der Touristenströme. In den Zellen, die Chopin und Sand bewohnt haben sollen, sind Memorabilien liebevoll drapiert.

262

Mallorca

Infos und Adressen

ANREISE
Flug: Direktflüge von allen größeren deutschen Flughäfen nach Palma de Mallorca, auf der Insel Mietwagen empfehlenswert, von Deutschland aus oder vor Ort buchbar

SEHENSWERT
Museu d'Art Espanyol Contemporani Fundación Juan March, Museum für moderne Kunst, Werke von Miquel Barceló, Salvador Dalí, Joan Miró und Pablo Picasso, Calle Sant Miquel 11, www.march.es/arte/palma

Palma Aquarium, 700 Arten von Meeresbewohnern in 55 Aquarien in einer naturgetreu nachgebildeten Umgebung im Stadtteil Can Pastilla. Manuela de los Herreros i Sorà 21, www.palmaaquarium.com

Son Marroig: Herrensitz mit Marmorpavillon, den Erzherzog Ludwig Salvator im 16. Jahrhundert erwarb und umgestaltete, heute Museum und Kulisse von Konzerten. An der Küstenstraße C 710 zwischen Valldemossa und Deià, www.mallorca-reisen-info.de/museumstart/marroig.htm

ESSEN UND TRINKEN
Es Mercat: fantasievolle, leichte Küche zu vergleichsweise moderaten Preisen in Palma, Santa Catalina. Calle Pursiana 14

Garage Rex: Trendiges Lokal im minimalistischen Design mit außergewöhnlich zusammengestellter Küche. Calle Pablo Iglesias 12, www.garagerex.com

Simply Fosh: leichte, mediterrane Spitzenküche des englischen Sternekochs Marc Fosh zu bezahlbaren Preisen; modernes, puristisches Design im ehemaligen Refektorium des Convent de la Missió (17. Jh.). Calle Missió 7a, www.simplyfosh.com

AUSGEHEN
Um die Börse **(Llotja)** herum und im Viertel **El Terreno** befinden sich die Zentren des Nachtlebens in Palma.

ADN, Diskothek im Hotel Pala Atenea. Passeig Marítim 28

Tito's, Nobel-Diskothek über mehrere Ebenen am Hafen von Palma mit fantastischer Aussicht, auch bei Prominenten beliebt. Passeig Marítim, www.titosmallorca.com

Auditorium de Palma de Mallorca, Shows, Musik, Tanz, Theater. Passeig Marítim 18, www.auditoriumpalma.com

Jazz Voyeur Club: Jazz, Blues, Latino, Flamenco. Apuntadores 5, Stadtteil La Lonja, www.jazzvoyeurfestival.com

SHOPPING
Colmado Santo Domingo, mallorquinische Delikatessen. Calle Sant Domènec 1, www.colmadosantodomingo.com

La Pajarita, Schokolade und Pralinen aus eigener Herstellung. Calle Sant Nicolau 4. In den Straßen **Avinguda Jaume III** und **Passeig des Born** befinden sich zahlreiche Luxusboutiquen für internationale Modemarken.

Mercat Olivar und **Markthalle Santa Catalina,** alle frischen Zutaten, die man für die mediterrane Küche braucht

ÜBERNACHTEN
Tres: Designhotel in altem Stadtpalast mit Dachterrasse und Pool. Calle Apuntadores 3, www.hoteltres.com

Puro Hotel: nobles Hotel im modernen Design im Zentrum Palmas. Carrer de Montenegro 12, www.purohotel.com

Hotel Born: bezahlbares Hotel in einem ehemaligen Stadtpalast mit prachtvoller Marmorhalle. Calle Sant Jaume 3, www.hotelborn.com

Hotel Ur Palacio Avenida: Hotel in einem ehemaligen Kino, 2009 renoviert nach Plänen des italienischen Designers Bruno Borrione. Avenida Alejandro Rosseló 29, www.urhotels.com/es/index.html

WEITERE INFOS
Touristeninformation an der Avenida Jaime III 10, Calle Santo Domingo 11 und Plaça d'Espanya in Palma de Mallorca, www.mallorcaonline.de oder www.visitbalears.com www.mallorca-homepage.de

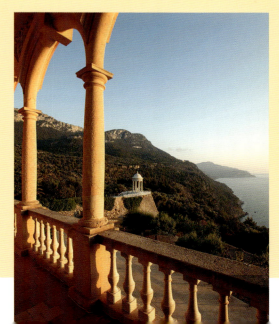

Sicht vom Herrensitz Son Marroig auf Marmorpavillon und die wildromantische Westküste.

96. Barcelona

Das Dach von Gaudis Casa Milà ist eine Landschaft aus Schornsteinen und Belüftungsrohren.

HIGHLIGHTS
- **Barri Gòtic,** gotisches Quartier mit Judenviertel und Kathedrale
- **Montjuïc,** Barcelonas Haushügel und Sitz der Weltausstellung 1929, mit Palau Nacional, Kunstzentrum CaixaForum und Pavillon des Bauhaus-Architekten Mies van der Rohe
- **Fundació Joan Miró,** Museum mit über 200 Werken des Avantgardisten
- **L'Aquàrium,** eines der größten Aquarien Europas am Port Vell, mit Glastunnel
- **Sagrada Familia,** riesige, aber noch unvollendete Kirche, Meisterwerk von Antoni Gaudí

BARCELONA IM FRÜHLING UND HERBST
- **März/April:** Osterprozessionen der Bruderschaften
- **Juni:** Sónar Festival, elektronische Musik und multimediale Kunst
- **September:** La Mercé, großes Stadtfest mit 500 Veranstaltungen, darunter die menschlichen Türme der Castellers auf der Plaça de Sant Jaume und die Parade der Riesen

Liebhaber avantgardistischen Designs kommen in Barcelona auf ihre Kosten, die zahlreichen Museen halten darüber hinaus für Kulturinteressierte sämtlicher Couleur das Passende bereit. Die katalanische Hauptstadt ist aber auch ein modernes Einkaufsparadies und eine Top-Adresse für Nachtschwärmer.

Entlang den Rambles

Das Herz von Barcelona schlägt auf den 1200 m zwischen der **Plaça de Catalunya** und dem alten Hafen. Auf den **Rambles** flanieren Einheimische und Touristen, verkaufen Händler Blumen und zwitschernde Vögel, geben Pantomimen und Jongleure ihre Kunst zum Besten. Es lohnt ein Blick nach rechts und links, wo sich hinter den alten Platanen mancher Adelspalast hervorlugt.

Gleich an den Rambles liegt der **Mercat de la Boqueria**, eine der schönsten Markthallen der Stadt. Seit der ersten Hälfte des 19. Jahrhunderts bieten hier Markthändler von Fisch und Meeresfrüchten bis zu Obst und Gemüse alles an, was die katalanische Küche auszeichnet. Das Metalldach der Halle stammt aus dem Jahr 1914. Hinter der Markthalle erstreckt sich das Stadtquartier **El Raval**. Lange Zeit als Rot-

Spanien

lichtviertel verschrien, wurde es in den letzten Jahren merklich aufgewertet. Dazu trug auch die Ansiedlung des **Museu d'Art Contemporani de Barcelona** (AMCBA) bei. Das 1995 eröffnete Museum zeigt in wechselnden Ausstellungen die Werke zeitgenössischer Künstler.

Eintauchen ins Mittealter – Barri Gòtic

In eine ganz andere Zeit entführt das **Barri Gòtic** auf der anderen Seite der Rambles. Wer offenen Auges durch das mittelalterliche Viertel geht, findet Briefkästen aus der Zeit des dem Jugendstil vergleichbaren Modernisme neben Resten der Stadtmauer. Im Südwesten der zentralen **Plaça de Sant Jaume** schließt sich das ehemalige **Judenviertel El Call** an. Mitte der 1990er Jahre wurde hier die Hauptsynagoge wiederentdeckt. Die dreischiffige **Catedral de la Santa Creu i Santa Eulàlia** ist ein Beispiel für den gotisch-katalanische Kirchenbau mit hohen Seitenschiffen und weit auseinanderliegenden Pfeilern. Im Kreuzgang der Kirche werden seit 500 Jahren weiße Gänse gehalten.

Im Viertel **La Ribera/El Born** jenseits des Carrer de la Princesa haben sich Designergeschäfte und Galerien sowie Bars und Restaurants niedergelassen. Mittendrin befinden sich das **Museu Picasso** und die gotische Kirche **Santa Maria del Mar**.

Am alten Hafen

Die 50 m hohe Kolumbussäule **Monument a Colom** ist seit 1886 optischer Fluchtpunkt der Rambles. Zu ihren Füßen erstreckt sich der alten Hafen **Port Vell**, der Anfang der 1990er Jahre radikal umgestaltet wurde. Eine hölzerne Klappbrücke führt zum Kai Moll d'Espanya im Hafen. Hier befindet sich das Einkaufszentrum **Maremàgnum** und das **L'Aquàrium**. In einem 80 m langen Glastunnel lassen sich von einem Laufband aus Haie und andere Meeresbewohner aus nächster Nähe in einem Seebecken beobachten.

Im Zeichen des Modernisme

An der Plaça de Catalunya beginnt der Stadtteil **Eixample**. Das Viertel wurde im 19. Jahrhundert im Rahmen einer Stadterweiterung schachbrettartig angelegt und sollte sich bewusst von der Altstadt abheben. Beim Bau des Viertels kam der gerade in Mode gekommene katalanische Jugendstil zum Tragen. Bekanntester Vertreter dieses als Modernisme bezeichneten Architekturstils war **Antoni Gaudí**

Persönlicher Tipp

KLOSTER MONTSERRAT

Wer etwas Zeit mitbringt, sollte dem **Benediktinerkloster von Montserrat** einen Besuch abstatten. 45 km nordwestlich der Metropole schmiegt sich die Klosteranlage in ein über 1200 m hohes **Bergmassiv**. Die Legende erzählt, dass genau an dieser Stelle eine von dem Apostel Lukas geschnitzte Schwarze Madonna gefunden wurde, die sich nicht mehr von der Stelle bewegen ließ. Dort steht **La Moreneta** (Die kleine Braune) noch heute, allerdings über dem Hochaltar der Basilika eines Klosters. Montserrat zählt bis heute zu den wichtigsten Wallfahrtzielen Spaniens. Zwar sind die heutigen Gebäude Rekonstruktionen der von den Truppen Napoleons zerstörten Originalbauten, aber das mindert den Reiz des Ortes in keinster Weise. Berühmt ist Montserrat auch für seine felsige Landschaft in unmittelbarer Nähe zum Kloster. Dorthin gelangt man mit dem Bus oder mit dem Nahverkehrszug R 5, anschließend mit der Zahnrad- oder Seilbahn (www.montserratvisita.com).

Der Innenraum der Sagrada Familia gleicht einem Wald aus steinernen Säulen.

Einheimische und Touristen lieben die gewundene Bank im Park Güell.

Persönlicher Tipp

PARK GÜELL

Eusebi Güell, der Förderer von Antoni Gaudí, beauftragte den Architekten 1900 mit dem Bau einer Gartenstadt. Das geplante Wohnviertel wurde nie realisiert, wohl aber eine Gartenanlage. Wie in seinem gesamten Werk verwendete der Architekt auch hier organisch anmutende Strukturen. Viele Mauern sind mit farbiger Bruchkeramik verkleidet. Der schönste Eingang ist der am Carrer d'Olot, von dem eine breite Treppe in den Park führt. Der kleine Drachen in der Mitte der Treppe zeigt Gaudís Sinn für Verspieltheit. Oberhalb der Treppe öffnet sich ein großer Saal mit 86 Säulen. Er war ursprünglich als Markthalle vorgesehen. Noch weiter oben liegt ein Platz mit einer bunten, gewundenen Bank. Von hier aus bietet sich ein herrlicher Blick auf das Zentrum von Barcelona. Erst hinter dem Platz beginnt der eigentliche Park mit einem dichten Wegenetz, Brücken und Laubengängen.

Das Hotel W Barcelona des Architekten Picardo Bofill erinnert an ein Segelschiff.

(1852–1926). Zwei spektakuläre Wohnhäuser im Eixample wurden von ihm entworfen: die **Casa Batlló** und die **Casa Milà**. Die Casa Milà wird im Volksmund auch **La Pedrera** (Der Steinbruch) genannt, erinnert ihre Fassade doch an eine zerklüftete Felswand. Ein Frühwerk des Architektengenies befindet sich in einer Seitenstraße der Rambles. Im **Palau Güell** verband Gaudí erstmals dekorative mit strukturellen Elementen. Beeindruckend ist die bunte Dachlandschaft mit ihren 20 dekorativ gestalteten Kaminen. Das Meisterwerk des Architekten und zugleich Wahrzeichen Barcelonas ist die **Sagrada Familia**. Die Kirche baut sich aus fünf Haupt- und drei Querschiffen auf, denen mehrere, über 100 m hohe Türme aufgesetzt sind. Die Ostfassade strotzt vor naturalistischen Skulpturen. Das Innere des Gotteshauses gleicht mit seinen dekorativen Säulen einem Wald aus Stein. Papst Benedikt XVI. weihte die Kirche 2010, der Abschluss der Bauarbeiten ist für 2026 geplant. Die UNESCO nahm die Werke Gaudís bereits 1984 in die **Liste des Weltkulturerbes** auf.

Unbedingt sehenswert ist auch der Modernisme-Bau **Palau de la Música Catalana**. Das Meisterwerk des Architekten Lluís Domènech i Montaner (1850–1923) besticht durch seine Kombination aus Marmor, farbigen Fliesen und Glas und gehört ebenfalls zum Welterbe.

Barcelona

Infos und Adressen

ANREISE
Flug: Direktflüge von den meisten Flughäfen zum Flughafen El Prat, Aerobús zur Plaça de Catalunya, Zugverbindung zum Bahnhof Sants, dort Metro-Anschluss; **Tipp:** Preisvergünstigungen im Nahverkehr und in zahlreichen Museen mit der **Barcelona Card** (www.barcelona-card.com)

SEHENSWERT
Museu d'Història de la Ciutat, Stadtgeschichte auf drei Etagen im gotischen Palau Clarina Padellàs. Apr.–Sept. Di–Sa 10–20 Uhr, Okt.–März Di–Sa 10–14 Uhr, 16–19 Uhr, So und feiertags ganzjährig 10–15 Uhr. Plaça del Rei, www.museuhistoria.bcn.es
Museu Picasso, zahlreiche Werke aus der Jugendzeit des spanischen Künstlers, Di–So 10–20 Uhr. Montcada 15–23, www.museupicasso.bcn.es
Museu Nacional d'Art de Catalunya, umfangreiche Sammlung romanischer und gotischer Kunstwerke, Di–Sa 10–19 Uhr, So und feiertags 10–17.30 Uhr. Parque de Montjuïc, www.mnac.es

ESSEN UND TRINKEN
Casa Calvet: hochwertige mediterrane Küche in einem Jugendstilhaus von Antoni Gaudí. Carrer de Casp 48, www.casacalvet.es
Restaurant 7 Portes: In dem Haus mit seinen sieben Türen lässt sich seit 175 Jahren vorzüglich speisen. Die Namen illustrer Besucher von Salvador Dalí bis Che Guevara glänzen an den Stuhllehnen. Passeig d'Isabel II 14, www.7portes.com
Pitarra: regionale Spezialitäten in gemütlichem Ambiente, Wild- und Pilzgerichte. Calle d'Avinyó 56, www.restaurantpitarra.cat
La Bodega: Weinlokal mit Weinfässern an den Wänden, reichhaltige Auswahl an Stockfisch und anderen Fischgerichten. Plaza de Molina 2, www.labodegapmolina.com

AUSGEHEN
Palau de la Música Catalana, Der Musikpalast von Domènech i Montaner ist nicht nur schön anzusehen, sondern bietet auch eine breite Palette an Konzerten. Carrer de Sant Pere Més Alt 4, www.palaumusica.org
Miramelindo, Cocktails und Kuchen in gemütlicher Bar im Kolonialstil, Musik von Jazz bis Salsa. Passeig del Born 15
La Terrrazza, beliebte Open-Air-Disco, Mitte Mai bis Mitte Okt. Avinguda del Marquès de Comillas 13, www.laterrrazza.com

SHOPPING
Colmado Múrria: In dem Ladenlokal scheint die Zeit Anfang des 20. Jahrhunderts stehen geblieben zu sein. Es gibt Käse, Schinken, Weine, Liköre und alles, was der Feinschmecker von Spanien erwartet. Roger de Llúria 85, www.murria.cat
Vinçon, Schickes im edlem Gewand. Passeig de Gràcia 96, www.vincon.com
Cereria Subira, Kerzen in allen Größen und Formen in einer Kerzengießerei aus dem 18. Jahrhundert. Baixada Llibreteria 7, www.cereriasubira.net

ÜBERNACHTEN
Hotel Montecarlo: Spitzenhotel in elegantem Gebäude des frühen 20. Jahrhunderts, mit Dachterrasse. Rambles 124, www.montecarlobcn.com
Hotel Peninsular: architektonisch reizvolles Haus mit schönem Innenhof im Stadtteil Raval. Carrer de Sant Pau 34, http://hotelpeninsular.net
Hotel Nouvel: gemütliches Drei-Sterne-Haus, Innenausstattung mit viel Holz und Marmor, alle Zimmer unterschiedlich gestaltet. Carrer de Santa Anna 18–20, Nähe Plaça Catalunya, www.hotelnouvel.es

WEITERE INFOS
Tourist-Information, Plaça de Catalunya 17, Plaça Sant Jaume im Barri Gòtic, Bahnhof Estaciò Sants, www.barcelonaturisme.com

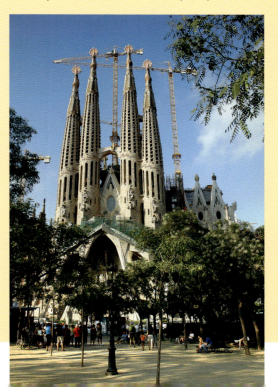

Hinter der Passionsfassade der Sagrada Familia erheben sich vier Türme – geplant sind 18.

97. Sevilla

Der Patio de las Doncellas gilt als der schöne Innenhof im Real Alcázar.

HIGHLIGHTS
- **Kathedrale,** Meisterwerk der spanischen Gotik, mit dem Grabmal von Christoph Kolumbus
- **Casa de Pilatos,** Herrenhaus aus dem 16. Jahrhundert, Meisterwerk der Mudéjar-Kunst
- **Guadalquivir:** bei einer Rundfahrt vom Fluss aus das Stadtpanorama genießen
- **Tablao Flamenco,** auf einer Flamenco-Veranstaltung andalusisches Temperament spüren
- **Museo de Bellas Artes,** Sammlung spanischer Gemälde in ehemaligem Kloster, u. a. mit Werken von Murillo, El Greco, Zurbarán

SEVILLA IM FRÜHLING UND SOMMER
- **März/April:** Semana Santa mit Prozessionen der Bruderschaften
- **April:** Feria de Abril, größtes Stadtfest, 450 Zelte auf dem Festplatz im Viertel Los Remedios, Pferde und Kutschen, Caballeros mit kurzen Jäckchen und Señoritas in Flamenco-Kleidern
- **September:** La Bienal de Flamenco, Flamenco-Festival

Phönizier und Römer, Westgoten und Mauren: Sie alle waren schon da gewesen, als die Hauptstadt Andalusiens im 16. Jahrhundert neues Zentrum des spanischen Königreichs wurde. Heute steht Sevilla für Farben und Musik, für Freude und Lebenslust, was sich nicht zuletzt in den zahlreichen Bars und belebten Plätze widerspiegelt.

Die Pracht Andalusiens

Das Zentrum von Sevilla ist die **Kathedrale Santa María de la Sede**. Mit einer Grundfläche von 116 mal 76 m ist sie nach dem Petersdom in Rom und der St. Paul's Cathedral in London die drittgrößte Kirche der Welt. Erbaut wurde das Meisterwerk der spanischen Gotik zwischen 1402 und 1564 auf den Resten einer Moschee. Die **Giralda**, der 104 m hohe Glockenturm, wurde als Minarett im 12. Jahrhundert errichtet. Eine Rampe führt zu einer 70 m hohen Galerie mit schöner Aussicht auf die Altstadt. Der **Patio de los Naranjos**, der Orangenhof, stammt ebenfalls aus der maurischen Zeit. Hier reinigten sich die Muslime, bevor sie die Moschee betraten. Das Innere der Kathedrale ist eine prunkvolle Machtdemonstration des Katholizismus. Der goldene Hochaltar ist ein

Spanien

Meisterwerk der spanischen Schnitzkunst. Auf der Südseite der Kirche befindet sich das **Grabmal von Christoph Kolumbus**, der mit seiner Reise nach Amerika wesentlich zum Ruhm Spaniens beigetragen hat. Sein Sarkophag thront auf den Statuen der Könige der vier Königreiche Kastilien, León, Aragón und Navarra, die zu Spanien vereint wurden.

Maurische und christliche Architektur

Der **Real Alcázar** ist ein Paradebeispiel für den Mudéjar-Stil, bei dem christliche und maurische Stilelemente miteinander verschmelzen. Peter der Grausame ließ den Palast im 14. Jahrhundert von maurischen Architekten und Handwerkern errichten. Besonders prunkvoll ist der Salón de Embajadores, der Botschaftersaal, der durch seine goldenen Verzierungen wie aus Tausendundeiner Nacht zu stammen scheint. Auch der **Garten des Alcázar** wurde im maurischen Stil angelegt und ist bis heute eine grüne Oase im Herzen der Altstadt.

Zwischen der Kathedrale und dem Alcázar befindet sich in dem ehemaligen Gebäude der Sevillaner Warenbörse aus dem 16. Jahrhundert das **Archivo General de Indias**. Sämtliche Dokumente zur Eroberung Amerikas und dem Handel mit der Neuen Welt werden hier verwahrt. Kathedrale, Alcazar (Schloss) und Archiv sind seit 1987 **Weltkulturerbe der UNESCO**. Hinter der Kathedrale erstreckt sich das ehemalige Judenviertel **Barrio de Santa Cruz**. Beim Spaziergang durch die verwinkelten Gässchen fällt der Blick immer wieder auf schattige Innenhöfe.

In Kontrast zur Altstadt steht seit 2011 die Plaza de la Encarnación. Die von dem deutschen Architekten Jürgen Mayer entworfene pilzförmige Dachlandschaft **Metropol Parasol** spannt sich als größte Holzkonstruktion der Welt über ein archäologisches Museum, einen Lebensmittelmarkt sowie einige Bars und Restaurants. Ein Panorama-Fußweg erlaubt es, die waghalsige Konstruktion auch von oben erkunden.

Ibero-America 1929

Der **Palacio de San Telmo** beherbergte im 17. Jahrhundert eine Marineschule, heute ist er Sitz der andalusischen Regierung. Das Nordportal zeigt zwölf Statuen namhafter sevillanischer Bürger. Neben dem Palacio befindet sich heute die **Universität Sevilla**. Ursprünglich diente das Gebäude als Tabakfabrik – jene Fabrik, in der Carmen arbeitete, die Heldin der Oper von Georges Bizet. Dahinter schließt sich

---

Persönlicher Tipp

CARTUJA

Anlässlich der 500-Jahresfeier der Entdeckung Amerikas fand in Sevilla 1992 die Weltausstellung mit dem Motto »Das Zeitalter der Entdeckungen« statt. Das Expo-Gelände auf der Insel Cartuja im Guadalquivir wurde komplett umgestaltet. Das Symbol der Expo, eine Sphärenkugel mit einem Durchmesser von 22 m, erinnert bis heute an die Weltausstellung. Ein Teil des damaligen Ausstellungsgeländes dient heute als Vergnügungspark **Isla Mágica**.

Neben dem Expo-Gelände befindet sich das **Kartäuserkloster La Cartuja**, in das sich Kolumbus nach seiner ersten Amerikareise für die weitere Planung zurückzog. Nach der Säkularisierung diente das Gebäude als Keramikmanufaktur, deren Schornsteine noch heute zu sehen sind.

Am anderen Ende der Insel bildet der **Parque del Alamillo** ein beliebtes Naherholungsgebiet für die Sevillaner. Mehrere Brücken verbinden die Insel mit dem Rest der Stadt. Die Schrägseilbrücke **Puente del Alamillo** ist das Werk des Architekten Santiago Calatrava.

An der Plaza de España spannen sich venezianische Brücken über einen Kanal.

Die Giralda verdankt ihren Namen dem Giraldillo, der Bronzefigur auf ihrer Spitze.

Persönlicher Tipp

AUF DEN SPUREN DER RÖMER IN ITÁLICA

Rund 10 km nördlich von Sevilla befinden sich die Reste der ersten befestigten römischen Siedlung im damaligen Hispanien (www.juntadeandalucia.es/cultura/italica). Publius Cornelius Scipio Africanus gründete Itálica im Jahr 206 v. Chr. Schnell entwickelte sich die Stadt zu einem wichtigen Handesplatz auf der Iberischen Halbinsel. Die römischen Kaiser Trajan (53–117 n. Chr.) und Hadrian (76–138 n. Chr.) stammten aus Itálica. Die überregionale Bedeutung der Stadt zeigt sich an den Resten des **Amphitheaters**, das rund 25 000 Zuschauern Platz bot. Ausgegraben wurden auch Wohnhäuser, zwei Thermen und ein Theater. Zu den schönsten Funden zählt das **Neptun-Mosaik**. Mitten durch die Siedlung führt eine mit großen Steinplatten gepflasterte Hauptstraße. Ein kleiner Ausstellungpavillon informiert über das Leben in Itálica und die Ausgrabungen. Nach Itálica kommt man über die N 630 Richtung Santiponce oder mit dem Bus M 172 A (Unternehmen Damas) ab Plaza Armas

Teiche wie der Estanque de Mercurio sorgen im Garten des Alcázar für Abkühlung.

der **Parque de María Luisa** an, der für die Sevillaner bis heute ein beliebtes Ziel für den Familienausflug am Wochenende ist. Im Rahmen der Ibero-Amerikanischen Ausstellung 1929 wurden rund um den Park zahlreiche Gebäude wie das **Teatro Lope de Vega** errichtet. An der **Plaza de España** erhebt sich der monumentale, halbkreisförmig angelegte Bau des spanischen Pavillons. An seiner Fassade erzählen Kachelbilder historische Ereignisse aus allen Provinzen Spaniens. An der **Plaza de América** befindet sich im Pabellón Real das Museo Arqueológico und im Pabellón Mudéjar das Museo de Artes y Costumbres Populares.

Am Guadalquivir

Sevilla entwickelte sich zu beiden Ufern des **Guadalquivir**, des einzigen schiffbaren Flusses in Spanien. Am **Torre de Oro**, dem Goldturm, wurden in der Kolonialzeit Gold, Silber, Gewürze und andere Waren aus Übersee gelöscht. Gleich am Fluss liegt auch die Stierkampfarena **Plaza de Toros de la Real Maestranza,** mit 12 700 Zuschauerplätzen die größte von ganz Andalusien. Die »Kathedrale der Stierkämpfer« stammt aus dem 19. Jahrhundert. Am Eingang erinnert eine Statue von Carmen an die Tragödie, die in der Stierkampfarena ihren Lauf nahm. Jenseits des Guadalquivir liegt das alte Seefahrer- und Handwerkerviertel **Triana**.

Sevilla

Infos und Adressen

ANREISE
Flug: Direktflüge von Weeze (Niederrhein), ansonsten Flüge nach Palma de Mallorca, Umstieg nach Sevilla, Busverbindung vom Flughafen ins Stadtzentrum

SEHENSWERT
Museo Arqueológico, umfangreiche archäologische Sammlung mit Fundstücken aus Sevilla und Umgebung, Di–Sa 9–20.30 Uhr, So u. feiertags 9–14.30 Uhr. Plaza de América, www.museosdeandalucia.es

Museo de Artes y Costumbres Populares, große Sammlung zum volkstümlichen Leben in Andalusien, Di–Sa 9–20.30 Uhr, So u. feiertags 9–14.30 Uhr. Plaza de América, www.museosdeandalucia.es

Hospital de la Caridad, ehemaliges Hospital für Kranke und Arme; andalusische Maler der Sevillaner Schule des 17. Jahrhunderts wie Murillo und Valdés Leal verewigten sich hier mit Gemälden zum Thema Tod, Mo–Sa 9–13.30 Uhr, 15.30–18.30 Uhr, So 9–13 Uhr. Calle Temprado 3, www.santa-caridad.es

Museo Naval Torre del Oro, kleines Schifffahrtsmuseum im Torre del Oro, Exponate aus der Zeit der klassischen Seefahrt. Paseo Colón, Di–So 10–14 Uhr

Museo Taurino, Geschichte des Stierkampfs, auch zahlreiche Gemälde zum Thema, tägl. 9.30–19 Uhr, im Sommer bis 20 Uhr, in der Stierkampfarena. Paseo Colón 12, www.realmaestranza.com

Basílica de Nuestra Señora de la Esperanza, bekannt als »Basílica de la Macarena« im gleichnamigen Altstadtviertel, mit der Marienfigur Virgen de la Macarena, einer der zentralen Figuren bei den Osterprozessionen

ESSEN UND TRINKEN
La Judería: gemütliches Restaurant mit hochwertiger Küche, u. a. Meeresfrüchte, Fischgerichte und Lammspezialitäten. Modesto 13, www.grupomodesto.com/juderia.php

Meson Don Raimundo: uriges Restaurant mit andalusischer und mozarabischer Küche. Calle Argote de Molina 26, www.mesondonraimundo.com

Bar Giralda: beliebte Tapas-Bar mit großer Auswahl, schöner Mudejar-Stil, in der Nähe der Kathedrale. Calle San Eloy 9

El Rinconcillo: eine der ältesten Tapas-Bars in Sevilla, seit 1670 werden hier die kleinen Happen, aber auch große Speisen serviert. Calle Gerona 40, www.elrinconcillo.es

AUSGEHEN
Los Gallos, Tablao Flamenco mit abendlichen Flamenco-Veranstaltungen. Plaza de Santa Cruz 11, www.tablaolosgallos.com

SHOPPING
Cerámica Santa Ana, Familienbetrieb, bemalte Keramik und Azulejos, Calle San Jorge 31 (Triana), www.ceramicasantaana.com

Abanicos Díaz Sevilla, große Auswahl an handbemalten Fächern. Calle Sierpes 71, www.abanicosdiaz.com

Bastilippo Antiguedades, antike Kunstobjekte und restaurierte Möbel. Calle Acetres 10, www.bastilippo.es

ÜBERNACHTEN
Hotel Alfonso XIII: bestes Hotel der Stadt, Luxus in elegantem Palast nahe der Kathedrale. San Fernando, 2, www.hotel-alfonsoxiii.com

Patios de la Alameda: kleiner Palast des Bildhauers Antonio Susillo, um einen schönen Innenhof im sevillanischen Stil gruppieren sich 39 Zimmer. Plaza Alameda de Hércules 56, www.patiodelaalameda.com

Hotel Don Paco: Drei-Sterne-Haus mit 200 Zimmern im Herzen der Altstadt, mit Dachpool. Plaza Padre Jerónimo de Córdoba, www.hoteldonpaco.com

WEITERE INFOS
Sevilla Tourismus, Plaza de San Francisco 19, Edificio Laredo, www.visitasevilla.es

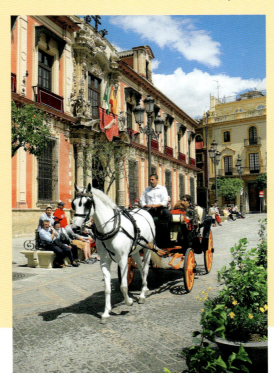

Nostalgische Kutschfahrt an der Plaza Virgen de los Reye entlang und am Palast des Erzbischofs vorbei.

98.

Prag

HIGHLIGHTS
- **Altstädter Ring,** zentraler Platz der Altstadt mit Altstädter Rathaus und gotischer Teyn-Kirche
- **Karlsbrücke,** gotische Brücke über die Moldau mit 30 barocken Heiligenstatuen
- **Altneusynagoge,** älteste noch als Gotteshaus genutzte Synagoge Europas aus dem 13. Jahrhundert, fast vollständig im Ursprungszustand erhalten
- **St-Veits-Dom,** ab 1344 von Peter Parler errichtete Krönungskirche mit Wenzelskrone in der reich geschmückten Wenzelskapelle
- **Kloster Strahov,** ehemaliges Mönchskloster mit umfangreicher Bibliothek und barock gestalteten Bibliothekssälen

PRAG IM FRÜHLING UND WINTER
- **Mai/Juni:** Prager Frühling, Konzerte mit Orchestern und Solisten von Weltrang
- **Dezember:** Adventsmarkt auf dem Altstädter Ring

Hoch über der Moldau erhebt sich die Prager Burg, im Vordergrund die Karlsbrücke.

Die tschechische Hauptstadt ist seit der »Samtenen Revolution« von 1989 wieder eine pulsierende Metropole im Herzen Europas. Hier swingt der Jazz, hier präsentiert sich moderne Kunst von Weltrang, doch auch die große Vergangenheit der über 1000-jährigen Stadt ist in den verwinkelten Gassen und ihren Prachtbauten noch überall spürbar.

Vom Hradschin zur Moldau

Der historische Stadtkern der »Goldenen Stadt«, der die Jahrhunderte nahezu unversehrt überdauerte, wurde 1992 zum UNESCO-Welterbe erklärt und ist gut zu Fuß zu erkunden.

Hoch über der Moldau erhebt sich der **Hradschin** mit der Prager Burg, in der nicht nur böhmische, sondern europäische Geschichte geschrieben wurde. Hier residierte Karl IV., böhmischer König und als römischer Kaiser Herrscher über halb Europa, der 1348 mit dem **Prager Carolinum** die älteste Universität jenseits der Alpen gründete; hier löste 1618 der Prager Fenstersturz den Aufstand des protestanti-

Tschechien

Altstädter Ring mit Rathaus (links) und der gotischen Teyn-Kirche mit ihren Doppeltürmen.

schen Adels gegen den katholischen Kaiser und damit den Dreißigjährigen Krieg aus. 1989 hielt der Dramatiker und Bürgerrechtler Václav Havel Einzug auf der Burg, nachdem er zum ersten nichtkommunistischen Staatspräsidenten seit 1948 gewählt geworden war.

Im Mittelpunkt des weitläufigen Burgareals steht der gotische **St.-Veits-Dom**, die Krönungs- und Grabkirche der böhmischen Könige. Vom Turm hat man die gesamte Stadt im Blick. Längs der Wehrmauer verläuft das **Goldene Gässchen**, in dem sich einst Handwerker, u. a. Goldschmiede, niederließen und in dem der Legende nach Alchimisten von Kaiser Rudolf II. versucht haben sollen, Gold herzustellen. Heute reihen sich in den winzigen Häusern in der schmalen Straße Souvenirläden aneinander.

Unterhalb des Hradschin erstreckt sich die idyllische **Kleinseite** (Malá Strana) mit ihren Palästen, reichen Bürgerhäusern und Gärten. Im 17. Jahrhundert ließen sich Adel und Geistlichkeit in Sichtweite der Burg barocke Paläste errichten, die jetzt zum Teil Botschaften oder Hotels beherbergen. Das imposante **Waldštejn-Palais** geht auf Albrecht von Wallenstein zurück, den Oberbefehlshaber der kaiserlichen Truppen im Dreißigjährigen Krieg. Einen grünen Akzent setzen die weitläufigen **Palastgärten**, die in jüngster Zeit originalgetreu hergerichtet und bepflanzt wurden.

Von der eher ruhigen und beschaulichen Kleinseite führt die **Karlsbrücke** über die Moldau in die quirlige **Altstadt** (Staré město). Die 520 m lange Karlsbrücke mit den 30 Heiligenstatuen auf der Brüstung ist wohl die meistbesuchte Brücke Prags. Ungefähr in der Mitte steht das Standbild des heiligen Nepomuk, des Schutzpatrons von Böhmen.

Altstadt

Der **Altstädter Ring** (Staroměstské náměstí), der Platz vor dem Rathaus, ist seit je der zentrale Platz der Altstadt. Von dort nahm die Besiedlung Prags ihren Anfang, und dort fanden die ersten Märkte statt. Blickfang des Altstädter Rathauses ist die **Astronomische Uhr**, in deren Fenster zu jeder vollen Stunde die zwölf Apostel erscheinen. Den weitläufigen Platz umgibt ein Ensemble aus gotischen, Renaissance- und Barockbauten. Im **Haus Zum goldenen Einhorn** befand sich im 19. Jahrhundert die Musikschule von Bedřich Smetana, der dem Fluss, der Prag durchzieht,

Persönlicher Tipp

BURG KARLSTEIN (KARLŠTEJN)
Auf einem bewaldeten Felsen etwa 30 km südwestlich von Prag erhebt sich eine der berühmtesten Burgen Tschechiens: Burg Karlstein, die königliche Schatzkammer. Karl IV. ließ die Anlage Mitte des 14. Jahrhunderts errichten, um die Krönungsinsignien sowie Reliquien sicher aufzubewahren. Die Burg wurde von mächtigen Mauern umgeben und ist niemals eingenommen wurden.
Sie besteht aus dem **Kaiserpalast**, dem Marienturm und dem Großen Turm, einem 60 m hohen Bergfried, deren Anordnung den Weg von irdischer zu göttlicher Macht symbolisiert. Im **Marienturm** befindet sich die Katharinen-Kapelle, die Privatkapelle von Karl IV., in der sich der fromme Herrscher tagelang aufhielt und betete.
Zentraler und kostbarster Ort der Burg ist die **Heilig-Kreuz-Kapelle im Bergfried**. Ihre Wände sind mit Edelsteinen geschmückt, das Kreuzrippengewölbe ist vergoldet und mit Sternen aus Glas besetzt. In einer Nische hinter dem Altar erhielten die Reichsinsignien ihren Platz, die heute im St.-Veits-Dom und in Wien aufbewahrt werden.

Grabstelen auf dem Alten Jüdischen Friedhof in der Josefstadt, einst das jüdische Viertel.

Persönlicher Tipp

ALTER JÜDISCHER FRIEDHOF
Ein Ort voller Geschichte und Melancholie: Der Alte Jüdische Friedhof legt Zeugnis ab von der einstigen Bedeutung der Prager jüdischen Gemeinde, die zu den größten Europas zählte. Etwa **12 000 Grabsteine** drängen sich stehend oder aneinander lehnend auf kleiner Fläche. Der älteste Grabstein stammt aus dem Jahr 1439, 1787 fand die letzte Bestattung auf diesem Friedhof statt. Einige Inschriften auf den Grabsteinen sind noch gut zu erkennen. Ihre Reliefs versinnbildlichen oft den Namen oder die Berufe der Verstorbenen. Das berühmteste Grab ist die letzte Ruhestätte des 1609 verstorbenen **Rabbi Löw**. Der Legende nach schuf er den Golem, ein künstliches Wesen, das er zum Schutz seiner Gemeinde aus Lehm formte und belebte.
Der Alte Jüdische Friedhof befindet sich unweit der **Pinkas-Synagoge**, einer Gedenkstätte für die von den Nazis ermordeten tschechischen Juden, und der Klausen-Synagoge, die einen Einblick in jüdische Bräuche und Feste gewährt.

mit seiner Sinfonie »Die Moldau« ein musikalisches Denkmal setzte.

Unweit des Altstädter Rings steht das **Geburtshaus von Franz Kafka**, dem Autor von »Der Prozess«. Er gehört, wie auch **Rainer Maria Rilke** und **Jaroslav Hašek**, der Schöpfer des »Braven Soldaten Schwejk«, zu jenen deutschen, jüdischen und tschechischen Autoren, die Ende des 19., Anfang des 20. Jahrhunderts Prager Literatur von Weltrang hervorbrachten. Die deutschsprachigen Literaten trafen sich in Cafés, die sich vielfach bis heute den Charme der Kaffeehauskultur aus der Habsburgerzeit bewahrt haben.

Zeugnis von der einst großen jüdischen Gemeinde Prags legen die **Altneusynagoge**, die älteste Synagoge Europas, die noch als Gotteshaus genutzt wird, und der **Jüdische Friedhof** in der Josefstadt ab.

Neustadt

Vor den Toren der Altstadt wurde ab 1348 die Neustadt (Nové město) angelegt. Ihr zentraler Platz ist der 700 m lange und 60 m breite **Wenzelsplatz**, Flanier- und Einkaufsmeile, in erster Linie aber Schauplatz bedeutender Ereignisse der Stadtgeschichte: 1918 feierten die Tschechen die Erlangung der Unabhängigkeit. 1969 verbrannte sich der Student Jan Palach aus Protest gegen die Niederschlagung des »Prager Frühlings«, Alexander Dubčeks Versuch, einen »Sozialismus mit menschlichem Antlitz« einzuführen, durch Truppen des Warschauer Pakts.

Im Süden schließt das repräsentative im Neorenaissance-Stil errichtete **Nationalmuseum** den Platz ab, im nördlichen Teil stehen einige der schönsten Jugendstilbauten Prags. Zu ihnen gehört der **Lucerna-Palast**, das 1921 vollendete erste moderne Mehrzweckgebäude der Stadt. In seinem Veranstaltungssaal haben u. a. Louis Armstrong und Ella Fitzgerald Konzerte gegeben – Jazz wurde schon zu kommunistischen Zeiten nicht zuletzt als subversive Musik geschätzt.

Das berühmteste Jugendstilgebäude Prags ist das **Gemeindehaus** am Rand der Altstadt mit dem **Smetana-Saal**, in dem die Frühlingskonzerte eröffnet werden. In der Altstadt liegt auch Prags luxuriöseste Einkaufsstraße, die **Parížská**. Erschwinglicher ist es in den Läden und Passagen rund um den Altstädter Ring und am Wenzelsplatz, die u. a. Kunsthandwerk wie böhmisches Glas und antiquarische Bücher anbieten.

Infos und Adressen

ANREISE
Flug: Direktflüge von großen deutschen Flughäfen nach Prag-Ruzyně, weiter mit Terminal-Bus ins Zentrum;
Bahn: EC/ALX von Berlin, Dresden, Hamburg und München;
Tipp: Preisvergünstigungen mit **Prague Card** plus Touristenticket

SEHENSWERT
Franz-Kafka-Museum in Hergets Ziegelfabrik, Leben und Werk von Prags großem Dichter, tägl. 10–18 Uhr, Cihelná 2 b, www.kafkamuseum.cz
Kampa-Museum, zeitgenössische Kunst in umgebauter Mühle, auf der Kampa-Insel, tägl. 10–18 Uhr, www.museumkampa.cz
Laurenziberg (Petřín), grüner Hügel mit Aussichtswarte, einer 60 m hohen Nachbildung des Pariser Eiffelturms, sowie Spiegellabyrinth und Sternwarte, mit Seilbahn zu erreichen
Loreto-Heiligtum, Marienpilgerstätte, Nachbildung der Casa Santa im italienischen Loreto, Di–So 9–12, 13–17 Uhr, Loretánské náměstí
Messepalast, Sammlungen der Nationalgalerie zur tschechischen und französischen Kunst des 19. und 20. Jh., Di–So 10–18 Uhr (Do bis 21 Uhr), Dukelskych hrdinu 47, www.ngprague.cz
Museum der Hauptstadt Prag, Geschichte und Alltagskultur mit Modell der Stadt im 19. Jh., Di–So 9–18 Uhr, Na Poříčí 52, www.muzeumprahy.cz
Prager Burg, Alter Königspalast, Hradschin, Dritter Burghof, Di–So 9–17 Uhr
Schwarzenberg-Palais, Barocksammlung der Nationalgalerie in Renaissance-Palais, Di–So 10–18, Hradčanské náměstí 2, www.ngprague.cz

ESSEN UND TRINKEN
Café Slávia: traditionsreiches Kaffeehaus im Art-déco-Stil, Smetanovo nábřeži 1012/2, www.cafeslavia.cz
Restaurant Celeste: französische Küche hoch oben im Bürokomplex »Tanzendes Haus«. Rašínovo nábřeží 80
U Fleku: traditionsreiche Kneipe einer Bierbrauerei mit böhmischer Küche. Křemencova 11, www.ufleku.cz

AUSGEHEN
Laterna Magika, in Prag entwickelte Theaterform, die Schauspiel, Film und Tanz verknüpft, in der Neuen Bühne des Nationaltheaters. Národní 4, www.laterna.cz
Reduta, Jazzclub, in dem schon Bill Clinton zum Saxofon griff. Národní třída 20, www.redutajazzclub.cz
Karlovy Lázně, Tanzpalast in ehemaliger Badeanstalt, junges Publikum, Smetanovo nábřeži 198/1, www.karlovylazne.cz

SHOPPING
Palladium, Shopping Mall mit ca. 170 Boutiquen. Náměstí Republiky 1, www.palladiumpraha.cz
Lucerna Pasáž, Passage im Lucerna-Palast, Haute Couture, exquisite Möbel und Teppiche. Štěpánská 61, www.lucerna.cz
U Karlova mostu, Antiquariat für Bücher, Kunstdrucke und andere Raritäten. Karlova 2

ÜBERNACHTEN
Grand Hotel Evropa: Zimmer unterschiedlicher Preiskategorien in Jugendstilgebäude am Wenzelsplatz. Václavské náměstí 826/25, www.evropahotel.cz
Josef: Helles Designer-Hotel mit viel Glas und begrüntem Innenhof. Rybná 20, www.hoteljosef.com
Admiral: zum Hotel umgebauter Moldaudampfer, zwischen Palacky- und der Eisenbahnbrücke. www.admiral-botel.cz

WEITERE INFOS
Touristeninformation in Prag, PIS (Prague Information Service), www.prague-info.cz
Tschechische Zentrale für Tourismus, www.praguewelcome.cz
www.prag-cityguide.de

Kleinseitner Ende der Karlsbrücke mit den wuchtigen Brückentürmen, die einst der Stadtverteidigung dienten.

275

99. Istanbul

HIGHLIGHTS

- **Ortaköy,** idyllische Gassen, Cafés und Restaurants im Stadtteil um die Ortaköy-Moschee, Szenetreff
- **Çiçek Pasajı,** (Blumenpassage) üppig dekorierte Barockpassage gegenüber dem Galatasaray Lisesi auf der Istiklal Caddesi, zahlreiche Restaurants
- **Galatasaray Hamamı,** historisches türkisches Bad (seit 1481) in Beyoğlu
- **Kilyos,** Hausstrand der Istanbuler 35 km vor der Stadt am Schwarzen Meer
- **Prinzeninseln,** neun Inseln im Marmarameer (vier per Schiff zu erreichen), viel Natur und alte, elegante Sommerresidenzen

ISTANBUL IM FRÜHLING UND SOMMER

- **April:** Internationales Istanbuler Filmfestival (zwei Wochen)
- **Juli:** Internationales Jazzfestival (zwei Wochen), internationale Top-Musiker
- **Sommer:** Rumeli-Hisan-Konzerte, Popkonzerte in der Festung Rumeli Hisan.
- **September:** Kunstbiennale in den ungeraden Jahren, avantgardistische Kunst

Sechs Minarette, Kuppeln und Halbkuppeln: die Blaue Moschee in der Abenddämmerung.

Die einzige Stadt der Welt auf zwei Kontinenten ist ein Ort der Gegensätze: Orient trifft auf Okzident, Tradition auf Moderne, prachtvolle historische Kunstschätze auf billigen Tand, Wasserverkäufer auf Yuppies, Burkas auf knappe Tops. Istanbul hält all die Gegensätze aus und sprüht dabei nur so vor Energie und Leben.

Orientalisches Flair einst und jetzt

Beginnen sollte man seine Entdeckungstour durch Istanbul im Herzen des alten Zentrums, am **Hippodrom** auf der europäischen Seite. Kaiser Septimus Severus ließ es im 2. Jahrhundert n. Chr. für Wagen und Pferderennen anlegen. Heute zieht der lang gestreckte begrünte Platz Istanbuler, Touristen und jede Menge fliegender Händler an. Auf dem Hippodrom ragen der spätrömische **Gemauerte Obelisk**, die **Schlangensäule** (seit 324) und der **Ägyptische Obelisk** (15. Jh. v. Chr., seit 4. Jh. auf dem Hippodrom) empor. Am Nordostrand steht der **Deutsche Brunnen** mit seiner vergoldeten Kuppel, den Kaiser Wilhelm II. 1898 dem Sultan zum Geschenk machte.

Von dort aus ist es nur ein Katzensprung zur **Sultan-Ahmet-Moschee** (16. Jh.) mit ihren sechs Minaretten, die von vielen wegen der zahllosen überwiegend blauen Fayencen

Türkei

Orientalische Atmosphäre unter den bemalten Gewölben des Kapalı Çarşı (Großer Basar).

im Inneren auch »**Blaue Moschee**« genannt wird. Die Hauptkuppel mit 23,50 m Durchmesser und die Nebenbögen werden von nur vier Säulen getragen. Der lichtdurchflutete, sehr harmonisch wirkende Innenraum ist riesig. Doch übertreffen konnte er die **Ayasofya** (**Hagia Sophia**) auf der anderen Seite des Hippodroms nicht. Die ehemals christliche »Kirche der göttlichen Weisheit« wurde 537 eingeweiht und 1453 in eine Moschee mit vier Minaretten umgewandelt. Ihre gewaltige Größe – die Kuppel misst 32,50 m im Durchmesser – und der Eindruck, dass diese Kuppel scheinbar über dem Hauptraum schwebt, setzte architektonische Maßstäbe. **Atatürk**, der Gründer der Türkischen Republik, wandelte die Moschee 1934 in ein Museum um und ließ übermalte Mosaiken freilegen, z. B. die Darstellung des Jüngsten Gerichts.

Märchen aus 1001 Nacht

Der legendäre **Topkapı Sarayı** mit seinen unermesslichen Schätzen entführt den Besucher ins Reich von 1001 Nacht. Auf dem 70 ha großen Palastgelände auf der Landspitze vor dem Goldenen Horn residierten 1478–1853 die osmanischen Sultane. Bis zu 40 000 Menschen waren dort beschäftigt. Neben der Anlage mit ihren **vier Innenhöfen**, den prunkvoll ausgestatteten **Palästen** und **Pavillons** machen die Sammlungen (Porzellan, Miniaturen, Kalligraphien, Schmuck, Edelsteine, alte Waffen und Textilien) den Topkapı Sarayı zu einem der eindrucksvollsten Museen der Welt. Sagenumwoben ist zudem der **Harem**, die Welt der Frauen, mit seinen über 300, teils mehrstöckigen Räumen.

Entspannung nach so viel Kultur verspricht der einst zum Palastareal gehörende **Gülhane-Park**, eine große und beliebte städtische Grünanlage mit Teehäusern und Ausblick auf den Bosporus sowie die asiatische Seite der Stadt.

Am Puls der Zeit

Die Reize des Stadtteils **Beyoğlu** sind wesentlich jünger. Seit dem 19. Jahrhundert ist die Hauptflanier- und Einkaufsmeile **Istiklal Caddesi** hinauf zum **Taksim-Platz** Zentrum des europäisch orientierten Istanbul. Auf dem verkehrsberuhigten Boulevard mit seinen zahlreiche Jugendstilfassaden, über den nur eine nostalgische Straßenbahn fährt, und in den Nebenstraßen reihen sich Nobelboutiquen, Cafés, Restaurants, Bars und Clubs aneinander. Rund um die Uhr herrscht ge-

Persönlicher Tipp

AUF DEN TURM UND IN DIE ZISTERNE

Wenn man die Istiklal Caddesi bis an ihr südliches Ende geht und dann in die Galip Dede Caddesi biegt, gelangt man zum **Galataturm**. Der 61 m hohe, runde Wachturm (1348) erhielt 1960 nach mehreren Umbauten seine ursprüngliche Gestalt zurück. Seine **Aussichtsplattform**, ein schmaler **Rundgang** in luftiger, meist auch windiger Höhe, bietet einen überwältigende Aussicht über die Stadt, das **Goldene Horn** und den **südlichen Bosporus**. Im Turmrestaurant und -café kann man sich anschließend stärken. Beliebt sind die abendlichen **Bauchtanz-Shows**.

In die Tiefe führt der Besuch des **Yerebatan Sarayı**. Ein unscheinbarer Eingang schräg gegenüber der Hagia Sophia gibt den Weg in die Zisterne frei, die Kaiser Justinian ab 532 errichten ließ. 336 Säulen tragen die gemauerte Gewölbedecke des 138 x 64,5 m großen Wasserspeichers. Effektvolles Lichtspiel und klassische Musik untermalen die Erkundung der Zisterne auf den eigens angelegten Holzstegen. Die dorisch-korinthischen Kapitelle und die Medusenhäupter in zwei Säulenschäften spiegeln sich im Wasser – kein »Versunkener Palast«, taufte.

Tor zur prachtvollen einstigen Sultansresidenz Dolmabahçe-Palast direkt am Bosporus.

Persönlicher Tipp

SCHIFFFAHRT AUF DEM BOSPORUS
Die 32 km lange und bis zu 3,2 km breite Meerenge zwischen **Marmarameer** und **Schwarzem Meer** ist nicht nur eine viel befahrene Meeresstraße. Sie bietet auch die Möglichkeit, dem Trubel der Großstadt für eine Weile zu entfliehen und die Schönheiten Istanbuls vom Wasser aus kennenzulernen. Es gibt spezielle Ausflugsboote, die in **Eminönü** starten und die Strecke bis **Anadolu Kavağı** in etwa 1,5 Stunden zurücklegen. Man kann aber auch das reguläre Fährschiff nehmen. Im Sommer herrschen auf dem Bosporus immer angenehme Temperaturen, der frische Wind macht die Bootsfahrt zum Vergnügen. Es geht vorbei an Palästen und Moscheen, an Parks und kleinen Gemeinden, die längst zu Vororten Istanbuls geworden sind. Am Ufer sieht man auch die schmucken **Yalı** (Holzhäuser), Sommervillen, die Betuchte sich einst außerhalb der Stadt errichten ließen. Und man passiert die einzigen beiden Brücken weltweit, die zwei Kontinente miteinander verbinden, die **Boğaziçi-Köprüsü** (Bosporusbrücke, 1970) und die **Fatih Sultan Mehmet Köprüsü** (1988).

Speisen unterhalb der Autos: Bars und Restaurants auf der unteren Etage der Galatabrücke.

schäftiges Treiben. Beyoğlu steht für jungen, westlichen Lifestyle, auch werden hier türkische Trends geboren.

Unterhalb des Taksim-Platzes am Ufer des Bosporus liegt der **Dolmabahçe-Palast** (1853), dessen Neobraock und Neoklassizismus sich augenscheinlich an europäischer Schlossarchitektur orientiert. Dort residierten die Sultane ab 1853, und nach dem Ende des Osmanischen Reiches wohnte Atatürk in dem Palast, wenn er sich in Istanbul aufhielt. Zu besichtigen sind das Treppenhaus mit seinem Kristallgeländer und die freskengeschmückten Säle mit wertvollen Einrichtungsgegenständen.

Shopping im Basar

Die größte überdachte Shopping-Mall der Welt, der **Kapalı Çarşı** (Großer Basar) im Stadtteil Beyazit, geht auf Markthallen mit 15 bzw. 20 Kuppeln (15./16. Jh.) zurück. Seine überwölbten Ladenstraßen bilden den Kern des heutigen labyrinthartigen Basars. Das überbordende Warenangebot der ca. 4000 Läden ist stets kunstvoll aufgetürmt und liebevoll drapiert. Ganz tief drinnen unter den bemalten Kuppeln des Basars findet man sie noch, die alten orientalischen Geschäfte und Gewerke, z. B. Kupferschmiede und Kunststopfer.

Der asiatische Stadtteil **Üsküdar** lässt den früheren orientalischen Charme ebenfalls erahnen. Traditionelle Holzhäuser, Moscheen in den winkligen Gassen um den Hafen und eine fast dörflich anmutende Atmosphäre setzen einen Kontrapunkt zum europäischen Teil Istanbuls.

Istanbul

Infos und Adressen

ANREISE
Flug: Direktflüge von allen größeren deutschen Flughäfen, vom Flughafen Istanbul Atatürk weiter per Metro, Shuttle-Bus oder Taxi; vom Flughafen Sabiha Gökçen (Billigflieger) per Shuttle-Bus oder Linienbus; **Tipp:** Pauschalangebote für Wochenendtrips bei vielen Reiseveranstaltern

SEHENSWERT
Archäologisches Museum, eine der größten Antikensammlungen weltweit mit herausragenden Exponaten wie dem Alexander-Sarkophag und dem Sarkophag der klagenden Frauen. Alemdar Caddesi Osman Hamdi Bey Yokuşu Sok, www.istanbularkeoloji.gov.tr
Büyük Çamlıca, 267 m hoher Hügel nordöstlich von Üsküdar, Parkgelände, Cafés auf dem Gipfel mit atemberaubender Sicht auf Istanbul, im Norden bis ans Schwarze Meer, im Süden bis zu den Prinzeninseln. Mit dem Boot von Eminönü bis Üsküdar, dann weiter mit dem Taxi
Süleymaniye-Moschee, von Sinan 1550–57 erbaute Zentralkuppelmoschee, Meisterwerk an Harmonie und Sinnbild für Schönheit. Süleymaniye Caddesi
Chora-Kirche (Kariye Camii), byzantinische Kirche (ab 5. Jh.) mit ausdrucksstarken Fresken und Mosaiken in leuchtenden Farben. Kariye Meydanı

ESSEN UND TRINKEN
Mikla: mediterrane und skandinavisch beeinflusste Küche über den Dächern von Istanbul. Meşrutiyet Caddesi 12, Beyoğlu, www.miklarestaurant.com
Armada Terrace: Türkische Köstlichkeiten auf der Terrasse des Armada-Hotels vor der Silhouette des alten Istanbul. Ahırkapı Sok. 24, Eminönü, www.armadahotel.com.tr
Uskumru: Fischrestaurant direkt am Bosporus mit Blick auf die Festung Rumeli Hisan und gepflegtem Garten. Körfez Caddesi 55, auf der asiatischen Seite des Bosporus kurz vor Kanlıca, www.uskumru.com.tr

AUSGEHEN
Babylon, eine Institution, mit Live-Programm, Rock, Jazz, Ethno, Avantgarde, auch Diskothek mit deutschen DJs. Şehbender Sok. 2, Beyoğlu, www.babylon-ist.com
Life & Life Roof, Café, Bar, Restaurant, Tanz im Roof-Club auf dem Dach, südamerikanische Rhythmen, türkische Popmusik, am Wochenende Live-Auftritte. Imam Adnan Sok. 10, Beyoğlu
Andon Pera, Café, Restaurant, Weinlokal auf mehreren Ebenen, auch mit türkischer Live-Musik. Sıraselviler Caddesi 89, Beyoğlu. http://istanbulthecity.com/andon-pera.html

Der lichtdurchflutete Innenraum der Aya Sofya (Hagia Sophia) misst bis zum Scheitelpunkt der höchsten Kuppel stolze 56 m.

SHOPPING
Istanbul Sanataları Çarşısı, traditionelle Handwerksprodukte im Innenhof einer alten Koranschule. Kabasakal Caddesi 23
Istinye Park, hochmoderne Shopping-Mall, überdachtes und Freiluftareal, Kinderspielplatz und 3-D-IMAX-Kino, internationale und türkische Designer. istinye Bayırı Caddesi No. 73 Sarıyer, www.istinyepark.com
Arzu Kaprol, Boutique einer der bekanntesten türkischen Modedesignerinnen. Tesvikiye Mahallesi, Atiye Sok. 9, www.arzukaprol.net, www.arzukaprolhome.com
KAV Şarap Butiği, Vinothek mit internationalen und türkischen Weinen. Atiye Sok. 12, www.kavbutik.com

ÜBERNACHTEN
Four Seasons Hotel: Luxushotel in klassizistischem Gebäude mit Spezialitätenrestaurant im Innenhof. Tevkifhane Sok. 1, Sultanahmet, www.fourseasons.com/istanbul
And Hotel: Mittelklassehotel mit Restaurant auf der Dachterrasse, herrlicher Blick auf Hagia Sophia, Topkapı-Palast und Galataturm. Yerebatan Caddesi Cami Cikmazi 36–40, www.andhotel.com

WEITERE INFOS
Touristeninformation, z. B. in Sultanahmet zwischen Hagia Sophia und Sultan-Ahmet-Moschee, am Bahnhof Sirkeci (Sirkeci Tren istasiyonu) und in Karaköy im Schiffsterminal

100. Budapest

HIGHLIGHTS
- **Burgviertel,** Festungskomplex auf dem Budaer Burgberg mit Burgpalast, Matthiaskirche, Museen und vielen ruhigen Gässchen, Restaurants und Geschäften
- **Fischerbastei,** neoromanische Anlage zur Erinnerung an Budaer Fischer und grandioser Aussichtspunkt
- **Gellértbad,** Jugendstilbad mit Wellnesseinrichtungen
- **Parlamentsgebäude,** imposantes Bauwerk im neugotischen Stil (1884–1904)
- **Kettenbrücke,** älteste Brücke Budapests, technisches Meisterwerk und Wahrzeichen der Stadt

BUDAPEST IM SOMMER UND HERBST
- **August:** Sziget-Festival, Musikfestival auf einer Donauinsel, die im Sommer zur Partyzone wird
- **August:** Großer Preis von Ungarn, Formel 1-Grand-Prix-Rennen auf dem Hungaroring
- **August/September:** Jüdisches Sommerfestival, Kulturveranstaltung mit Literatur, Musik und Gastronomie
- **Oktober:** Liszt-Festival, Musikfest auf Schloss Gödöllö

Eine Bootsfahrt auf der Donau führt am beeindruckenden Parlamentsgebäudes vorbei.

Allein Donauufer und Burgviertel, beide zum UNESCO-Welterbe gekürt, sind eine Reise wert. Doch hat das »Paris des Ostens«, wie die glanzvolle Magyarenstadt Budapest auch genannt wird, weit mehr zu bieten – wo sonst lässt es sich so herrlich im Jugendstil schwelgen? Badetempel und Kaffeehäuser empfangen zu einem Verwöhnprogramm.

Metropole an und über der Donau

Sich treiben lassen, lautet die Devise in Budapest. Wer den Weg hinauf zum **Burgviertel** über der Donau nicht zu Fuß auf sich nehmen mag, den bringt die Standseilbahn Sikló vom Kopf der Kettenbrücke startend hinauf auf den Budaer Burgberg. Auf diesem hatte König Béla IV. im 13. Jahrhundert eine Burg errichten lassen, die aber im Lauf der Geschichte immer wieder zerstört und schließlich mit neobarockem Erscheinungsbild restauriert wurde. Heute befinden sich im **Burgpalast** (Budavári palota) u. a. das Ludwig-Museum für Zeitgenössische Kunst, das Historische Museum (Budapesti Történeti Múzeum) und die Nationalgalerie (Magyar Nemzeti Galéria).

Spaziergang in die Vergangenheit

Am zentralen Platz des Burgviertels, dem Dreifaltigkeitsplatz (Szentháromságh tér), glänzt das bunte Ziegeldach

Ungarn

der **Matthiaskirche** (Mátyás templom), ebenfalls aus dem 13. Jahrhundert, wie für die Fotografen poliert. Nicht weit vom Wiener Tor (Bécsi kapu), dem größten der einstigen Zugänge zum Burgviertel, ist die romantische **Fischerbastei** (Halászbástya) Lieblingsmotiv der Touristen. Das neoromanische Bauwerk mit vielen gewundenen Treppen, kleinen Türmchen und Bänken wurde einst von der Fischergilde errichtet; es wirkt kitschig-romantisch, bietet aber eine phänomenale Aussicht über die Donau hinüber nach Pest.

In den malerischen Gassen des Viertels wie der Herrengasse (Úri utca) oder der Theaterstraße (Sínház utca) lässt sich gemütlich schlendernd das alte Buda erleben: ein Blick in die Hinterhöfe, Pausen in kleinen Cafés, Weinstuben und Restaurants. Gepflegte Häuserreihen wechseln sich ab mit Palästen und Villen reicher Händler und Beamter – wer auf dem Burgberg wohnte, hatte keine Geldsorgen.

Altehrwürdige Badepaläste

Türkischer Herrschaft ist es zu verdanken, dass sich Budapest mit seinen zahllosen Thermalquellen und Mineralwasserquellen zu einem Dorado der Badekultur entwickeln konnte – es gibt etwa 50 Bäder in der Stadt, die auch architektonisch eine Augenweide sind. In diesen Wellnesstempeln aus einer anderen Zeit können sich Besucher in außergewöhnlichem Ambiente verwöhnen (lassen). Zu Füßen des zitadellengekrönten Gellértbergs liegen die schönsten Bäder: das **Gellértbad** und das **Rudasbad**. Das elegante Gellért ist eine Institution mit feinsten Majolikafliesen, einem Tonnengewölbe, Säulen, Statuen und viel Marmor. Im Jugendstil-Hallenbad scheinen die Schwimmer geradezu zu schweben, und ein Wellenbecken im Außenbereich sorgt für Stimmung. Das Rudasbad ist ein türkisches Dampfbad; Licht fällt durch die achtfach durchbrochene gewaltige Kuppel ein. Die Kuppel des **Királybades**, ursprünglich aus dem 16. Jahrhundert, ist eines der wertvollsten türkischen »Erbstücke«; hier wird die Badekultur des Hamam zelebriert.

Dobostorte und Ezpresso im kávéház

Gegenüber dem Burgviertel befindet sich auf der Pester Donauseite mit einer Länge von ca. 270 m, einer 96 m hohen Kuppel und üppigem Dekor eines der imposantesten **Parlamentsgebäude** (Országház) der Welt – der schönste Blick auf dieses Bauwerk wie auch auf die autofreie Margareten-

Badevergnügen der besonderen Art in der kuppelgekrönten Säulenhalle des Gellért-Bades.

Persönlicher Tipp

SCHLEMMEN IM FÜRSTENGARTEN
Das **Petőfi-Literaturmuseum**, Károlyi Mihály ut. 16, www.pim.hu, malerisch im Barockpalais der Grafen Károlyi untergebracht, erinnert an Ungarns Nationaldichter. Im Haus befindet sich auch ein Restaurant, das bei schönem Wetter auf der großen Gartenterrasse Pörkölt, Palatschinka und Tokajer serviert.

JUGENDSTIL IN REINKULTUR
Liebhaber floraler Mustervielfalt im Jugendstil kommen im **Kunstgewerbemuseum** (Iparművészeti Múzeum (Üllöi út. 33–37, www.imm.hu) und der prächtigen **Postsparkasse** (Postataparékpénztár, Hold ut. 4) auf ihre Kosten.

SEHEN UND GESEHEN WERDEN
Nicht nur bei Nacht tummeln sich am **Liszt Ferenc tér** rund um das Denkmal des berühmten Komponisten Franz Liszt (ungarisch: Liszt Ferenc, 1811–86) in vielen Kneipen, Bars und Cafés einheimische Besucher und Touristen. Der Platz wird von architektonisch interessanten Gebäuden gesäumt.

Vor der Kulisse der Budaer Burg erstrahlt die Kettenbrücke, die Buda und Pest verbindet.

Persönlicher Tipp

SISIS LIEBLINGSORT IN UNGARN
Elisabeth von Österreich (»Sisi«) hielt sich besonders gern hier auf und frönte in den weitläufigen Anlagen ihrem Hobby, dem Reiten: Im **Barockschloss Gödöllö**, (www.kiralykastely.hu), das dem Kaiserpaar zur Hochzeit verehrt wurde, wird der Glanz der k. u. k.-Zeit wieder lebendig. Die größte Barockanlage Ungarns befindet sich etwa 30 km östlich von Budapest; die ehemaligen Wohnräume des Kaiserpaares Franz Joseph I. und Elisabeth wurden restauriert und können besichtigt werden.

BUNTE KÜNSTLERKOLONIE
Ein beliebtes Tagesausflugsziel – nicht nur – im Sommer ist die **Künstleroase Szentendre** (www.szentendre.hu), auf die eine Bootsfahrt am besten einstimmt. Viele Künstler leben und arbeiten wieder in der Kolonie mit den bunten kleinen Häusern, Kneipen, Museen und Galerien. Im Städtchen finden sich noch zahlreiche Hinweise auf die serbischen Zuwanderer, die hier einst wohnten.

insel bietet sich von einem der kleinen Flusskreuzfahrtschiffe. Im Parlament wird u. a. die 1000 Jahre alte Krone von König Stephan dem Heiligen, zentrales Symbol des ungarischen Staates, aufbewahrt. Renaissance-Gebäude, villenartige Bürgerhäuser in Parkanlagen und die ungarische Staatsoper säumen die Budapester Prachtmeile **Andrássy út**. Ihr östliches Ende mündet auf den **Heldenplatz** (Hösök tere). Umgeben von Kolonaden mit Plastiken bedeutender Personen der ungarischen Geschichte steht die 36 m hohe Säule mit dem Erzengel Gabriel an der Spitze.

Zu einem Aufenthalt in Ungarns Hauptstadt gehört unbedingt ein Besuch in einem der superben Kaffeehäuser (kávéház). Das **Café Gerbaud**, eine Legende, ist eine große Sünde wert: Roter Plüsch, viel Gold, Marmor und Stuck werden von den Torten, allen voran die berühmte mehrschichtig-zarte Dobostorte, sogar noch in den Schatten gestellt.

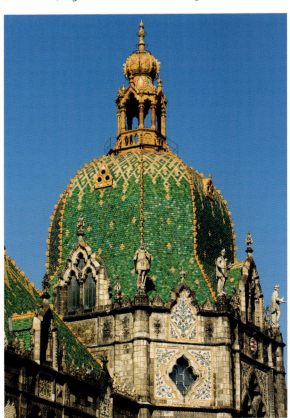

Majolikafliesen auf dem Dach weisen von Weitem den Weg zum Kunstgewerbemuseum.

Budapest

Infos und Adressen

ANREISE
Flug: Direktflüge von vielen größeren Städten zum Flughafen Feryhegy, weiter per Bus; **Bahn:** diverse EC/ICE-Verbindungen über Wien (Frankfurt am Main–Budapest: mind. 11 Std.), ggf. Nachtverbindungen wählen. **Tipp:** kostenlose Nutzung öffentlicher Verkehrsmittel und Teilnahme an geführten Stadtrundgängen mit der **Budapest Card**

SEHENSWERT
Burgpalast (Budavári palota), Szent György tér, mit Historischem Museum (Budapesti Történeti Múzeum), Mi–Mo 10–18 Uhr, www.btm.hu, und Nationalgalerie (Magyar Nemzeti Galéria), Di–So 10–18 Uhr, www.mng.hu
Parlamentsgebäude (Országház), Kossuth tér 1–3, www.parlament.hu
Rudasbad, Rudasfürdö, I., Döbrentei tér 9, www.rudasbath.com
Királybad, Fö ut. 84, www.kiralybath.com
Café Gerbaud, Vörösmarty tér 7, www.gerbeaud.hu
Café New York, Erszébet körút 9–11, www.newyorkcafe.hu
Synagoge und Jüdisches Museum, Dohány út. 2, www.greatsynagogue.hu
Ludwig-Museum, zeitgenössische Kunst (Palast der Künste), kombiniert mit Konzertsaal und (Tanz)Theater. Komor Marcell út. 1, Di–So 10–20 Uhr, www.ludwigmuseum.hu

ESSEN UND TRINKEN
Restaurant Alabárdos: Tafeln wie in einem Rittersaal – in gotischen Gewölben auf dem Burgberg geht es sehr gepflegt und stilvoll zu, gehobene ungarische Küche. Országház út. 2, www.alabardos.hu
Gundel: verschiedene stimmungsvolle Traditionslokale unter einem Dach, die seit Beginn des 20. Jahrhunderts von prominenten Politikern und Künstlern besucht werden, vom Cocktail an der Bar bis zum typisch ungarischen Gulasch. Gundel Károly út 4., www.gundel.hu
Konditorei Ruszwurm: kleine, feine Konditorei mit Biedermeier-Interieurs, auf dem Burgberg. Szentharomsag ut 7, www.ruszwurm.hu
Firkász Kaffeehaus-Restaurant: »Alte Werte, wohlschmeckende Gerichte«, so wirbt die urige Künstlerkneipe mit der Wohnzimmeratmosphäre in rauchgefärbten Räumen mit vollgehängten Wänden und Designklassiker-Mobiliar. Tátra út. 18, www.firkasz-etterem.hu

SHOPPING
Vácer Straße (Vátci ut.), neben Mode- und Designläden auch kleine Spezialgeschäfte
Zentrale Markthalle (Központi Vásárcsarnok), zweigeschossige, 150 lange Eisenkonstruktion aus dem 19. Jahrhundert mit zwei Seitenschiffen, Obst- und Gemüseständen, Waren für den täglichen Bedarf und Imbissbuden. Vámház körut 1–3
BÁV-Verkaufsstellen, Jugendstil- und Art-déco-Antiquitäten aus dem 18. und 19. Jahrhundert aus Glas, Silber und Porzellan zu erschwinglichen Preisen und in großer Vielfalt, z. B. Frankel Leó út. 13, www.bav.hu

ÜBERNACHTEN
K + K Opera: beliebtes Hotel bei Sightseeing-Touristen, sehr zentral direkt an der Oper und einer U-Bahnstation gelegen. Révay ut. 24, http://de.kkhotels.com
Four Season Gresham Palace: ein Luxushotel der Sonderklasse. Das Gebäude direkt an der Kettenbrücke wurde zu Beginn des 20. Jahrhunderts von der Gresham-Versicherungsgesellschaft als luxuriöses Appartementhaus gebaut und von den besten Art-Nouveau-Künstlern Ungarns gestaltet. Roosevelt tér 5–6, www.grandluxuryhotels.com
Bo18: modernes und praktisches Hotel für Kurztrips. Vajdahunyad út. 18, www.bo18hotelbudapest.com

WEITERE INFOS
Ungarisches Tourismusamt, Wilhelmstr. 61, Berlin, www.ungarn-tourismus.de

Gérbaud, das Kaffeehaus par excellence, verwöhnt mit Konditorkunst in gediegenem Ambiente.

Register

Aachen 96 ff.
- Carolus-Thermen 97
- Dom 96
- Frankenviertel 96
- Karlsbrunnen 97
- Rathaus 96
- Römischer Portikus 97
Achau 49
Achberg 26 f.
Adelsberger Grotte 255
Adlerstein 35
Ahlbeck 72
Akrotiri 161 f.
Albrechtsburg 117
Albula/Bernina 244
Allgäuer Alpen 214
Alp Grüm 244 f.
Alpnachstad 243
Altkötzschenbroda 117
Alz 49
Alzette 200
Ammersee 42 f.
Amsterdam 206 ff.
- Anne Frank Huis 207
- Begijnenhof 207
- Borneoeiland 208
- Concertgebouw 206
- KNSM-Eiland 208
- Koninklijk Paleis 206
- Leidseplein 208
- Nieuwe Kerk 206
- Oude Kerk 206
- Plantagebuurt 207
- Portugese Synagoge 207
- Rembrandthuis 207
- Rijks-Museum 208
- Rokin 206
- Sporenring 208
- Tuschinski Theater 209
- Van Gogh Museum 208
- Wissenschaftsmuseum NEMO 209
Andechs 42, 44
Andermatt 244
Andlau 149
Andratx 262
Apeldoorn 203
- Barockgärten 203
- Schloss Het Loo 203
Arnheim 202 f.
- Burgers' Zoo 202 f.
- Museonder 203
Athen 162 ff.
- Agora 162 f.
- Akropolis 162
- Dionysos-Theater 163
- Hephaistos-Tempel 163
- Lykabettos 162, 164
- Olympieion 163
- Parthenon 162
- Piräus 164
- Plaka 162 f.
- Propyläen 162
- Syntagmaplatz 163
- Tempel der Nike 162
- Tempel des olympischen Zeus 162
- Turm der Winde 163
- Tzisdadaki-Moschee 163
Auray 157

Bacherach 68 ff.
Bad Dürrnberg 227
Bad Goisern 228
Bad Muskau 54
Bad Reichenhall 46
Bad Schandau 114
Bad Wildbad 22 ff.
- Maurische Halle 23

- Palais Thermal 22
Baden-Baden 20 ff.
- Sankt Johannis 21
- Brahmshaus 20
- Caracalla-Therme 21
- Festspielhaus 20
- Friedrichsbad 20 f.
- Galoppernnbahn Iffezheim 20
- Kurhaus 20
- Neues Schloss 21
- Römische Badruinen 21
- Stiftskirche 21
- Zisterzienserinnenabtei Lichtenthal 20
Baldeneysee 100 f.
Bamberg 32 ff.
- Alte Hofhaltung 32
- Altes Rathaus 32 f.
- Dom 32
- Bamberger Reiter 32
- Böttingerhaus 32
- E.T.A.-Hoffmann-Theater 33
- Fränkisches Brauereimuseum 32
- Gärtnerstadt 33
- Krackardthaus 33
- Neue Residenz 32
- Sankt Michael 32
Bansin 73
Barcelona 264 ff.
- Barri Gótic 264 f.
- Casa Batlló 266
- Casa Milà 266
- Catedral de la Santa Creu i Santa Eulàlia 265
- El Raval 264
- Fundació Joan Miró 264
- L'Aquàrium 264 f.
- La Morenta 265
- La Pedrera 264
- La Ribera/El Born 265
- Montjuic 264
- Palau de la Música Catalana 266
- Palau Güell 266
- Placa de Catalunya 264
- Placa de S. Jaume 265
- Port Vell 265
- Rambles 264
- Sagrada Familia 264, 266
- Santa Maria del Mar 265
Barr 149
Bärwalder See 55
Bastei 114
Battert 21
Bautzen 54
Beilstein 107
Belle-Île 156 f.
Behringersmühle 34 f.
Berchtesgaden 46
- Salzbergwerk 47
Berchtesg. Land 46 f.
Bergisches Land 86 ff.
Bergrün 245
Berlin 50 ff.
- Berliner Dom 51
- Brandenburger Tor 51
- Checkpoint Charlie 52
- Deutscher Dom 51
- Deutsches Theater 51
- East Side Gallery 50
- Französischer Dom 51
- Friedrichstadtpass. 52
- Friedrichstraße 52
- Gendarmenmarkt 51 f.
- Hackesche Höfe 52
- Holocaust-Mahnmal 50

- Kaiser-Wilhelm-Gedächtniskirche 50
- Kanzleramt 50
- Landwehrkanal 52
- Mauermuseum 52
- Museumsinsel 51
- Neue Wache 51
- Pariser Platz 51
- Pergamonmuseum 53
- Potsdamer Platz 50
- Regierungsviertel 50
- Reichstag 50
- Staatsoper 51
- Unter den Linden 51
- Unterwelten-Museum 51
- Zeughaus
Bernkastel-Kues 106
Bernried 45
- Buchheim Museum 45
Bevertalsperre 87
Bingen 70
- Bingener Loch 70
- Drususbrücke 70
- Mäuseturm 70
- Rochuskapelle 70
Binz 75
Birnau 29
- Wallfahrtskirche Birnau 29
Birten 94
Bodensee 28 ff.
Boltenhagen 138
Bonassola 178 f.
Boppard 69 f.
Bosporus 277 f.
Bottrop 102
- Skihalle Bottrop 102
- Tetraeder 102
- Movie Park Germany 102
Bozen 174 ff.
- Cenazei 175
- Dom 174
- Eppan 174
- Jenesien 175
- Laubengasse 174
- MMM Messner Mountain Museum Schloss 175
- Rosengarten 175
- St. Magdalena 175
- St. Michael 174
- St. Pauls 174
- Troilohaus 174
Branitz 55
Bratislava 250 ff.
- Altes Rathaus 250, 252
- Appónyi-Palais 252
- Bibiana 253
- Blaue Kirche 253
- Burgruine Devín 251
- Dom St. Martin 250 f.
- Elomosynarius-Kapelle 252
- Grasalkovi-Palais 251
- Holocaust-Mahnmal 251
- Hviezdoslav-Platz 252
- Jungfrauenturm 251
- Michaelertor 252 f.
- Mirbach-Palais 253
- Pálffy-Palais 253
- Pozsony 250
- Presporok 250
- Preßburg 250
- Primatial-Palais 253
- Rybárska brána 252
- Sigismundstor 251
- Smolenica 252
Bregenz 30
Breitenbrunn 224
Bremen 56 ff.
- Altes Rathaus 56
- Bremer Stadtmusikanten 56
- Dom St. Petri 56 f., 59
- Gewerbehaus 57
- Glockenspielhaus 57

- Liebfrauenkirche 57
- Paula-Modersohn-Becker-Museum 57
- Schnoorviertel 56
- Übersees tadt 58
Bremerhaven 56 ff.
- Atlantis Hotel Sail City 58
- Deutsches Auswandererhaus 58
- Deutsches Schifffahrtsmuseum 58 f.
- Kaiserschleuse 58
- Klimahaus 8°Ost 56, 58
- Zoo am Meer 58 f.
Bretagne 156 ff.
Brig 244
Brijuni 194 f.
Brocken 121
Brömserburg 70 f.
Brügge 6 f.
- Beginenhof »Ten Wijngaard« 6
- Heilig-Blut-Basilika 7
- Liebfrauenkirche 7
- Minnewater-Park 7
- Sint-Jan-Hospital 6
- St. Bavokathedrale 6
- St. Salvatorkathedrale 7
Brüssel 8 ff.
- Basilika Sacré-Cœur 9
- Berlaymont-Gebäude 9
- Comicmuseum 10 f.
- Espace Leopold 9
- Europaviertel 8
- Galeries Royales 8
- Grand-Place 8
- Hôtel de Ville 9, 11
- Justus-Lipsius-Geb. 9
- Kathedrale St. Michel 11
- Königliches Schloss 11
- Maison du Roi (Broodhuis) 9
- Manneken Pis 9
- Mini-Europa 11
- Museum Choco-Story 7
- Parc de Bruxelles 8
- Parc du Cinquantenaire 8
- Parc Laeken 9
- Place Royale 9
- Pommes-frites-Museum 7
- Schloss Laeken 9
Buchenwald 129
Budapest 280 ff.
- Barockschloss Gödöllö 282
- Burgpalast (Budavári palota) 280, 283
- Dreifaltigkeitsplatz 280
- Fischerbastei (Halászbástya) 280 f.
- Fürstengarten 281
- Gallértberg 281
- Gellértbad 280 f.
- Heldenplatz (Hösök tere) 282
- Kettenbrücke 280
- Királybad 281, 283
- Liszt Ferenc tér 281
- Margareteninsel 282
- Matthiaskirche (Mátyás templon) 281
- Rudasbad 281, 283
- Synagoge 283
- Wiener Tor (Bécsi kapu) 281
Burg Eltz 108 f.
Burg Fürstenberg 69
Burg Hohneck 69
Burg Karlstein (Karlstejn) 273
Burg Landshut 107
Burg Landskron 212 f.
Burg Metternich 107
Burg Reichenstein 69

Burg Rheinfels 70
Burg Rheinstein 69
Burg Sooneck 69
Burg Stahleck 69
Burg Vischering 90 f.
Burgenland 224
Burgruine Finkenstein 212

Caldera 161
Calmbach 23
Campen 85
Carnac 156 f.
Carnac-Plage 158
Cartuja 269
Castel Penede 190
Castello Scaligero 191
Cavaglia-Hochtal 245
Cenazei 175
Châtenois 148
Chiemgau 48 ff.
Chiemsee 48 ff.
- Augustiner-Chorherrenstift (Altes Schloss) 48
- Frauenchiemsee 48
- Herrenchiemsee 48
- Schloss Herrenchiemsee 48
Chieming 48
Christiana 14, 16
Chur 244
Cinque Terre 178 ff.
Cisano di Bardolino 190
Cochem 106, 108
Col de la Schlucht 149
Colmar 150
- Dominikanerkirche 150
- Klein-Venedig 150
- Kopfhaus 150
- Pfisterhaus 150
- Sankt Martin 150
Concarneua 158
Corniglia 178
Cortine 192
Côte d'Azur 144 ff.
Côte Sauvage 157, 159
Cottbus 54

Dachau 40
- Schlossberg 40
- KZ-Gedenkstätte 40
Dachstein 228
Dambach 149
Dänischer Fohld 130
Dänisch-Niehof 131
Danzig 232 ff
- Festung Weichselmündung 233
- Goldenes Tor 233
- Grünes Tor 233
- Königsweg 233
- Krantor 232 f.
- Marienkirche 232 f.
- Werft Danzig 232
- Westerplatte 232
Danziger Bucht 232
Davos 244
De Hoge Veluwe 202 ff.
- Kröller-Müller-Kunstmuseum 202 f.
- Otterloo 202
- Schaarsbergen 202
Dessau-Wörlitz 122 ff.
- Bauhaus 123
- Dessau-Roßlau 123
- Georgengarten 122
- Schloss Luisium 123
- Schloss Oranienbaum 122 f.
- Schloss Wörlitz 122
- Schlösser Großkühnau 122
- Schlösser Wörlitz 123
- Sieglitzer Park 122
Desenzano del Garda 192
Deutsches Eck 70

Dießen 43
Dilsberg 25
Dinkelsbühl 36 ff.
- Altrathausplatz 37
- Bäuerlinsturm 37
- Hezelhof 37
- Sankt Georg 36 f.
- Weinmarkt 37
Disentis 244
Dolomiten 174 ff.
Domburg 204
Donau 220, 250, 280
Dornum 82, 84
Dornumersiel 84
Dortmund 102
- Borussium 102
Drachenschlucht 124
Drei-Annen-Höhe 121
Dresden 116 ff.
- Albertinum 116
- Brühlsche Terrasse 116
- Dreikönigskirche 117
- Frauenkirche 116
- Fürstenzug 117
- Gemäldegalerie Alte Meister 117
- Gläserne Manufaktur 119
- Goldener Reiter 117
- Historisches Grünes Gewölbe 117
- Hofkirche 117
- Japanisches Palais 117
- Johanneum 117
- Kreuzkirche 116
- Kulturpalast 117
- Kunsthandwerkerpassagen 117
- Lipsiusbau 116
- Pfunds Molkerei 117
- Residenzschloss 116 f.
- Semperoper 117, 119
- Taschenbergpalais 117
- Zwinger 116 f.
Dublin 170 ff.
- Board Gaís Energy Theatre 171
- Chester Beatty Library 173
- Christ Church Cathedral 172
- Croke Park Stadium 171
- Dublin Castle 173
- Dublin Fuilier's Arch 172
- Dublin White Museum 171
- Georges Dock 171
- Grand Canal Dock 171
- Grand Canal Square 171
- Guinness Storehouse 172
- Halfpenny Bridge 171
- Inner Dock 170
- James Joyce Centre 173
- Leinster House 172
- Liffey 170 f.
- Long Hall 171
- Marsh's Library 170
- Millenium Tower 171
- O'Connell Street 170 f.
- Old Jameson Distillery 171
- Old Library 170 f.
- Phoenix-Park 171
- Samuel Beckett-Drehbrücke 170
- Smithfield 170 f.
- Spire 171
- St. Mary's 172
- St. Patrick's Cathedral 170
- St. Patrick's Chathedral 172
- St. Stephens Green 172
- Temple Bar 170

- Trinity College 170 f.
- Waterways Visitor Centre 173

Dubrovnik 196 ff.
- Fort Sveti Ivan 196
- Franziskanerkloster 196
- Kathedrale 196
- Luza-Platz 197
- Onofrio-Brunnen 196
- Pile-Tor 196
- Placa 196
- Ragusa 196
- Stadtmauer 196
- Sveti Spas 196
- Sveti Vlaho 197
- Synagoge 196

Dülmen 91

Eckernförde 130 f.
Eguisheim 150 f.
Eibingen 69
Eisenach 124
Eisenstadt 225
- Schloss Esterházy 224 f.

Elbe 122
Elbtal 116 ff.
Elsass 148 ff.
- Elsässischen Weinstraße 148

Eltville 69
Emporio 162
Ems 83
Eppan 174
Erfurt 125 ff.
- Allerheiligenkirche 127
- Angermuseum 129
- Augustinerkloster 126
- Benediktiner-Klosterkirche Peter und Paul 126
- Dom St. Marien 126
- Erfurter Synagoge 127
- Krämerbrücke 127
- Schloss Molsdorf 129
- St. Ägidien 127
- St. Severi 126
- Zitadelle 126

Esens 84
- Altes Rathaus 83
- Peldemühle 84
- Dree Süsters 83
- Esens-Bensersiel 84
- Holarium 85
- Ludgerikirche 83
- Peldemühle 84
- Schöninghsches Haus 83
- Turmmuseum 85

Essen 100 ff
- Essener Dom 103
- Grugapark 100
- Margarethenhöhe 103
- Museum Folkwang 101, 103
- Unperfekthaus 101
- Villa Hügel 101, 103
- Zeche Zollverein 100

Estellencs 262

Faaker See 212
Fassatal 175
Fautsburg 23
Fazana 194
Fehmarn 140 ff.
- Bojendorf 141
- Burg 140
- Fahmarnsundbrücke 141
- Fährhafen Puttgarden 140
- Meereszentrum 141
- Sankt Nikolai 141
- Sankt-Nicolai-Kirche 141
- Stadt Fehmarn 140
- Wasservogelreservat Wallnau 140

Festung Ehrenbreitstein 68, 70

Festung Königstein 114
Festung Sonnenstein 114
Fira 161
Florenz 186 ff.
- Arno 187
- Baptisterium 187
- Campanile 186
- Dom Santa Maria del Fiore 186
- Fiesole 186
- Fürstenkapelle 188
- Galleria dell'Accademia 187
- Giardino di Boboli 188
- Loggia die Lanzi 187
- Palazzo Pitti 186
- Palazzo Strozzi 186
- Palazzo Vecchio 187
- Piazza del Campo 187
- Piazza del Duomo 187
- Piazza della Repubblica 186
- Piazza della Signoria 187
- Piazzale Michelangelo 188
- Ponte Vecchio 188
- San Lorenzo 188
- Santa Croce 188
- Torre del Mangia 187
- Uffizien 187,188

Frankfurt am Main 64 ff.
- Alte Oper 64
- Goethe-Haus 65
- Hauptwache 65
- Main Tower 65
- Messeturm 64 f.
- Museumsufer 65
- Paulskirche 64
- Römer 64
- Sankt Bartholomäus 64
- Schirn Kunsthalle 65
- Senckenberg Naturmuseum 65
- Städel Museum 64 f.
- Zoo Frankfurt 65

Fränkische Schweiz 34 f.
Freiburg im Breisgau 18 ff.
- Altes Rathaus 18
- Bächle 18 f.
- Bergwerk Schauinsland 19
- Fischerau 18
- Münster 18
- Gerberau 18
- Haus zum Walfisch 18
- Münster 18
- Neues Rathaus 18
- Oberlinden 19

Freilassing 46
Freistaat Flaschenhals 69
Friedrichshafen 30
Frische Nehrung 232
Fünfseenland 42 ff.
Fuschl 228
Fuschlsee 228

Garda 191 f.
Gardasana 191
Gardasee 190 ff.
Gazon de Faing 149
Geierswalder See 55
Geisenheim 69
Gelsenkirchen 102
- Veltins-Arena 102
- ZOOM Erlebniswelt 102

Gent 6 ff.
- Belfried 7
- Genter Alter 7
- Grafenburg 6
- St. Nikolaus-Kirche 7

Göhren 75
- Mönchgut 75

Golf du Morbihan 156
Gornergrat 244 f.
Goslar 80 ff.

- Dukatenmännchen 81
- Glockenspiel 81
- Hahnenklee 80
- Hahnenklee-Bockswiese 81
- Huldigungssaal 81
- Kaiserpfalz 80
- Kaiserringhaus 81
- Kaiserworth 81
- Neuwerkkirche 80
- Rathaus 81

Gößweinstein 34 ff.
Gottlieben 29
Gräfenroda 125
Grän/Haldense 215
Granitz 75, 77
Graz 216 ff.
- Dom 216
- Grazer Burg 216
- Grazer Schlossberg 216
- Jesuiten-Universität 216
- Landeszeughaus 216
- Landhaus 216
- Maria Trost 217
- Mausoleum 216
- Rathaus 216
- Uhrturm 216

Greetsiel 82 f.
- Zwillingsmühlen 83 f.
- Marienkirche 83
- Schoof'sche Mühle 84

Grinzing 221
Grömitz 138
Großer Beerberg 124
Grotten des Catull 192
Gstadt 48

Hafelekar 219
Hagenau 30
Haithabu 13 f.
Halberstadt 121
- Liebfrauenkirche 121
- Stephansdom 121

Halbinsel Hel 232
Haldensee 214
Hallein 227
Hallstatt 227
Hallstätter See 228
Hamburg 60 ff.
- Alter Elbtunnel 60
- Altona 60
- Blankenese 63
- Containerterminal 61
- Elbphilharmonie 61
- Fischmarkt 62
- HafenCity 61
- Hanseviertel 62
- Jungfernstieg 62
- Kesselhaus 61
- Klöpperhaus 62
- Lange Reihe 62
- Levantehaus 62
- Michaeliskirche 60 f.
- Miniatur Wunderland 60 f., 63
- Neues Rathaus 62
- Nikolaifleet 62
- Oevelgönne 62
- Petrikirche 61
- Planten un Blomen 63
- Rathaus 60
- Speicherstadt 60 f.
- St- Pauli 60
- Tierpark C. Hagenbeck 62

Hannover 79
Harz 80
Hattingen 102
Haut-Koenigsbourg 149, 151
Hegau 30
Heidelberg 24 f.
- Schloss 24
- Neckartor 24
- Ottheinrichsbau 24

- Schlossgarten 24
- Universität 24

Heiligenberg 30
- Schloss 31

Heiligenstadt 221
Helgoland 134 ff.
- Hummerbuden 134
- Kulturweg 135
- Lange Anna 134 f.

Hemmelsdorfer See 138
Heringsdorf 73
Hermannshöhe 137
Hesselberg 37
Hildesheim 78 ff.
- Dom St. Mariä 78
- Georgengarten 79
- Kaiserhausfassade 78
- Knochenhauer-Amtshaus 78
- Magdalenengarten 79
- Marktbrunnen 79
- Rathaus 79
- Rosenroute 79
- St. Michaeliskirche 78

Hirschhorn 25
Hohenaschau 49
Hohensalzburg 228 f.
Hohentwiel 30
Holm 131
Holmenkollen 211
Höri 29
Hunavihr 149

Iffezheim 20
Île aux Moines 156
Ile d'If 147
Île de Gavrinis 158
Ilkahöhe 43
Illmitz 225
Ilmenau 124
Ingelheim 70
- Burgkirche 70
- Heidesheimer Tor 70
- Kaiserpfalz 70

Inn 218
Innsbruck 218 ff.
- Dom St. Jakob 218
- Goldenes Dachl 218
- Hofburg 218
- Hofkirche 218
- Kaiserliche Hofburg 218
- Schloss Ambras 219 ff.

Insel Mainau 28 f.
Isar 42
Iseler 214
Istanbul 276 ff.
- Ägyptischer Obelisk 276
- Anadolu Kava i 278
- Ayasofya (Hagia Sophia) 277
- Beyoglu 277
- Blaue Mosche 277
- Chora-Kirche (Kariye Camii) 279
- Dolmabahçe-Palast 278
- Galataturm 277
- Goldenes Horn 277
- Istiklal Caddesi 277
- Kapali Çarsi (Großer Basar) 278
- Kilyos 276
- Marmarameer 278
- Ortaköy 276
- Süleymaniya-Moschee 279
- Sultan Ahmet Moschee 276
- Topkapi Sarayi 277
- Üsküdar 278
- Yerebatan Sarayi 277

Istrien 194 ff.
Itterswiller 149

Jasemund 74
Jenesien 175

Jenner 47
Judendorf-Straßengel 217
Julische Alpen 255
Jungholz 215

Kameni 161
Kamp-Bornhofen 71
- Burg Liebenstein 71
- Burg Sterrenberg 71

Kampen 133
Kampenwand 48.f.
Karer See 175
Kassel 66 ff.
- Bugasee 66
- Documenta 67
- Fridericianum 67
- Herkules 66
- Himmelsstürmer 67
- Karlsaue 66
- Kasseler Markthalle 67
- Lustschloss Löwenburg 66
- Orangerie 67
- Ottoneum 67
- Schloss Wilhelmshöhe 66

Kaysersberg 148 149
Keitum 132 f.
Kiedrich 71
Kiel 130 ff.
- Ostseekai 130
- Rathaus 130
- Schleusenpark Kiel-Holtenau 130

Kieler Förde 130
Kintzheim 149
Kirnitzschtal 115
Klagenfurt 212
Kloster Eberbach 68
Kloster Machern 107
Klotten 108
Koblenz 68, 70, 106
Kohler 175
Köln 92 ff.
- Dreikönigsschrein 92
- Groß St. Martin 92
- Triangle 93
- Kölner Dom 92
- Museum Ludwig 92
- Wallraf-Richartz-Museum & Fondation 92

Königsee 46
- St. Bartholomä 46 f.

Königsstuhl 24, 76
Konstanz 29
- Konzilgebäude 31

Kopenhagen 14 ff.
- alte Börse 15
- Bella Sky Comwell 15
- Brückenviertel 14
- Christianshavn 14, 16
- Frederikskirken 17
- Gråbrødretorv 16
- Illums Bolighus 15
- Kastellet 15
- Kleine Meerjungfrau 14
- Kongens Have 15
- Latiner Kvarter 16
- Nørrebro 16
- Ny Carlsberg Glyptotek 17
- Nyhavn 16
- Operhaus 15
- Rathausturm 15
- Schloss Amalienborg 14
- Schloss Christiansborg 14, 17
- Schloss Rosenborg 14 f.
- Strøget 16
- Tivoli 15
- Vor Frelsers Kirke 15

Krakau 230 ff.
- Kathedrale 230
- Kirche der Mutter Gottes, der Königin von Polen

Nowa Huta 231
- Marienkirche 230 f.
- Museum Fabrik Oskar Schindler 230
- Neuer Jüdischer Friedhof 230
- Rynek Glówny 231
- Tuchhallen 231
- Wawel 231

Krummhörn 83
Kumer Knüppchen 108
Kykladen 161

Lac Blanc 149
Lac des Truites 149
Lac du Forlet 149
Lac Noir 149
Lac Vert 149
Lago Bianco 245
Landsberg am Lech 44
Langenhennersdorf 115
Langeoog 82, 84 f.
Latemar 175
Lauscha 125
Lausitz 54 ff.
Lausitzer Seenland 55
Lauterbach 75 f.
Le Pouldu 158
Lehde 54 f.
Leie 7
Leipzig 112 ff.
- Altes Rathaus 112
- Auerbachs Keller 113
- Bachdenkmal 112
- Gewandhaus 112
- Gohliser Schlösschen 113
- Nikolaikirche 112 f.
- Rosental 113
- Thomaskirche 112
- Völkerschlachtdenkmal 112 f.
- Zoo Leipzig 113

Leutstetten 43
Leyhörn 83
Lieper Winkel 72
Limonaia 193
Limski-Fford 195
Lindau 30
Lindenberg 27
Lissabon 234 ff.
- Alfama 234
- Bairro Alto 235
- Casa de Fado 234
- Castelo de São Jorge 234
- Elevador de Santa Justa 234 f.
- Hieronymus-Kloster 234, 236
- Igreja de São Roque 235
- Largo Martin Moniz 236
- Lavra 236
- Nationaltheater Dona Maria II. 235
- Oceanário 235
- Olisipo 234
- Praça Dom Pedro IV. 235
- Santa Maria 236
- Sé Patriarcal 234
- Tejo 234
- Torre de Belém 236
- Torre Vasco da Gama 235

Lisseweg 7
List 132 f.
Ljubljana 254 ff.
- Burg (Ljubljanski Grad) 254 f.
- Dreierbrücke (Tromostovja) 254
- Erasmus-Turm 254
- Gornji brug 255
- Krekov-Platz 254
- Krizanke 254 f.

- Mestni trg 255
- Parkschloss Tivolski 255
- Postojna 255
- St. Nikolaus (Stolnica svetega Nikolaja) 254
- Stari trg 255
- Tivoli-Park 254 f.
Ljubljanica 254
Loc'h 157
Locmariaquer 157, 159
Locronan 158
Lokrum 196
London 166 ff.
- Big Ben 166
- Buckingham-Palast 168
- Harrods 166
- Houses of Parliament 166, 168
- Kensington-Palast 168 f.
- London Bridge 167
- Marylbone 168
- Mayfair 167
- St. James's 167
- St. Martin-in-the-Fields 167
- St. Paul's Cathedral 166
- Tate Britain 167, 169
- Tate Modern 167
- Themse 168
- Tower Bridge 166
- Trafalgar Square 167
- Unterhaus 168
- Victoria & Albert Museum 169
- Westminster Abbey 168
- Whitehall 168
Lorch 69
Loreley 68, 70
Loschwitz 118
Lübben 55
Lübbenau 55
Lübeck 136 ff.
- Behnhaus 137
- Buddenbrookhaus 136 f., 139
- Dom 136
- Drägerhaus 137
- Günter-Grass-Haus 139
- Haus der Schiffergesell-schaft 137
- Heilig-Geist-Hospital 137
- Holstentor 136 f.
- Marienkirche 136
- Rathaus Lübeck 136
- Salzspeicher 137
- St. Jakobi 137
- St.-Marien-Kirche 137
- St.-Petri-Kirche 136
Lüdinghausen 90 f.
Lütetsburg 85
Luxemburg 200 ff.
- Benediktiner-Abtei Neu-münster 201
- Bock-Kasematten 200
- Bockfelsen 200
- Europäischer Gerichtshof 201
- Europäisches Parlament 201
- Großherzogliches Palais 200 f.
- Heilig-Geist-Plateau 201
- Kathedrale Notre-Dame 201
- MUDAM (Museum für Moderne Kunst) 201
- Schlossbrücke 200
- Viadukt 200
Luzern 242 ff.
- Hof- und Stiftskirche 243
- Jesuitenkirche 243
- Kapellbrücke 242
- Kornmarkt 242
- Museggmauer 243
- Rathaus 242

Madrid 257 ff.
- Alcázar 257
- Caixa Forum 259
- Calle de Preciados 256
- Campo del Moro 257
- Casa de Cisneros 257
- Casa de los Lujanes 257
- Catedral de Santa Maria de la Asunción de To-ledo 257
- Kathedrale Santa María la Real de la Almudena 257
- Las Descalzas Reales 257
- Mercado de San Miguel 257
- Metropolis-Haus 258
- Palacio de Cibeles 258
- Palacio de la Zarzuela 257
- Palacio Real 257
- Parque de Retiro 256
- Puerta del Sol 256
- Rathaus 257
- Real Academia de Bellas Artes 259
- Santiago-Bernabéu-Sta-dion 258
- Santo Tomé 257
- Synagoge El Tránsito 257
- Synagoge Santa Maria la Blanca 257
- Tajo 257
Mahlbusen 84
Mainz 110 ff.
- Dom St. Martin 110
- Fastnachtsmuseum 111
- Gutenberg-Museum 110
- Heiligtum der Isis 111
- Johanniskirche 110
- Neue Synagoge 111
- Römisch-Germanisches Zentralmuseum 111
- Römischer Theater 111
- Stephanskirche 110 f.
Mala-Schlucht 244
Malcésine 191
- Alter Hafen 191
- Santo Stefano 190
Mallorca 260 ff.
Manarola 178
March (Morava) 251
Maria Wörth 212 f.
Marienmünster 44
Marienneaue 70
Marienthal 69
Marksburg 70 f.
Marlenheim 148
Marmarameer 278
Marseille 146 ff.
- Abtei St. Victor 146
- Archipels du Frioul 147
- Canebiére 147
- Château d'If 147
- Chathédrale de la Major 147
- Ile d'If 147
- La Joliette 146
- Musée de la Mode 147
- Notre-Dame-de-la-Garde 147
- Palais Longchamp 146
- Saint-Jean 146
- Saint-Nicolas 146
- Schloss Borély 146
- Vieille Charité 146
- Vieux Port 147
Matterhorn 245
Mecklenburger Buch 138
Meersburg 29
Meißen 117, 119
- Albrechtsburg 117 f.
- Burgberg 119
- Dom 117

- Porzellan-Manufaktur 117, 119
Meran 176 ff.
- Kurhaus 176 f.
- Kurpromenade 176
- Laubengasse 176
- Schloss Tirol 176
- Schloss Trautmannsdorff 176
Merfelder Bruch 91
Messaria 162
Metzig 149
Middelburg 204
Milmteich 217
Mittelbergheim 149
Mittelelbe 122
Mljet 197
Moldau 272
Monschau 98 f.
Monte Baldo 191 f.
Montserrat 265
Monterosso al Mare 178
Mörbisch 225
Morgenbachtal 69
Moritzburg 118
Mosel 106
Moseltal 106 ff.
Mosigkau 122
Muggendorf 34
Mulde 122
München 38 ff.
- Alte Pinakothek 38
- BMW-Museum 41
- Deutsches Museum 38
- Englischer Garten 38
- Frauenkirche 39
- Heiliggeistkirche 38
- Hofgarten 40
- Jesuitenkirche St. Mi-chael 39
- Jüdisches Zentrum 39
- Marienplatz 38
- Maximilianeum 40
- Münchner Residenz 40
- Nationaltheater 40
- Neue Pinakothek 38
- Olympiapark 38
- Peterskirche 39
- Pinakothek der Moderne 38
- Schloss Nymphenburg 41
- Synagoge Ohel Jakob 39
- Valentin-Karlstadt-Mu-säum 38, 41
- Viktualienmarkt 39
Müngsterner Brücke 86
Munster 150
Münster 88 ff.
- Aasee 88
- Erbdrostenhof 90
- Historisches Rathaus 89
- Lambertikirche 88 f.
- Prinzipalmarkt 88
- Rüschhaus 91
- Rieselfelder 88
- Schloss Münster 90
- St.-Paulus-Dom 88
Münsterland 90 ff.
Münstertal 150 f.
Mur 216 f.

Nationalpark Eifel 98 ff.
- Rurtalsperre 98 f.
- Wildnis-Trail 98
Nea Kameni 161
Neckargmünd 25
Neckarsteinach 25
Neckartal 24 ff.
- Philosophenweg 24
Neeltje Jans 205
Nesselwängle 214 f.
Neuburg 25
Neumünster 201
Neusiedl am See 225

Neusiedler See 224 ff.
- Seewinkel 224
Neustift 221
Niedersächsisches Wat-tenmeer 82
- Seehundstation National-parkhaus 82, 84
Niendorf 138
Nizza 144 ff.
- Baie des Anges 145
- Boulevard de la Croisette 145
- Chapelle de la miséri-corde 144
- Chapelle du Rosaire 145
- Château der Grimaldis 145
- Chatédrale Ste-Réparate 144
- Colline du Château 144
- Cours Syleya 144
- Eglise St-Jeanne d'Arc 144
- Golfe-Juan 145
- Juan-les-Pins 145
- Kirche St-Nicolas 144
- Le Suquet 145
- Musée des Beaux Arts 145
- Musée Marc Chagall 145
- Musée Matisse 145
- Palais Lascaris 144
- Palais Régina 145
- Picasso-Museum 145
Norddeich 83
Norden 85
Nordkirchen 90 f.
Nord-Ostsee-Kanal 130
Nordsee 83
Nowa Huta 231
Nussdorf 221

Oberalppasshöhe 244
Oberengadin 245
Oberes Mittelrheintal 68 ff.
Oberharz 80 ff.
Oberhausen 100 f.
Oberhof 124
Oberjoch 214
Obernai 148, 151
Oberrhein 148
Obersalzberg 46
Obertraun 228
Oberwesel 69
Oberzell 28
Odilienberg 148
Oestrich 69
Oia 161
Olewig 105
Olfen 90
Oostkapelle 205
Oslo 210 ff.
- Dom 211
- Festung Akershus 210
- Kon-Tiki-Museum 211
- Königliches Schloss 211
- Kvadraturen 211
- Munch-Museum 210
- Rathaus 210
- Stortorget 211
- Vigelandpark 210
- Wikingerschiffmuseum 210
Oslofjord 210
Oslomark 211
Ospizio Bernina 244 f.
Ossiach 212
Ossiacher See 212
Ostfriesland 82 ff.
Ostrachtal 214
Ostsee 73, 130, 136, 140, 232, 238
Oswaldhöhle 34
Ottrott 149

Palma 260
- Bastió de Sant Pere 261
- Castell de Bellver 260
- Colonia de Sant Jordi 262
- Kathedrale Sa Seu 260
- Mercat Olivar 261
- Palau s'Almudaina 261
- Passeig per l'Artesania 260
- Serra de Alfàbia 261
- Sollér 261
- Son Marroig 263
- Tramuntana 260
- Vila Dalt 261
Paris 152 ff.
- Arc de Triomphe 153
- Avenue des Champs-Ély-sées 153
- Centre Pompidou 153 f.
- Cité des Sciences et de l'Industrie 154
- Eiffelturm 153
- Friedhof Père Lachaise 152
- Île de la Cité 153
- Île Saint-Louis 153
- Invalidendom 152
- Jardin du Luxembourg 154
- Louvre 152
- Montmartre 153
- Notre Dame 153
- Palais Royal 152
- Panthéon 154
- Petit Palais 153
- Place de la Concorde 153
- Place Vendôme 155
- Quarier Latin 154
- Sacré Cœur 153
- Sorbonne 154
- Strawinski-Brunnen 154
- Tuileriengarten 153
- Versailles 155
Pass Col du Bonhommes 149
Patscherkofel 219
Peenemünde 72
Peenestorom 72 f.
Perissa 161
Petrzalka 251
Pewsum 84
- Manninaburg 85
Pezinok 252
Pfalzgrafenstein 70 f.
Pfänder 26, 30
Pilatus (Berg) 243
Pillnitz 116, 118
Pilsen 42, 44
Pilsum 83
Pirgos 161 f.
Pirna 114
Pisa 187
Piz Palü 245
Piz Rosegg 245
Plabutsch 217
Podersdorf 224 f.
Pointe du Percho 157
Pont L'Abbé 158
Pont-Aven 158
Pordoijoch 175
Port St-Vincent 157
Pörtschach 212
Possenhofen 42
Potsdam 53
- Schloss Sanssouci 53
Pottenstein 34
Pozsony 250
Prag 272 ff.
- Alter Königspalast 275 f.
- Altneusynagoge 272, 274
- Burg 275
- Carolinum 272

- Franz-Kafka-Museum 275
- Geburtshaus Franz Kafka 274
- Goldenes Gässchen 273
- Haus zum goldenen Ein-horn 273
- Heilig-Kreuz-Kapelle 273
- Hradschin 272
- Jüdischer Friedhof 274
- Kaiserpalast 275
- Karlsbrücke 272 f.
- Katharinen-Kapelle 273
- Kloster Strahov 272
- Laurenziberg (Petrin) 275
- Lucerna-Palast 274
- Pinkas-Synagoge 274
- Schwarzenberg-Palais 275
- St-Veits-Dom 272 f.
- Waldstejn-Palais 273
Preda 245
Presporok 250
Preßburg 250
Prien 48
Priesbergalm 47
Profitis Ilias 161 f.
Pula 194 ff.
- Amphitheater 194
- Augustustempel 194
Purbach 224 f.
Putbus 74
- Orangerie 76
- Theater 76
Pyramidenkogel 212

Quackenschloss 35
Quedlinburg 120 ff.
- Fachwerkmuseum Stän-derbau 120
- Klopstockhaus 121
- Rathaus 120
- Renaissanceschloss 120
- Schlossberg 120
- Schuhhof 120
- Stiftskirche St. Servatius 120
- Wipertikirche 120
Quiberon 156 f.
Quimper 156, 158
- Kathedrale St-Corentin 158

Radeberg 118
Radebeul 117 f.
Radolfzell 29
Rammelsberg 80 f.
Rantum 133
Rapperswil 248
Rathen 114
Regnitz 32
Reichenau 29, 244
Reisberg 149
Reit im Winkel 49
Rennsteig 124
Rhein 28, 68, 92
Rheinburgweg 69
Rheinebene 148
Rheingau 68 ff.
- Rheingauer Riesling Route 69
- Rheinstieg 68
Ribeauvillé 148 f.
Riga 198 ff.
- Dom Sankt Marien 198
- Nationaltheater 199
- Petrikirche 198
- Schloss Daugava 198
- Schwarzhäupterhaus 198
Rila-Kloster 13
Riomaggiore 178
- Via dell'Amore 178
- Walfahrtskirche Nostra Signora de Montenero 179

Riquewihr 148 f.
Ritten 175
Rom 180 ff., 221
- Campo de' Fiori 182
- Carcallathermen 180
- Engelsburg 181
- Forum Romanum 180
- Galleria Borgese 180
- Grabmal des Apostels Petrus 181
- Kapitol 180
- Kolosseum 180
- Ostia 183
- Palatin 182
- Palazzo Barberini 181
- Pantheon 180 f.
- Petersdom 181
- Piazza del Popolo 182
- Quirinal 182
- San Giovanni in Laterano 181
- San Paolo fuori le Mura 181
- Santa Maria Maggiore 181
- Santa Maria sopra Minerva 181
- Sixtinische Kapelle 181
- Spanische Treppe 182
- Trastevere 180 f.
- Trevibrunnen 182
- Vatikan 181
- Vatikanische Museen 181
Rothenburg o.d. T. 36 ff.
- Fleisch- u. Tanzhaus 36
- Mittelalterliches Kriminalmuseum 37
- Rathaus 36
- Sankt Jakob 36
- Topplerschlösschen 36
Röttingen 37
Route des Crêtes 149
Rovinj 194 ff.
- Sveta Eufemija 195
Rüdesheim 68, 70 f.
- Bröserburg 70
- Niederwalddenkmal 70 f.
Ruhrtalradweg 100
Rügen 74 f.
- Dokumentationszentrum Prora 77
- Kreidefelsen 76
- NP Jasemund 74
- Rügener Schmalspurbahn 75
Rust 224 f.

Sächs. Schweiz 114 ff.
Sainte-Foy 149
Saint-Hippolyte 149
Saint-Georges 149
Salem 30
Salzach 226
Salzburg 226 ff.
- Alte Residenz 226 f., 229
- Alter Markt 226
- Felsenreitschule 227
- Festung Hohensalzburg 228
- Franziskanerkirche 229
- Geburtshaus Mozarts 226, 229
- Großes Festspielhaus 226 f.
- Kleines Festspielhaus 227
- Marstallschwemme 227
- Mönchsberg 228
- Neue Residenz 227
- Salzburger Dom 226 f., 229
- Schloss Mirabell 226 f., 229
Salzkammergut 226 ff.

Säntis 29
Santorin 161 f.
- Archäologisches Museum 161
- Petros M. Nomikos-Kulturzentrum 162
- Prähistorisches Museum 161
- Profitis Ilias 161 f.
Schaffhausen 28
Schattwald/Zöblen 214
Schauinsland 19
Scheidegg 26 ff.
- Scheid. Wasserfälle 27
- Skywalk Allgäu 27
Schlei 130 f.
Schleswig 131
Schloss Achberg 26 f.
Schloss Biebrich 68
Schloss Eckberg 118
Schloss Eggenberg 216
Schloss Fontainebleau 155
Schloss Fuschl 228
Schloss Gottorf 13o f.
Schloss Hellbrunn 228
Schloss Johannisberg 68
Schloss Lingnerschl. 118
Schloss Nymphenburg 41
Schloss Reinhartsh. 69
Schloss Seehof 33
Schloss Vollrad 69
Schloss Wackerbarth 118, 119
Schloss Weesenstein 115
Schmücke 124
Schober 228
Schwarzes Meer 278
Schwarzwald 22 ff.
Schwedeneck 130 f.
Sedlitzer See 55
Seebruck 48
Seefeld 44
Seeland 204
Seeon 49
Sélestat 149
Sellin 75
Senftenberger See 55
Serra de Tramuntana 262
Sevilla 268 ff.
- Amphitheater 270
- Archivo General de Indias 269
- Barrio de Santa Cruz 269
- Casa de Pilatos 268
- Guadalquivir 268 ff.
- Hospital de la Caridad 271
- Kathedrale Santa María de la Sede 269
- Moseo de Artes y Costumbres Populares 271
- Museo Naval Torre del Oro 271
- Palacio de San Telmo 269
- Patio de los Naranjos 268
- Real Alcázar 269
- Santiponce 270
- Teatro Lope de Vega 270
Siena 187
Sievering 221
Sirmione 192
- San Pietro in Mavino 192
- Santa Anna 190
- Stadtpark 192
- Via Vittorio Emanuele 192
- Villa Cortine 192
Skansen 240
Sofia 12 ff.
- Alexander-Nevski-Kathedrale 12
- Arena di Serdia 12
- Banja-Baschi-Moschee 13

- Kaufhaus ZUM 12 f.
- Kirche von Bojana 12
- Sofioter Mineralbad 12
- Sveta Petka 13
- Sveti Georgi 12
- Synagoge 13
Solingen 86 f.f.
- Deutsches Klingenmuseum 86
- Gräfrath 86
- Rheinisches Industriemuseum 86
- Schloss Burg 86 f.
- St. Clemens Kirche 86
Sommerberg 22 f.
Son Marroig 263
Sonneberg 125
Spree 52
Spreewald 54
St. Gallen 31
St. Moritz 244
St. Ottilien 45
Ständerbau 120
Starnberg 43
Ste-Anne-d'Aurey 157
Steckborn 29
Stockholm 238 ff.
- Abba-Museum 239
- Birka 240
- Börse 239
- Djurgården 240
- Drottningholm-Theater 238, 240
- Freilichtmuseum Skansen 240
- Gamla stan 238 f.
- Gröna Lund 240
- Helgeandsholmen 238
- Hötorget 239
- Katarinahissen 241
- Königliches Schloss 238
- Konzerthaus 239
- Kungsholmen 239
- Kungsträdgården 241
- Nobelmuseum 238
- Riddarholmen 238 f.
- Riddarhuset 238
- Saluhall 238
- Schloss Drottningholm 238, 240
- Schloss Gripsholm 240
- Södermalm 239
- St. Gertrud 239
- Stadtsholmen 238
- Storkyrkan 239
- Sturebadet 240
- Vasamuseum 240
Stohl 131
Stralsund 74 ff.
- gotisches Rathaus 74
- Nikolaikirche 74
- Patrizierhäuser 74
- Marienkirche 75
- Ozeaneum 74 f.
Straßgang 217
- Floriankirche 217
Straßburg 148, 150
- Haus Kammerzell 150
- Münster 150
- Schloss Rohan 150
Stubnitz 76
Suhl 125
Surendorf 131
Suurhusen 85
- Ostfriesisches Teemuseum 85
Swinoujscie (Swinemünde) 73
Sylt 132 ff.
- Denghoop 132
- Erlebniszentrum Naturgewalten 133
- Hörnum 133
- Rotes Riff 132 f.
- St. Niels 132

Tallinn 142 ff.
- Alexander-Newski-Kathedrale 143
- Dom 143
- Domberg 142
- Haus der Großen Gilde 142
- Kadriorg 143
- Kuldjala-Turm 143
-- Nikolaikirche 142
- Nunna-Turm 143
- Rathausplatz 142
- Sauna-Turm 143
- Schloss Katharinental 142 f.
- Schwarzhäupterhaus 142
- Stadtmauer 142
- Unterstadt 142
Tannheim 214
- Felixé-Minis-Haus 215
- Kienzen 215
Tannheimer Tal 214 ff.
Taubergrund 37
Tauberzell 37
Teisendorf 46
Teufelshöhle 34
Teufelsmauer 121
Thaler See 217
Thann 148
Themse 168
Thera 161
Thira 161 f.
Thüringer Wald 124 ff.
Thusis 244
Timmendorfer Strand 137
Tirol 214
Toledo 257
Tórbole 190
Torri del Benaco 191
- Santi Pietro e Paolo 191
- Santissima Trinità 191
- Skaliger-Festung 191 f.
Traben-Trarbach 106 f.
- Haus der Ikonen 109
Trassenheide 73
- Schmetterlingsfarm Trassenheide 73
Tratto Spino 191
Trave 138
Travemünde 136 f.
- alter Leuchtturm 138
- St.-Lorenz-Kirche 138
Trechtinghausen 69
- Clemenskapelle 69
Trier 104 ff.
- Amphitheater 104 f.
- Benediktinerabtei St. Matthias 104
- Kaiserthermen 105
- Karl-Marx-Haus 105
- Konstantinbasilika 105
- Kurfürstliches Palais 105
- Liebfrauenkirche 105
- Porta Nigra 104
- Rheinisches Landesmuseum 104 f.
- Rotes Haus 104
- St. Gangolf 104
- Steipe 104
- Dom 104 f.
Triest 221
Triglav Nationalpark 255
Turckheim 150
Tutzing 43

Überlingen 31
Übersee 48
Ufenau 248
Uffizien 187
Unteruhldingen 28 f. .
Upleward 83
Usedom 72 ff.
- Achterwasser 72
- Lieper Winkel 72

- Peenemünde 72
- St. Petri 72
- Usedomer Bäderbahn 73
Uznam 72

Valldemossa 262
Vannes 156 f.
Vauban-Schleuse 150
Veere 205
Velden 212
Veldeser See (Blejsko jezero) 255
Venedig 184 ff.
- Burano 185
- Campanile 185
- Campo Santo Margherita 185
- Canal Grande 184
- Collezione Peggy Guggenheim 185
- Dogenpalast 184 f.
- Il Arsenale 185
- Lido 184 f.
- Markusdom 184 f.
- Markusplatz 184
- Murano 185
- Museo del Vetro 185
- Palazzo Venier dei Leoni 185
- Rialtobrücke 184
- Salute-Kirche 184
- Seufzerbrücke 184
Vernazza 178
Vierwaldstädter See 242 ff.
Villach 212
Vilsalpsee 214
Vilsalpseeberge 214
Vlissingen 204
Vogesen 148
Vrouwenpolder 205

Walcheren 204 ff.
Wangen 26 f.
- Badstube 26 f.
- Eselsmühle 26
Wannenjoch 214
Warschau 230
Wartburg 124
Wasserburg 30
Wasserburg Hülshoff 91
Waterfront Bremen 58
Watzmann 46 f.
Weimar 125 ff.
- Anna-Amalia-Bibliothek 126
- Bauhausmuseum 126
- Deutsches Nationaltheater 127
- Goethe Nationalmuseum 126
- Goethes Gartenhaus 128
- Historischer Friedhof 128
- Liszt-Museum 129
- Römisches Haus 128
- Schloss Belvedere 128
- Schloss Ettersburg 128
- Schloss Tiefurt 128
- Stadtschloss 128
- Wohnhaus Goethe 127
- Wohnhaus Schiller 127
- Wohnhaus Herder 127
Weißenbach am Lech 214
Wenningstedt 133
Wernigerode 121
Weser 83
Weßlinger See 42
Westerland 132
Westerplatte 232
Westkapelle 205

Heiligenstadt 221
Hofburg 221
Hundertwasserhaus 220
Kaisergruft 222
Kapuzinerkirche 222
Karlskirche 221
Millenium Tower 222
Museum Leopold 223
Neue Hofburg 222
Neustift 221
Nussdorf 221
Palais Esterházy 221
Pasqualatihaus 222
Peterskirche 221
Prater 221
Schloss Belvedere 220
Schloss Schönbrunn 223
Schweizerhof 221
Sievering 221
Spanische Hofreitschule 222
Staatsoper 222
Stallburg 221
Stephansdom 220
Wiener Staatsoper 221
Wiesbaden 68
Wimbachklamm 46
Winkel 69
Winkelmoos-Alm 49
Wisper 69
Wittenberg 123
Wollmatinger Ried 30
Wörthersee 212 ff.
Wörthsee 42, 44
Wulka 224
Wuppertal 86

Xanten 94 ff.
- Amphitheater Birten 94
- Archäologischer Park 94 f.
- Colonia Ulpia Traiana 95
- Dom St. Viktor 94
- Gotisches Haus 95
- Kartäuserkloster 95
- Marienaltar 94
- RömerMuseum 94
- SiegfriedMuseum 94

Zell 107
- Pulverturm 107
- St. Peter 107
Zempin 72
Zermatt 244
Zoppot 233
Zummethöhe 108
Zürich 246 ff.
- Fraumünster 246 f.
- Grossmünster 246, 249
- Kunsthaus 246 f.
- Limmat 246
- Münsterhof 247
- Schauspielhaus 247
- St.-Peter-Kirche 249
- Uhrenmuseum 249
- Zürichsee f. 246
- Zürichhorn 246
Zürichsee 246

Wien 220 ff.
- Albertina 223
- Amalienburg 221
- Geburtshaus von Franz Schubert 222

Impressum

Textnachweis
Ellen Astor: Nr. 5, 6, 8, 10, 11, 13, 22, 24, 43, 44, 56, 59, 73, 79
Henning Aubel: Nr. 4, 20, 21, 27, 28, 29, 40, 48, 61, 62, 77, 92
Sabine Durdel-Hoffmann: Nr. 1, 9, 17, 41, 42, 63, 64, 67, 70, 84, 90, 93, 100
Elke Eßmann: Nr. 51, 53, 58, 60, 72, 78, 80, 83
Dietmar Falk: Nr. 16, 19, 25, 34, 45, 57, 66, 68, 85, 86
Dr. Petra Gallmeister: Nr. 7, 26, 55, 81, 91, 98
Dr. Heidrun Kiegel: Nr. 3, 14, 15, 33, 36, 38, 39, 46, 47, 71, 82, 87, 94, 96, 97
Brigitte Lotz: Nr. 2, 23, 31, 32, 37, 49, 50, 52, 65, 74, 75
Martina Schnober-Sen: Nr. 12, 18, 30, 35, 54, 69, 76, 88, 89, 95, 99

Bildnachweis
Alle Bilder stammen von

Außer:
Aachen Nord - IG AACHENER PORTAL: S. 97
Bildagentur Huber: S. 132 (Mader)
Picture alliance: S. 23, 22 (beide Hackenberg), 26 (DUMONT Bildarchiv), 29 (Gindl), 112 (Endig), 115 (Hiekel), 121 (Bein), 204 (Boensch), 214 (Bildagentur Huber/Schmid), 215 (Bildagentur Huber/Kreder), 224 (Bildagentur Huber/Schmid),
Shutterstock: S. 19 (manfredxy)
Ernst Wrba: S. 79

Umschlag:
Vorne: großes Bild: Prag (Shutterstock/S.Borisov); oben v.l.n.r: Paris/Seine (Look), Sylt (picture alliance (de Meester)), Julische Alpen (Shutterstock/leonid_tit); hinten v.l.n.r: Rhein mit Burg Katz (Look), Walcheren (Picture alliance (Boensch)), Toskana/San Gimignano (Look)

S. 1: Paluden-Lannilis; Finistère; Bretagne; (Look);
S. 2/3: Manarola, Cinque Terre (Look)

Produktmanagement: Dr. Birgit Kneip
Lektorat: Henning Aubel, Dortmund
Korrektorat: Linde Wiesner, München
Layoutentwurf: Karin Vollmer, München
Satz: Rüdiger Wagner, Nördlingen / Rudi Stix
Umschlaggestaltung: Ulrike Huber, Kolbermoor
Kartografie: Astrid Fischer-Leitl, München
Repro: Repro Ludwig, Zell am See
Herstellung: Rudi Stix
Printed in Italy by Printer Trento

Alle Angaben dieses Werkes wurden von den Autoren sorgfältig recherchiert und auf den aktuellen Stand gebracht sowie vom Verlag geprüft. Für die Richtigkeit der Angaben kann jedoch keine Haftung übernommen werden. Für Hinweise und Anregungen sind wir jederzeit dankbar. Bitte richten Sie diese an:
Bruckmann Verlag
Postfach 40 02 09
80702 München
E-Mail: lektorat@bruckmann.de

Die Deutsche Nationalbibliothek verzeichnet diese Publikation in der Deutschen Nationalbibliografie; detaillierte bibliografische Daten sind im Internet über http://dnb.d-nb.de abrufbar.

© 2013 Bruckmann Verlag GmbH, München
Alle Rechte vorbehalten.

ISBN 978-3-7654-6065-4

Unser komplettes Programm:
www.bruckmann.de